中華古籍保護計劃

ZHONG HUA GU JI BAO HU JI HUA CHENG GUO

·成果·

軍事科學院軍事圖書資料館古籍普查登記目錄

全國古籍普查登記目錄

國家圖書館出版社
National Library of China Publishing House

圖書在版編目（CIP）數據

軍事科學院軍事圖書資料館古籍普查登記目錄/《軍事科學院軍事圖書資料館古籍普查登記目錄》編委會編. --北京:國家圖書館出版社,2017.4
（全國古籍普查登記目錄）
ISBN 978 - 7 - 5013 - 5963 - 9

Ⅰ.①軍…　Ⅱ.①軍…　Ⅲ.①古籍—圖書目錄—中國　Ⅳ.①Z838

中國版本圖書館 CIP 數據核字（2016）第 242384 號

書　　名	軍事科學院軍事圖書資料館古籍普查登記目錄
著　　者	《軍事科學院軍事圖書資料館古籍普查登記目錄》編委會　編
責任編輯	黄　鑫

出　　版　國家圖書館出版社（100034　北京市西城區文津街 7 號）
　　　　　　（原書目文獻出版社　北京圖書館出版社）
發　　行　010 – 66114536　66126153　66151313　66175620
　　　　　　66121706（傳真）　66126156（門市部）
E-mail　　nlcpress@ nlc. cn（郵購）
Website　www. nlcpress. com→投稿中心
經　　銷　新華書店
印　　裝　河北三河弘翰印務有限公司
版　　次　2017 年 4 月第 1 版　2017 年 4 月第 1 次印刷

開　　本　787×1092（毫米）　1/16
印　　張　21
字　　數　460 千字

書　　號　ISBN 978 – 7 – 5013 – 5963 – 9
定　　價　260.00 圓

《全國古籍普查登記目錄》

工作委員會

主　任：周和平

副主任：張永新　詹福瑞　劉小琴　李致忠　張志清

委　員（按姓氏筆畫排序）：

于立仁　王水喬　王　沛　王紅蕾　王筱雯

方自今　尹壽松　包菊香　任　競　全　勤

李西寧　李　彤　李忠昊　李春來　李　培

李曉秋　吳建中　宋志英　努　木　林世田

易向軍　周建文　洪　琰　倪曉建　徐欣禄

徐　蜀　高文華　郭向東　陳荔京　陳紅彦

張　勇　湯旭巖　楊　揚　賈貴榮　趙　嫄

鄭智明　劉洪輝　歷　力　鮑盛華　韓　彬

魏存慶　鍾海珍　謝冬榮　謝　林　應長興

《全國古籍普查登記目録》

序　言

　　全國古籍普查登記工作是"中華古籍保護計劃"的首要任務,是全面開展古籍搶救、保護和利用工作的基礎,也是有史以來第一次由政府組織、參加收藏單位最多的全國性古籍普查登記工作。

　　2007年國務院辦公廳發佈《關於進一步加强古籍保護工作的意見》(國辦發[2007]6號),明確了古籍保護工作的首要任務是對全國公共圖書館、博物館和教育、宗教、民族、文物等系統的古籍收藏和保護狀况進行全面普查,建立中華古籍聯合目録和古籍數字資源庫。2011年12月,文化部下發《文化部辦公廳關於加快推進全國古籍普查登記工作的通知》(文辦發[2011]518號),進一步落實了全國古籍普查登記工作。根據文化部2011年518號文件精神,國家古籍保護中心擬訂了《全國古籍普查登記工作方案》,進一步規範了古籍普查登記工作的範圍、内容、原則、步驟、辦法、成果和經費。目前進行的全國古籍普查登記工作的中心任務是通過每部古籍的身份證——"古籍普查登記編號"和相關信息,建立古籍總臺賬,全面瞭解全國古籍存藏情况,開展全國古籍保護的基礎性工作,加强各級政府對古籍的管理、保護和利用。

　　《全國古籍普查登記工作方案》規定了全國古籍普查登記工作的三個主要步驟:一、開展古籍普查登記工作;二、在古籍普查登記基礎上,編纂出版館藏古籍普查登記目録,形成《全國古籍普查登記目録》;三、在古籍普查登記工作基本完成的前提下,由省級古籍保護中心負責編纂出版本省古籍分類聯合目録《中華古籍總目》分省卷,由國家古籍保護中心負責編纂出版《中華古籍總目》統編卷。

　　在黨和政府領導下,在各地區、各有關部門和全社會共同努力下,古籍普查登記工作得以扎實推進。古籍普查已在除臺、港、澳之外的全國各省級行政區域開展,普查内容除漢文古籍外,還包括各少數民族文字古籍,特別是於2010年分別啓動了新疆古籍保護和西藏古籍保護專項,因地制宜,開展古籍普查登記工作;國家古籍保護中心研製的"全國古籍普查登記平臺"已覆蓋到全國各省級古籍保護中心,並進一步研發了"中華古籍索引庫",爲及時展現古籍普查成果提供有力支持;截至目前,已有11375部古籍進入《國家珍貴古籍名録》,浙江、江蘇、山東、河北等省公佈了省級《珍貴古籍名録》,古籍分級保護機制初步形成。

　　《全國古籍普查登記目録》是古籍普查工作的階段性成果,旨在摸清家底,揭示館藏,反映古籍的基本信息。原則上每申報單位獨立成冊,館藏量少不能獨立成冊者,則在本省範圍内幾個館目合併成冊。無論獨立成冊還是合併成冊,均編製獨立的書名筆畫索引附於書後。著録的必填基本項目有:古籍普查登記編號、索書號、題名卷數、著者(含著作方式)、版本、冊數及存缺卷數。其他擴展項目有:分類、批校題跋、版式、裝幀形式、叢書子目、書影、破損狀況等。有條件的收藏單位多著録的一些擴展項目,也反映在《全國古籍普查登記目録》上。目録編排按古籍普查登記編號排序,内在順序給予各古籍收藏單位較大自由度,可按分類排列古籍普查登記編號,也可按排架號、按同書名等排列古籍普查登記編號,以反映各館特色。

　　此次全國古籍普查登記工作,克服了古籍數量多、普查人員少、普查難度大等各種困難,也得到了全國古籍保護工作者的極大支持。在古籍普查登記過程中,國家古籍保護中心、各省古籍保護中心爲此舉辦了多期古籍普查、古籍鑒定、古籍普查目録審校等培訓班,全國共1600餘家單位參加了培訓,爲古籍普查登記工作培養了大量人才。同時在古籍普查登記工作中,也鍛煉了普查員的實踐能力,爲將來古籍保護事業發展奠定了良好的基礎。

　　《全國古籍普查登記目録》的出版,將摸清我國古籍家底,爲古籍保護和利用工作提供依據,也將是古籍保護長期工作的一個里程碑。

國家古籍保護中心

2013 年 10 月

《全國古籍普查登記目録》

編纂凡例

一、收録範圍爲我國境内各收藏機構或個人所藏,產生於 1912 年以前,具有文物價值、學術價值和藝術價值的文獻典籍,包括漢文古籍和少數民族文字古籍以及甲骨、簡帛、敦煌遺書、碑帖拓本、古地圖等文獻。其中,部分文獻的收録年限適當延伸。

二、以各收藏機構爲分冊依據,篇幅較小者,適當合併出版。

三、一部古籍一條款目,複本亦單獨著録。

四、著録基本要求爲客觀登記、規範描述。

五、著録款目包括古籍普查登記編號、索書號、題名卷數、著者、版本、冊數、存缺卷等。古籍普查登記編號的組成方式是:省級行政區劃代碼—單位代碼—古籍普查登記順序號。

六、以古籍普查登記編號順序排序。

七、編製各館藏目録書名筆畫索引附於書後,以便檢索。

《軍事科學院軍事圖書資料館古籍普查登記目録》

編委會

主　　編：潘桂利

副 主 編：初　虹　駱建成

編　　委（按姓氏拼音排序）：

　　　　陳慶平　陳鈺瑋　戴　萍　馮媛媛　花建斌

　　　　劉曉蘭　趙寶利　鄭　屹

《軍事科學院軍事圖書資料館古籍普查登記目錄》

前　言

　　軍事科學院軍事圖書資料館創建於 1948 年 5 月,其前身是延安時期中央軍委四局圖書資料室,1948 年隨軍委機關遷入北京,1950 年在圖書資料室基礎上成立軍事圖書資料館,1958 年劃歸軍事科學院,至今已有 68 年。

　　我館現有藏書 52 萬餘種 280 萬餘冊(件)。另收藏我黨我軍各個時期的電報等歷史資料 15 萬種 115 萬份。古籍是我館的藏書特色之一,館內現藏有古籍 7000 餘種 8.7 萬餘冊。這些古籍一部分是戰爭年代老一代革命家收集,經延安到西柏坡輾轉進京保存下來的;另一部分是新中國成立以後,以第一任館長童樂生將軍爲代表的老一輩圖書館人,經過多方收集、采購而達到現在的規模。1978 年,我館編製了《古代書籍(綫裝本)分類法》,以此爲依據,按照兵部、經部、史部、子部、集部和叢書、類書順序,對館藏古籍進行逐年編目整理,使館藏古籍得到了較好的梳理和保存。

　　兵書是我館古籍藏書的一大特色,收藏有古代和近代兵書 1778 種 5544 冊(件)。兵書不但歷史悠久、卷帙浩繁,而且内容極其豐富。它們揭示了戰爭和軍隊建設的一般規律,不僅具有重要的學術及史料價值,而且對於研究和指導現代戰爭仍具有一定的借鑒作用。中國古代兵書博大精深的思想理論,是中華民族的輝煌成果,同時更豐富了世界軍事理論文庫。《孫子兵法》是中華民族的驕傲,自誕生至今,雖然已過去了 2500 多年,但是孫子的謀略思想不僅深入闡述了古代戰爭的發展規律,而且對於我們打贏現代化戰爭仍具有獨特的指導意義。

　　根據文化部的部署,遵照國家古籍保護中心的要求,在國家古籍保護中心各級領導的支持和我院各級領導的指導下,自 2009 年下半年開始,我們組織專人,按照國家古籍保護中心編製的《全國古籍普查登記手冊》規則和具體要求,對館藏古籍進行了逐一核查和整理,經過幾年認真細緻的工作,現已基本完成了清宣統三年(1911)以前的古籍普查工作,并編輯出版《軍事科學院軍事圖書資料館古籍普查登記目錄》。該目錄整理了清宣統三年以前的古籍 5266 部 47310 冊,包括漢文古籍和部分少數民族文字古籍。著錄款目以客觀登記、規範描述爲基本要求,包括了古籍普查登記編號、索書號、題名卷數、著者、版本、冊數、存缺卷數等。著錄順序除按古籍普查編號排序外,我們還按照我館 1973 年編印的《古代書籍(綫裝本)分類法簡表》爲依據排序,把兵部排在前,而後按經、史、子、集和叢書、類書的大致順序排序。其中含有入選《國家珍貴古籍名録》的善本古籍 17 部,如元至正十一年(1351)刻本《春秋諸傳會通》、明洪武元年(1368)抄本《五火玄機》、明洪熙元年(1425)刻本《天元玉曆祥異賦》、明景泰五年(1454)刻本《十七史百將傳》、明成化十二年(1476)刻本《御製續資治通鑑綱目》、明弘治十八年(1505)慎獨齋刻本《大明一統志》、明正德九年(1514)司禮監刻本《少微通鑑節要》、明正德十年(1515)刻本《唐六典》、明嘉靖十一年(1532)刻本《重刊嘉祐集》、明天啓元年(1621)閔氏刻朱墨套印本《兵垣四編》等。另外還收録有明以來各種版本的《孫子兵法》、清乾隆時期的《御題平定伊犁戰圖》《御題平定臺灣得勝全圖》和清各時期的戰圖、陣圖、兵器圖和域圖等。

此次普查工作雖然基本告一段落,但我們要針對所查出的問題加以整改。首先,完善古籍典藏管理制度,加強古籍保護力度,進一步提高古籍管理人員的素質和水平。其次,對部分破損的函套,嚴格按照古籍典藏標準和要求進行修整。再次,我們計劃建設館藏古籍信息服務系統,并申請專項經費,購買設備,對古兵書及其他善本古籍進行數字化加工,實現網絡數字化共享,爲研究古代兵法和古代珍貴典籍提供優良的網絡平臺。

在本書的編纂過程中,得到了國家圖書館、國家古籍保護中心領導和同仁的大力支持與指導。國家圖書館出版社對本書的編纂原則、方案等提出了寶貴的意見,并爲本書的校對做了大量工作,在此一并致謝。

我館此次的古籍普查登記工作克服了參與人員少、普查難度大、普查條件差、無法與互聯網接入、有關資料難以核查等各種困難,較好地完成了普查任務,但難免出現錯漏之處,敬請讀者指正和諒解。

編　者

2016 年 12 月

目　　録

110000－3162－0000001　古 1/1.2

武經總要前集二十卷　（宋）曾公亮　（宋）丁度撰　明萬曆抄本　六冊

110000－3162－0000002　古 1/2

武備志二百四十卷　（明）茅元儀輯　明天啓六年(1626)刻本　八十冊　存一百三十九卷（一至一百三十九）

110000－3162－0000003　古 1/2.2

武備志二百四十卷　（明）茅元儀輯　清道光木活字印本　一百二十冊

110000－3162－0000004　古 1/2.3

武備志二百四十卷　（明）茅元儀輯　明天啓元年(1621)刻本　一百三冊　存二百三十一卷（一至一百五十、一百六十至二百四十）

110000－3162－0000005　古 1/3

太白兵備統宗寶鑒一百八十四卷　（清）福康安增訂　清抄本　四十冊

110000－3162－0000006　古 1/3.1

太白兵備統宗寶鑒一百八十四卷　（清）福康安增訂　清道光元年(1821)潘元焞紅格抄本　五十九冊

110000－3162－0000007　古 1/3.2

太白兵備統宗寶鑒一百八十四卷　（清）福康安增訂　清道光元年(1821)潘元焞抄本　四十二冊　存一百七十七卷（一至五十四、六十二至一百八十四）

110000－3162－0000008　古 1/4

衛民捷錄十二卷補遺一卷　（清）湘浦輯　清嘉慶七年(1802)抄本　十三冊

110000－3162－0000009　古 1/5

兵法彙編三十八卷　（清）孫星衍等纂　清嘉慶十五年(1810)半畝園藏書刻本　五冊　存二十卷（六韜六卷、孫子一卷、吳子一卷、司馬法一卷、守城錄四卷、何博士備論一卷、陣記四卷、九邊圖要一卷、海防圖要一卷）

110000－3162－0000010　古 1/5.1

兵法彙編三十八卷　（清）孫星衍等纂　清嘉慶十五年(1810)半畝園藏書刻本　四冊　存二十三卷（六韜六卷、何博士備論一卷、守城錄四卷、歷代兵制八卷、陣記四卷）

110000－3162－0000011　古 1/6

兵法七種　（清）胡林翼輯　清光緒二十四年(1898)刻本（文昌會藏版）　四冊

110000－3162－0000012　古 1/7

汪氏兵學三書三卷　（清）汪宗沂輯　清光緒二十年(1894)袁昶漸西村舍刻本　一冊　存二卷（太公兵法逸文一、武侯八陣兵法輯略一）

110000－3162－0000013　古 1/7.1

汪氏兵學三書三卷　（清）汪宗沂輯　清光緒二十年(1894)袁昶漸西村舍刻本　二冊

110000－3162－0000014　古 1/10

握機經握機緯十八卷　（明）曹胤儒集注　明刻本　三冊

110000－3162－0000015　古 1/11

兵鏡吳子十三篇二十卷　（明）吳惟順等輯　明向奇齋刻本　二十冊

110000－3162－0000016　古 1/13

兵法錄要不分卷　（□）□□撰　清抄本　八冊

110000－3162－0000017　古 1/14

水陸戰守攻略方術秘書七種二十六卷　（清）澥綎道人輯　清抄本　十六冊

110000－3162－0000018　古 1/14.1

水陸戰守攻略方術秘書七種三十一卷　（清）澥綎道人輯　清抄本　三十六冊

110000－3162－0000019　古 1/16

敏果齋七種六十二卷　（清）許乃釗輯　清道光二十九年(1849)京都文華堂書坊刻本　十五冊

110000－3162－0000020　古 1/17

奇門兵家心書四種八卷　（宋）邱濬等撰　清舊抄本　六冊

110000－3162－0000021　古 1/18

清隱山房叢書不分卷 （清）沈汝翰輯 清光緒九年(1883)清隱山房刻本 十冊

110000－3162－0000022 古 1/19

古三墳一卷 （明）唐玉林輯 陰符經一卷（明）唐玉林輯 握機經三卷 （明）曹胤儒集注 握機緯十五卷 （明）唐玉林點校 清黃君瑞刻本 三冊

110000－3162－0000023 古 1/20

兵要錄二十二卷 （日本）澹齋長沼氏宗敬著 清咸豐四年(1854)誠之館藏刻本 五冊

110000－3162－0000024 古 1/21

四子兵法十六卷 （戰國）吳起等撰 明刻本 五冊

110000－3162－0000025 古 102/1－1

兵法史略學二卷 （清）陳慶年纂 清光緒二十五年(1899)兩湖書院正學堂刻本 二冊

110000－3162－0000026 古 102/1－2

兵法史略學二卷 （清）陳慶年纂 清光緒二十五年(1899)兩湖書院正學堂刻本 二冊

110000－3162－0000027 古 102/1－3

兵法史略學二卷 （清）陳慶年纂 清光緒二十五年(1899)兩湖書院正學堂刻本 二冊

110000－3162－0000028 古 102/1.2

兵法史略學二卷 （清）陳慶年纂 清安慶正誼書局木活字印本 二冊

110000－3162－0000029 古 102/2

兵法史略學不分卷 （清）陳慶年纂 清抄本 一冊

110000－3162－0000030 古 11/2

武經直解二十五卷 （明）劉寅撰 明嘉靖十六年(1537)刻本 八冊

110000－3162－0000031 古 11/3

校正武經七書二十五卷 （明）鄭廷鵠撰 明嘉靖三十二年(1553)刻本 四冊

110000－3162－0000032 古 11/4

武經七書八卷 （明）周國雍注 明萬曆二十三年(1595)籌勝堂刻本 六冊

110000－3162－0000033 古 11/4.1

武經七書八卷 （明）黃榜重輯 明運籌堂刻本 三冊 存六卷(三至八)

110000－3162－0000034 古 11/5

新鐫標題武經七書七卷 （明）□□輯 明天啓元年(1621)刻本 四冊

110000－3162－0000035 古 11/6

武經開宗十四卷 （明）黃獻臣輯 清順治十八年(1661)刻本 七冊

110000－3162－0000036 古 11/7

兵法精義六卷 （□）□□輯 明朱墨套印本 四冊

110000－3162－0000037 古 11/9

武經直解十二卷 （明）劉寅輯 清光緒十六年(1890)抄本 十二冊

110000－3162－0000038 古 11/11

武經全解七卷 （清）丁洪章等輯 清康熙二十七年(1688)賜書堂刻本 二十四冊

110000－3162－0000039 古 11/11.1

武經七書全解七卷 （清）丁洪章輯注 清賜書堂刻本 十冊 存五卷(二至五、七)

110000－3162－0000040 古 11/12

武經七書講義全匯合參十卷 （清）朱墉輯注 清康熙三十八年(1699)刻本 十冊

110000－3162－0000041 古 11/12.1

武經七書匯解八卷 （清）朱墉輯注 清康熙三十九年(1700)刻本 十冊

110000－3162－0000042 古 11/12.2

武經七書匯解八卷 （清）朱墉輯注 清光緒二年(1876)刻本 十冊

110000－3162－0000043 古 11/12.3－1

諸子講義合纂十卷 （清）朱墉輯注 清光緒二十五年(1899)刻本 四冊

110000－3162－0000044　古11/12.3－2

諸子講義合纂十卷　（清）朱墉輯注　清光緒
二十五年（1899）刻本　四冊

110000－3162－0000045　古11/12.4

重刊武經七書匯解十卷　（清）朱墉輯　清光
緒二年（1876）古經閣書坊刻本（索綽絡氏家
塾基本藏版）　十冊

110000－3162－0000046　古11/12.5

武經講義全匯合參十卷　（清）朱墉輯　清康
熙三十八年（1699）刻本　十二冊

110000－3162－0000047　古11/12.6

武經七書匯解九卷　（清）朱墉輯注　清康熙
二十七年（1688）刻本　十二冊

110000－3162－0000048　古11/13

武經大全會解五卷　（清）魯聖書輯　清康熙
四十八年（1709）映旭齋刻本（寶旭齋藏版）
四冊

110000－3162－0000049　古11/15

新鐫武經標題七書八卷　（明）謝弘儀輯　清
刻本　五冊

110000－3162－0000050　古11/16

重刻武經七書二十五卷　（□）□□輯　清皕
忍堂朱印本　四冊

110000－3162－0000051　古11/17

武經七書擇要二卷　（清）朱煌漫輯　清道光
二十五年（1845）刻本　二冊

110000－3162－0000052　古11/19

錄題句解一卷　（□）□□輯　清抄本　二冊

110000－3162－0000053　古11/21

武經三書匯解三卷　（清）黎利賓纂輯　清刻
本　四冊

110000－3162－0000054　古11/21.1

武經三書匯解三卷　（清）黎利賓纂輯　清刻
本　十冊

110000－3162－0000055　古11/21.2

武經三書匯解三卷　（清）黎利賓纂輯　清康
熙五十年（1711）刻本　六冊

110000－3162－0000056　古11/22

武闈三子全書析疑大全不分卷　（清）張權時
輯　清光緒七年（1881）刻本（文會堂藏板）
二冊

110000－3162－0000057　古11/22.1

武闈三子全書析疑大全不分卷　（清）張權時
輯　清光緒二十四年（1898）刻本　三冊

110000－3162－0000058　古11/23

增補武經講意備旨真本三卷　（明）周亮輔纂
　清懷宜書屋刻本　四冊

110000－3162－0000059　古11/23.1

武經三書體注合解三卷　（明）周亮輔纂　清
刻本　三冊

110000－3162－0000060　古11/24－1

孫子吳子司馬法六卷　（□）□□輯　清光緒
元年（1875）湖北崇文書局刻本　一冊

110000－3162－0000061　古11/24－2

孫子吳子司馬法六卷　（□）□□輯　清光緒
元年（1875）湖北崇文書局刻本　一冊

110000－3162－0000062　古11/25－1

孫吳司馬法八卷　（清）孫星衍輯　清同治十
年（1871）淮南書局刻本　一冊

110000－3162－0000063　古11/25－2

孫吳司馬法八卷　（清）孫星衍輯　清同治十
年（1871）淮南書局刻本　一冊

110000－3162－0000064　古11/25－3

孫吳司馬法八卷　（清）孫星衍輯　清同治十
年（1871）淮南書局刻本　一冊

110000－3162－0000065　古11/25－4

孫吳司馬法八卷　（清）孫星衍輯　清同治十
年（1871）淮南書局刻本　一冊

110000－3162－0000066　古11/26

武經備旨匯解說約大全四卷　（清）夏振翼等
輯　清康熙重慶閭書業堂刻本　四冊

110000－3162－0000067　古11/28

武經三子體注不分卷　（清）夏振翼輯　清康
熙五十九年（1720）三多齋刻本　一冊

110000－3162－0000068　古 11/29

孫吳司馬法八卷　（清）孫星衍輯　清光緒十年(1884)孫谿槐廬家塾刻本　一冊

110000－3162－0000069　古 11/29.1

孫吳司馬法八卷　（□）□□輯　清光緒十年(1884)蘭陵孫氏重雕宋刻本　一冊

110000－3162－0000070　古 11/32－1

武經團鏡不分卷　（清）王暾集注　清咸豐十一年(1861)刻本　四冊

110000－3162－0000071　古 11/32－2

武經團鏡不分卷　（清）王暾集注　清同治四年(1865)刻本　四冊

110000－3162－0000072　古 11/33

孫吳武經四卷　（清）桑額譯　清光緒三十二年(1906)荊州駐防翻譯總學漢滿文對照刻本　四冊

110000－3162－0000073　古 11/34

尉繚子二卷　（漢）黃石公撰　素書不分卷（宋）張商英撰　心書不分卷（三國蜀）諸葛亮撰　清光緒元年(1875)湖北崇文書局刻本　一冊

110000－3162－0000074　古 11/36

六韜孫子吳子司馬法尸子燕丹子牟子二十一卷　（清）孫星衍輯　清光緒十年(1884)上海蘭陵孫氏重雕宋本　二冊

110000－3162－0000075　古 11/37

治平寶鑒不分卷　（清）于和等撰　清抄本　二冊

110000－3162－0000076　古 11/38

片玉武經二卷　（清）□□輯　清寶旭齋袖珍刻本　二冊

110000－3162－0000077　古 11/39

續古文奇賞武經二卷　（明）陳仁錫選評　明天啓元年(1621)金閶書林錢學周刻本　一冊

110000－3162－0000078　古 11/40

標題武經七書直解七卷　（明）張居正輯　明萬曆五年(1577)刻本　四冊

110000－3162－0000079　古 11/42

武闈三子詳解不分卷　（清）艾欽評注　清乾隆元年(1736)聽松樓刻本　二冊

110000－3162－0000080　古 11/44

武經三子全書不分卷　（□）□□輯　清刻本　一冊

110000－3162－0000081　古 11/45

新鐫武經七書類注十五卷　（明）黃華暘類注　明崇禎十年(1637)金閶吳氏富西堂刻本　五冊

110000－3162－0000082　古 11/46

兵垣四編四卷附四種四卷　（明）閔聲編　明天啓元年(1621)閔氏刻朱墨套印本　五冊

110000－3162－0000083　古 111/1－1

孫子十家注十三卷　（清）孫星衍等注　清嘉慶二年(1797)兗州觀察署刻本(孫氏藏版)　四冊

110000－3162－0000084　古 111/1－2

孫子十家注十三卷　（清）孫星衍等注　清嘉慶二年(1797)兗州觀察署刻本(孫氏藏版)　四冊

110000－3162－0000085　古 111/1.1

孫子十家注十三卷　（清）孫星衍等注　清光緒十年(1884)楊霖萱刻本　六冊

110000－3162－0000086　古 111/1.2－1

孫子十家注十三卷　（清）孫星衍等注　清咸豐五年(1855)淡香齋木活字印本　六冊

110000－3162－0000087　古 111/1.2－2

孫子十家注十三卷　（清）孫星衍等注　清咸豐五年(1855)淡香齋木活字印本　六冊

110000－3162－0000088　古 111/1.2－3

孫子十家注十三卷　（清）孫星衍等注　清咸豐五年(1855)淡香齋木活字印本　六冊

110000－3162－0000089　古 111/1.2－4

孫子十家注十三卷　（清）孫星衍等注　清咸豐五年(1855)淡香齋木活字印本　六冊

110000－3162－0000090　古 111/1.3－1

孫子十家注十三卷　（清）孫星衍等注　清光緒三年（1877）刻本　六冊

110000－3162－0000091　古 111/1.3－2
孫子十家注十三卷　（清）孫星衍等注　清光緒三年（1877）刻本　六冊

110000－3162－0000092　古 111/1.3－3
孫子十家注十三卷　（清）孫星衍等注　清光緒三年（1877）刻本　五冊　存十一卷（一至四、七至十三）

110000－3162－0000093　古 111/1.3－4
孫子十家注十三卷　（清）孫星衍等注　清光緒三年（1877）刻本　六冊

110000－3162－0000094　古 111/1.5
孫子十家注十三卷　（清）孫星衍等注　清光緒二十三年（1897）刻本　六冊

110000－3162－0000095　古 111/1.11.
孫子十家注十三卷　（清）孫星衍等注　清刻本　六冊

110000－3162－0000096　古 111/2
孫子三卷　（三國魏）武帝注　清光緒二十四年（1898）成都志古堂刻本　一冊

110000－3162－0000097　古 111/2.2－1
孫子十三篇　（三國魏）武帝注　清抄本　一冊

110000－3162－0000098　古 111/2.2－2
孫子十三篇　（三國魏）武帝注　清抄本　一冊

110000－3162－0000099　古 111/3
孫子書校解引類三卷　（明）趙本學輯　明萬曆四十二年（1614）刻本　六冊

110000－3162－0000100　古 111/4.2
趙注孫子十三篇　（明）趙本學注　清光緒三十二年（1906）北洋陸軍編譯局鉛印本　四冊

110000－3162－0000101　古 111/4.5
趙注孫子十三篇　（明）趙本學注　清光緒北洋陸軍參謀處刻本　四冊

110000－3162－0000102　古 111/4.6
趙注孫子十三篇　（明）趙本學注　清光緒三十一年（1905）北洋陸軍編譯局鉛印本　四冊

110000－3162－0000103　古 111/4.9
孫子三卷　（明）趙本學注　明萬曆四十三年（1615）石印本　三冊

110000－3162－0000104　古 111/4.10.
趙注孫子四卷　（明）趙本學注　清光緒三十一年（1905）北洋陸軍學堂印書局鉛印本　四冊

110000－3162－0000105　古 111/5
孫子集注十三卷　（三國魏）武帝注　（唐）杜牧輯　明嘉靖三十四年（1555）刻本　五冊

110000－3162－0000106　古 111/6
孫子集注十三卷　（三國魏）武帝注　（唐）杜牧輯　明萬曆十七年（1589）黃邦彥刻本　六冊

110000－3162－0000107　古 111/7
孫子不分卷　（明）王世貞評釋　明閩朱墨套印本　一冊

110000－3162－0000108　古 111/8
孫子參同五卷　（明）李贄撰　明泰昌元年（1620）吳興松筠館刻本　六冊

110000－3162－0000109　古 111/12.1－1
孫子選注十三卷　（清）夏壽田選注　清石印本　一冊

110000－3162－0000110　古 111/12.1－2
孫子選注十三卷　（清）夏壽田選注　清石印本　一冊

110000－3162－0000111　古 111/12.1－3
孫子選注十三卷　（清）夏壽田選注　清石印本　一冊

110000－3162－0000112　古 111/12.1－4
孫子選注十三卷　（清）夏壽田選注　清石印本　一冊

110000－3162－0000113　古 111/12.1－5
孫子選注十三卷　（清）夏壽田選注　清石印

本　一冊

110000－3162－0000114　古111/12.1－6
孫子選注十三卷　（清）夏壽田選注　清石印本　一冊

110000－3162－0000115　古111/12.1－7
孫子選注十三卷　（清）夏壽田選注　清石印本　一冊

110000－3162－0000116　古111/13
孫子集解十三卷　（清）顧福棠集解　清光緒二十六年（1900）刻本　二冊

110000－3162－0000117　古111/21
兵法全書十六卷　（清）鄧廷羅撰　清康熙五十一年（1712）刻本　十六冊

110000－3162－0000118　古111/21.1－1
兵法全書十五卷　（清）鄧廷羅撰　清康熙刻本　十冊

110000－3162－0000119　古111/21.1－2
兵法全書十五卷　（清）鄧廷羅撰　清康熙刻本　十冊

110000－3162－0000120　古111/21.2
兵鏡備考十三卷　（清）鄧廷羅撰　清桐石山房刻本　十二冊

110000－3162－0000121　古111/21.3
兵鏡或問二卷　（清）鄧廷羅撰　清刻本　二冊

110000－3162－0000122　古111/21.4
兵鏡或問二卷　（清）鄧廷羅撰　清來鹿堂刻本　二冊

110000－3162－0000123　古111/21.5
兵鏡備考十三卷　（清）鄧廷羅撰　清刻本　十冊

110000－3162－0000124　古111/21.6
兵鏡或問二卷　（清）鄧廷羅撰　清刻本　二冊

110000－3162－0000125　古111/22
孫子白話演義不分卷　（清）廣東將弁學堂編

清廣州雙門底開敏公司鉛印本　一冊

110000－3162－0000126　古111/22.1
孫子白話演義不分卷　（清）廣東將弁學堂編　清十七甫翰章鉛印本　一冊

110000－3162－0000127　古111/28
孫子十三篇直講不分卷　（清）陳任暘注　清光緒三十一年（1905）月園藝壽堂刻本　一冊

110000－3162－0000128　古111/29
孫子九地問對不分卷　（清）□□編輯　清光緒十年（1884）上海刻本　一冊

110000－3162－0000129　古111/32
兵法類案十三卷　（清）謝文洊纂　清江西南豐劉煜徵刻本　十冊

110000－3162－0000130　古112/3
吳子一卷　（明）王士騏評釋　明天啓元年（1621）閩朱墨套印本　一冊

110000－3162－0000131　古113/1－1
司馬法古注三卷附音義一卷　（清）曹元忠注　清光緒二十年（1894）曹氏箋經室刻本　一冊

110000－3162－0000132　古113/1－2
司馬法古注三卷附音義一卷　（清）曹元忠注　清光緒二十年（1894）曹氏箋經室刻本　一冊

110000－3162－0000133　古115/1－1
李衛公兵法三卷　（唐）李靖撰　（清）汪宗沂輯錄　清光緒二十年（1894）桐廬袁昶漸西村舍刻本　一冊

110000－3162－0000134　古115/1－2
李衛公兵法三卷　（唐）李靖撰　（清）汪宗沂輯錄　清光緒二十年（1894）桐廬袁昶漸西村舍刻本　一冊

110000－3162－0000135　古115/1－3
李衛公兵法三卷　（唐）李靖撰　（清）汪宗沂輯錄　清光緒二十年（1894）桐廬袁昶漸西村舍刻本　一冊

110000－3162－0000136　古115/1－4

李衛公兵法三卷 （唐）李靖撰 （清）汪宗沂輯錄 清光緒二十年（1894）桐廬袁昶漸西村舍刻本 一冊

110000－3162－0000137 古115/1－5

李衛公兵法三卷 （唐）李靖撰 （清）汪宗沂輯錄 清光緒二十年（1894）桐廬袁昶漸西村舍刻本 一冊

110000－3162－0000138 古115/2

李衛公問對三篇 （唐）李靖撰 清刻本 一冊

110000－3162－0000139 古115/3

李衛公望江南四卷 （唐）李靖撰 清抄本 四冊

110000－3162－0000140 古115/3.1

李衛公望江南四卷 （唐）李靖撰 明天啓二年（1622）抄本 四冊 存一卷（一）

110000－3162－0000141 古116/1

新刻黃石公素書一卷 （宋）張商英注 清刻本 一冊

110000－3162－0000142 古116/6

黃石公三略兵法占書三卷 （漢）黃石公撰 清嘉慶二十三年（1818）抄本 一冊

110000－3162－0000143 古117/1

六韜六卷 （西周）姜尚撰 清嘉慶十七年（1812）刻本 一冊

110000－3162－0000144 古121/1

陰符經注一卷 （清）劉一明注 清嘉慶二十四年（1819）湖南常德府護國庵刻本 一冊

110000－3162－0000145 古121/1.1－1

七注陰符經二卷 （西周）姜尚撰 清咸豐五年（1855）刻本 一冊

110000－3162－0000146 古121/1.1－2

七注陰符經二卷 （西周）姜尚撰 清咸豐五年（1855）刻本 一冊

110000－3162－0000147 古121/1.2

陰符經不分卷 （清）黃石如注 清光緒二十二年（1896）大樑奇文齋刻本 一冊

110000－3162－0000148 古121/1.3

陰符經不分卷 （漢）張良注 清光緒元年（1875）湖北崇文書局刻本 一冊

110000－3162－0000149 古121/1.4

陰符經不分卷 （漢）黃石公撰 清抄本 一冊

110000－3162－0000150 古121/1.5

陰符經解不分卷 （清）韓夢周撰 清道光二十二年（1842）靜觀草堂刻本 一冊

110000－3162－0000151 古121/1.6

陰符玄解不分卷 （清）范宜賓注 清乾隆三十七年（1772）林笏堂刻本 一冊

110000－3162－0000152 古121/1.7

陰符經疏三卷 （唐）李筌疏 清據墨海金壺本夢華館原本影印本 一冊

110000－3162－0000153 古121/2

風后握奇經一卷 （漢）公孫宏解 清刻本 一冊

110000－3162－0000154 古121/3－1

太公兵法逸文一卷 （清）汪宗沂輯 清光緒五年（1879）漸西村舍刻本 一冊

110000－3162－0000155 古121/3－2

太公兵法逸文一卷 （清）汪宗沂輯 清光緒五年（1879）漸西村舍刻本 一冊

110000－3162－0000156 古121/3－3

太公兵法逸文一卷 （清）汪宗沂輯 清光緒五年（1879）漸西村舍刻本 一冊

110000－3162－0000157 古121/3.1－1

太公兵法逸文一卷武侯八陣兵法輯略一卷陣雜錄一卷 （清）汪宗沂輯 清光緒二十年（1894）漸西村舍避舍蓋公堂刻本 一冊

110000－3162－0000158 古121/3.1－2

太公兵法逸文一卷武侯八陣兵法輯略一卷陣雜錄一卷 （清）汪宗沂輯 清光緒二十年（1894）漸西村舍避舍蓋公堂刻本 一冊

110000 – 3162 – 0000159　古 121/4

握奇經等四種不分卷　（清）李光地注　清刻本　一冊

110000 – 3162 – 0000160　古 121/5

軍禮司馬法考徵二卷　（清）黃以周撰　清光緒十八年(1892)刻本　一冊

110000 – 3162 – 0000161　古 121/6

周禮軍賦說四卷　（清）王鳴盛撰　清嘉慶三年(1798)汗筠齋刻本　二冊

110000 – 3162 – 0000162　古 123/1

諸葛忠武侯全書二十卷　（明）王士騏編　明崇禎十一年(1638)刻本　十二冊

110000 – 3162 – 0000163　古 123/2

諸葛忠武侯文集六卷諸葛忠武侯故事五卷　（清）張澍輯　清光緒三十四年(1908)金溪周氏刻本　六冊

110000 – 3162 – 0000164　古 123/2.2 – 1

諸葛忠武侯兵法四卷　（清）張澍輯　清嘉慶刻本　四冊

110000 – 3162 – 0000165　古 123/2.2 – 2

諸葛忠武侯行兵遁甲六卷　（清）張澍輯　清乾隆二十三年(1758)刻本　二冊　存四卷（一至四）

110000 – 3162 – 0000166　古 123/2.4

諸葛忠武侯文集六卷　（清）張澍輯　清光緒三十四年(1908)沔縣祠堂刻本　三冊

110000 – 3162 – 0000167　古 123/3

諸葛忠武侯文集六卷　（三國蜀）諸葛亮撰　清同治十二年(1873)述荊堂藏書劉質慧三原刻本　四冊

110000 – 3162 – 0000168　古 123/4

諸葛丞相集不分卷　（三國蜀）諸葛亮撰　清刻本　一冊

110000 – 3162 – 0000169　古 123/5

諸葛武侯集四卷　（三國蜀）諸葛亮撰　清同治十年(1871)楚醴聚奎書閣刻本　四冊

110000 – 3162 – 0000170　古 123/6

新增武侯奇書五種不分卷　（三國蜀）諸葛亮撰　清刻本　二冊

110000 – 3162 – 0000171　古 123/8

諸葛武侯兵略不分卷　（清）唐友梅編　清光緒二十六年(1900)刻本　一冊

110000 – 3162 – 0000172　古 123/9

諸葛武侯兵法心要不分卷　（明）劉基撰　清抄本　五冊

110000 – 3162 – 0000173　古 123/10

諸葛孔明異傳兵法七卷　（明）章嬰注　明萬曆二十六年(1598)抄本　六冊

110000 – 3162 – 0000174　古 123/11

心書一卷　（三國蜀）諸葛亮撰　明正德十一年(1516)刻本　一冊

110000 – 3162 – 0000175　古 123/11.1

心書一卷　（三國蜀）諸葛亮撰　清刻本　一冊

110000 – 3162 – 0000176　古 123/11.3

心書一卷　（三國蜀）諸葛亮撰　清石印本　一冊

110000 – 3162 – 0000177　古 123/11.4

心書一卷　（三國蜀）諸葛亮撰　清刻本　一冊

110000 – 3162 – 0000178　古 123/12

心書一卷　（三國蜀）諸葛亮撰　**權書一卷**（宋）蘇洵撰　清刻本　一冊

110000 – 3162 – 0000179　古 123/13 – 1

武侯八陣兵法輯略一卷　（清）汪宗沂撰　清光緒五年(1879)桐廬袁昶漸西村舍刻本　一冊

110000 – 3162 – 0000180　古 123/13 – 2

武侯八陣兵法輯略一卷　（清）汪宗沂撰　清光緒五年(1879)桐廬袁昶漸西村舍刻本　一冊

110000 – 3162 – 0000181　古 123/14 – 1

火攻備要三卷　（三國蜀）諸葛亮撰　清光緒十年(1884)敦懷書屋刻本　三冊

110000 - 3162 - 0000182　古 123/14 - 2

火攻備要三卷　（三國蜀）諸葛亮撰　清光緒十年(1884)敦懷書屋刻本　一冊　存一卷（上）

110000 - 3162 - 0000183　古 123/14 - 3

火攻備要三卷　（三國蜀）諸葛亮撰　清光緒十年(1884)敦懷書屋刻本　三冊

110000 - 3162 - 0000184　古 123/14.1

火龍經三卷　（三國蜀）諸葛亮撰　清光緒十年(1884)敦懷書屋刻本　二冊

110000 - 3162 - 0000185　古 123/14.2

火龍經三卷　（三國蜀）諸葛亮撰　明永樂十年(1412)南陽石室刻本　二冊

110000 - 3162 - 0000186　古 123/14.3

火龍經全集八卷　（三國蜀）諸葛亮撰　（明）劉基輯　明崇禎十七年(1644)南陽石室隆中藏刻本　四冊

110000 - 3162 - 0000187　古 123/15

漢丞相諸葛忠武鄉侯將苑二卷　（清）李定太撰輯　清咸豐八年(1858)朱墨套印本　一冊

110000 - 3162 - 0000188　古 123/16

諸葛武侯奇門遁甲例不分卷　（□）□□撰　清抄本　二冊

110000 - 3162 - 0000189　古 123/17

諸葛七書七卷　（清）諸葛佐撰　清抄本　八冊

110000 - 3162 - 0000190　古 123/18

諸葛武侯奇書六種　（三國蜀）諸葛亮撰　清光緒十年(1884)上海王氏刻本　二冊

110000 - 3162 - 0000191　古 123/19

貴登天門時定局不分卷　（清）費淳輯　清嘉慶二年(1797)套印本　三冊

110000 - 3162 - 0000192　古 123/20

寶鏡圖不分卷　（三國蜀）諸葛亮撰　清嘉慶八年(1803)刻本　一冊

110000 - 3162 - 0000193　古 124/1

神機制敵太白陰經十卷　（唐）李筌撰　明揚州抄本　四冊

110000 - 3162 - 0000194　古 124/1.2

神機制敵太白陰經十卷　（唐）李筌撰　清半畝園藏書刻本　二冊

110000 - 3162 - 0000195　古 124/2

儒門經濟長短經不分卷　（唐）趙蕤撰　清抄本　一冊

110000 - 3162 - 0000196　古 125/1

岳忠武王文集八卷　（宋）岳飛撰　清道光二十七年(1847)揚州朱墨套印本　四冊

110000 - 3162 - 0000197　古 125/1.1

岳忠武王文集八卷　（宋）岳飛撰　清光緒十二年(1886)上海簡玉山房朱墨套印本　四冊

110000 - 3162 - 0000198　古 125/1.5

岳忠武王文集八卷附錄一卷　（宋）岳飛撰　清同治十一年(1872)刻本　四冊

110000 - 3162 - 0000199　古 125/2 - 1

虎鈐經二十卷　（宋）許洞撰　清咸豐二年(1852)刻本　六冊

110000 - 3162 - 0000200　古 125/2 - 2

虎鈐經二十卷　（宋）許洞撰　清刻本　三冊

110000 - 3162 - 0000201　古 125/2.1 - 1

虎鈐經二十卷　（宋）許洞撰　清刻本　四冊

110000 - 3162 - 0000202　古 125/2.1 - 2

虎鈐經二十卷　（宋）許洞撰　清刻本　四冊

110000 - 3162 - 0000203　古 125/2.1 - 3

虎鈐經二十卷　（宋）許洞撰　清刻本　四冊

110000 - 3162 - 0000204　古 125/2.2

虎鈐經二十卷　（宋）許洞撰　清咸豐七年(1857)文富堂刻本　二冊

110000 - 3162 - 0000205　古 125/3

守城錄四卷　（宋）陳規撰　清道光二十八年(1848)瓶花書屋刻本　一冊

110000 - 3162 - 0000206　古 125/3.1

守城錄四卷　（宋）陳規撰　清抄本　一冊

110000－3162－0000207　古 125/4

青溪弄兵錄不分卷　（宋）王彌大撰　清光緒七年至八年(1881－1882)廣漢鐘登甲樂道齋刻函海本　一冊

110000－3162－0000208　古 126/1

補釋戚少保南北兵法要略三卷　（明）郭應響撰　明崇禎三年(1630)金城籌邊堂抄本　四冊

110000－3162－0000209　古 126/2－1

紀效新書十八卷首一卷　（明）戚繼光撰　清道光二十一年(1841)武林西宗氏刻本　六冊

110000－3162－0000210　古 126/2－2

紀效新書十八卷首一卷　（明）戚繼光撰　清道光二十一年(1841)武林西宗氏刻本　六冊

110000－3162－0000211　古 126/2－3

紀效新書十八卷首一卷　（明）戚繼光撰　清道光刻本　四冊

110000－3162－0000212　古 126/2－4

紀效新書十八卷首一卷　（明）戚繼光撰　清道光二十一年(1841)武林西宗氏刻本　六冊

110000－3162－0000213　古 126/2－5

紀效新書十八卷首一卷　（明）戚繼光撰　清道光二十一年(1841)武林西宗氏刻本　六冊

110000－3162－0000214　古 126/2.1

紀效新書十八卷　（明）戚繼光撰　清道光二十三年(1843)京都琉璃廠刻本(文貴堂藏版)　四冊

110000－3162－0000215　古 126/2.2－1

紀效新書十八卷首一卷　（明）戚繼光撰　清道光湖南邵陽縣刻本　四冊

110000－3162－0000216　古 126/2.2－2

紀效新書十八卷首一卷　（明）戚繼光撰　清道光湖南邵陽縣刻本　四冊

110000－3162－0000217　古 126/2.3

紀效新書十八卷首一卷　（明）戚繼光撰　清咸豐三年(1853)慎德堂刻本　五冊　存十七卷(一至十六、首一卷)

110000－3162－0000218　古 126/2.5－1

紀效新書十八卷首一卷　（明）戚繼光撰　清光緒二十一年(1895)海醉經樓石印本　四冊

110000－3162－0000219　古 126/2.5－2

紀效新書十八卷首一卷　（明）戚繼光撰　清光緒二十一年(1895)海醉經樓石印本　四冊

110000－3162－0000220　古 126/2.6

紀練合刊三十三卷　（明）戚繼光撰　清嘉慶刻本　十二冊

110000－3162－0000221　古 126/2.7－1

紀效新書十八卷　（明）戚繼光撰　清道光十年(1830)刻本　六冊

110000－3162－0000222　古 126/2.7－2

紀效新書十八卷　（明）戚繼光撰　清道光十年(1830)刻本　六冊

110000－3162－0000223　古 126/3

紀效達辭二十卷　（明）戚繼光撰　清抄本　六冊

110000－3162－0000224　古 126/4

練兵實紀十五卷雜集六卷　（明）戚繼光撰　清咸豐四年(1854)明齋堂刻本　五冊

110000－3162－0000225　古 126/4.1－1

練兵實紀九卷雜集六卷　（明）戚繼光撰　清刻本　五冊

110000－3162－0000226　古 126/4.1－2

練兵實紀九卷雜集六卷　（明）戚繼光撰　清道光二十三年(1843)刻本　四冊

110000－3162－0000227　古 126/4.2－1

練兵實紀九卷　（明）戚繼光撰　清光緒二十一年(1895)石印本　四冊

110000－3162－0000228　古 126/4.2－2

練兵實紀九卷　（明）戚繼光撰　清光緒二十一年(1895)石印本　四冊

110000－3162－0000229　古 126/4.2－3

練兵實紀九卷　（明）戚繼光撰　清光緒二十一年(1895)石印本　四冊

110000－3162－0000230　古126/4.3－1
練兵實紀九卷雜集六卷　（明）戚繼光撰　清
京都琉璃廠木活字印本　六冊

110000－3162－0000231　古126/4.3－2
練兵實紀九卷雜集六卷　（明）戚繼光撰　清
京都琉璃廠木活字印本　六冊

110000－3162－0000232　古126/4.3－3
練兵實紀九卷雜集六卷　（明）戚繼光撰　清
京都琉璃廠木活字印本　六冊

110000－3162－0000233　古126/4.4－1
練兵實紀九卷雜集六卷　（明）戚繼光撰　清
京都琉璃廠木活字印本　六冊

110000－3162－0000234　古126/4.4－2
練兵實紀九卷雜集六卷　（明）戚繼光撰　清
京都琉璃廠木活字印本　六冊

110000－3162－0000235　古126/4.4－3
練兵實紀九卷雜集六卷　（明）戚繼光撰　清
木活字印本　四冊

110000－3162－0000236　古126/4.4－4
練兵實紀九卷雜集六卷　（明）戚繼光撰　清
木活字印本　四冊

110000－3162－0000237　古126/4.4－5
練兵實紀九卷雜集六卷　（明）戚繼光撰　清
木活字印本　四冊

110000－3162－0000238　古126/4.5
練兵實紀九卷雜集六卷　（明）戚繼光撰　清
嘉慶二十四年(1819)刻本　六冊

110000－3162－0000239　古126/5
練兵實紀類抄十五卷　（明）戚繼光撰　明萬
曆二十五年(1597)抄本　十冊

110000－3162－0000240　古126/6
三書寶鑒四十八卷　（明）戚繼光撰　清咸豐
五年(1855)刻本(來鹿堂藏版)　十八冊

110000－3162－0000241　古126/7
神機致理兵法心要全集不分卷　（明）劉基撰
清抄本　五冊

110000－3162－0000242　古126/7.1
神機致理兵法心要五卷　（明）劉基撰　清抄
本　二冊　存三卷(一至三)

110000－3162－0000243　古126/8.1
劉伯溫先生百戰奇略六卷　（明）劉基撰　清
抄本　二冊

110000－3162－0000244　古126/9
登壇必究四十卷　（明）王鳴鶴撰　明刻本
四十冊

110000－3162－0000245　古126/9.1
登壇必究四十卷　（明）王鳴鶴撰　明萬曆二
十七年(1599)刻本　三十二冊

110000－3162－0000246　古126/10
金湯借箸十二籌十二卷　（明）李盤　（明）周
鑒等輯　清刻本　十二冊

110000－3162－0000247　古126/10.1－1
金湯借箸十二籌十二卷　（明）李盤　（明）周
鑒等輯　清刻本　八冊

110000－3162－0000248　古126/10.1－2
金湯借箸十二籌十二卷　（明）李盤　（明）周
鑒等輯　清刻本　六冊

110000－3162－0000249　古126/10.1－3
金湯借箸十二籌十二卷　（明）李盤　（明）周
鑒等輯　清刻本　八冊

110000－3162－0000250　古126/10.1－4
金湯借箸十二籌十二卷　（明）李盤　（明）周
鑒等輯　清刻本　六冊

110000－3162－0000251　古126/10.1－5
金湯借箸十二籌十二卷　（明）李盤　（明）周
鑒等輯　清刻本　八冊

110000－3162－0000252　古126/10.1－6
金湯借箸十二籌十二卷　（明）李盤　（明）周
鑒等輯　清琉璃廠刻本　十冊

110000－3162－0000253　古126/10.2
金湯借箸十二籌十二卷　（明）李盤　（明）周
鑒等輯　清刻本　十冊

110000－3162－0000254　古126/10.3

金湯借箸十二籌十二卷　（明）周鑒等輯　明崇禎十一年(1638)抄本　十二冊

110000－3162－0000255　古126/10.4

金湯借箸十二籌十二卷　（明）李盤　（明）周鑒等輯　清抄本　十冊

110000－3162－0000256　古126/11

武備制勝志三十一卷　（明）茅元儀輯　清道光二十三年(1843)刻本　十二冊

110000－3162－0000257　古126/12

守城要覽四卷　（明）宋祖舜編　清咸豐二年(1852)刻本　一冊

110000－3162－0000258　古126/12.1

守城要覽四卷　（明）宋祖舜編　清道光九年(1829)抄本　一冊

110000－3162－0000259　古126/12.2

守城要覽四卷　（明）宋祖舜編　清抄本　二冊

110000－3162－0000260　古126/12.3

守城要覽四卷　（明）宋祖舜編　清道光九年(1829)刻本　二冊

110000－3162－0000261　古126/13

救命書二卷　（明）呂坤撰　清道光二十八年(1848)瓶花書屋刻本　一冊

110000－3162－0000262　古126/13.1

救命書不分卷　（明）呂坤撰　清道光十二年(1832)來鹿堂刻本　一冊

110000－3162－0000263　古126/13.2

救命書不分卷　（明）呂坤撰　清道光十四年(1834)闕里孔氏刻本　一冊

110000－3162－0000264　古126/14－1

兵法百戰經二卷　（明）王鳴鶴編　清南陽刻本　一冊

110000－3162－0000265　古126/14－2

兵法百戰經二卷　（明）王鳴鶴編　清南陽刻本　一冊

110000－3162－0000266　古126/14－3

兵法百戰經二卷　（明）王鳴鶴編　清南陽刻本　一冊

110000－3162－0000267　古126/14－4

兵法百戰經二卷　（明）王鳴鶴編　清南陽刻本　一冊

110000－3162－0000268　古126/15

武編十二卷　（明）唐順之輯　清抄本　十二冊

110000－3162－0000269　古126/15.1

武編十一卷　（明）唐順之輯　清木活字印本　十二冊

110000－3162－0000270　古126/15.2

武編十二卷　（明）唐順之輯　明萬曆四十六年(1618)錢塘檇曼山館刻本　十二冊

110000－3162－0000271　古126/16

兵經三卷戰書五卷　（清）揭暄撰　清光緒十一年(1885)抄本　一冊

110000－3162－0000272　古126/16.1－1

兵經百篇三卷　（清）揭暄撰　清咸豐四年(1854)高氏抄本　三冊

110000－3162－0000273　古126/16.1－2

兵經百篇三卷　（清）揭暄撰　清光緒十一年(1885)抄本　三冊

110000－3162－0000274　古126/16.2

兵經百篇三卷　（清）揭暄撰　清光緒十一年(1885)抄本　三冊

110000－3162－0000275　古126/16.3

兵經百言釋義三卷　（清）揭暄撰　（清）侯榮釋證　清光緒三十四年(1908)石印本　一冊

110000－3162－0000276　古126/17

兵機類纂三十二卷　（明）張龍翼輯　明崇禎十六年(1643)刻本　六冊

110000－3162－0000277　古126/18

運籌決勝綱目二十卷　（明）葉夢熊撰　明刻本　六冊

110000 - 3162 - 0000278　古 126/19
城守籌略五卷　（明）錢栴輯　明刻本　四冊

110000 - 3162 - 0000279　古 126/20
守城秘要不分卷　（明）呂坤撰　明萬曆三十五年(1607)抄本　一冊

110000 - 3162 - 0000280　古 126/21 - 1
陣紀四卷　（明）何良臣撰　清惜陰軒叢書刻本　二冊

110000 - 3162 - 0000281　古 126/21 - 2
陣紀四卷　（明）何良臣撰　清惜陰軒叢書刻本　一冊　存二卷(三至四)

110000 - 3162 - 0000282　古 126/21 - 3
陣紀四卷　（明）何良臣撰　清惜陰軒叢書刻本　二冊

110000 - 3162 - 0000283　古 126/21.1
陣紀四卷　（明）何良臣撰　清瓶花書屋刻本　二冊

110000 - 3162 - 0000284　古 126/22 - 1
挈要登壇必究兵錄大成四卷　（明）王鳴鶴編　明崇禎八年(1635)刻本　四冊

110000 - 3162 - 0000285　古 126/22 - 2
挈要登壇必究兵錄大成四卷　（明）王鳴鶴編　明刻本　一冊

110000 - 3162 - 0000286　古 126/23
兵備要覽二卷　（明）陳仁錫評纂　明崇禎五年(1632)抄本　四冊

110000 - 3162 - 0000287　古 126/24
射書五卷　（明）顧煜輯　清光緒十四年(1888)貽經書屋刻本　四冊

110000 - 3162 - 0000288　古 126/25
行軍指南不分卷　（明）□□撰　明刻本　四冊

110000 - 3162 - 0000289　古 126/26 - 1
陳忠裕公兵垣奏議不分卷　（明）陳子龍撰　清光緒二十三年(1897)刻本　二冊

110000 - 3162 - 0000290　古 126/26 - 2
陳忠裕公兵垣奏議不分卷　（明）陳子龍撰　清光緒二十三年(1897)刻本　二冊

110000 - 3162 - 0000291　古 126/26.1
陳臥子先生兵垣奏議二卷　（明）陳子龍撰　清宣統二年(1910)上海時中書局鉛印本　二冊

110000 - 3162 - 0000292　古 126/27
火攻挈要三卷　（明）焦勖撰　清道光二十一年(1841)刻本　一冊

110000 - 3162 - 0000293　古 126/27.1
火攻挈要二卷　（明）焦勖撰　明崇禎十六年(1643)抄本　二冊

110000 - 3162 - 0000294　古 126/27.2
則克錄三卷　（明）焦勖撰　明崇禎十六年(1643)刻本　四冊

110000 - 3162 - 0000295　古 126/27.3
火攻挈要三卷圖一卷　（明）焦勖撰　明崇禎十六年(1643)刻本　二冊

110000 - 3162 - 0000296　古 126/28
奇門遁甲太公兵法真詮二卷　（□）□□撰　明洪武三年(1370)抄本　二冊

110000 - 3162 - 0000297　古 126/29
武經將略一卷　（明）戚繼光撰　明崇禎九年(1636)刻本　一冊

110000 - 3162 - 0000298　古 126/30
火龍經二集三卷　（明）毛希秉匯輯　（明）劉基增輯　清咸豐刻本(南洋隆中藏版)　一冊

110000 - 3162 - 0000299　古 126/31
火龍經三集二卷　（明）茅元儀匯輯　（明）諸葛光榮增輯　清河南南陽石室刻本　一冊

110000 - 3162 - 0000300　古 126/32
車營圖制不分卷　（明）鹿繼善撰　清刻本　一冊

110000 - 3162 - 0000301　古 126/32.1
車營不分卷　（明）鹿繼善撰　明天啓四年(1624)抄本　二冊

110000－3162－0000302　古126/32.2－1
車營叩答合編四卷　（明）孫承宗　（明）鹿繼
善等撰　清同治七年(1868)刻本　四冊

110000－3162－0000303　古126/32.2－2
車營叩答合編四卷　（明）孫承宗　（明）鹿繼
善等撰　清同治七年(1868)刻本　四冊

110000－3162－0000304　古126/32.2－3
車營叩答合編四卷　（明）孫承宗　（明）鹿繼
善等撰　清同治七年(1868)刻本　四冊

110000－3162－0000305　古126/32.3
車營叩答合編四卷　（明）孫承宗　（明）鹿繼
善等撰　清光緒六年(1880)鉛印本　四冊

110000－3162－0000306　古126/33
兵陣防禦圖說不分卷　（□）□□撰　明抄本
一冊

110000－3162－0000307　古126/34
箕亭鈔略十八卷　（明）魏濬撰　明天啓元年
(1621)觀萃堂刻本　十冊

110000－3162－0000308　古126/35
火龍神器陣法不分卷　（明）焦玉撰　明抄本
四冊

110000－3162－0000309　古126/35.1
火龍神書十一卷　（明）焦玉撰　清抄本
二冊

110000－3162－0000310　古126/35.2
最勝神機不分卷　（明）焦玉撰　清抄本
一冊

110000－3162－0000311　古126/37
軍用火攻圖說不分卷　（明）焦玉撰　清抄本
一冊

110000－3162－0000312　古126/38
兵錄十四卷　（明）何汝賓撰　明崇禎五年
(1632)抄本　十四冊

110000－3162－0000313　古126/38.1
兵錄十四卷　（明）何汝賓撰　明崇禎元年
(1628)正氣堂抄本　十六冊

110000－3162－0000314　古126/40
六壬兵法書不分卷　（□）□□撰　明刻本
十三冊

110000－3162－0000315　古126/41
少林棍法闡宗三卷　（明）程沖斗撰　明天啓
元年(1621)抄本　四冊

110000－3162－0000316　古126/44
籌海圖編十三卷　（明）胡宗憲輯　明天啓四
年(1624)刻本　八冊

110000－3162－0000317　古126/44.1
籌海圖編十三卷　（明）胡宗憲輯　明天啓四
年(1624)刻本　八冊

110000－3162－0000318　古126/45
海防圖論不分卷　（明）胡宗憲撰　清鉛印本
一冊

110000－3162－0000319　古126/46
白毫子兵䪝七卷　（明）尹賓商撰　清光緒三
十三年(1907)湖北國學編輯社鉛印本　一冊

110000－3162－0000320　古126/47
五火玄機二十卷　（明）劉基撰　明洪武元年
(1368)抄本　十冊

110000－3162－0000321　古126/51
長槍法選不分卷　（明）程沖斗撰　清刻本
一冊

110000－3162－0000322　古126/52
乾坤大略十卷補遺一卷　（明）王餘佑撰　清
光緒三十三年(1907)寶興堂刻本　三冊

110000－3162－0000323　古126/52.1
乾坤大略十卷補遺一卷　（明）王餘佑撰　清
鉛印本　二冊

110000－3162－0000324　古126/53
治平勝算全書二十卷　（清）年羹堯輯　清雍
正二年(1724)抄本　二十冊

110000－3162－0000325　古127/1－1
洴澼百金方十四卷　（清）惠麓酒民編　清道
光二十年(1840)刻本　五冊

110000 – 3162 – 0000326　　古 127/1 – 2

洴澼百金方十四卷　（清）惠麓酒民編　清道光二十年(1840)刻本　五冊

110000 – 3162 – 0000327　　古 127/1 – 3

洴澼百金方十四卷　（清）惠麓酒民編　清道光二十年(1840)刻本　五冊

110000 – 3162 – 0000328　　古 127/1 – 4

洴澼百金方十四卷　（清）惠麓酒民編　清道光二十年(1840)刻本　五冊

110000 – 3162 – 0000329　　古 127/1.1 – 1

洴澼百金方十四卷　（清）惠麓酒民編　清咸豐五年(1855)刻本　九冊

110000 – 3162 – 0000330　　古 127/1.1 – 2

洴澼百金方十四卷　（清）惠麓酒民編　清咸豐五年(1855)刻本　九冊

110000 – 3162 – 0000331　　古 127/1.2 – 1

洴澼百金方十四卷　（清）惠麓酒民編　清乾隆五十三年(1788)刻本　十冊

110000 – 3162 – 0000332　　古 127/1.2 – 2

洴澼百金方十四卷　（清）惠麓酒民編　清刻本　十六冊

110000 – 3162 – 0000333　　古 127/1.2 – 3

洴澼百金方十四卷　（清）惠麓酒民編　清乾隆五十三年(1788)刻本　六冊

110000 – 3162 – 0000334　　古 127/1.3

洴澼百金方十四卷　（清）惠麓酒民編　清刻本　八冊

110000 – 3162 – 0000335　　古 127/1.4

洴澼百金方十四卷　（清）惠麓酒民編　清道光二十年(1840)刻本　五冊

110000 – 3162 – 0000336　　古 127/2 – 1

戊笈談兵十卷　（清）汪紱撰　清光緒二十一年(1895)刻本　八冊　存九卷(一至五、六下、七至九)

110000 – 3162 – 0000337　　古 127/2 – 2

戊笈談兵十卷　（清）汪紱撰　清光緒二十一年(1895)刻本　八冊　存九卷(一至五、六下、七至九)

110000 – 3162 – 0000338　　古 127/2 – 3

戊笈談兵十卷　（清）汪紱撰　清光緒二十一年(1895)刻本　八冊　存九卷(一至五、六下、七至九)

110000 – 3162 – 0000339　　古 127/2.1 – 1

戊笈談兵附補校錄十卷　（清）汪紱撰　清光緒二十五年(1899)刻本　八冊　存九卷(一至五、六下、七至九)

110000 – 3162 – 0000340　　古 127/2.1 – 2

戊笈談兵附補校錄十卷　（清）汪紱撰　清光緒二十五年(1899)刻本　八冊　存九卷(一至五、六下、七至九)

110000 – 3162 – 0000341　　古 127/2.1 – 3

四翼附編四卷　（清）戴彭撰　清光緒二十一年(1895)刻本　一冊

110000 – 3162 – 0000342　　古 127/3 – 1

武備輯要六卷　（清）許乃濟校　清道光十二年(1832)廣州刻本　一冊

110000 – 3162 – 0000343　　古 127/3 – 2

武備輯要六卷　（清）許乃濟校　清道光十二年(1832)廣州刻本　一冊

110000 – 3162 – 0000344　　古 127/3 – 3

武備輯要六卷　（清）許乃濟校　清道光十二年(1832)廣州刻本　一冊

110000 – 3162 – 0000345　　古 127/3 – 4

武備輯要六卷　（清）許乃濟校　清道光十二年(1832)廣州刻本　一冊

110000 – 3162 – 0000346　　古 127/3 – 5

武備輯要六卷　（清）許乃濟校　清道光十二年(1832)廣州刻本　一冊

110000 – 3162 – 0000347　　古 127/3.1 – 1

武備輯要六卷　（清）許乃釗輯　清道光二十三年(1843)刻本　二冊

110000 – 3162 – 0000348　　古 127/3.1 – 2

武備輯要六卷　（清）許乃釗輯　清道光二十三年(1843)刻本　二冊

110000－3162－0000349　古127/3.1－3

武備輯要六卷　（清）許乃釗輯　清道光二十三年(1843)刻本　二冊

110000－3162－0000350　古127/3.2

武備輯要六卷　（清）許乃釗輯　清道光二十九年(1849)刻本　二冊

110000－3162－0000351　古127/4－1

武備輯要續編十二卷　（清）許乃釗輯　清道光二十九年(1849)刻本　三冊　存十卷(一至十)

110000－3162－0000352　古127/4－2

武備輯要續編十二卷　（清）許乃釗輯　清道光二十九年(1849)刻本　二冊　存十卷(一至十)

110000－3162－0000353　古127/4－3

武備輯要續編十二卷　（清）許乃釗輯　清道光二十九年(1849)刻本　二冊　存十卷(一至十)

110000－3162－0000354　古127/4.2

武備輯要續編十二卷　（清）許乃釗輯　清光緒二十四年(1898)四川團練總局刻本　四冊　存十卷(一至十)

110000－3162－0000355　古127/4.3－1

鄉守輯要合鈔十卷　（清）許乃釗輯　清咸豐三年(1853)朱墨套印本　二冊

110000－3162－0000356　古127/4.3－2

鄉守輯要合鈔十卷　（清）許乃釗輯　清咸豐三年(1853)朱墨套印本　二冊

110000－3162－0000357　古127/4.4

城鄉守合鈔十六卷　（清）許乃釗輯　清咸豐三年(1853)修吉堂華亭宋家楨木活字印本　二冊　存六卷(一至六)

110000－3162－0000358　古127/4.5

鄉守輯要十二卷附守望良規一卷　（清）許乃釗輯　清咸豐二年(1852)元茂堂梓刻本　四冊　存十卷(一至十)

110000－3162－0000359　古127/4.6

武備輯要續編十二卷　（清）許乃釗輯　清道光二十一年(1841)刻本　三冊　存十卷(一至十)

110000－3162－0000360　古127/5

武備集要不分卷　（清）馬慧裕輯　清嘉慶十八年(1813)五福堂刻本　一冊

110000－3162－0000361　古127/6

鄉兵管見三卷　（清）李棟撰　清咸豐九年(1859)石印本　一冊

110000－3162－0000362　古127/6.1－1

鄉兵管見三卷　（清）李棟撰　清咸豐十年(1860)陝西布政使司刻本　一冊

110000－3162－0000363　古127/6.1－2

鄉兵管見三卷　（清）李棟撰　清咸豐十年(1860)陝西布政使司刻本　一冊

110000－3162－0000364　古127/7－1

兵鏡類編四十卷　（清）李蕊輯　清光緒十年(1884)寶慶務本書局刻本　十六冊

110000－3162－0000365　古127/7－2

兵鏡類編四十卷　（清）李蕊輯　清光緒十年(1884)寶慶務本書局刻本　十六冊

110000－3162－0000366　古127/7－3

兵鏡類編四十卷　（清）李蕊輯　清光緒十年(1884)寶慶務本書局刻本　十六冊

110000－3162－0000367　古127/7－4

兵鏡類編四十卷　（清）李蕊輯　清光緒十年(1884)寶慶務本書局刻本　十六冊

110000－3162－0000368　古127/8－1

韜鈐拾慧錄不分卷　（清）恒矜輯錄　清同治二年(1863)刻本　一冊

110000－3162－0000369　古127/8－2

韜鈐拾慧錄不分卷　（清）恒矜輯錄　清同治二年(1863)刻本　一冊

110000－3162－0000370　古127/8－3

韜鈐拾慧錄不分卷　（清）恒矜輯錄　清同治二年(1863)刻本　一冊

110000 – 3162 – 0000371　　古 127/9

防守集成十六卷　（清）朱璐編　清咸豐四年
(1854)島山又一村刻本　　八冊

110000 – 3162 – 0000372　　古 127/10

慎守編十四卷　（清）陸在元輯　清抄本
五冊

110000 – 3162 – 0000373　　古 127/10.1

慎守編十四卷　（清）陸在元輯　清抄本　十
四冊

110000 – 3162 – 0000374　　古 127/11

新編兵鑒心書二卷　（清）徐宗幹輯　清光緒
十六年(1890)石印本　一冊

110000 – 3162 – 0000375　　古 127/12

御覽戰守心法四卷　（清）袁祖禮撰　清光緒
三十三年(1907)聚豐齋刻本　四冊

110000 – 3162 – 0000376　　古 127/13 – 1

權制八卷　（清）陳澹然撰　清光緒二十六年
(1900)徐崇立長沙刻本　　六冊

110000 – 3162 – 0000377　　古 127/13 – 2

權制八卷　（清）陳澹然撰　清刻本　二冊

110000 – 3162 – 0000378　　古 127/13 – 3

權制八卷　（清）陳澹然撰　清光緒二十六年
(1900)徐崇立長沙刻本　六冊

110000 – 3162 – 0000379　　古 127/14

兵鈐內外書十四卷　（清）盧崇俊撰　清抄本
八冊

110000 – 3162 – 0000380　　古 127/16 – 1

草廬經略十二卷　（明）□□撰　清光緒七年
(1881)刻本　四冊

110000 – 3162 – 0000381　　古 127/16 – 2

草廬經略十二卷　（明）□□撰　清道光三十
年(1850)刻粵雅堂叢書本　四冊

110000 – 3162 – 0000382　　古 127/16 – 3

草廬經略十二卷　（明）□□撰　清光緒七年
(1881)刻粵雅堂叢書本　四冊

110000 – 3162 – 0000383　　古 127/17

神韜致勝奇書九卷　（□）□□撰　清抄本
四冊

110000 – 3162 – 0000384　　古 127/18

今兵利弊不分卷　（清）鄭日敬撰　清刻本
一冊

110000 – 3162 – 0000385　　古 127/20

壁勤襄公遺書三種不分卷　（清）壁昌撰　清
咸豐九年(1859)刻本　三冊

110000 – 3162 – 0000386　　古 127/21

約兵指南十卷　（清）劉福松撰　清光緒十二
年(1886)刻本　四冊

110000 – 3162 – 0000387　　古 127/23

星兵輯覽十卷　（明）□□輯　清紅格抄本
五冊

110000 – 3162 – 0000388　　古 127/24

兵法理數論二卷　（清）王長遠撰　清光緒二
十九年(1903)刻本　一冊

110000 – 3162 – 0000389　　古 127/25 – 1

兵家方道指南九卷　（清）彭定瀾撰　清同治
四年(1865)刻本　六冊

110000 – 3162 – 0000390　　古 127/25 – 2

兵家方道指南九卷　（清）彭定瀾撰　清同治
四年(1865)刻本　六冊

110000 – 3162 – 0000391　　古 127/25.1

兵家方道指南九卷　（清）彭定瀾撰　清咸豐
八年(1858)抄本　一冊

110000 – 3162 – 0000392　　古 127/27

兵書三種　（清）左宗棠撰　清光緒元年
(1875)上海書局石印本　二冊

110000 – 3162 – 0000393　　古 127/28

左氏兵謀二卷　（清）魏禧輯　清咸豐十年
(1860)刻本　一冊

110000 – 3162 – 0000394　　古 127/28.1

左氏韜鈐二卷　（清）魏禧輯　清抄本　二冊

110000 – 3162 – 0000395　　古 127/28.2

左氏兵謀論不分卷　（清）魏禧輯　清抄本

一冊

110000－3162－0000396　古127/29－1
奇門行軍要略四卷　（清）劉文瀾纂　清道光
二十五年（1845）刻本　四冊

110000－3162－0000397　古127/29－2
奇門行軍要略四卷　（清）劉文瀾纂　清道光
二十五年（1845）刻本　四冊

110000－3162－0000398　古127/29－3
奇門行軍要略四卷　（清）劉文瀾纂　清道光
二十五年（1845）刻本　四冊

110000－3162－0000399　古127/30
禦侮備覽二卷　（清）陸嵩齡編　清道光十三
年（1833）刻本　二冊

110000－3162－0000400　古127/32
兵機總要行軍須知十四卷　（□）□□撰　清
抄本　六冊

110000－3162－0000401　古127/33
武備要略天文不分卷　（□）□□撰　清抄本
一冊

110000－3162－0000402　古127/34
武備水火攻不分卷　（明）施永圖著　清抄本
一冊

110000－3162－0000403　古127/35
武備地利四卷　（明）施永圖輯　清刻本
七冊

110000－3162－0000404　古127/37－1
武備志略五卷　（清）傅禹重輯　清康熙十五
年（1676）刻本　十冊

110000－3162－0000405　古127/37－2
武備志略五卷　（清）傅禹重輯　清康熙十五
年（1676）刻本　十冊

110000－3162－0000406　古127/39
手臂錄四卷附三卷　（清）吳殳著　清道光二
十八年（1848）瓶花書屋刻本　二冊

110000－3162－0000407　古127/39.1－1
手臂錄四卷附三卷　（清）吳殳著　清抄本

四冊

110000－3162－0000408　古127/39.1－2
手臂錄四卷附三卷　（清）吳殳著　清抄本
四冊

110000－3162－0000409　古127/40
軍帳神機不分卷　（□）楊克讓輯　清紅格舊
抄本　二十冊

110000－3162－0000410　古127/41－1
射譜不分卷　（清）盧文燦著　清道光十九年
（1839）青山堂刻本　二冊

110000－3162－0000411　古127/41－2
射譜不分卷　（清）盧文燦著　清道光十九年
（1839）青山堂刻本　二冊

110000－3162－0000412　古127/42
武備天文志不分卷　（明）施永圖輯　清抄本
二冊

110000－3162－0000413　古127/43
軍事天文二卷　（□）□□撰　清藍格抄本
二冊

110000－3162－0000414　古127/44
兵鑒四卷附一卷　（清）徐宗幹輯　清咸豐二
年（1852）斯未信齋刻本　四冊

110000－3162－0000415　古127/45
兵技指掌圖說不分卷　（清）宮保近堂原繪
清咸豐元年（1851）繪抄本　一冊

110000－3162－0000416　古127/46
城守輯要不分卷　（清）丁廷珍輯　清咸豐十
一年（1861）清怡堂藏抄本　一冊

110000－3162－0000417　古127/47
行軍紀律不分卷　（清）文祥輯　清道光十九
年（1839）刻本　一冊

110000－3162－0000418　古127/48
將略要論不分卷　（清）劉璞撰　清道光十九
年（1839）黃鍾月刻本　一冊

110000－3162－0000419　古127/50
醫時六言六卷　（清）翁傳照輯　清光緒二十

年(1894)刻本　一冊

110000－3162－0000420　古127/51
火攻輯要不分卷　（□）□□撰　清抄本
一冊

110000－3162－0000421　古127/52
韜海珠塵十四卷　（三國蜀）諸葛亮著　清仿
明洪武八年(1375)抄本　六冊

110000－3162－0000422　古127/53
卜筮兵法不分卷　（□）□□撰　清抄本
一冊

110000－3162－0000423　古127/54－1
見聞輯要一卷　（清）劄庫木他塔拉代著　清
光緒十五年(1889)江蘇書局麗澤書室刻本
一冊

110000－3162－0000424　古127/54－2
見聞輯要一卷　（清）劄庫木他塔拉代著　清
光緒十五年(1889)江蘇書局麗澤書室刻本
一冊

110000－3162－0000425　古127/54.1
見聞輯要一卷　（清）劄庫木他塔拉代著　清
光緒六年(1880)廣東惠潮嘉道署麗澤書室刻
本　一冊

110000－3162－0000426　古127/55
兵武聞見錄不分卷　（清）壁昌撰　清咸豐九
年(1859)刻本　二冊

110000－3162－0000427　古127/55.1
兵武聞見錄不分卷　（清）壁昌撰　清咸豐五
年(1855)刻本　二冊

110000－3162－0000428　古127/56
戎政芻言不分卷　（清）陳階平輯　清嘉慶二
十五年(1820)木活字印本　二冊

110000－3162－0000429　古127/61
行軍紀略不分卷　（清）樂威毅公撰　清光緒
二十三年(1897)鉛印本　一冊

110000－3162－0000430　古127/62
重定行軍決勝篇一卷　（清）馬君實撰　清同
治元年(1862)抄本　一冊

110000－3162－0000431　古127/63－1
曾文正公水陸行軍練兵志四卷　（清）王定安
纂　清光緒十年(1884)上洋文海書局刻本
四冊

110000－3162－0000432　古127/63－2
曾文正公水陸行軍練兵志四卷　（清）王定安
纂　清光緒十年(1884)上洋文海書局刻本
四冊

110000－3162－0000433　古127/64
萬勝車營圖說五卷　（清）侯紹瀛輯　清光緒
十三年(1887)刻本(寥山草堂藏板)　二冊

110000－3162－0000434　古127/65
王壯武公練勇芻言不分卷　（清）王鑫撰
清光緒十三年(1887)雲南團防總局刻本
一冊

110000－3162－0000435　古127/66
武場事宜不分卷　（□）□□撰　清刻本
一冊

110000－3162－0000436　古127/67
訓兵六章不分卷　（清）江鴻升撰　清刻本
一冊

110000－3162－0000437　古127/68
兵訓輯略十二卷　（清）姚錫禧編　清抄本
四冊

110000－3162－0000438　古127/69
教練輯要不分卷　（清）謝瑛編輯　清道光九
年(1829)刻本　二冊

110000－3162－0000439　古127/70
練勇芻言五卷　（清）王鑫著　清光緒二十四
年(1898)江西書局刻本　一冊

110000－3162－0000440　古127/70.1
練勇芻言五卷　（清）王鑫著　清光緒十七年
(1891)金陵湘鄉王氏刻本　一冊

110000－3162－0000441　古127/71
訓練要言二卷　（□）□□撰　清抄本　一冊

110000－3162－0000442　古127/72
訓兵六則不分卷　（□）□□撰　清刻本

一册

110000－3162－0000443　古127/73
行軍臆說三篇不分卷　（□）□□撰　清抄本
一冊

110000－3162－0000444　古127/75－1
訓兵輯要不分卷　（清）薛大烈輯　清嘉慶十
九年(1814)刻本　二冊

110000－3162－0000445　古127/75－2
訓兵輯要不分卷　（清）薛大烈輯　清嘉慶十
九年(1814)刻本　二冊

110000－3162－0000446　古127/76
兵部題準武場條例八卷　（□）□□撰　清光
緒八年(1882)刻本　一冊

110000－3162－0000447　古127/77－1
防海紀略二卷　（清）芍唐居士編　清光緒六
年(1880)上洋文藝齋刻本　二冊

110000－3162－0000448　古127/77－2
防海紀略二卷　（清）芍唐居士編　清光緒六
年(1880)上洋文藝齋刻本　二冊

110000－3162－0000449　古127/78
營武約編不分卷　（清）武隆阿著　清刻本
一冊

110000－3162－0000450　古127/81
練兵法言十卷　（清）費繼章著　清光緒三十
二年(1906)靜泊軒所著書版抄本　十冊

110000－3162－0000451　古127/82－1
臨陣心法不分卷　（清）劉連捷著　清光緒十
六年(1890)金陵刻本　一冊

110000－3162－0000452　古127/82－2
臨陣心法不分卷　（清）劉連捷著　清光緒十
六年(1890)金陵刻本　一冊

110000－3162－0000453　古127/83－1
營伍指要不分卷　（清）□協之著　清光緒十
四年(1888)瀋陽太和山房刻本　一冊

110000－3162－0000454　古127/83－2
營伍指要不分卷　（清）□協之著　清光緒十

四年(1888)瀋陽太和山房刻本　一冊

110000－3162－0000455　古127/84
武經備旨大全不分卷　（□）□□撰　清道光
二十年(1840)抄本　一冊

110000－3162－0000456　古127/86
西招圖略不分卷　（清）松筠撰　（清）陸為炳
重校訂　清道光二十七年(1847)刻本　一冊

110000－3162－0000457　古127/88
練勇芻言五卷　（清）王鑫著　操練洋槍淺言
一卷　（清）馮國士　（清）葛道殷撰　用炮要
言一卷　（清）葛道殷撰　清光緒十三年
(1887)湖北崇文書局刻本　一冊

110000－3162－0000458　古127/89
戰守要錄不分卷　（□）三韓文治翊氏選　清
抄本　一冊

110000－3162－0000459　古127/91－1
武備秘書五卷　（明）施永圖著　清臥雲居藏
刻本　十二冊

110000－3162－0000460　古127/91－2
武備秘書五卷　（明）施永圖著　清臥雲居藏
刻本　八冊

110000－3162－0000461　古127/92
武經集要一卷　（清）徐亦撰　清光緒十五年
(1889)浙江書局刻本　一冊

110000－3162－0000462　古127/93
儲將芻言不分卷　（清）林肇元著　清光緒七
年(1881)刻本　一冊

110000－3162－0000463　古127/95
兵法集鑒六卷　（清）史策先編輯　清咸豐六
年(1856)刻本　十二冊

110000－3162－0000464　古127/96
百子金丹武編四卷　（清）郭洙沅編輯　清乾
隆八年(1743)天元堂藏刻本　二冊　存二卷
(三至四)

110000－3162－0000465　古127/97
勸兵歌不分卷　（□）□□撰　清光緒二十三
年(1897)講說堂手抄本　二冊

110000－3162－0000466　古 13/1－1

戰略考三十一卷　（明）茅元儀著　清咸豐十年(1860)刻本　八冊

110000－3162－0000467　古 13/1－2

戰略考三十一卷　（明）茅元儀著　清咸豐十年(1860)刻本　八冊

110000－3162－0000468　古 13/1.1－1

戰略考三十一卷　（明）茅元儀撰　清咸豐十年(1860)刻本　六冊

110000－3162－0000469　古 13/1.1－2

戰略考三十一卷　（明）茅元儀撰　清咸豐十年(1860)刻本　六冊

110000－3162－0000470　古 13/1.2

二十一史戰略考三十三卷　（明）茅元儀輯　清光緒二十五年(1899)成都志古堂刻本　十冊

110000－3162－0000471　古 13/3

讀史兵略四十六卷　（清）胡林翼纂　清光緒二十一年(1895)儷峰書屋刻本　二十冊

110000－3162－0000472　古 13/3.1

讀史兵略十二卷　（清）胡林翼纂　清光緒二十七年(1901)上海紹先書局重印石印本　十二冊

110000－3162－0000473　古 13/3.2－1

讀史兵略四十六卷　（清）胡林翼纂　清咸豐十一年(1861)武昌節署刻本　十六冊

110000－3162－0000474　古 13/3.2－2

讀史兵略四十六卷　（清）胡林翼纂　清咸豐十一年(1861)武昌節署刻本　十六冊

110000－3162－0000475　古 13/3.2－3

讀史兵略四十六卷　（清）胡林翼纂　清咸豐十一年(1861)武昌節署刻本　十六冊

110000－3162－0000476　古 13/3.2－4

讀史兵略四十六卷　（清）胡林翼纂　清咸豐十一年(1861)武昌節署刻本　十六冊

110000－3162－0000477　古 13/3.2－5

讀史兵略四十六卷　（清）胡林翼纂　清咸豐十一年(1861)武昌節署刻本　十六冊

110000－3162－0000478　古 13/3.2－6

讀史兵略四十六卷　（清）胡林翼纂　清咸豐十一年(1861)武昌節署刻本　十六冊

110000－3162－0000479　古 13/3.2－7

讀史兵略四十六卷　（清）胡林翼纂　清咸豐十一年(1861)武昌節署刻本　十六冊

110000－3162－0000480　古 13/3.2－8

讀史兵略四十六卷　（清）胡林翼纂　清咸豐十一年(1861)武昌節署刻本　十六冊

110000－3162－0000481　古 13/3.2－9

讀史兵略四十六卷　（清）胡林翼纂　清咸豐十一年(1861)武昌節署刻本　十六冊

110000－3162－0000482　古 13/3.2－10

讀史兵略四十六卷　（清）胡林翼纂　清咸豐十一年(1861)武昌節署刻本　十六冊

110000－3162－0000483　古 13/3.3－1

讀史兵略四十六卷　（清）胡林翼纂　清光緒元年(1875)湖北崇文書局刻本　十六冊

110000－3162－0000484　古 13/3.3－2

讀史兵略四十六卷　（清）胡林翼纂　清光緒元年(1875)湖北崇文書局刻本　十六冊

110000－3162－0000485　古 13/3.4－1

讀史兵略四十六卷　（清）胡林翼纂　清咸豐十一年(1861)刻本　二十冊

110000－3162－0000486　古 13/3.4－2

讀史兵略續編十卷　（清）胡林翼纂　清光緒二十八年(1902)湘省學堂刻本　十冊

110000－3162－0000487　古 13/4－1

讀史兵略續編十卷　（清）胡林翼纂　清光緒二十六年(1900)上海圖書集成印書局鉛印本　十冊

110000－3162－0000488　古 13/4－2

讀史兵略續編十卷　（清）胡林翼纂　清光緒二十六年(1900)上海圖書集成印書局鉛印本　十冊

110000－3162－0000489　古13/4－3

讀史兵略續編十卷　（清）胡林翼纂　清光緒
二十六年(1900)上海圖書集成印書局鉛印本
十冊

110000－3162－0000490　古13/4－4

讀史兵略續編十卷　（清）胡林翼纂　清光緒
二十六年(1900)上海圖書集成印書局鉛印本
十冊

110000－3162－0000491　古13/4.1

讀史兵略續編十卷　（清）胡林翼纂　清光緒
二十八年(1902)湘省學堂刻本　十冊

110000－3162－0000492　古13/5

經武要略二十四卷　（明）莊應會輯　明崇禎
十五年(1642)刻本　二十四冊

110000－3162－0000493　古13/8

左氏兵法測要二十卷　（明）宋征璧節要　明
崇禎十年(1637)刻本　二十四冊

110000－3162－0000494　古13/8.1

左氏兵法測要二十卷　（明）宋征璧撰　清劍
間齋刻本　十冊

110000－3162－0000495　古13/9－1

古今將略四卷　（明）馮時寧輯　明遺經堂刻
本　四冊

110000－3162－0000496　古13/9－2

古今將略四卷　（明）馮時寧輯　明遺經堂刻
本　四冊

110000－3162－0000497　古13/12

歷朝兵機匯纂不分卷　（清）倪恒編　清康熙
二十二年(1683)抄本　四冊

110000－3162－0000498　古13/13

知古錄三卷　（清）恒稦纂輯　清同治二年
(1863)鏒板家藏避熱窩刻本　一冊

110000－3162－0000499　古13/13.1

知古錄三卷　（清）恒稦纂輯　清同治二年
(1863)刻本　四冊

110000－3162－0000500　古13/13.2－1

知古錄三卷　（清）恒稦纂輯　清同治二年

110000－3162－0000489　古13/4－3

(1863)避熱窩刻本　三冊

110000－3162－0000501　古13/13.2－2

知古錄三卷　（清）恒稦纂輯　清同治二年
(1863)避熱窩刻本　三冊

110000－3162－0000502　古13/13.2－3

知古錄三卷　（清）恒稦纂輯　清同治二年
(1863)避熱窩刻本　三冊

110000－3162－0000503　古13/15

兵略叢言提綱不分卷　（清）鐃大容輯　清光
緒三十四年(1908)抄本　一冊

110000－3162－0000504　古13/16

讀史兵略綴言四卷　（清）蔣廷黻著　清宣統
三年(1911)刻本　二冊

110000－3162－0000505　古13/17

歷代戰爭圖記十卷　（□）□□撰　清紅格抄
本　十冊

110000－3162－0000506　古13/18－1

中國歷史戰爭形勢圖說附論二卷　盧彤著
清宣統二年(1910)武昌集文印書館鉛印本
一冊

110000－3162－0000507　古13/18－2

中國歷史戰爭形勢圖說附論二卷　盧彤著
清宣統二年(1910)武昌集文印書館鉛印本
一冊

110000－3162－0000508　古13/20

左氏兵略三十二卷　（明）陳禹謨輯　明刻本
十六冊　存十六卷(十七至三十二)

110000－3162－0000509　古13/20.1

左氏兵略三十二卷　（明）陳禹謨輯　明萬曆
刻本　十五冊　存三十卷(三至三十二)

110000－3162－0000510　古13/21

經世要略二十卷　（明）萬廷言編輯　明萬曆
二十八年(1600)刻本　十二冊

110000－3162－0000511　古13/23－1

清溪草堂集(兵略)不分卷　（清）陳昌年著
清光緒十一年(1885)刻本　一冊

110000－3162－0000512　古13/23－2

清溪草堂集(兵略)不分卷　(清)陳昌年著
清光緒十一年(1885)刻本　一冊

110000－3162－0000513　古13/24

平夷韜略三大秘書三卷　(明)施永圖著　明
刻本　四冊

110000－3162－0000514　古14/1－1

歷代兵制八卷　(宋)陳傅良著　清道光二十
九年(1849)靜觀堂刻本　二冊

110000－3162－0000515　古14/1－2

歷代兵制八卷　(宋)陳傅良著　清道光二十
九年(1849)靜觀堂刻本　二冊

110000－3162－0000516　古14/1.1

歷代兵制八卷　(宋)陳傅良撰　清新昌莊肇
麟刻本　一冊

110000－3162－0000517　古14/1.2

歷代兵制八卷　(宋)陳傅良撰　清道光二十
八年(1848)瓶花書屋刻本　二冊

110000－3162－0000518　古14/1.3

歷代兵制八卷　(宋)陳傅良撰　清刻本
一冊

110000－3162－0000519　古14/2－1

皇朝兵制考略六卷　(清)翁同爵編纂　清光
緒元年(1875)武昌節署朱墨套印本　一冊

110000－3162－0000520　古14/2－2

皇朝兵制考略六卷　(清)翁同爵編纂　清光
緒元年(1875)武昌節署朱墨套印本　一冊

110000－3162－0000521　古14/2－3

皇朝兵制考略六卷　(清)翁同爵編纂　清光
緒元年(1875)武昌節署朱墨套印本　一冊

110000－3162－0000522　古14/3

補漢兵志並注不分卷　(宋)錢文子著　清乾
隆三十四年(1769)般陽書院刻本　二冊

110000－3162－0000523　古14/3.2

補漢兵志不分卷　(元)錢文子著　清乾隆四
十四年(1779)刻本　一冊

110000－3162－0000524　古14/4

補晉兵志不分卷　(清)錢儀吉著　清光緒十
七年(1891)廣雅書局刻本　一冊

110000－3162－0000525　古14/7－1

欽定兵部處分則例三十九卷　(清)麋良哲等
纂修　清刻本　三十二冊

110000－3162－0000526　古14/7－2

欽定兵部處分則例三十九卷　(清)麋良哲等
纂修　清道光九年(1829)刻本　三十五冊

110000－3162－0000527　古14/9

欽定八旗則例十二卷　(清)鄂爾泰等編纂
清乾隆七年(1742)刻本　四冊

110000－3162－0000528　古14/10－1

欽定兵部續纂處分則例四卷　(清)慶源
(清)李涵合纂修　清道光九年(1829)刻本
四冊

110000－3162－0000529　古14/10－2

欽定兵部續纂處分則例四卷　(清)慶源
(清)李涵合纂修　清道光九年(1829)刻本
四冊

110000－3162－0000530　古14/11－1

欽定軍需則例十五卷　(清)章佳阿桂等編纂
清乾隆五十年(1785)刻本　四冊

110000－3162－0000531　古14/11－2

欽定軍需則例十四卷續纂一卷　(清)章佳阿
桂等編纂　清乾隆五十三年(1788)刻本
四冊

110000－3162－0000532　古14/12

軍需全備六卷　(□)□□撰　清嘉慶抄本
八冊

110000－3162－0000533　古14/12.1

軍需全備六卷　(□)□□撰　清嘉慶抄本
六冊

110000－3162－0000534　古14/13

欽定工部軍器則例六十卷　(清)宋道勳等編
清道光十五年(1835)刻本(江蘇布政使司
衙藏版)　二十冊

110000－3162－0000535　古14/13.1

欽定軍器則例六十卷　清同治抄本　二十九冊　存三十八卷(九至十、十三至二十四、三十七至六十)

110000－3162－0000536　古14/14

旗軍志不分卷　(清)金德純著　清刻本　一冊

110000－3162－0000537　古14/15－1

軍禮司馬法考徵二卷　(清)黃以周撰　清光緒十八年(1892)黃氏試館刻本　一冊

110000－3162－0000538　古14/15－2

軍禮司馬法考徵二卷　(清)黃以周撰　清光緒十八年(1892)黃氏試館刻本　一冊

110000－3162－0000539　古19/1

廣名將譜二十卷　(明)黃道周撰　明崇禎十六年(1643)刻本　八冊

110000－3162－0000540　古19/1.1

增補繡像廣百將全傳十九卷　(明)黃道周注斷　明崇禎十六年(1643)刻本(本立堂藏板)　十冊

110000－3162－0000541　古19/1.2－1

廣明將傳二十卷　(明)黃道周注斷　清道光二十九年(1849)刻本　六冊

110000－3162－0000542　古19/1.2－2

廣明將傳二十卷　(明)黃道周注斷　清刻本　七冊

110000－3162－0000543　古19/2－1

百將圖傳二卷　(清)丁日昌輯　清同治八年(1869)江蘇書局刻本　二冊

110000－3162－0000544　古19/2－2

百將圖傳二卷　(清)丁日昌輯　清同治八年(1869)江蘇書局刻本　二冊

110000－3162－0000545　古19/2－3

百將圖傳二卷　(清)丁日昌輯　清同治八年(1869)江蘇書局刻本　二冊

110000－3162－0000546　古19/2－4

百將圖傳二卷　(清)丁日昌輯　清同治八年(1869)江蘇書局刻本　二冊

110000－3162－0000547　古19/2－5

百將圖傳二卷　(清)丁日昌輯　清同治八年(1869)江蘇書局刻本　二冊

110000－3162－0000548　古19/2－6

百將圖傳二卷　(清)丁日昌輯　清同治八年(1869)江蘇書局刻本　二冊

110000－3162－0000549　古19/2－7

百將圖傳二卷　(清)丁日昌輯　清同治八年(1869)江蘇書局刻本　二冊

110000－3162－0000550　古19/3

百將全傳三十二卷　(清)尹於皇編　清康熙四十八年(1709)刻本　十六冊

110000－3162－0000551　古19/4

何博士備論不分卷　(宋)何去非撰　清嘉慶十五年(1810)刻本　一冊

110000－3162－0000552　古19/4.02－1

何博士備論不分卷　(宋)何去非撰　清嘉慶十六年(1811)刻本　二冊

110000－3162－0000553　古19/4.02－2

何博士備論不分卷　(宋)何去非撰　清嘉慶十六年(1811)刻本　二冊

110000－3162－0000554　古19/5－1

歷代名將事略不分卷　(□)□□撰　清鉛印本　一冊

110000－3162－0000555　古19/5－2

歷代名將事略不分卷　(□)□□撰　清光緒三十三年(1907)鉛印本　一冊

110000－3162－0000556　古19/5－3

歷代名將事略不分卷　(□)□□撰　清鉛印本　一冊

110000－3162－0000557　古19/5.1－1

歷代名將事略不分卷　(清)北洋陸軍部鑒定　清光緒三十三年(1907)北洋陸軍編譯局鉛印本　一冊

110000－3162－0000558　古19/5.1－2

歷代名將事略不分卷　（清）北洋陸軍部鑒定
清光緒三十三年（1907）北洋陸軍編譯局鉛
印本　一冊

110000 - 3162 - 0000559　古19/6
十七史百將傳十卷　（宋）張預集　清八千卷
樓抄本　四冊

110000 - 3162 - 0000560　古19/6.1
十七史百將傳十卷　（宋）張預集　明景泰五
年（1454）刻本　十冊

110000 - 3162 - 0000561　古19/7
歷代名將事略不分卷　（清）陳光憲編　清光
緒三十年（1904）北洋陸軍教練處刻本　二冊

110000 - 3162 - 0000562　古19/8
古今將略微言十二卷　（明）崔儒秀評輯　明
刻本　七冊　存七卷（一至二、五至六、九至
十一）

110000 - 3162 - 0000563　古19/9.1
歷代名將言行錄二十四卷　（清）陸海軍大元
帥鑒定　清軍學編輯局鉛印本　六冊

110000 - 3162 - 0000564　古19/10
歷代名將相傳不分卷　（□）□□撰　清抄本
六十七冊

110000 - 3162 - 0000565　古19/12 - 1
戚少保［繼光］年譜十二卷　（清）戚祚國匯纂
清光緒四年（1878）補刻本　十二冊

110000 - 3162 - 0000566　古19/12 - 2
戚少保［繼光］年譜十二卷　（清）戚祚國匯纂
清光緒四年（1878）補刻本　十二冊

110000 - 3162 - 0000567　古19/12 - 3
戚少保［繼光］年譜十二卷　（清）戚祚國匯纂
清光緒四年（1878）補刻本　十二冊

110000 - 3162 - 0000568　古19/14
兵鑒全集四卷　（清）徐宗幹輯　火攻答一卷
（明）王鳴鶴著　清道光二十九年（1849）刻
本　二冊

110000 - 3162 - 0000569　古19/14.1
兵鑒全集四卷　（清）徐宗幹輯　火攻答一卷

（明）王鳴鶴著　清咸豐二年（1852）晚楓書
屋刻本　三冊

110000 - 3162 - 0000570　古19/15
忠武侯祠墓志七卷　（清）虛白道人匯輯　清
光緒元年（1875）刻本　四冊

110000 - 3162 - 0000571　古19/20
中國第一大偉人岳飛不分卷　（日本）笹川神
郎著　清光緒二十九年（1903）上海局石印本
一冊

110000 - 3162 - 0000572　古19/21
黑旗劉大將軍事實不分卷　（□）□□撰　清
光緒十年（1884）可壽齋刻本　一冊

110000 - 3162 - 0000573　古19/22
兵論不分卷　（清）王崑繩著　清鉛印本
一冊

110000 - 3162 - 0000574　古19/23
忠武志八卷　（清）張鵬翮輯　清同治八年
（1869）刻本（冰彐堂藏板）　八冊

110000 - 3162 - 0000575　古19/24
新鐫批選外紀列國傳合法兵戎事類四卷
（明）趙光裕批選　明刻本　四冊

110000 - 3162 - 0000576　古19/25
東漢中興佐命廿八將圖不分卷　（□）□□撰
清石印本　一冊

110000 - 3162 - 0000577　古19/28
諸葛忠武志十卷　（清）王鵬翮撰　清康熙四
十四年（1705）刻本　五冊

110000 - 3162 - 0000578　古19/28.1
諸葛忠武志十卷　（清）王鵬翮輯　清康熙四
十四年（1705）刻本　五冊

110000 - 3162 - 0000579　古19/31
百將傳續編四卷　（明）何喬新撰　明隆慶元
年（1567）刻本　四冊

110000 - 3162 - 0000580　古19/33
金佗粹編高宗皇帝宸翰三卷經進鄂王行實編
年六卷經進鄂王家集十卷籲天辨誣六卷天定
錄三卷高宗皇帝宸翰摭遺一卷絲綸傳信錄十

一卷天定别録四卷百氏昭忠録十四卷 （宋）
岳珂編 清光緒九年(1883)浙江書局刻本
十二冊

110000－3162－0000581 古19/34
古今合法百將必讀四卷 （明）徐大儀評輯
明刻本 四冊

110000－3162－0000582 古21/1－1
大戰學理三篇 （□）□□撰 清宣統三年
(1911)陸軍教育研究社鉛印本 三冊

110000－3162－0000583 古21/1－2
大戰學理一篇 （□）□□撰 清宣統三年
(1911)陸軍教育研究社鉛印本 一冊

110000－3162－0000584 古21/1－3
大戰學理十卷 （□）□□撰 清宣統三年
(1911)陸軍教育研究社鉛印本 十冊

110000－3162－0000585 古21/3－1
中西兵略指掌二十四卷 （清）陳龍昌輯 清
光緒二十三年(1897)東山草堂石印本 八冊

110000－3162－0000586 古21/3－2
中西兵略指掌二十四卷 （清）陳龍昌輯 清
光緒二十三年(1897)東山草堂石印本 八冊

110000－3162－0000587 古21/3－3
中西兵略指掌二十四卷 （清）陳龍昌輯 清
光緒二十三年(1897)東山草堂石印本 八冊

110000－3162－0000588 古21/5－1
洋務用軍必讀三卷 （清）朱克敬著 清光緒
十年(1884)刻本(五湖草廬藏版) 二冊

110000－3162－0000589 古21/5－2
洋務用軍必讀三卷 （清）朱克敬著 清光緒
十年(1884)刻本(五湖草廬藏版) 二冊

110000－3162－0000590 古21/8
中西兵法通義不分卷 （清）易熙著 清光緒
三十三年(1907)鉛印本 一冊

110000－3162－0000591 古221/4
杭州八旗駐防營志略二十五卷 （清）張大昌
輯 清光緒十九年(1893)刻本 六冊

110000－3162－0000592 古221/5
兵備處考功科匯呈各表不分卷 （□）□□撰
清宣統二年(1910)抄本 十四冊

110000－3162－0000593 古221/6
兩廣督練公所參謀處調查科匯呈各項表目不
分卷 （□）□□撰 清宣統二年(1910)抄本
十一冊

110000－3162－0000594 古221/7
宣統二年廣東陸軍步隊第二次學兵學術科教
育預定表不分卷 （□）□□撰 清宣統二年
(1910)抄本 十冊

110000－3162－0000595 古221/9
駐粵八旗志二十四卷 （清）長善等纂修 清
光緒五年(1879)羊城學院前翰文堂刻本 十
六冊 存二十三卷(一至三、五至二十四)

110000－3162－0000596 古221/10－1
西寧軍務節略不分卷 （清）董福祥等奏議
清光緒二十三年(1897)石印本 一冊

110000－3162－0000597 古221/10－2
西寧軍務節略不分卷 （清）董福祥等奏議
清光緒二十三年(1897)石印本 一冊

110000－3162－0000598 古221/10－3
西寧軍務節略不分卷 （清）董福祥等奏議
清光緒二十三年(1897)石印本 一冊

110000－3162－0000599 古222/1
戰史研究方法不分卷 （清）古穀編 清抄本
一冊

110000－3162－0000600 古222/2
兵學講義（各國戰史述要）不分卷 （清）山東
高等學堂編 清山東高等學堂石印本 一冊

110000－3162－0000601 古222/3－1
地球十五大戰紀十五卷 （清）賴鴻翰譯 清
上海大同譯書局石印本 二冊

110000－3162－0000602 古222/3－2
地球十五大戰紀十五卷 （清）賴鴻翰譯 清
上海大同譯書局石印本 二冊

110000－3162－0000603 古222/4

戰史大略不分卷 （清）常熟潘任輯 清鉛印
本 一冊

110000－3162－0000604 古 222/5－1
歐洲列國戰事本末二十二卷 （清）王樹枏著
清光緒二十八年(1902)中衛縣刻本 八冊

110000－3162－0000605 古 222/5－2
歐洲列國戰事本末二十二卷 （清）王樹枏著
清光緒二十八年(1902)中衛縣刻本 八冊

110000－3162－0000606 古 222/5.1
歐洲列國戰事本末二十二卷 （清）王樹枏著
清光緒三十二年(1906)成都官報書局鉛印
本 六冊

110000－3162－0000607 古 222/16
歐戰調查錄二卷 （清）陸軍大元帥鑒定 清
軍學編輯局鉛印本 二冊

110000－3162－0000608 古 222/19
世界大戰之教訓不分卷 （德國）固霍芬著
清軍學編輯局鉛印本 一冊

110000－3162－0000609 古 222/28
戰史例證戰術教科書不分卷 （清）北洋陸軍
編譯局編 清宣統二年(1910)北洋陸軍編譯
局鉛印本 一冊

110000－3162－0000610 古 2221/1－1
中國六十年戰史不分卷 （英國）愛特華斯著
清光緒二十九年(1903)上海美華書館鉛印
本 六冊

110000－3162－0000611 古 2221/1－2
中國六十年戰史不分卷 （英國）愛特華斯著
清光緒二十九年(1903)上海美華書館鉛印
本 六冊

110000－3162－0000612 古 2222/2
普法戰史不分卷 （日本）宮內英熊編 清軍
官學堂石印本 一冊

110000－3162－0000613 古 2222/2△
普法戰史附圖不分卷 （日本）宮內英熊編
清同治九年(1870)陸軍預備大學堂石印本
一冊

110000－3162－0000614 古 2222/5－1
普法兵事記不分卷 （清）杜俞著 清光緒十
五年(1889)成都刻本 一冊

110000－3162－0000615 古 2222/5－2
普法兵事記不分卷 （清）杜俞著 清光緒十
五年(1889)成都刻本 一冊

110000－3162－0000616 古 2222/6
普法戰史筆記不分卷 （日本）宮內英熊講
清陸軍預備大學堂石印本 一冊

110000－3162－0000617 古 2222/8
普法戰紀二十卷 （清）王韜撰輯 清光緒二
十一年(1895)刻本(韜園王氏藏板) 十冊

110000－3162－0000618 古 2222/8.1
普法戰紀二十卷 （清）王韜撰輯 清光緒十
二年(1886)陽湖汪學瀚署檢韜園王氏刻本
十冊

110000－3162－0000619 古 2222/18
日俄戰役概觀二卷 應雄圖編 清宣統三年
(1911)軍官學堂石印本 三冊

110000－3162－0000620 古 2222/19
日俄戰役概觀筆記不分卷 （日本）櫻井文雄
講 清陸軍預備大學堂石印本 一冊

110000－3162－0000621 古 2222/20－1
日俄戰紀二卷 秦永康編 清光緒三十四年
(1908)陸軍軍官學堂和陸軍大學校石印本
一冊 存一卷(一)

110000－3162－0000622 古 2222/20－2
日俄戰紀二卷 秦永康編 清光緒三十四年
(1908)陸軍軍官學堂和陸軍大學校石印本
二冊

110000－3162－0000623 古 2222/20△
日俄戰紀二卷附圖不分卷 （□）□□撰 清
石印本 一冊

110000－3162－0000624 古 2222/22
繪圖日俄交涉戰記初編十六卷 （清）□□編
清光緒三十年(1904)香港清記書局石印本
六冊

110000－3162－0000625　古2222/23

馬隊戰史不分卷　（□）□□撰　清軍官學堂
刻本　一冊

110000－3162－0000626　古2222/24

馬隊戰史不分卷　（□）□□撰　清軍官學堂
刻本　一冊

110000－3162－0000627　古2222/31

菲律賓獨立戰史不分卷　（菲律賓）棒時著
清光緒二十八年(1902)上海商務印書館鉛印
本　一冊

110000－3162－0000628　古2222/32

義大利獨立戰史六卷　（清）東京留學生譯
清光緒二十八年(1902)上海商務印書館鉛印
本　一冊

110000－3162－0000629　古2222/35－1

西美戰史不分卷　（法國）勃利德氏著　清光
緒三十年(1904)江南機器製造總局鉛印本
二冊

110000－3162－0000630　古2222/35－2

西美戰史不分卷　（法國）勃利德氏著　清光
緒三十年(1904)江南機器製造總局鉛印本
二冊

110000－3162－0000631　古2222/36－1

俄土戰紀六卷　（清）湯睿覺譯　清上海大同
洋書局刻本　二冊

110000－3162－0000632　古2222/36－2

俄土戰紀六卷　（清）湯睿覺譯　清上海大同
洋書局刻本　二冊

110000－3162－0000633　古2222/37

布匿第二次戰紀五卷　（英國）阿納樂德著
清光緒二十九年(1903)軍官大學堂官書局鉛
印本　二冊

110000－3162－0000634　古2222/39

金州得利寺戰鬥一卷　應雄圖編　清鉛印本
　一冊

110000－3162－0000635　古231/7

動員業務摘要不分卷　（清）軍學編輯局編

清軍學編輯局鉛印本　一冊

110000－3162－0000636　古231/9

陸軍動員計畫令附錄不分卷　（清）軍學編輯
局編　清軍學編輯局鉛印本　一冊

110000－3162－0000637　古231/10

中西要略戰策兵書合刊八卷　（清）陳耀卿編
輯　清光緒二十一年(1895)上海滬報館刻本
　八冊

110000－3162－0000638　古2311/5

出師計畫綱領附錄不分卷　（清）軍官學堂編
　清軍官學堂石印本　一冊

110000－3162－0000639　古2311/7－1

東北邊防輯要二卷　（清）曹廷傑撰　清光緒
十一年(1885)遼海書社鉛印本　一冊

110000－3162－0000640　古2311/7－2

東北邊防輯要二卷　（清）曹廷傑撰　清光緒
十一年(1885)遼海書社鉛印本　一冊

110000－3162－0000641　古2311/8

中國軍實論四卷　（清）彭鎮撰　清宣統元年
(1909)抄本　四冊

110000－3162－0000642　古2311/11－1

三省邊防備覽十四卷　（清）嚴如煜輯　清道
光二年(1822)刻本　六冊

110000－3162－0000643　古2311/11－2

三省邊防備覽十四卷　（清）嚴如煜輯　清道
光二年(1822)刻本　六冊

110000－3162－0000644　古2311/11－3

三省邊防備覽十四卷　（清）嚴如煜輯　清道
光二年(1822)刻本　六冊

110000－3162－0000645　古2311/12

歷代籌邊略不分卷　（清）陳麟圖輯　清光緒
二十三年(1897)四川廣安州學署刻本　四
十冊

110000－3162－0000646　古23119/1

海防圖論不分卷　（明）胡宗憲撰　清同治十
二年(1873)江南機器製造總局鋟版刻本
一冊

110000－3162－0000647　古23119/2－1
防海新論十八卷　（德國）希理哈撰　清刻本
三冊

110000－3162－0000648　古23119/2－2
防海新論十八卷　（德國）希理哈撰　清刻本
四冊

110000－3162－0000649　古23119/2－3
防海新論十八卷　（德國）希理哈撰　清同治
七年(1868)刻本　一冊　存二卷(六至七)

110000－3162－0000650　古23119/2－4
防海新論十八卷　（德國）希理哈撰　清同治
七年(1868)刻本　六冊

110000－3162－0000651　古23119/2－5
防海新論十八卷　（德國）希理哈撰　清同治
七年(1868)刻本　六冊

110000－3162－0000652　古23119/2－6
防海新論十八卷　（德國）希理哈撰　清同治
十二年(1873)江南機器製造總局鋟版刻本
六冊

110000－3162－0000653　古23119/2－7
防海新論十八卷　（德國）希理哈撰　清同治
七年(1868)刻本　六冊

110000－3162－0000654　古23119/2－8
防海新論十八卷　（德國）希理哈撰　清同治
十二年(1873)江南機器製造總局鋟版刻本
六冊

110000－3162－0000655　古23119/3
防海輯要十八卷　（清）宋翔鳳著　清道光二
十二年(1842)刻本　十六冊

110000－3162－0000656　古23119/4－1
長江炮臺芻議不分卷　（清）姚錫光著　清光
緒二十五年(1899)刻本　一冊

110000－3162－0000657　古23119/4－2
長江炮臺芻議不分卷　（清）姚錫光著　清光
緒二十五年(1899)刻本　一冊

110000－3162－0000658　古23119/4－3
長江炮臺芻議不分卷　（清）姚錫光著　清光

緒二十五年(1899)刻本　一冊

110000－3162－0000659　古23119/4.1
長江炮臺芻議不分卷　（清）姚錫光撰　清光
緒三十三年(1907)北洋陸軍編譯局石印本
一冊

110000－3162－0000660　古23119/5－1
海防要覽二卷　（清）左錫九輯　清光緒十年
(1884)敦懷書屋刻本　一冊

110000－3162－0000661　古23119/5－2
海防要覽二卷　（清）左錫九輯　清光緒十年
(1884)敦懷書屋刻本　一冊

110000－3162－0000662　古23119/5－3
海防要覽二卷　（清）左錫九輯　清光緒十年
(1884)敦懷書屋刻本　一冊

110000－3162－0000663　古23119/5.1
海防要覽二卷　（清）左錫九輯　清抄本　一
冊　存一卷(上)

110000－3162－0000664　古23119/6
防海節要不分卷　（德國）希理哈著　清同治
十三年(1874)刻本　一冊

110000－3162－0000665　古23119/7
中外時務海防策要四卷　（清）薛培榕著　清
光緒二十年(1894)上海書局石印本　二冊

110000－3162－0000666　古23119/9
雲南南防調查報告不分卷　（□）□□撰　清
抄本　二冊

110000－3162－0000667　古23119/10
羅景山臺灣海防並開山日記二卷　（清）羅大
春撰　清石印本　一冊

110000－3162－0000668　古23119/11
籌海芻論一卷　（□）□□撰　清鉛印本
一冊

110000－3162－0000669　古23119/12
籌邊芻言一卷　（清）徐鼐霖撰　清鉛印本
一冊

110000－3162－0000670　古23119/13－1

籌洋芻議一卷　（清）薛福成撰　清光緒二十三年（1897）上海醉六堂石印本　一冊

110000－3162－0000671　古23119/13－2

籌洋芻議一卷　（清）薛福成撰　清光緒二十三年（1897）上海醉六堂石印本　一冊

110000－3162－0000672　古23119/13－3

籌洋芻議一卷　（清）薛福成撰　清光緒二十三年（1897）上海醉六堂石印本　一冊

110000－3162－0000673　古23119/14－1

洋防輯要二十四卷　（清）嚴如煜著　清刻本　十二冊

110000－3162－0000674　古23119/14－2

洋防輯要二十四卷　（清）嚴如煜著　清刻本　十二冊

110000－3162－0000675　古23119/15－1

洋防說略二卷　（清）徐家翰撰　清光緒十三年（1887）刻本　二冊

110000－3162－0000676　古23119/15－2

洋防說略二卷　（清）徐家翰撰　清光緒十三年（1887）刻本　二冊

110000－3162－0000677　古23119/16

防海備覽十卷　（清）薛傳源撰　清嘉慶十六年（1811）刻本（望山堂藏版）　五冊

110000－3162－0000678　古23119/17

揚子江籌防芻議並序一卷　（德國）雷諾著　清光緒二十二年（1896）刻本　一冊

110000－3162－0000679　古23119/19

海防條議不分卷　（清）丁日昌著　清光緒抄本　一冊

110000－3162－0000680　古23119/22

聽黃鸝館外篇一卷　（清）魏邦翰撰　清光緒十年（1884）刻本　一冊

110000－3162－0000681　古23119/23

海防策要四卷　（□）□□撰　清光緒十四年（1888）上海蜚英館石印本　一冊

110000－3162－0000682　古2312/6

參觀日英法比陸軍報告示件第二冊四卷（□）□□撰　清刻本　一冊

110000－3162－0000683　古2312/9

考察日本軍政紀略不分卷　（清）楊壽楣著　清光緒三十四年（1908）石印本　一冊

110000－3162－0000684　古2312/10

赴日考察軍事報告書不分卷　（□）□□撰　清光緒三十四年（1908）陸軍第六鎮參謀處石印本　一冊

110000－3162－0000685　古2312/11

日本陸軍省所管歲入歲出科目表不分卷（□）□□撰　清石印本　一冊

110000－3162－0000686　古2312/12

日本武備教育不分卷　（清）商務印書館譯述　清光緒二十九年（1903）上海商務印書館鉛印本　一冊

110000－3162－0000687　古2312/14

四川派赴東瀛遊歷閱操日記二卷　（清）丁鴻臣撰　清光緒二十六年（1900）蓉城刻本　二冊

110000－3162－0000688　古2312/19－1

德國陸軍考四卷　（法國）歐盟著　（清）吳宗濂譯　清光緒二十七年（1901）江南機器製造總局鉛印本　一冊

110000－3162－0000689　古2312/19－2

德國陸軍考四卷　（法國）歐盟著　（清）吳宗濂譯　清光緒二十七年（1901）江南機器製造總局鉛印本　一冊

110000－3162－0000690　古2312/20

德國陸軍紀略四卷　（清）許景澄撰　清光緒三十一年（1905）朱印本　二冊

110000－3162－0000691　古2312/21－1

德國軍政要義六卷　（清）軍學編輯局編　清軍學編輯局鉛印本　六冊

110000－3162－0000692　古2312/21－2

德國軍政要義六卷　（清）軍學編輯局編　清軍學編輯局鉛印本　六冊

110000 - 3162 - 0000693　古 2312/21 - 3

德國軍政要義六卷　（清）軍學編輯局編　清
軍學編輯局鉛印本　六冊

110000 - 3162 - 0000694　古 2312/21 - 4

德國軍政要義六卷　（清）軍學編輯局編　清
軍學編輯局鉛印本　六冊

110000 - 3162 - 0000695　古 232/1

軍制學四卷　壽永康編　清宣統二年(1910)
石印本　六冊

110000 - 3162 - 0000696　古 232/5

改訂軍制學教課書一卷　（清）北洋將弁學堂
編纂　清光緒三十年(1904)北洋陸軍學堂鉛
印本　一冊

110000 - 3162 - 0000697　古 232/12

陸軍部暫行官制大綱不分卷　（清）陸軍部編
清宣統三年(1911)陸軍部政承司印刷所鉛
印本　一冊

110000 - 3162 - 0000698　古 232/13 - 1

列國陸軍制不分卷　（美國）歐潑登著　（美
國）林樂知譯　清刻本　二冊

110000 - 3162 - 0000699　古 232/13 - 2

列國陸軍制不分卷　（美國）歐潑登著　（美
國）林樂知譯　清光緒江南機器製造總局錄
版刻本　三冊

110000 - 3162 - 0000700　古 232/13 - 3

列國陸軍制不分卷　（美國）歐潑登著　（美
國）林樂知譯　清光緒刻本　三冊

110000 - 3162 - 0000701　古 232/13 - 4

列國陸軍制不分卷　（美國）歐潑登著　（美
國）林樂知譯　清光緒刻本　三冊

110000 - 3162 - 0000702　古 232/13 - 5

列國陸軍制不分卷　（美國）歐潑登著　（美
國）林樂知譯　清光緒刻本　三冊

110000 - 3162 - 0000703　古 232/14 - 1

西國陸軍制考略八卷　（英國）柯里著　（英
國）傅蘭雅譯　清光緒江南機器製造總局刻
本　四冊

110000 - 3162 - 0000704　古 232/14 - 2

西國陸軍制考略八卷　（英國）柯里著　（英
國）傅蘭雅譯　清光緒三十二年(1906)江南
機器製造總局刻本　四冊

110000 - 3162 - 0000705　古 232/15

各國陸軍源流考一卷　（清）羅國楨譯　清湖
北洋務譯書局朱刻本　一冊

110000 - 3162 - 0000706　古 232/16

德國軍制述要一卷　（德國）遊擊耒春石泰著
沈敦和譯　清光緒二十一年(1895)龍文齋
刻本　一冊

110000 - 3162 - 0000707　古 232/17

馬隊營制一卷　（□）□□撰　清刻本　一冊

110000 - 3162 - 0000708　古 232/18

楚軍整營章程不分卷　（□）□□撰　清刻本
一冊

110000 - 3162 - 0000709　古 232/19

奏定增改豫正軍簡明章程不分卷　（清）營教
處撰　清光緒二十五年(1899)河南官書局刻
本　一冊

110000 - 3162 - 0000710　古 232/21

奏訂軍政司試辦章程不分卷　袁世凱奏　清
光緒木活字印本　一冊

110000 - 3162 - 0000711　古 232/22

兩江督練公所辦事章程不分卷　（□）□□撰
清光緒刻本　一冊

110000 - 3162 - 0000712　古 232/23

**奏定陸軍員警處及員警隊人員補官任職暫行
章程不分卷**　奕劻等奏　清宣統元年(1909)
陸軍部編譯局刷印處鉛印本　一冊

110000 - 3162 - 0000713　古 232/24

四川通省營制不分卷　（□）□□撰　清光緒
二十七年(1901)紅格抄本　一冊

110000 - 3162 - 0000714　古 232/25

奏定陸軍部官制不分卷　（□）□□撰　清光
緒三十二年(1906)鉛印本　一冊

110000 - 3162 - 0000715　古 232/26

楚軍營制馬勇章程不分卷　（□）□□撰　清紅格抄本　一冊

110000－3162－0000716　古232/30

陸軍軍刀圖說不分卷　（□）□□撰　清中東石印局石印本　一冊

110000－3162－0000717　古232/31

奏定陸軍標旗及閱兵大臣旗式不分卷　奕劻等奏　清光緒三十一年(1905)石印本　一冊

110000－3162－0000718　古232/32

禁衛軍標旗及馬隊旗式樣不分卷　載濤等奏　清宣統元年(1909)石印本　一冊

110000－3162－0000719　古232/33－1

陸軍衣制詳細圖說不分卷　奕劻等奏　清光緒三十一年(1905)石印本　一冊

110000－3162－0000720　古232/33－2

陸軍衣制詳細圖說不分卷　奕劻等奏　清光緒三十一年(1905)石印本　一冊

110000－3162－0000721　古232/33－3

陸軍衣制詳細圖說不分卷　奕劻等奏　清光緒三十一年(1905)石印本　一冊

110000－3162－0000722　古232/34

禁衛軍常服服制圖式說略不分卷　載濤等奏　清宣統元年(1909)石印本　一冊

110000－3162－0000723　古232/35

捕盜營添兵核議章程不分卷　（□）□□撰　清刻本　一冊

110000－3162－0000724　古232/37

直隸練軍馬步營制章程不分卷　（□）□□撰　清同治九年(1870)木活字印本　一冊

110000－3162－0000725　古232/38.1

陸軍營制餉章不分卷　奕劻等奏　清光緒三十年(1904)北洋武備研究所木活字印本　一冊

110000－3162－0000726　古232/38.2

陸軍營制餉章不分卷　奕劻等奏　清光緒三十年(1904)木活字印本　一冊

110000－3162－0000727　古232/38.3

陸軍營制餉章不分卷　奕劻等奏　清光緒三十年(1904)鉛印本　一冊

110000－3162－0000728　古232/39

奏定巡防隊試辦章程不分卷　（□）□□撰　清鉛印本　一冊

110000－3162－0000729　古232/41－1

奏定陸軍營制餉章不分卷　（□）□□撰　清光緒三十二年(1906)鉛印本　一冊

110000－3162－0000730　古232/41－2

奏定陸軍營制餉章不分卷　（□）□□撰　清光緒三十二年(1906)鉛印本　一冊

110000－3162－0000731　古232/42

籌辦湖北練兵餉章摺不分卷　（清）張之洞（清）端方合奏　清光緒二十八年(1902)刻本　一冊

110000－3162－0000732　古232/43

奏定禁衛軍訓練處人員職掌並營制餉章不分卷　載濤等奏　清宣統元年(1909)抄本　一冊

110000－3162－0000733　古232/45

陸軍官弁服帽章記不分卷　奕劻等奏　清光緒三十一年(1905)石印本　一冊

110000－3162－0000734　古233/1

江西勸辦徵兵章程不分卷　（清）江西督練公所兵備處教練處擬訂　清光緒三十三年(1907)刻本　一冊

110000－3162－0000735　古233/2

徵兵摘要不分卷　（清）軍學編輯局編　清軍學編輯局鉛印本　一冊

110000－3162－0000736　古24/5

陸軍教育摘要提要不分卷　（清）盧永銘譯述　清南洋公學譯書院鉛印本　二冊

110000－3162－0000737　古24/12

養兵秘訣二篇不分卷　（日本）倉辻明俊著　清鉛印本　一冊

110000－3162－0000738　古24/14

練兵總說不分卷　（□）□□撰　清抄本

一冊

110000 - 3162 - 0000739　古 24/15
訓兵報九期不分卷　(清)北洋督練處鑒定
清光緒三十一年(1905)鉛印本　一冊

110000 - 3162 - 0000740　古 24/16
兵書二十四卷　(清)近畿陸軍第一鎮炮隊編
清宣統元年(1909)石印本　二十四冊

110000 - 3162 - 0000741　古 24/17 - 1
訓練操法評晰圖說二十二卷　袁世凱纂　清
光緒二十八年(1902)昌言報館石印本　十
二冊

110000 - 3162 - 0000742　古 24/17 - 2
訓練操法評晰圖說二十二卷　袁世凱纂　清
光緒二十八年(1902)昌言報館石印本　十
二冊

110000 - 3162 - 0000743　古 24/17.1
訓練操法評晰圖說二十二卷　袁世凱纂　清
光緒二十八年(1902)昌言報館石印本　十
二冊

110000 - 3162 - 0000744　古 24/18
訓練操法評晰圖說二十二卷　(□)□□撰
清紅框抄本　十二冊

110000 - 3162 - 0000745　古 24/19 - 1
訓練操法評晰圖說二十二卷　袁世凱纂　清
光緒二十五年(1899)石印本　十二冊

110000 - 3162 - 0000746　古 24/19 - 2
訓練操法評晰圖說二十二卷　袁世凱纂　清
光緒二十五年(1899)石印本　十二冊

110000 - 3162 - 0000747　古 24/19 - 3
訓練操法評晰圖說二十二卷　袁世凱纂　清
光緒二十五年(1899)石印本　十二冊

110000 - 3162 - 0000748　古 24/20 - 1
湖北武學四十七卷　(德國)瑞乃爾等撰　(德
國)何福滿等選譯　清光緒二十六年(1900)湖
北官書處鐫武備學堂刻本　二十九冊

110000 - 3162 - 0000749　古 24/20 - 2
湖北武學四十七卷　(德國)瑞乃爾等撰　(德

國)何福滿等選譯　清光緒二十六年(1900)湖
北官書處鐫武備學堂刻本　三十二冊

110000 - 3162 - 0000750　古 24/21
湖北武學四十九卷　(德國)瑞乃爾等撰　清
光緒二十六年(1900)湖北官書處鐫武備學堂
刻本　三十冊

110000 - 3162 - 0000751　古 24/22
江南陸師學堂武備課程二十八卷　錢德培纂
清光緒二十五年(1899)江南陸軍學堂刻本
十五冊　存二十六(三至二十八)

110000 - 3162 - 0000752　古 24/23
兵學新書十六卷　(清)徐建寅輯　清光緒二
十四年(1898)刻本　八冊

110000 - 3162 - 0000753　古 24/24 - 1
淮軍武毅各軍課程十卷　(□)□□撰　清石
印本　六冊

110000 - 3162 - 0000754　古 24/24 - 2
淮軍武毅各軍課程十卷　(□)□□撰　清石
印本　六冊

110000 - 3162 - 0000755　古 24/25 - 1
自強軍西法類編十八卷　沈敦和纂　清光緒二
十四年(1898)上海順成書局石印本　二十冊

110000 - 3162 - 0000756　古 24/25 - 2
自強軍西法類編十八卷　沈敦和纂　清光緒
二十四年(1898)上海順成書局石印本　二
十冊

110000 - 3162 - 0000757　古 24/25 - 3
自強軍西法類編十八卷　沈敦和纂　清光緒
二十四年(1898)上海順成書局石印本　二
十冊

110000 - 3162 - 0000758　古 24/25 - 4
自強軍西法類編十八卷　沈敦和纂　清光緒
二十四年(1898)上海順成書局石印本　二
十冊

110000 - 3162 - 0000759　古 24/25.1
自強軍西法類編十八卷　沈敦和纂　清光緒
二十四年(1898)上海順成書局石印本　二

十冊

110000－3162－0000760　古 24/26－1

江南陸師學堂武備課程二十八卷　錢德培纂
清光緒二十五年(1899)江南陸師學堂選刻
本　十六冊

110000－3162－0000761　古 24/26－2

江南陸師學堂武備課程二十八卷　錢德培纂
清光緒二十五年(1899)江南陸師學堂選刻
本　十六冊

110000－3162－0000762　古 24/27

江南陸師學堂武備課程二十卷　錢德培纂
清光緒二十五年(1899)江南陸師學堂刻本
七冊

110000－3162－0000763　古 24/28

南洋公學兵書五種不分卷　（日本）孟森譯
清光緒南洋公學譯書院鉛印本　十三冊

110000－3162－0000764　古 24/29－1

西洋兵書五種七十三卷　（清）張之洞編　清
江南機器製造總局石印本　十二冊

110000－3162－0000765　古 24/29－2

西洋兵書五種七十三卷　（清）張之洞編　清
江南機器製造總局石印本　十二冊

110000－3162－0000766　古 24/30－1

武備新書十種十卷　（清）廖壽豐等譯　清光
緒二十三年(1897)鉛印本　五冊

110000－3162－0000767　古 24/30－2

武備新書十種十卷　（清）廖壽豐等譯　清光
緒二十三年(1897)鉛印本　五冊

110000－3162－0000768　古 24/30.1

武備新書十種十卷　（清）廖壽豐等譯　清光
緒二十三年(1897)鉛印本　五冊

110000－3162－0000769　古 24/32－1

西洋兵書十種八十二卷　（清）張之洞編　清
江南機器製造總局石印本　十二冊

110000－3162－0000770　古 24/32－2

西洋兵書十種八十二卷　（清）張之洞編　清
江南機器製造總局石印本　十二冊

110000－3162－0000771　古 24/33

自強兵法通考十一種十九卷　（清）張樹聲編
清光緒十一年(1885)敦懷書屋刻本　十
六冊

110000－3162－0000772　古 24/34－1

新建陸軍兵略錄存八卷　袁世凱撰輯　清光
緒二十四年(1898)石印本　六冊

110000－3162－0000773　古 24/34－2

新建陸軍兵略錄存八卷　袁世凱撰輯　清光
緒二十四年(1898)石印本　六冊

110000－3162－0000774　古 24/35

陸軍部派赴日本陸軍學生訓諭不分卷　（清）
陸軍部編　清光緒三十二年(1906)鉛印本
一冊

110000－3162－0000775　古 24/36

陸軍部派赴日本海軍學生訓諭不分卷　（清）
陸軍部編　清光緒三十二年(1906)鉛印本
一冊

110000－3162－0000776　古 24/37

陸軍部派赴法國陸軍學生訓諭不分卷　（清）
陸軍部編　清鉛印本　一冊

110000－3162－0000777　古 24/38－1

新建陸軍月課冊不分卷　（□）□□撰　清光
緒二十三年(1897)刻本　二冊

110000－3162－0000778　古 24/38－2

新建陸軍月課冊不分卷　（□）□□撰　清光
緒二十四年(1898)刻本　二冊

110000－3162－0000779　古 24/39

教育宗旨不分卷　（清）學部咨文　清光緒三
十二年(1906)石印本　一冊

110000－3162－0000780　古 24/40

初級軍事教科書八卷　（□）□□撰　清光緒
三十年(1904)鉛印本　二冊

110000－3162－0000781　古 24/41

中西武備新書甲集十六卷　（日本）石井忠利
著　清光緒二十七年(1901)兩湖譯書學堂豪
本武備學堂校正刻本　四冊

110000－3162－0000782　古24/42
中國地輿學不分卷　（清）北洋陸軍編譯局編
清光緒二十三年(1897)北洋陸軍編譯局鉛
印本　一冊

110000－3162－0000783　古24/43
世界歷史不分卷　晏彪　廖宇春編　清光緒
三十一年(1905)北洋武備研究所鉛印本
一冊

110000－3162－0000784　古24/44
亞洲各國史不分卷　（清）北洋陸軍編譯局編
清光緒三十二年(1906)北洋武備研究所鉛
印本　二冊

110000－3162－0000785　古24/45
地輿學各國要事表不分卷　（清）北洋陸軍編
譯局編　清光緒三十三年(1907)北洋陸軍編
譯局石印本　一冊

110000－3162－0000786　古24/46
靖獻遺言八卷　（三國蜀）諸葛亮等著　清光
緒三十二年(1906)北洋武備研究所石印本
一冊

110000－3162－0000787　古24/47
幾何學不分卷　鄭大和著　清光緒三十二年
(1906)北洋陸軍編譯局石印本　一冊

110000－3162－0000788　古24/48
初等化學教科書不分卷　（□）裴澤生編　清
光緒三十二年(1906)北洋武備研究所石印本
一冊

110000－3162－0000789　古24/49
初等物理教科書不分卷　（清）北洋武備編譯
局編　清光緒三十二年(1906)北洋武備研究
所石印本　一冊

110000－3162－0000790　古24/50
筆算無師自通初編不分卷　（清）清貴胄學堂
授　清貴胄學堂鉛印本　一冊

110000－3162－0000791　古24/51
京師陸軍小學堂地理教科書二卷　（清）京師
陸軍小學堂編　清京師陸軍小學堂鉛印本

二冊

110000－3162－0000792　古24/52
國文教科書五編不分卷　（清）京師陸軍小學
堂編　清京師陸軍小學堂鉛印本　四冊

110000－3162－0000793　古24/53
京師陸軍小學堂歷史教科書三編不分卷　孫
芳編　清京師陸軍小學堂鉛印本　一冊

110000－3162－0000794　古24/54
貴胄學堂課本十一卷　（□）□□撰　清北洋
武備研究所石印本　十一冊

110000－3162－0000795　古24/56
日本兵書九種十四卷　（日本）細田謙譯述
清光緒二十五年(1899)南洋公學譯書院鉛印
本　十七冊

110000－3162－0000796　古24/57
分類時務通纂(經武類)二百九卷　（□）□□
撰　清石印本　八冊　存五十二卷(一百五
十八至二百九)

110000－3162－0000797　古24/58
考查日本陸軍教育書五編不分卷　賀忠良輯
清光緒三十三年(1907)北洋陸軍編譯局鉛
印本　一冊

110000－3162－0000798　古24/60
兩廣陸軍學堂講義不分卷　（□）□□撰　清
鉛印本　一冊

110000－3162－0000799　古2411/6
步兵暫行操法三編不分卷　（清）□□撰　清
北洋陸軍學堂木活字印本　二冊

110000－3162－0000800　古2411/7－1
步兵操法改正意見不分卷　（清）□□撰　清
陸軍行營軍官學堂木活字印本　一冊

110000－3162－0000801　古2411/7－2
步兵操法改正意見不分卷　（清）□□撰　清
陸軍行營軍官學堂木活字印本　一冊

110000－3162－0000802　古2411/8
步兵操法上編六卷　（清）□□撰　清北洋陸軍
教練處木活字印本　一冊　存二卷(一至二)

110000－3162－0000803　古2411/10

振興步隊操演陣式圖說冊三卷　（清）□□撰
清光緒二十五年(1899)抄本　一冊

110000－3162－0000804　古2411/11

德國步兵操典四編不分卷　（清）訓練總監編
輯局編　清光緒三十二年(1906)訓練總監編
輯局鉛印本　一冊

110000－3162－0000805　古2412/1

軍隊內務條例三十章不分卷　（清）北洋陸軍
編譯局編譯　清宣統元年(1909)武學印書局
鉛印本　一冊

110000－3162－0000806　古2412/2

軍隊內務條例三十章不分卷　（清）北洋陸軍
後備處編稿　清光緒三十二年(1906)北洋陸
軍學堂書局鉛印本　一冊

110000－3162－0000807　古2412/2.1

軍隊內務條例三十章不分卷　（□）□□撰
清新疆官書局鉛印本　一冊

110000－3162－0000808　古2412/3

軍隊內務書二十六章不分卷　（日本）陸軍省
編　清南洋公學譯書院鉛印本　一冊

110000－3162－0000809　古2412/4－1

風紀衛兵定則不分卷　（□）□□撰　清北洋
陸軍編譯局鉛印本　一冊

110000－3162－0000810　古2412/4－2

風紀衛兵定則不分卷　（□）□□撰　清北洋
陸軍編譯局鉛印本　一冊

110000－3162－0000811　古2412/6

摘譯中隊長對於兵卒之職責不分卷　（日本）
田中國次郎撰　（清）兩廣教練處編譯　清光
緒三十三年(1907)廣東陸軍速成學堂鉛印本
一冊

110000－3162－0000812　古2412/7

奏定陸軍行營禮節不分卷　奕劻等奏　清光
緒三十四年(1908)北洋陸軍編譯局鉛印本
一冊

110000－3162－0000813　古2413/1－1

簡明軍紀不分卷　（清）瓜爾佳·玉亮頒布
清光緒十四年(1888)刻本(行轅藏板)　一冊

110000－3162－0000814　古2413/1－2

簡明軍紀不分卷　（清）瓜爾佳·玉亮頒布
清光緒十四年(1888)刻本(行轅藏板)　一冊

110000－3162－0000815　古2419/1－1

德國武備體操學五卷　（德國）瑞乃爾口譯
清光緒二十六年(1900)武備學堂刻本　一冊

110000－3162－0000816　古2419/1－2

德國武備體操學五卷　（德國）瑞乃爾口譯
清光緒二十六年(1900)武備學堂刻本　一冊

110000－3162－0000817　古2419/2

劍術教範二部不分卷　（□）□□撰　清廣東
陸軍速成學堂鉛印本　一冊

110000－3162－0000818　古242/1

步兵教科書後編不分卷　（□）□□撰　清石
印本　一冊

110000－3162－0000819　古2421/1

射擊學不分卷　簡直義編　清陸軍行營軍官
學堂石印本　一冊

110000－3162－0000820　古2421/2

射擊學二卷　（清）軍學編輯局編　清軍學編
輯局鉛印本　二冊

110000－3162－0000821　古2421/4

射擊精理筆記不分卷　簡直義講　清陸軍預
備大學堂石印本　一冊

110000－3162－0000822　古2421/5－1

射擊精理筆記（子彈之效力）一卷　簡直義講
清陸軍預備大學堂石印本　一冊

110000－3162－0000823　古2421/5－2

射擊精理筆記（射擊原理）一卷　簡直義講
清陸軍預備大學堂石印本　一冊

110000－3162－0000824　古2421/5－3

射擊精理筆記（射擊原理）一卷　簡直義講
清陸軍預備大學堂石印本　一冊

110000－3162－0000825　古2421/5－4

射擊精理筆記（射擊原理）一卷　簡直義講
清陸軍預備大學堂石印本　一冊

110000－3162－0000826　古2421/6.1－1
改編射擊精理二卷　簡直義編　清軍官學堂
石印本　一冊　存一卷（一）

110000－3162－0000827　古2421/6.1－2
改編射擊精理二卷　簡直義編　清軍官學堂
石印本　一冊　存一卷（一）

110000－3162－0000828　古2421/6.1－3
改編射擊精理二卷　簡直義編　清軍官學堂
石印本　二冊

110000－3162－0000829　古2421/6.1－4
改編射擊精理二卷　簡直義編　清軍官學堂
石印本　一冊　存一卷（一）

110000－3162－0000830　古2421/6.1－5
改編射擊精理二卷　簡直義編　清軍官學堂
石印本　一冊　存一卷（一）

110000－3162－0000831　古2421/7
槍炮演算法從新三卷　焦震福等編　清光緒
二十二年（1896）刻本　二冊

110000－3162－0000832　古2421/14
法國機關槍戰鬥教令不分卷　（清）軍學編輯
局編　清軍學編輯局鉛印本　一冊

110000－3162－0000833　古2421/15－1
日本步隊機關槍操典草案不分卷　賀忠良譯
　清光緒三十三年（1907）軍官學堂石印本
一冊

110000－3162－0000834　古2421/15－2
日本步隊機關槍操典草案不分卷　賀忠良譯
　清光緒三十三年（1907）軍官學堂石印本
一冊

110000－3162－0000835　古2421/16－1
槍法準繩不分卷　（清）關清卿著　清光緒十
九年（1893）江西書局刻本　一冊

110000－3162－0000836　古2421/16－2
槍法準繩不分卷　（清）關清卿著　清光緒十
九年（1893）江西書局刻本　一冊

110000－3162－0000837　古2421/17
德毛瑟槍打靶法五卷　（清）江頑民著　清光
緒十一年（1885）刻本　四冊

110000－3162－0000838　古2421/18
日本機關槍射擊教範草案不分卷　（清）軍學
編輯局編　清軍學編輯局鉛印本　一冊

110000－3162－0000839　古2421/19
日本步隊機關槍操典草案不分卷　（清）軍學
編輯局編　清軍學編輯局鉛印本　一冊

110000－3162－0000840　古2421/20－1
陸兵槍學不分卷　（清）傅範初述　清光緒二
十一年（1895）石印本　一冊

110000－3162－0000841　古2421/20－2
陸兵槍學不分卷　（清）傅範初述　清光緒二
十一年（1895）石印本　一冊

110000－3162－0000842　古2421/23
步兵部隊教練書不分卷　（日本）稻村新六輯
補　（日本）孟森譯述　清南洋公學譯書院鉛
印本　一冊

110000－3162－0000843　古243/1
炮兵暫行操法八編不分卷　（清）練兵處軍學
司編　清光緒三十三年（1907）南洋軍學書報
社鉛印本　一冊

110000－3162－0000844　古243/1.1
炮兵暫行操法七編不分卷　（日本）土屋隆博
編　清光緒三十四年（1908）廣東陸軍速成學
堂鉛印本　一冊

110000－3162－0000845　古243/2
要塞炮兵操典草案二卷　（清）兩江督教練公
所編　清兩江督教練公所鉛印本　二冊

110000－3162－0000846　古243/7－1
攻守炮法不分卷　（美國）金楷理口譯　（清）
李鳳苞筆述　清江南機器製造總局刻本
一冊

110000－3162－0000847　古243/7－2
攻守炮法不分卷　（美國）金楷理口譯　（清）
李鳳苞筆述　清江南機器製造總局刻本

一冊

110000－3162－0000848　古243/7－3
攻守炮法不分卷　（美國）金楷理口譯　（清）
李鳳苞筆述　清江南機器製造總局刻本
一冊

110000－3162－0000849　古243/7－4
攻守炮法不分卷　（美國）金楷理口譯　（清）
李鳳苞筆述　清江南機器製造總局刻本
一冊

110000－3162－0000850　古243/8
格林炮操法不分卷　（美國）傅蘭克令著
（清）徐建寅筆述　清江南機器製造總局刻本
一冊

110000－3162－0000851　古243/9－1
炮準演算法圖解二卷　鄧鈞著　清光緒二十
九年(1903)石印本　四冊

110000－3162－0000852　古243/9－2
炮準演算法圖解二卷　鄧鈞著　清光緒二十
九年(1903)石印本　四冊

110000－3162－0000853　古243/10
槍炮操法圖說不分卷　（□）□□撰　清同治
十年(1871)刻本　四冊

110000－3162－0000854　古243/11
演炮圖說不分卷　（□）□□撰　清刻本
一冊

110000－3162－0000855　古243/13
克鹿蔔四磅後膛炮操法不分卷　（□）□□撰
清光緒二十年(1894)刻本　一冊

110000－3162－0000856　古243/14
炮法畫譜不分卷　（□）□□撰　清光緒十四
年(1888)江南機器製造局刻本　一冊

110000－3162－0000857　古243/15
炮法圖解不分卷　（□）□□撰　清光緒五年
(1879)金陵算學局刻本　一冊

110000－3162－0000858　古243/16
炮法舉隅不分卷　（清）丁乃文述　清光緒五
年(1879)金陵算學局刻本　一冊

110000－3162－0000859　古243/17
火器命中十二卷　梅定九著　清光緒十一年
(1885)刻本　四冊

110000－3162－0000860　古243/18－1
炮學六種(發炮要法)不分卷　（□）□□撰
清北洋武備研究所石印本　一冊

110000－3162－0000861　古243/18－2
炮學六種(發炮要法)不分卷　（□）□□撰
清北洋武備研究所石印本　一冊

110000－3162－0000862　古243/19
炮學六種(未套馬操法)不分卷　（□）□□撰
清北洋武備研究所石印本　一冊

110000－3162－0000863　古243/20－1
炮乘新法不分卷　（清）舒高第口譯　清江南
製造總局刻本　六冊

110000－3162－0000864　古243/20－2
炮乘新法不分卷　（清）舒高第口譯　清江南
機器製造總局刻本　六冊

110000－3162－0000865　古243/20－3
炮乘新法不分卷　（清）舒高第口譯　清江南
機器製造總局刻本　六冊

110000－3162－0000866　古243/22
英國阿姆斯脫郎十二寸口徑前膛炮圖說不分
卷　沈敦和口譯　清光緒十二年(1886)江南
籌防局刻本　一冊

110000－3162－0000867　古243/23－1
克虜伯炮準心法不分卷　（美國）金楷理譯
（清）李鳳苞筆述　清刻本　一冊

110000－3162－0000868　古243/23－2
克虜伯炮準心法不分卷　（美國）金楷理譯
（清）李鳳苞筆述　清刻本　一冊

110000－3162－0000869　古243/24－1
克虜伯炮說不分卷　（美國）金楷理口譯
（清）李鳳苞筆述　清江南機器製造總局刻本
二冊

110000－3162－0000870　古243/24－2
克虜伯炮說不分卷　（美國）金楷理口譯

(清)李鳳苞筆述　清江南機器製造總局刻本
　　二冊

110000－3162－0000871　古243/24－3
克虜伯炮說不分卷　（美國）金楷理口譯
（清)李鳳苞筆述　清江南機器製造總局刻本
　　二冊

110000－3162－0000872　古243/24－4
克虜伯炮說不分卷　（美國）金楷理口譯
（清)李鳳苞筆述　清江南機器製造總局刻本
　　二冊

110000－3162－0000873　古243/24－5
克虜伯炮說不分卷　（美國）金楷理口譯
（清)李鳳苞筆述　清江南機器製造總局刻本
　　二冊

110000－3162－0000874　古243/25
要塞炮兵通信教範草案不分卷　（□）□□撰
　　清藍格抄本　一冊

110000－3162－0000875　古243/26
法國炮臺課書摘要初編不分卷　（法國）吉禮
豐授　曾仰東譯　清光緒二十八年（1902）刻
本　一冊

110000－3162－0000876　古243/28
炮學六種六卷　趙鏡波等編　清光緒三十二
年（1906）北洋陸軍編譯局石印本　六冊

110000－3162－0000877　古244/1
校訂通信學教程不分卷　（清）杜泰民編　清
光緒三十三年（1907）軍官學堂石印本　一冊

110000－3162－0000878　古244/4
普通目兵須知二卷　田獻章等編　清光緒三
十二年（1906)北洋陸軍學堂鉛印彩繪圖本
二冊

110000－3162－0000879　古244/7
勤務教練書不分卷　（清）陸軍第九鎮編　清
陸軍第九鎮鉛印本　一冊

110000－3162－0000880　古244/8
號令譜不分卷　陳克昌著　清北洋陸軍編譯
局石印本　一冊

110000－3162－0000881　古245/2
馬兵暫行操法三編不分卷　（清）練兵處軍學
司編　清光緒三十三年（1907）南洋軍學書報
社鉛印本　一冊

110000－3162－0000882　古245/5.12－1
馬術教範二卷　（清）那富仁編　清軍官學堂
石印本　一冊

110000－3162－0000883　古245/5.12－2
馬術教範二卷　（清）那富仁編　清軍官學堂
石印本　一冊

110000－3162－0000884　古245/6－1
馬術教範第一部不分卷　（□）□□撰　清光
緒三十四年（1908）北洋陸軍編譯局鉛印本
一冊

110000－3162－0000885　古245/6－2
馬術教範第一部不分卷　（□）□□撰　清光
緒三十四年（1908）北洋陸軍編譯局鉛印本
一冊

110000－3162－0000886　古245/8
馬學全書不分卷　（清）軍學編輯局編　清軍
學編輯局鉛印本　一冊

110000－3162－0000887　古245/13
馬學教程筆記不分卷　（日本）宮內英熊講授
　（清）杜經田筆記　清陸軍預備大學堂石印
本　一冊

110000－3162－0000888　古245/14
馬學不分卷　（日本）野口次郎三編　（清）邴
仲共譯　清陸軍行營軍官學堂木活字印本
一冊

110000－3162－0000889　古245/14.1
馬學不分卷　（日本）野口次郎三編　（清）邴
仲共譯　清軍官學堂鉛印本　一冊

110000－3162－0000890　古245/21－1
馬隊通信法不分卷　（清）墨守仁著　清光緒
三十二年（1906）北洋陸軍編譯局石印本
一冊

110000－3162－0000891　古245/21－2

馬隊通信法不分卷 （清）墨守仁著 清光緒
三十二年（1906）北洋陸軍編譯局石印本
一冊

110000－3162－0000892 古245/22－1

馬隊搜索篇不分卷 賀忠良著 清光緒三十
二年（1906）北洋武備研究所石印本 一冊

110000－3162－0000893 古245/22－2

馬隊搜索篇不分卷 賀忠良著 清光緒三十
二年（1906）北洋武備研究所石印本 一冊

110000－3162－0000894 古245/25

日本騎兵機關槍操典草案不分卷 （清）軍學
編輯局編 清軍學編輯局鉛印本 一冊

110000－3162－0000895 古245/26

日本騎兵射擊教範不分卷 （清）軍學編輯局
編 清軍學編輯局鉛印本 一冊

110000－3162－0000896 古245/28

馬學篇不分卷 （□）□□撰 清光緒北洋陸
軍編譯局鉛印本 一冊

110000－3162－0000897 古246/1

輜重兵暫行操法六編 （清）練兵處軍學司編
清光緒三十三年（1907）南洋軍學書報社鉛
印本 一冊

110000－3162－0000898 古246/3

日本戰時輜重兵營勤務令不分卷 （清）軍學
編輯局編 清軍學編輯局鉛印本 一冊

110000－3162－0000899 古246/4

輜重勤務不分卷 （□）□□撰 清宣統元年
（1909）陸軍部陸軍速成學堂鉛印本 一冊

110000－3162－0000900 古246/12

輜重隊馱騾調教法不分卷 （清）靳策義口述
（清）毛繼成校譯 清光緒三十三年（1907）
北洋陸軍編譯局鉛印本 一冊

110000－3162－0000901 古246/13

輜重隊野外勤務不分卷 （清）靳策義編 清
光緒三十一年（1905）北洋武備研究所鉛印本
一冊

110000－3162－0000902 古246/18－1

輜重勤務筆記不分卷 壽永康口授 龔維疆
譯 劉麒筆記 清陸軍預備大學堂石印本
一冊

110000－3162－0000903 古246/18－2

輜重勤務筆記不分卷 壽永康口授 龔維疆
譯 劉麒筆記 清陸軍預備大學堂石印本
一冊

110000－3162－0000904 古246/18－3

輜重勤務筆記不分卷 壽永康口授 龔維疆
譯 劉麒筆記 清陸軍預備大學堂石印本
一冊

110000－3162－0000905 古246/18－4

輜重勤務筆記不分卷 壽永康口授 龔維疆
譯 劉麒筆記 清陸軍預備大學堂石印本
一冊

110000－3162－0000906 古246/19

輜重勤務應用作業附圖不分卷 （□）□□撰
清軍官學堂石印本 一冊

110000－3162－0000907 古248/1

憲兵教程纂要不分卷 （日）海津徵德著
（清）陳慶麟譯 （清）石雯筆述 清光緒三十
二年（1906）北洋陸軍編譯局鉛印本 一冊

110000－3162－0000908 古248/1.1

憲兵教程纂要六卷 （日）海津徵德著
（清）陳慶麟譯 （清）石雯筆述 清光緒三十
四年（1908）北洋陸軍編譯局鉛印本 六冊

110000－3162－0000909 古249/1

陸軍中學堂章程不分卷 奕劻等擬呈 清光
緒三十三年（1907）鉛印本 一冊

110000－3162－0000910 古249/2－1

奏定陸軍軍官學堂章程不分卷 奕劻等擬奏
清光緒三十三年（1907）石印本 一冊

110000－3162－0000911 古249/2－2

奏定陸軍軍官學堂章程不分卷 奕劻等擬奏
清光緒三十三年（1907）石印本 一冊

110000－3162－0000912 古249/2－3

奏定陸軍軍官學堂章程不分卷 奕劻等擬奏

清光緒三十三年(1907)石印本　　一冊

110000－3162－0000913　　古249/3

河南武備學堂章程不分卷　　(□)□□撰　清
鉛印本　　一冊

110000－3162－0000914　　古249/4

奏定陸軍貴冑學堂章程不分卷　　奕劻等擬奏
清光緒三十一年(1905)京師官書局鉛印本
一冊

110000－3162－0000915　　古249/4.1

奏定陸軍貴冑學堂章程不分卷　　奕劻等擬奏
清光緒三十一年(1905)鉛印本　　一冊

110000－3162－0000916　　古249/5

奏定陸軍小學堂章程不分卷　　奕劻等擬呈
清光緒三十二年(1906)四川武備學堂刻本
一冊

110000－3162－0000917　　古249/5.1

奏定陸軍小學堂章程不分卷　　奕劻等擬呈
清光緒三十一年(1905)鉛印本　　一冊

110000－3162－0000918　　古249/9

軍官學堂教育綱領不分卷　　(□)□□撰　清
宣統元年(1909)石印本　　一冊

110000－3162－0000919　　古249/12－1

軍官學堂學員應守規則不分卷　　(□)□□撰
清軍咨處木活字印本　　一冊

110000－3162－0000920　　古249/12－2

軍官學堂學員應守規則不分卷　　(□)□□撰
清軍咨處木活字印本　　一冊

110000－3162－0000921　　古249/16

貴州武備學堂學生須知冊不分卷　　(日本)高
山擬稿　清刻本　　一冊

110000－3162－0000922　　古249/17－1

日本武學兵隊紀略不分卷　　張大鏞撰　清光
緒二十五年(1899)浙江書局刻本　　一冊

110000－3162－0000923　　古249/17－2

日本武學兵隊紀略不分卷　　張大鏞撰　清光
緒二十五年(1899)浙江書局刻本　　一冊

110000－3162－0000924　　古249/17.1

日本各校紀略不分卷　　張大鏞撰　清光緒二
十五年(1899)浙江書局刻本　　一冊

110000－3162－0000925　　古249/21

陸軍教育訓誡篇二卷　　廖宇春撰　清宣統元
年(1909)石印本　　二冊

110000－3162－0000926　　古249/22

日本陸軍學校章程彙編不分卷　　(日本)孟森
等譯述　清光緒二十八年(1902)南洋公學譯
書院鉛印本　　十五冊

110000－3162－0000927　　古249/23

陸軍速成學堂試辦章程不分卷　　(□)□□撰
清鉛印本　　一冊

110000－3162－0000928　　古249/24

陸軍部陸軍速成學堂章程不分卷　　(清)陸軍
部編　清武學官書局鉛印本　　一冊

110000－3162－0000929　　古249/25

行營軍官學堂試辦章程不分卷　　(清)□□撰
清鉛印本　　一冊

110000－3162－0000930　　古249/27

江南將弁學堂學案不分卷　　(清)羅長裿編
清光緒二十九年(1903)刻本　　一冊

110000－3162－0000931　　古249/28－1

廣東武備學堂試辦簡要章程不分卷　　(清)
□□撰　清木活字印本　　二冊

110000－3162－0000932　　古249/28－2

廣東武備學堂章程外論不分卷　　(清)□□撰
清木活字印本　　二冊

110000－3162－0000933　　古2410/10

精神談不分卷　　李汝魁撰　清宣統元年
(1909)刻本　　一冊

110000－3162－0000934　　古25/2

最近戰略戰術之趨勢不分卷　　(清)軍學編輯
局　清軍學編輯局鉛印本　　一冊

110000－3162－0000935　　古251/2

戰略學筆記不分卷　　(清)景謙口授　清手稿
本　　一冊

110000－3162－0000936　古251/3

戰略學一卷　任衣洲譯　應雄圖編　清光緒三十四年(1908)陸軍預備大學堂石印本　一冊

110000－3162－0000937　古251/3.1

戰略學一卷　任衣洲譯　應雄圖編　清光緒三十四年(1908)陸軍預備大學堂石印本　一冊

110000－3162－0000938　古251/3.2

戰略學一卷　應雄圖編　清陸軍預備大學堂石印本　一冊

110000－3162－0000939　古252/8

俄國野外勤務令不分卷　(清)軍學編輯局編　清軍學編輯局鉛印本　二冊

110000－3162－0000940　古252/9

法國步兵團以下之攻城臨時教令不分卷　(清)軍學編輯局編　清軍學編輯局鉛印本　一冊

110000－3162－0000941　古252/10

高等兵學教科書二卷　任衣洲譯　應雄圖壽永康編　清宣統元年(1909)陸軍大學校石印本　二冊

110000－3162－0000942　古252/10.1

兵學教科書二卷　(□)□□撰　清光緒三十三年(1907)鉛印本　二冊

110000－3162－0000943　古252/16－1

戰術學三卷　(日本)細田謙藏譯述　清光緒二十二年(1896)南洋公學譯書院鉛印本　四冊

110000－3162－0000944　古252/16－2

戰術學三卷　(日本)細田謙藏譯述　清光緒二十二年(1896)南洋公學譯書院鉛印本　四冊

110000－3162－0000945　古252/25

戰術遞演錄不分卷　(英國)羅斯著　清宣統元年(1909)陸軍編譯局鉛印本　一冊

110000－3162－0000946　古252/29－1

巴爾克戰術不分卷　(德國)巴爾克著　清光緒三十四年(1908)軍學編譯局鉛印本　四冊

110000－3162－0000947　古252/29－2

巴爾克戰術不分卷　(德國)巴爾克著　清光緒三十四年(1908)軍學編譯局鉛印本　四冊

110000－3162－0000948　古252/32

戰鬥原則不分卷　(清)兩江督練公所教練處編譯　清南洋軍學書報社鉛印本　一冊

110000－3162－0000949　古252/42

行軍偵探要義二卷　(德國)帕魯奇輯　清光緒三十四年(1908)鉛印本　一冊

110000－3162－0000950　古252/43

行軍指南不分卷　(清)吳少雲編譯　清光緒十九年(1893)石印本　一冊

110000－3162－0000951　古252/43.1

行軍指南不分卷　(明)□□撰　明刻本　一冊

110000－3162－0000952　古252/44－1

前敵須知四卷　(英國)克利賴著　(清)舒高第　(清)鄭昌棪譯　清江南機器製造總局鋟版刻本　四冊

110000－3162－0000953　古252/44－2

前敵須知四卷　(英國)克利賴著　(清)舒高第　(清)鄭昌棪譯　清江南機器製造總局鋟版刻本　四冊

110000－3162－0000954　古252/44－3

前敵須知四卷　(英國)克利賴著　(清)舒高第　(清)鄭昌棪譯　清江南機器製造總局鋟版刻本　四冊

110000－3162－0000955　古252/45－1

行軍指要六卷　(英國)哈密撰　(清)趙元益筆述　清光緒二十七年(1901)上海製造局刻本　六冊

110000－3162－0000956　古252/45－2

行軍指要六卷　(英國)哈密撰　(清)趙元益筆述　清光緒二十七年(1901)上海製造局刻本　六冊

110000－3162－0000957　古252/49.1

要塞戰法二卷　任衣洲譯　仲孫光編　清光緒三十三年(1907)陸軍行營軍官學校鉛印本　一冊　存一卷(陸地要塞戰一卷)

110000－3162－0000958　古252/49.1△

陸地要塞戰法附圖一卷　(清)軍官學堂編製　清軍官學堂石印本　一冊

110000－3162－0000959　古252/51.1

要塞戰法二卷　任衣洲譯　仲孫光編　清陸軍行營軍官學堂木活字印本　一冊　存一卷(海岸要塞戰一卷)

110000－3162－0000960　古252/53－1

步隊戰術一卷　(清)軍官學堂編　清軍官學堂石印本　一冊

110000－3162－0000961　古252/53－2

步隊戰術一卷　(清)軍官學堂編　清軍官學堂石印本　一冊

110000－3162－0000962　古252/53－3

步隊戰術一卷　(清)軍官學堂編　清軍官學堂石印本　一冊

110000－3162－0000963　古252/53.1

步隊戰術一卷　(清)軍官學堂編　清軍官學堂鉛印本　一冊

110000－3162－0000964　古252/56

陸操新義四卷　(德國)康貝撰　(清)李鳳苞譯　清光緒十年(1884)天津機器局鉛印本　二冊

110000－3162－0000965　古252/56.1

陸操新義四卷　(德國)康貝撰　(清)李鳳苞譯　清光緒十年(1884)石印本　二冊

110000－3162－0000966　古252/56.2－1

陸操新義四卷　(德國)康貝撰　(清)李鳳苞譯　清光緒十年(1884)著易堂仿聚珍版鉛印本　二冊

110000－3162－0000967　古252/56.2－2

陸操新義四卷　(德國)康貝著　(清)李鳳苞譯　清光緒十年(1884)著易堂仿聚珍版鉛印本　二冊

110000－3162－0000968　古252/56.3－1

陸操新義四卷　(德國)康貝著　(清)李鳳苞譯　清光緒十年(1884)鉛印本　一冊　存二卷(一至二)

110000－3162－0000969　古252/56.3－2

陸操新義四卷　(德國)康貝著　(清)李鳳苞譯　清光緒十年(1884)鉛印本　二冊

110000－3162－0000970　古252/57

步兵野外單人教練一卷　賀忠良編　清石印本　一冊

110000－3162－0000971　古252/57.1

步兵野外單人教練一卷　賀忠良編　清光緒三十二年(1906)北洋武備翻譯局鉛印本　一冊

110000－3162－0000972　古252/58

步兵前哨一卷　賀忠良著　清光緒三十三年(1907)蘭州官書局鉛印本　一冊

110000－3162－0000973　古252/59

獨立護軍圖說不分卷　(□)□□撰　清陸軍第三鎮繕石印本　一冊

110000－3162－0000974　古252/61－1

馬隊戰術不分卷　(日本)宮內英熊編　清宣統二年(1910)陸軍大學校石印本　一冊

110000－3162－0000975　古252/61－2

馬隊戰術不分卷　(日本)宮內英熊編　清宣統二年(1910)陸軍大學校石印本　一冊

110000－3162－0000976　古252/61△－1

馬隊戰術附錄不分卷　(□)□□撰　清宣統二年(1910)陸軍大學校鉛印本　一冊

110000－3162－0000977　古252/61△－2

馬隊戰術附錄不分卷　(□)□□撰　清宣統二年(1910)陸軍大學校鉛印本　一冊

110000－3162－0000978　古252/63

騎兵斥侯答問不分卷　(日本)陸軍教導團編　(清)王鴻年譯述　清南洋公學譯書院鉛印本　一冊

110000－3162－0000979　古252/64

炮隊戰術摘要不分卷　簡直義編　清光緒三十三年(1907)軍官學堂石印本　一冊

110000－3162－0000980　古252/66

支隊戰術實施必攜不分卷　（清）兩江教練處編譯　清鉛印本　一冊

110000－3162－0000981　古252/67

各兵科下級幹部野外必攜不分卷　（清）兩江教練處編訂　清鉛印本　一冊

110000－3162－0000982　古252/76

臨戰略範不分卷　賀忠良著　清光緒三十二年(1906)北洋武備研究所鉛印本　一冊

110000－3162－0000983　古252/77

兵學講義二卷　（□）□□撰　清江蘇高等學堂石印本　二冊

110000－3162－0000984　古252/80

臨陣管見九卷　（普魯士）斯拉弗司撰　清光緒石印本　二冊

110000－3162－0000985　古252/80.1－1

臨陣管見九卷　（普魯士）斯拉弗司撰　（清）趙元益筆述　清江南機器製造總局鋟版刻本　四冊

110000－3162－0000986　古252/80.1－2

臨陣管見九卷　（普魯士）斯拉弗司撰　（清）趙元益筆述　清江南機器製造總局鋟版刻本　四冊

110000－3162－0000987　古252/80.1－3

臨陣管見九卷　（普魯士）斯拉弗司撰　（清）趙元益筆述　清江南機器製造總局鋟版刻本　四冊

110000－3162－0000988　古252/80.1－4

臨陣管見九卷　（普魯士）斯拉弗司撰　（清）趙元益筆述　清江南機器製造總局鋟版刻本　四冊

110000－3162－0000989　古252/80.1－5

臨陣管見九卷　（普魯士）斯拉弗司撰　（清）趙元益筆述　清江南機器製造總局鋟版刻本四冊

110000－3162－0000990　古252/80.1－6

臨陣管見九卷　（普魯士）斯拉弗司撰　（清）趙元益筆述　清江南機器製造總局鋟版刻本　四冊

110000－3162－0000991　古252/80.1－7

臨陣管見九卷　（普魯士）斯拉弗司撰　（清）趙元益筆述　清江南機器製造總局鋟版刻本　三冊　存七卷(一至七)

110000－3162－0000992　古252/81

各隊戰法初步不分卷　（□）□□撰　清北洋陸軍編譯局鉛印本　一冊

110000－3162－0000993　古252/83－1

應用戰法步隊戰法篇二卷　賀忠良著　清光緒三十二年(1906)鉛印本　一冊　存一卷(二)

110000－3162－0000994　古252/83－2

應用戰法步隊戰法篇二卷　賀忠良著　清石印本　一冊　存一卷(二)

110000－3162－0000995　古252/85

應用戰法步隊戰法篇二卷　賀忠良著　清光緒三十年(1904)北洋陸軍學堂印書局鉛印本　二冊

110000－3162－0000996　古252/86

應用戰法諸隊連合篇不分卷　賀忠良編　清光緒三十年(1904)北洋武備研究所鉛印本　一冊

110000－3162－0000997　古2521/27

應用戰術筆記(第一學期)不分卷　（日本）宮內英熊講授　梁心田譯　（清）鄭桓筆述　清宣統三年(1911)陸軍預備大學堂石印本　一冊

110000－3162－0000998　古2521/28

應用戰術筆記(第一學期)不分卷　應雄圖教授　何佩瑢譯　顧清選筆記　清陸軍預備大學堂石印本　一冊

110000－3162－0000999　古2521/29

應用戰術筆記(第二學期)不分卷　應雄圖教
授　何佩璿譯　顧清選筆記　清陸軍預備大
學堂石印本　一冊

110000－3162－0001000　古2521/30
支隊及鎮圖上戰術不分卷　壽永康編　清陸
軍預備大學堂石印本　一冊

110000－3162－0001001　古2521/31－1
應用戰術圖上研究筆記(馬隊協)不分卷
(日本)宮內英熊講授　梁心田譯　清陸軍預
備大學堂石印本　一冊

110000－3162－0001002　古2521/31－2
應用戰術圖上研究筆記(馬隊協)不分卷
(日本)宮內英熊講授　梁心田譯　清陸軍預
備大學堂石印本　一冊

110000－3162－0001003　古2521/31－3
應用戰術圖上研究筆記(馬隊協)不分卷
(日本)宮內英熊講授　梁心田譯　清陸軍預
備大學堂石印本　一冊

110000－3162－0001004　古2521/32－1
應用戰術不分卷　壽永康編　戴英軒譯　清
陸軍行營軍官學堂刻本　一冊

110000－3162－0001005　古2521/32－2
應用戰術不分卷　壽永康編　戴英軒譯　清
陸軍行營軍官學堂刻本　一冊

110000－3162－0001006　古2521/33－1
野外戰術實施記事不分卷　(日本)中島口譯
　清陸軍行營軍官學堂刻本　一冊

110000－3162－0001007　古2521/33－2
野外戰術實施記事不分卷　(日本)中島口譯
　清陸軍行營軍官學堂刻本　一冊

110000－3162－0001008　古2521/34－1
野外戰術實施記事錄不分卷　應雄圖統裁
何佩璿譯　清宣統二年(1910)軍官學堂石印
本　一冊

110000－3162－0001009　古2521/34－2
野外戰術實施記事錄不分卷　應雄圖統裁
何佩璿譯　清宣統二年(1910)軍官學堂石印

本　一冊

110000－3162－0001010　古2521/35－1
野外戰術實施學員須知不分卷　(清)景謙講
述　清宣統二年(1910)軍官學堂石印本
一冊

110000－3162－0001011　古2521/35－2
野外戰術實施學員須知不分卷　(清)景謙講
述　清宣統二年(1910)軍官學堂石印本
一冊

110000－3162－0001012　古2521/36－1
野外戰術記事錄不分卷　(□)□□撰　清軍
官學堂石印本　一冊

110000－3162－0001013　古2521/36－2
野外戰術記事錄不分卷　(□)□□撰　清軍
官學堂石印本　一冊

110000－3162－0001014　古2521/37－1
應用戰術野外研究錄二卷　(日本)井上編
清軍官學堂石印本　一冊　存一卷(一)

110000－3162－0001015　古2521/37－2
應用戰術野外研究錄二卷　(日本)井上編
清軍官學堂石印本　一冊　存一卷(一)

110000－3162－0001016　古2521/38
圖上戰術研究錄不分卷　(清)景謙編　清軍
官學堂石印本　一冊

110000－3162－0001017　古2521/39
南洋陸軍講武堂戰術實施記事二卷　(清)
□□撰　清光緒三十三年(1907)鉛印本
二冊

110000－3162－0001018　古2521/43
野外戰術實施記事不分卷　壽永康講授　清
陸軍預備大學堂石印本　一冊

110000－3162－0001019　古2521/44
戰術第二班筆記(混成旅戰術)不分卷　(清)
□□撰　清鉛印本　一冊

110000－3162－0001020　古2521/45
應用高等帥兵術不分卷　壽永康編　清鉛印
本　一冊

110000－3162－0001021　古2521/45.2

應用高等帥兵術不分卷　壽永康編　清軍官學堂石印本　一冊

110000－3162－0001022　古2521/50

軍圖上戰法不分卷　應雄圖編　清陸軍行營軍官學堂刻本　一冊

110000－3162－0001023　古2521/51

炮隊圖上戰法不分卷　杜爾倫編　清光緒三十二年(1906)軍官學堂石印本　一冊

110000－3162－0001024　古2521/61－1

圖上戰術研究錄附錄不分卷　（□)□□撰　清宣統三年(1911)陸軍預備大學堂石印本　一冊

110000－3162－0001025　古2521/61－2

圖上戰術研究錄附錄不分卷　（□)□□撰　清宣統三年(1911)陸軍預備大學堂石印本　一冊

110000－3162－0001026　古2521/62

光緒三十二年秋季會操摺奏全稿不分卷　(清)北洋陸軍編　清光緒三十二年(1906)北洋陸軍編譯局鉛印本　一冊

110000－3162－0001027　古2521/63

光緒三十四年四月校閱陸軍第四鎮報告(全編)不分卷　（□)□□撰　清光緒紅條格抄本　一冊

110000－3162－0001028　古2521/64

光緒三十年秋季大操統裁報告不分卷　（□)□□撰　清光緒北洋武備研究所鉛印本　一冊

110000－3162－0001029　古2521/65

陸軍第二十一混成協宣統三年閏六月在江夏東鄉院子嶺附近校閱野操記事不分卷　(清)陸軍第二十一混成協抄報　清宣統三年(1911)紅條紙抄本　一冊

110000－3162－0001030　古2521/67

光緒三十四年十月秋季大操記事不分卷　（□)□□撰　清光緒陸軍部編譯局刷印處鉛

印本　一冊

110000－3162－0001031　古2521/69－1

大演習全書不分卷　(清)軍學編輯局編　清光緒軍學編輯局鉛印本　一冊

110000－3162－0001032　古2521/69－2

大演習全書不分卷　(清)軍學編輯局編　清光緒軍學編輯局鉛印本　一冊

110000－3162－0001033　古2521/71－1

演習計畫及實施不分卷　壽永康編　（日本)宮內英熊改編　清陸軍預備大學堂石印本　一冊

110000－3162－0001034　古2521/71－2

演習計畫及實施不分卷　壽永康編　（日本)宮內英熊改編　清陸軍預備大學堂石印本　一冊

110000－3162－0001035　古2521/80

軍圖上戰術不分卷　（□)□□撰　清宣統元年(1909)鉛印本　一冊

110000－3162－0001036　古2521/82

秋季大操記事附圖三張不分卷　（□)□□撰　清光緒三十四年(1908)石印本　一冊

110000－3162－0001037　古2521/83

參觀陸軍第四鎮校閱記事不分卷　（□)□□撰　清光緒三十四年(1908)陸軍第六鎮參謀處刻本　一冊

110000－3162－0001038　古2521/84

陸軍部校閱陸軍第一鎮日記不分卷　(清)陸軍第一鎮編　清宣統二年(1910)近畿陸軍第一鎮石印本　二冊

110000－3162－0001039　古2521/85

應用戰法圖上戰法篇不分卷　賀忠良編　清光緒三十一年(1905)北洋武備研究所鉛印本　一冊

110000－3162－0001040　古2521/86

應用戰法命令正篇不分卷　賀忠良著並改訂　清光緒三十二年(1906)北洋武備研究所鉛印本　一冊

110000－3162－0001041　　古2521/87

會操奏稿不分卷　袁世凱等奏　清光緒三十二年(1906)北洋陸軍編譯局鉛印本　一冊

110000－3162－0001042　　古2521/88

秋季大操統裁報告不分卷　（□)□□撰　清光緒三十年(1904)北洋武備研究所鉛印本　一冊

110000－3162－0001043　　古2521/89

光緒三十二年秋季大操八種合刻不分卷　（□)□□撰　清保陽西街普化排印局鉛印本　一冊

110000－3162－0001044　　古2521/90

宣統三年秋季大操總監處輸送計畫不分卷　（□)□□撰　清宣統三年(1911)石印本　一冊

110000－3162－0001045　　古2521/91

東瀛觀兵紀事不分卷　（清)程恩培誌　清光緒二十七年(1901)武林鉛印本　一冊

110000－3162－0001046　　古253/2

日本戰時高等司令部勤務令不分卷　（清)軍學編輯局編　清軍學編輯局鉛印本　一冊

110000－3162－0001047　　古253/9－1

師動員計畫令示例不分卷　（清)軍學編輯局編　清軍學編輯局鉛印本　一冊

110000－3162－0001048　　古253/9－2

師動員計畫令示例不分卷　（清)軍學編輯局編　清軍學編輯局鉛印本　一冊

110000－3162－0001049　　古253/9－3

師動員計畫令示例不分卷　（清)軍學編輯局編　清軍學編輯局鉛印本　一冊

110000－3162－0001050　　古253/13－1

戰鬥詳報不分卷　（清)陸昌義譯　清陸軍行營軍官學堂刻本　一冊

110000－3162－0001051　　古253/13－2

戰鬥詳報不分卷　（清)陸昌義譯　清陸軍行營軍官學堂刻本　一冊

110000－3162－0001052　　古253/16

軍隊符號不分卷　（清)軍學編輯局編　清軍學編輯局鉛印本　一冊

110000－3162－0001053　　古2531/9.01

東軍參謀旅行指導計畫不分卷　（□)□□撰　清宣統三年(1911)陸軍大學校石印本　一冊

110000－3162－0001054　　古2531/9.02

西軍參謀旅行指導計畫不分卷　（□)□□撰　清宣統三年(1911)陸軍大學校石印本　一冊

110000－3162－0001055　　古261/3

築城學教程築城歷史不分卷　（清)杜泰辰編　清軍官學堂石印本　一冊

110000－3162－0001056　　古261/4.1

築城學教程二卷　仲孫光編　清陸軍行營軍官學堂刻本　一冊　存二編(二至三)

110000－3162－0001057　　古261/5

築城學講義筆記不分卷　（清)杜泰辰講　清陸軍預備大學堂石印本　一冊

110000－3162－0001058　　古261/6

築城學教程臨時之部不分卷　（清)杜泰辰編　清軍官學堂石印本　一冊

110000－3162－0001059　　古261/7.1

築城學要塞編成二卷　仲孫光編　清陸軍行營軍官學堂刻本　二冊

110000－3162－0001060　　古261/9－1

築壘教範草案不分卷　（□)□□撰　清軍官學堂石印本　一冊

110000－3162－0001061　　古261/9－2

築壘教範草案不分卷　（□)□□撰　清軍官學堂石印本　一冊

110000－3162－0001062　　古261/10

築營教範草案不分卷　（清)兩江督練公所教練處編　清鉛印本　一冊

110000－3162－0001063　　古261/16

築城學要塞配置一卷　仲孫光編　清陸軍行營軍官學堂刻本　二冊

110000－3162－0001064　　古261/16.1
築城學要塞配置改編一卷　仲孫光編　清陸
軍行營軍官學堂刻本　　一冊

110000－3162－0001065　　古261/17
要塞編成學筆記不分卷　（清）杜泰辰授　清
陸軍預備大學堂石印本　　一冊

110000－3162－0001066　　古261/26－1
臨時築壘學不分卷　滕利芳編　清光緒三十
三年（1907）北洋武備研究所石印本　　一冊

110000－3162－0001067　　古261/26－2
臨時築壘學不分卷　滕利芳編　清光緒三十
三年（1907）北洋武備研究所石印本　　一冊

110000－3162－0001068　　古261/30
要塞編成學教程一卷　（清）杜泰辰編　（清）
尹扶一譯　清軍官學堂石印本　　一冊

110000－3162－0001069　　古261/31－1
築城學海岸築城一卷　仲孫光編　清陸軍行
營軍官學堂刻本　　一冊

110000－3162－0001070　　古261/31－2
築城學海岸築城一卷　仲孫光編　清陸軍行
營軍官學堂刻本　　一冊

110000－3162－0001071　　古261/33－1
臨時築城學附錄一卷　梁心田譯　清陸軍預
備大學堂石印本　　一冊

110000－3162－0001072　　古261/33－2
臨時築城學附錄一卷　梁心田譯　清陸軍預
備大學堂石印本　　一冊

110000－3162－0001073　　古261/33－3
臨時築城學附錄一卷　梁心田譯　清陸軍預
備大學堂石印本　　一冊

110000－3162－0001074　　古261/33－4
臨時築城學附錄一卷　梁心田譯　清陸軍預
備大學堂石印本　　一冊

110000－3162－0001075　　古261/40－1
營壘圖說不分卷　（比利時）伯里牙芒著　清
江南機器製造總局鋟板刻本　　一冊

110000－3162－0001076　　古261/40－2
營壘圖說不分卷　（比利時）伯里牙芒著　清
江南機器製造總局鋟板刻本　　一冊

110000－3162－0001077　　古261/40－3
營壘圖說不分卷　（比利時）伯里牙芒著　清
江南機器製造總局鋟板刻本　　一冊

110000－3162－0001078　　古261/40－4
營壘圖說不分卷　（比利時）伯里牙芒著　清
江南機器製造總局鋟板刻本　　一冊

110000－3162－0001079　　古261/40－5
營壘圖說不分卷　（比利時）伯里牙芒著　清
江南機器製造總局鋟板刻本　　一冊

110000－3162－0001080　　古261/41－1
德國各兵種野戰工作教範不分卷　（清）軍學
編輯局譯　清光緒軍學編輯局鉛印本　　二冊

110000－3162－0001081　　古261/41－2
德國各兵種野戰工作教範不分卷　（清）軍學
編輯局譯　清光緒軍學編輯局鉛印本　　二冊

110000－3162－0001082　　古261/43－1
爆破教法不分卷　（□）□□撰　清軍官學堂
石印本　　一冊

110000－3162－0001083　　古261/43－2
爆破教法不分卷　（□）□□撰　清軍官學堂
石印本　　一冊

110000－3162－0001084　　古261/43－3
爆破教法不分卷　（□）□□撰　清軍官學堂
石印本　　一冊

110000－3162－0001085　　古261/44－1
架橋教範不分卷　（□）□□撰　清軍官學堂
石印本　　一冊

110000－3162－0001086　　古261/44－2
架橋教範不分卷　（□）□□撰　清軍官學堂
石印本　　一冊

110000－3162－0001087　　古261/45－1
開地道轟藥法三卷　（英國）武備工程學堂編
（英國）傅蘭雅口譯　汪振聲筆述　清江機
器南製造總局鋟板刻本　　二冊

110000－3162－0001088　　古261/45－2

開地道轟藥法三卷　　（英國）武備工程學堂編
（英國）傅蘭雅口譯　汪振聲筆述　清江機
器南製造總局鋟板刻本　二冊

110000－3162－0001089　　古261/46－1

營城揭要二卷　（英國）儲意比撰　（英國）傅
蘭雅口譯　（清）徐壽筆述　清江南機器製造
總局鋟板刻本　二冊

110000－3162－0001090　　古261/46－2

營城揭要二卷　（英國）儲意比撰　（英國）傅
蘭雅口譯　（清）徐壽筆述　清江南機器製造
總局鋟板刻本　二冊

110000－3162－0001091　　古261/46－3

營城揭要二卷　（英國）儲意比撰　（英國）傅
蘭雅口譯　（清）徐壽筆述　清江南機器製造
總局鋟板刻本　二冊

110000－3162－0001092　　古261/46－4

營城揭要二卷　（英國）儲意比撰　（英國）傅
蘭雅口譯　（清）徐壽筆述　清江南機器製造
總局鋟板刻本　二冊

110000－3162－0001093　　古261/47－1

營工要覽四卷　（英國）傅蘭雅　汪振聲同譯
清江南機器製造總局鋟板刻本　二冊

110000－3162－0001094　　古261/47－2

營工要覽四卷　（英國）傅蘭雅　汪振聲同譯
清江南機器製造總局鋟板刻本　二冊

110000－3162－0001095　　古261/47－3

營工要覽四卷　（英國）傅蘭雅　汪振聲同譯
清江南機器製造總局鋟板刻本　二冊

110000－3162－0001096　　古261/48

架橋教範草案不分卷　（清）兩江督練公所教
練處編譯　清南洋軍事書報社鉛印本　一冊

110000－3162－0001097　　古261/49

架橋教範草案不分卷　（清）兩江督練公所教
練處編譯　清南洋軍事書報社鉛印本　一冊

110000－3162－0001098　　古261/50－1

工兵暫行操法三篇　（清）練兵處軍學司編

清光緒三十三年（1907）南洋軍事書報社鉛印
本　一冊

110000－3162－0001099　　古261/50－2

工兵暫行操法三篇　（清）練兵處軍學司編
清光緒三十三年（1907）南洋軍事書報社鉛印
本　一冊　存一篇（三）

110000－3162－0001100　　古261/50－3

工兵暫行操法三篇　（清）練兵處軍學司編
清光緒三十三年（1907）南洋軍事書報社鉛印
本　一冊　存一篇（三）

110000－3162－0001101　　古261/53

時務齋隨錄（壕壍私議）不分卷　（清）劉光蕡
著　清光緒關中味經官書局刻本　一冊

110000－3162－0001102　　古261/54

辟炮仁術二卷　（清）劉光謨撰　清光緒二十
六年（1900）刻本　二冊

110000－3162－0001103　　古261/55

築壘必攜不分卷　賀忠良輯　清北洋將弁學
堂石印本　一冊

110000－3162－0001104　　古261/56

工防營輿地課程不分卷　（清）夏克猷輯　清
光緒二十七年（1901）朱刻本　二冊

110000－3162－0001105　　古263/8

初級兵器學六篇　（清）軍學編輯局編　清光
緒軍學編輯局鉛印本　一冊

110000－3162－0001106　　古263/11

軍器學課程不分卷　（□）□□撰　清光緒三
十二年（1906）北洋武備研究所石印本　二冊

110000－3162－0001107　　古263/12

兵器學教程不分卷　（清）傅在田著　清光緒
三十三年（1907）北洋武備研究所石印本
一冊

110000－3162－0001108　　古263/13－1

軍械學筆記三卷　簡直義編　清軍官學堂石
印本　三冊

110000－3162－0001109　　古263/13－2

軍械學筆記三卷　簡直義編　清軍官學堂石

印本　三冊

110000－3162－0001110　古263/14－1
軍械沿革志不分卷　簡直義編　清宣統元年
(1909)陸軍行營軍官學堂刻本　一冊

110000－3162－0001111　古263/14－2
軍械沿革志不分卷　簡直義編　清宣統元年
(1909)陸軍行營軍官學堂刻本　一冊

110000－3162－0001112　古263/17－1
改編軍械精蘊七卷　簡直義編　清宣統元年
(1909)陸軍大學校石印本　八冊

110000－3162－0001113　古263/17－2
改編軍械精蘊七卷　簡直義編　清宣統元年
(1909)陸軍大學校石印本　八冊　存六卷
(一、三至七)

110000－3162－0001114　古263/17△
改編軍械精蘊筆記不分卷　簡直義編　清宣
統元年(1909)陸軍預備大學堂石印本　一冊

110000－3162－0001115　古263/18－1
軍械精蘊二卷　簡直義編　清陸軍行營軍官
學堂刻本　三冊

110000－3162－0001116　古263/18－2
軍械精蘊二卷　簡直義編　清陸軍行營軍官
學堂刻本　三冊

110000－3162－0001117　古263/18－3
軍械精蘊二卷　簡直義編　清陸軍行營軍官
學堂刻本　一冊　存一卷(附圖二)

110000－3162－0001118　古263/19－1
軍械精蘊(車輛性質及運搬方法)第七編
(□)□□撰　清陸軍行營軍官學堂刻本
一冊

110000－3162－0001119　古263/19－2
軍械精蘊(車輛性質及運搬方法)第七編
(□)□□撰　清陸軍行營軍官學堂刻本
一冊

110000－3162－0001120　古263/19－3
軍械精蘊(車輛性質及運搬方法)第七編
(□)□□撰　清陸軍行營軍官學堂刻本

一冊

110000－3162－0001121　古263/19－4
軍械精蘊(車輛性質及運搬方法)第七編
(□)□□撰　清陸軍行營軍官學堂刻本
一冊

110000－3162－0001122　古263/19－5
軍械精蘊(車輛性質及運搬方法)第七編
(□)□□撰　清陸軍行營軍官學堂刻本
一冊

110000－3162－0001123　古263/20
軍械保存法不分卷　簡直義編　任依洲譯
清光緒三十四年(1908)陸軍行營軍官學堂刻
本　一冊

110000－3162－0001124　古263/22
野戰工兵廠勤務令不分卷　(清)軍學編輯局
編　清軍學編輯局鉛印本　一冊

110000－3162－0001125　古263/24－1
軍械保存法不分卷　簡直義編　任依洲譯
清光緒三十四年(1908)陸軍大學校石印本
一冊

110000－3162－0001126　古263/24－2
軍械保存法不分卷　簡直義編　任依洲譯
清光緒三十四年(1908)陸軍大學校石印本
一冊

110000－3162－0001127　古263/24－3
軍械保存法不分卷　簡直義編　任依洲譯
清光緒三十四年(1908)陸軍大學校石印本
一冊

110000－3162－0001128　古263/30－1
火器略說不分卷　(清)王韜著　(清)黃達權
譯　清光緒七年(1881)天南遁窟鉛印本
一冊

110000－3162－0001129　古263/30－2
火器略說不分卷　(清)王韜著　(清)黃達權
譯　清光緒七年(1881)天南遁窟鉛印本
一冊

110000－3162－0001130　古263/30.1

火器略說不分卷　（清）王韜著　（清）黃達權譯　清光緒七年（1881）天南遁窟鉛印本　一冊

110000－3162－0001131　古263/31

中國陸路應用何種炮位情形不分卷　（清）克馳馬呈　清光緒二十二年（1896）石印本　一冊

110000－3162－0001132　古263/32

五火元機不分卷　（□）□□撰　□舊抄本　一冊

110000－3162－0001133　古263/36－1

改編兵器製造學三卷　簡直義編　陳席珍譯　清宣統二年（1910）軍官學堂石印本　一冊　存一卷（一）

110000－3162－0001134　古263/36－2

改編兵器製造學三卷　簡直義編　陳席珍譯　清宣統二年（1910）軍官學堂石印本　一冊　存一卷（一）

110000－3162－0001135　古263/38

水陸戰攻藥物器械製造法不分卷　（□）□□撰　清抄本　二冊

110000－3162－0001136　古263/39

英國定準軍藥書四卷　（英國）陸軍水師部編　（清）舒高第譯　汪振聲述　清江南機器製造總局圖書處刻本　二冊

110000－3162－0001137　古263/40－1

步隊毛瑟槍說不分卷　（德國）德國兵部著　（清）廣音泰譯　（清）顧祖榮述　清光緒九年（1883）天津海防軍械總局刻本　一冊

110000－3162－0001138　古263/40－2

步隊毛瑟槍說不分卷　（德國）德國兵部著　（清）廣音泰譯　（清）顧祖榮述　清光緒九年（1883）天津海防軍械總局刻本　一冊

110000－3162－0001139　古263/43－1

製火藥法三卷　（英國）利稼孫　（英國）華得斯輯　（英國）傅蘭雅譯　清江南機器製造總局鋟板刻本　一冊

110000－3162－0001140　古263/43－2

製火藥法三卷　（英國）利稼孫　（英國）華得斯輯　（英國）傅蘭雅譯　清江南機器製造總局鋟板刻本　一冊

110000－3162－0001141　古263/43－3

製火藥法三卷　（英國）利稼孫　（英國）華得斯輯　（英國）傅蘭雅譯　清江南機器製造總局鋟板刻本　一冊

110000－3162－0001142　古263/44

克虜伯炮彈造法七卷　（德國）軍政局原書　（美國）金楷理口譯　（清）李鳳苞筆述　餅藥造法二卷　（德國）軍政局原書　（美國）金楷理口譯　（清）李鳳苞續編　論火藥源流三卷　（英國）利稼孫　（英國）華得斯輯　（英國）傅蘭雅口譯　（清）丁樹棠筆述　清石印本　一冊

110000－3162－0001143　古263/44.1

克虜伯炮彈造法二卷　（德國）軍政局原書　（美國）金楷理口譯　（清）李鳳苞筆述　清刻本　二冊

110000－3162－0001144　古263/45

攻守炮法不分卷　（德國）軍政局原書　（美國）金楷理口譯　（清）李鳳苞筆述　清刻本　一冊

110000－3162－0001145　古263/46

江南製造局出品說明書四集不分卷　（清）江南製造局編撰　清宣統二年（1910）江南機器製造總局鉛印本　四冊

110000－3162－0001146　古263/47－1

江南製造局記十卷附一卷　（清）魏允恭輯　清光緒三十一年（1905）上海文寶書局石印本　十冊

110000－3162－0001147　古263/47－2

江南製造局記十卷附一卷　（清）魏允恭輯　清光緒三十一年（1905）上海文寶書局石印本　十冊

110000－3162－0001148　古263/48－1

爆藥紀要六卷　（美國）水雷局原書　（清）舒

高第口譯　（清）趙元益筆述　清光緒刻本
一冊

110000－3162－0001149　古263/48－2
爆藥紀要六卷　（美國）水雷局原書　（清）舒
高第口譯　（清）趙元益筆述　清光緒刻本
一冊

110000－3162－0001150　古263/49
炮法求新六卷　（英國）烏里治官砲局原書
（清）舒高第　（清）鄭昌棪合譯　清鉛印本
八冊

110000－3162－0001151　古263/50
鑄炮圖法不分卷　潘廷輝撰　清道光二十五
年(1845)藍框抄本　一冊

110000－3162－0001152　古263/51
操勝要覽不分卷　（清）王韜著　清光緒十
一年(1885)敦懷書屋刻本　一冊

110000－3162－0001153　古263/52
英國瓦瓦司前後膛鋼炮價目不分卷　（清）上
海瑞生洋行編　清光緒七年(1881)美華書館
鉛印本　一冊

110000－3162－0001154　古263/53
劉鐸呈請製造機器文不分卷　（清）劉鐸擬
清紅格抄本　一冊

110000－3162－0001155　古263/55
試造氣行輪船始末不分卷　（清）董毓琦著
清石印本　一冊

110000－3162－0001156　古263/56－1
**改制新式七生五管退過山炮並配新式甲馱鞍
說明書不分卷**　（清）陸軍部呈報　清江南機
器製造總局鉛印本　一冊

110000－3162－0001157　古263/56－2
**改制新式七生五管退過山炮並配新式甲馱鞍
說明書不分卷**　（清）陸軍部呈報　清江南機
器製造總局鉛印本　一冊

110000－3162－0001158　古263/59
設廠製造硝強水案不分卷　（清）福建省軍政
局司道擬　清抄本　一冊

110000－3162－0001159　古263/60
毛瑟槍圖解十五卷　（□）□□撰　清光緒十
一年(1885)影印本　四冊

110000－3162－0001160　古27/1
日本戰時後勤兵書八種　（清）軍學編譯局編
清軍學編譯局鉛印本　九冊

110000－3162－0001161　古271/1－1
陸軍經理學五卷　葉德輝編　清光緒三十一
年(1905)陸軍大學校鉛印本　五冊

110000－3162－0001162　古271/1－2
陸軍經理學五卷　葉德輝編　清光緒三十一
年(1905)陸軍大學校鉛印本　四冊　存四卷
（二至五）

110000－3162－0001163　古271/1－3
陸軍經理學五卷　葉德輝編　清光緒三十一
年(1905)陸軍大學校鉛印本　四冊　存四卷
（二至五）

110000－3162－0001164　古271/1－4
陸軍經理學五卷　葉德輝編　清光緒三十一
年(1905)陸軍大學校鉛印本　四冊　存四卷
（二至五）

110000－3162－0001165　古271/1.2
陸軍經理二編　（日本）大坪恭三編　任衣洲
譯　雷啟中修　清陸軍行營軍官學堂刻本
一冊

110000－3162－0001166　古271/2－1
陸軍經理二編　（日本）大坪恭三編　任衣洲
譯　雷啟中修　清軍官學堂石印本　一冊

110000－3162－0001167　古271/2－2
陸軍經理二編　（日本）大坪恭三編　任衣洲
譯　雷啟中修　清軍官學堂石印本　一冊

110000－3162－0001168　古271/2－3
陸軍經理二編　（日本）大坪恭三編　任衣洲
譯　雷啟中修　清軍官學堂石印本　一冊

110000－3162－0001169　古271/2－4
陸軍經理二編　（日本）大坪恭三編　任衣洲
譯　雷啟中修　清軍官學堂石印本　一冊

110000－3162－0001170　古271/5

經理學附表不分卷　（清）陸軍預備大學堂編
　清陸軍預備大學堂石印本　一冊

110000－3162－0001171　古271/6

兵站勤務不分卷　壽永康編　任衣洲譯　清
光緒三十三年(1907)軍官學堂石印本　一冊

110000－3162－0001172　古271/16－1

馬政不分卷　（清）軍官學堂編　清陸軍行營
軍官學堂刻本　一冊

110000－3162－0001173　古271/16－2

馬政不分卷　（清）軍官學堂編　清陸軍行營
軍官學堂刻本　一冊

110000－3162－0001174　古271/16－3

馬政不分卷　（清）軍官學堂編　清陸軍行營
軍官學堂刻本　一冊

110000－3162－0001175　古271/16－4

馬政不分卷　（清）軍官學堂編　清陸軍行營
軍官學堂刻本　一冊

110000－3162－0001176　古271/16－5

馬政不分卷　（清）軍官學堂編　清陸軍行營
軍官學堂刻本　一冊

110000－3162－0001177　古271/17

經理須知不分卷　阮文忠等著　清北洋武備
翻譯局鉛印本　一冊

110000－3162－0001178　古271/18

被服經理教程二卷　孫懋勤講述　清直魯陸
軍軍需實施學校石印本　二冊

110000－3162－0001179　古271/19

營繕經理教程不分卷　王實樹講述　清直魯
陸軍軍需實施學校石印本　一冊

110000－3162－0001180　古271/22

作戰給養論二卷　（清）兩江督練公所教練處
編譯　清宣統二年(1910)南洋軍事書報社鉛
印本　二冊

110000－3162－0001181　古271/23.1

糧秣經理實施教程不分卷　王寶樹講述　清
直魯陸軍軍需實施學校石印本　一冊

110000－3162－0001182　古271/27

日本兵站彈藥縱列勤務令不分卷　（清）軍學
編輯局編　清軍學編輯局鉛印本　一冊

110000－3162－0001183　古271/28

日本兵站勤務令不分卷　（清）軍學編輯局編
　清軍學編輯局鉛印本　一冊

110000－3162－0001184　古2719/1

衛生勤務不分卷　（□）□□撰　清陸軍行營
軍官學堂石印本　一冊

110000－3162－0001185　古2719/11－1

衛生勤務筆記七卷　（日本）雨森授　（清）王
允彪筆述　清陸軍預備大學堂石印本　一冊
　　　存五卷(三至七)

110000－3162－0001186　古2719/11－2

衛生勤務筆記七卷　（日本）雨森授　（清）王
允彪筆述　清陸軍預備大學堂石印本　一冊
　　　存五卷(三至七)

110000－3162－0001187　古2719/12.1

戰時衛生職務法令二編　（□）□□撰　清陸
軍行營軍官學堂刻本　一冊

110000－3162－0001188　古2719/14

戰時衛生勤務不分卷　（清）軍學編輯局編
清軍學編輯局鉛印本　一冊

110000－3162－0001189　古2719/21

行軍方便便方二卷　（清）羅世瑤編　清咸豐
二年(1852)刻本　一冊

110000－3162－0001190　古2719/22

中西醫學教科書不分卷　徐敬儀編　清光緒
三十二年(1906)北京武學官書局活版部鉛印
本　一冊

110000－3162－0001191　古2719/23

衛生學教科書不分卷　（清）北洋陸軍編譯局
編　清北洋武備研究所石印本　一冊

110000－3162－0001192　古272/3

初級交通學六編　（清）軍學編輯局編　清軍
學編輯局鉛印本　一冊

110000－3162－0001193　古272/16

交通教範草案不分卷 杜爾倫編 清光緒三十三年(1907)北洋陸軍編譯局石印本 一冊

110000－3162－0001194 古2721/2
鐵路學三卷 仲孫光編 清光緒三十三年(1907)軍官學堂石印本 一冊 存一卷(一)

110000－3162－0001195 古2721/4
鐵路學一卷附圖一卷 仲孫光編 清軍官學堂石印本 一冊

110000－3162－0001196 古2721/13
鐵路輸送學一卷 仲孫光編 清鉛印本 一冊

110000－3162－0001197 古2721/15
鐵道輸送勤務令不分卷 (清)軍學編輯局編 清軍學編輯局鉛印本 一冊

110000－3162－0001198 古2721/24
行軍鐵路工程二卷 (英國)傅蘭雅 汪振聲譯 清江南機器製造總局鋟版刻本 一冊

110000－3162－0001199 古2721/25
行軍鐵路工程二卷 (英國)傅蘭雅 汪振聲譯 清江南機器製造總局鋟版刻本 一冊

110000－3162－0001200 古2722/6－1
船舶輸送學二篇 壽永康編 清陸軍行營軍官學堂刻本 一冊

110000－3162－0001201 古2722/6－2
船舶輸送學二篇 壽永康編 清陸軍行營軍官學堂刻本 一冊

110000－3162－0001202 古281/1
簡明世界地理兵要講義(中國地理兵要)二篇 (清)江北陸軍學堂編 清光緒三十二年(1906)江北督練公所鉛印本 一冊

110000－3162－0001203 古2811/2－1
兵要地志(東三省之部)不分卷 (清)關東都督府觀測所調查編輯 清宣統三年(1911)陸軍大學校鉛印本 一冊

110000－3162－0001204 古2811/2－2
兵要地志(東三省之部)不分卷 (清)關東都督府觀測所調查編輯 清宣統三年(1911)陸軍大學校鉛印本 一冊

110000－3162－0001205 古2811/2－3
兵要地志(東三省之部)不分卷 (清)關東都督府觀測所調查編輯 清宣統三年(1911)陸軍大學校鉛印本 一冊

110000－3162－0001206 古2811/2－4
兵要地志(東三省之部)不分卷 (清)關東都督府觀測所調查編輯 清宣統三年(1911)陸軍大學校鉛印本 一冊

110000－3162－0001207 古2811/2－5
兵要地志(東三省之部)不分卷 (清)關東都督府觀測所調查編輯 清宣統三年(1911)陸軍大學校鉛印本 一冊

110000－3162－0001208 古2811/8
兵要地理附圖(大沽附近)不分卷 (清)景謙繪 清軍官學堂石印本 一冊

110000－3162－0001209 古2811/10
華州歷代兵事志不分卷 劉東野編 清宣統三年(1911)鉛印本 一冊

110000－3162－0001210 古2811/12－1
兵要地理三卷 (清)軍學編輯局編 清軍學編輯局鉛印本 一冊 存一卷(一)

110000－3162－0001211 古2811/12－2
兵要地理三卷 (清)軍學編輯局編 清軍學編輯局鉛印本 二冊 存二卷(一、三)

110000－3162－0001212 古2811/17
兵要地理附圖不分卷 (□)□□撰 清軍官學堂石印本 一冊

110000－3162－0001213 古2811/18.02－1
兵要地理附圖二卷 (□)□□撰 清軍官學堂石印本 一冊

110000－3162－0001214 古2811/18.02－2
兵要地理附圖二卷 (□)□□撰 清軍官學堂石印本 一冊

110000－3162－0001215 古2811/20－1
兵要地理筆記一卷 (清)景謙講授 清陸軍預備大學堂石印本 一冊

110000－3162－0001216　古2811/20－2
兵要地理筆記一卷　（清）景謙講授　清陸軍預備大學堂石印本　一冊

110000－3162－0001217　古2811/22
中國兵要地理參考書四卷　（日本）井上編　清軍官學堂石印本　二冊　存二卷(二至三)

110000－3162－0001218　古2812/1
巴西國地理兵要不分卷　（清）顧厚焜編　清光緒十五年(1889)鉛印本　一冊

110000－3162－0001219　古2812/2－1
巴西國地理兵要不分卷　（清）顧厚焜編　清光緒十五年(1889)鉛印本　一冊

110000－3162－0001220　古2812/2－2
巴西國地理兵要不分卷　（清）顧厚焜編　清光緒十五年(1889)鉛印本　一冊

110000－3162－0001221　古2812/6－1
日本地理兵要十卷　姚文棟著　清光緒十年(1884)同文館聚珍版刻本　八冊

110000－3162－0001222　古2812/6－2
日本地理兵要十卷　姚文棟著　清光緒十年(1884)同文館聚珍版刻本　八冊

110000－3162－0001223　2812/6.1
日本地理兵要十卷　姚文棟等撰　**日本會計錄四卷**　姚文棟撰　**日本師船考一卷**　沈敦和撰　清光緒二十年(1894)寶善書局石印本　六冊

110000－3162－0001224　古2812/8
美國地理兵要四卷　（清）顧厚焜編　清光緒十五年(1889)上海仁記石印本　二冊

110000－3162－0001225　古282/1
地形學教程二卷　（日本）士官學校編　清北京武學書局鉛印本　二冊

110000－3162－0001226　古282/7
地形學教程二卷　黃家濂譯授　清宣統元年(1909)陸軍大學校石印本　五冊

110000－3162－0001227　古282/8
地形學教程二卷　（清）杜泰辰編　梁心田譯　清宣統元年(1909)軍官學堂石印本　二冊

110000－3162－0001228　古282/10
地形偵察不分卷　李士銳輯　清光緒三十三年(1907)北洋陸軍編譯局鉛印本　一冊

110000－3162－0001229　古282/16－1
行軍測繪十卷　（英國）連提撰　（英國）傅蘭雅譯　（清）趙元益筆述　（清）趙宏繪圖　清光緒刻本　二冊

110000－3162－0001230　古282/16－2
行軍測繪十卷　（英國）連提撰　（英國）傅蘭雅譯　（清）趙元益筆述　（清）趙宏繪圖　清光緒刻本　二冊

110000－3162－0001231　古282/17－1
行軍測繪十卷　（英國）連提撰　（英國）傅蘭雅譯　（清）趙元益筆述　（清）趙宏繪圖　清江南機器製造總局鋟版刻本　二冊

110000－3162－0001232　古282/17－2
行軍測繪十卷　（英國）連提撰　（英國）傅蘭雅譯　（清）趙元益筆述　（清）趙宏繪圖　清江南機器製造總局鋟版刻本　二冊

110000－3162－0001233　古282/18
京師陸軍小學堂略測圖不分卷　（□）□□撰　清鉛印本　一冊

110000－3162－0001234　古282/19
迅速測繪一卷　（□）□□撰　清光緒三十三年(1907)北洋陸軍編譯局石印本　一冊

110000－3162－0001235　古29111/3
長江水師全案三卷　（□）□□撰　清刻本　一冊　存二卷(一至二)

110000－3162－0001236　古29111/4
長江水師軍政考語冊不分卷　（□）□□撰　清同治七年至光緒十三年(1868－1887)抄本　二冊

110000－3162－0001237　古29111/5－1
籌海軍芻議二卷　（清）姚錫光撰　清光緒三十四年(1908)鉛印本　二冊

110000－3162－0001238　古29111/5－2

籌海軍芻議二卷　（清）姚錫光撰　清光緒三十四年(1908)鉛印本　二冊

110000－3162－0001239　古29111/6－1

海防事例不分卷　（清）户部等奏　清光緒十一年(1885)刻本　一冊

110000－3162－0001240　古29111/6－2

海防事例不分卷　（清）户部等奏　清光緒十一年(1885)刻本　一冊

110000－3162－0001241　古29111/6.1

海防事例不分卷　（□）□□撰　清光緒木活字印本　一冊

110000－3162－0001242　古29111/7

户部籌餉海防新章捐例不分卷　（清）户部編　清光緒榮錄堂刻本　五冊

110000－3162－0001243　古29111/8

海防新例銓補章程不分卷　（清）户部編　清光緒刻本　八冊

110000－3162－0001244　古29111/9

海防新例銓補章程不分卷　（清）户部編　清木活字印本　一冊

110000－3162－0001245　古29111/10

江蘇水師奏議不分卷　（清）曾國藩奏　清同治十一年(1872)刻本　一冊

110000－3162－0001246　古29112/1

英美海軍戰史三卷　（美國）愛德華史賓氏著　（日本）越山平三郎譯　清光緒二十八年(1902)上海世界譯書局石印本　一冊

110000－3162－0001247　古29112/4

防海新編十八卷　（德國）希理哈撰　（英國）傅蘭雅譯　（清）華蘅芳筆述　清同治十二年(1873)江南製造局刻本　六冊

110000－3162－0001248　古29121/1－1

水師章程十四卷續編六卷　（英國）水師兵部原書　（美國）林樂知口譯　（清）鄭昌棪筆述　清江南機器製造總局鋟版刻本　十六冊

110000－3162－0001249　古29121/1－2

水師章程十四卷續編六卷　（英國）水師兵部

原書　（美國）林樂知口譯　（清）鄭昌棪筆述　清江南機器製造總局鋟版刻本　十六冊

110000－3162－0001250　古29121/1－3

水師章程十四卷續編六卷　（英國）水師兵部原書　（美國）林樂知口譯　（清）鄭昌棪筆述　清江南機器製造總局鋟版刻本　十六冊

110000－3162－0001251　古29121/1－4

水師章程十四卷續編六卷　（英國）水師兵部原書　（美國）林樂知口譯　（清）鄭昌棪筆述　清江南機器製造總局鋟版刻本　十六冊

110000－3162－0001252　古29121/1－5

水師章程十四卷續編六卷　（英國）水師兵部原書　（美國）林樂知口譯　（清）鄭昌棪筆述　清江南機器製造總局鋟版刻本　十六冊

110000－3162－0001253　古29121/2－1

英國水師律例四卷　（英國）師德麟　（英國）極福德纂　（清）舒高第　（清）鄭昌棪譯　清光緒三年(1877)江南機器製造總局鋟版刻本　二冊

110000－3162－0001254　古29121/2－2

英國水師律例四卷　（英國）師德麟　（英國）極福德纂　（清）舒高第　（清）鄭昌棪譯　清光緒三年(1877)江南機器製造總局鋟版刻本　二冊

110000－3162－0001255　古29121/2－3

英國水師律例四卷　（英國）師德麟　（英國）極福德纂　（清）舒高第　（清）鄭昌棪譯　清光緒三年(1877)江南機器製造總局鋟版刻本　二冊

110000－3162－0001256　古29121/2－4

英國水師律例四卷　（英國）師德麟　（英國）極福德纂　（清）舒高第　（清）鄭昌棪譯　清光緒三年(1877)江南機器製造總局鋟版刻本　二冊

110000－3162－0001257　古29121/3

擬定海軍章程全集不分卷　（□）□□撰　清鉛印本　一冊

110000－3162－0001258　古29121/4

北洋海軍章程不分卷　（清）總理海軍衙門原奏　清光緒十四年(1888)天津石印書局石印本　二冊

110000－3162－0001259　古29121/4.1

北洋海軍章程不分卷　（清）總理海軍衙門編撰　清鉛印本　七冊

110000－3162－0001260　古29121/5

江口巡船章程不分卷　（清）黃陵道人編　清光緒十六年(1890)刻本　一冊

110000－3162－0001261　古29122/1－1

水師操練十八卷　（英國）戰船部原書　（英國）傅蘭雅口譯　（清）徐建寅筆述　清江南製造總局鋟版刻本　三冊

110000－3162－0001262　古29122/1－2

水師操練十八卷　（英國）戰船部原書　（英國）傅蘭雅口譯　（清）徐建寅筆述　清江南機器製造總局鋟版刻本　三冊

110000－3162－0001263　古29122/1－3

水師操練十八卷　（英國）戰船部原書　（英國）傅蘭雅口譯　（清）徐建寅筆述　清江南機器製造總局鋟版刻本　三冊

110000－3162－0001264　古29122/1－4

水師操練十八卷　（英國）戰船部原書　（英國）傅蘭雅口譯　（清）徐建寅筆述　清江南機器製造總局鋟版刻本　三冊

110000－3162－0001265　古29122/1－5

水師操練十八卷　（英國）戰船部原書　（英國）傅蘭雅口譯　（清）徐建寅筆述　清江南機器製造總局鋟版刻本　三冊

110000－3162－0001266　古29122/1－6

水師操練十八卷　（英國）戰船部原書　（英國）傅蘭雅口譯　（清）徐建寅筆述　清江南機器製造總局鋟版刻本　三冊

110000－3162－0001267　古29122/1－7

水師操練十八卷　（英國）戰船部原書　（英國）傅蘭雅口譯　（清）徐建寅筆述　清江南機器製造總局鋟版刻本　三冊

110000－3162－0001268　古29122/1－8

水師操練十八卷　（英國）戰船部原書　（英國）傅蘭雅口譯　（清）徐建寅筆述　清江南機器製造總局鋟版刻本　三冊

110000－3162－0001269　古29122/1－9

水師操練十八卷　（英國）戰船部原書　（英國）傅蘭雅口譯　（清）徐建寅筆述　清江南機器製造總局鋟版刻本　一冊　存七卷(一至七)

110000－3162－0001270　古29122/2

東溟校伍錄二卷　（清）陳錦輯　清光緒二年(1876)刻本(桔蔭軒藏版)　一冊

110000－3162－0001271　古29122/3

航海簡法四卷　（英國）那麗撰　（美國）金楷理口譯　（清）王德均筆述　清刻本　一冊

110000－3162－0001272　古29122/4－1

海軍調度要言三卷　（英國）拿核甫撰　（清）舒高第　（清）鄭昌棪譯　清鉛印本　二冊

110000－3162－0001273　古29122/4－2

海軍調度要言三卷　（英國）拿核甫撰　（清）舒高第　（清）鄭昌棪譯　清鉛印本　二冊

110000－3162－0001274　古2913/11

海戰學筆記不分卷　（清）景謙講　（清）潘國綱筆記　清陸軍預備大學堂石印本　一冊

110000－3162－0001275　古2913/16

水軍要略八種　（清）周文卿藏訂　清光緒二十三年(1897)抄本　九冊

110000－3162－0001276　古2913/17

海戰新義四卷　（奧地利）阿達爾美阿著　清光緒十一年(1885)天津機器局鉛印本　二冊

110000－3162－0001277　古2913/19－1

輪船布陣附陣法圖十二卷　（英國）賈密倫原書　（英國）傅蘭雅口譯　（清）徐建寅筆述　清江南機器製造總局鋟版刻本　二冊

110000－3162－0001278　古2913/19－2

輪船布陣附陣法圖十二卷　（英國）賈密倫原

書　（英國）傅蘭雅口譯　（清）徐建寅筆述
清江南機器製造總局鋟版刻本　二冊

110000－3162－0001279　古 2913/19－3
輪船布陣附陣法圖十二卷　（英國）賈密倫原
書　（英國）傅蘭雅口譯　（清）徐建寅筆述
清江南機器製造總局鋟版刻本　二冊

110000－3162－0001280　古 2913/19－4
輪船布陣附陣法圖十二卷　（英國）賈密倫原
書　（英國）傅蘭雅口譯　（清）徐建寅筆述
清江南機器製造總局鋟版刻本　二冊

110000－3162－0001281　古 2913/19－5
輪船布陣附陣法圖十二卷　（英國）賈密倫原
書　（英國）傅蘭雅口譯　（清）徐建寅筆述
清江南機器製造總局鋟版刻本　二冊

110000－3162－0001282　古 2913/19－6
輪船布陣附陣法圖十二卷　（英國）賈密倫原
書　（英國）傅蘭雅口譯　（清）徐建寅筆述
清江南機器製造總局鋟版刻本　二冊

110000－3162－0001283　古 2913/19－7
輪船布陣附陣法圖十二卷　（英國）賈密倫原
書　（英國）傅蘭雅口譯　（清）徐建寅筆述
清江南機器製造總局鋟版刻本　二冊

110000－3162－0001284　古 2913/19－8
輪船布陣附陣法圖十二卷　（英國）賈密倫原
書　（英國）傅蘭雅口譯　（清）徐建寅筆述
清江南機器製造總局鋟版刻本　二冊

110000－3162－0001285　古 2913/20－1
兵船炮法六卷　（美國）水師書院編　（清）朱
恩錫筆述　清刻本　三冊

110000－3162－0001286　古 2913/20－2
兵船炮法六卷　（美國）水師書院編　（清）朱
恩錫筆述　清刻本　三冊

110000－3162－0001287　古 2913/20－3
兵船炮法六卷　（美國）水師書院編　（清）朱
恩錫筆述　清刻本　三冊

110000－3162－0001288　古 2913/20－4
兵船炮法六卷　（美國）水師書院編　（清）朱

恩錫筆述　清刻本　三冊

110000－3162－0001289　古 2913/20－5
兵船炮法六卷　（美國）水師書院編　（清）朱
恩錫筆述　清刻本　三冊

110000－3162－0001290　古 2913/21
各國水師操戰法六卷　（法國）理範著　清光
緒十一年(1885)天津機器局鉛印本　二冊

110000－3162－0001291　古 2913/22－1
水師保身法不分卷　（法國）勒羅阿撰　（清）
程鑾　（清）趙元益譯　清江南機器製造總局
鋟版刻本　一冊

110000－3162－0001292　古 2913/22－2
水師保身法不分卷　（法國）勒羅阿撰　（清）
程鑾　（清）趙元益譯　清江南機器製造總局
鋟版刻本　一冊

110000－3162－0001293　古 2913/23－1
輪船布陣圖說　（□）□□撰　清光緒十年
(1884)天津機器局鉛印本　二冊

110000－3162－0001294　古 2913/23－2
輪船布陣圖說　（□）□□撰　清光緒十年
(1884)天津機器局鉛印本　二冊

110000－3162－0001295　古 2914/1－1
世界海軍現狀不分卷　丁士源著　清宣統二
年(1910)鉛印本　一冊

110000－3162－0001296　古 2914/1－2
世界海軍現狀不分卷　丁士源著　清宣統二
年(1910)鉛印本　一冊

110000－3162－0001297　古 2914/2－1
美國水師考不分卷　（英國）巴那比　（美國）
克理撰　（英國）傅蘭雅　（清）鍾天緯譯　清
江南機器製造總局鋟版刻本　一冊

110000－3162－0001298　古 2914/2－2
美國水師考不分卷　（英國）巴那比　（美國）
克理撰　（英國）傅蘭雅　（清）鍾天緯譯　清
江南機器製造總局鋟版刻本　一冊

110000－3162－0001299　古 2914/2－3
美國水師考不分卷　（英國）巴那比　（美國）

克理撰 （英國）傅蘭雅 （清）鍾天緯譯 清
江南機器製造總局鋟版刻本 一冊

110000－3162－0001300 古 2914/2－4
美國水師考不分卷 （英國）巴那比 （美國）
克理撰 （英國）傅蘭雅 （清）鍾天緯譯 清
江南機器製造總局鋟版刻本 一冊

110000－3162－0001301 古 2914/2－5
美國水師考不分卷 （英國）巴那比 （美國）
克理撰 （英國）傅蘭雅 （清）鍾天緯譯 清
江南機器製造總局鋟版刻本 一冊

110000－3162－0001302 古 2914/2－6
美國水師考不分卷 （英國）巴那比 （美國）
克理撰 （英國）傅蘭雅 （清）鍾天緯譯 清
江南機器製造總局鋟版刻本 一冊

110000－3162－0001303 古 2914/3－1
英國水師考不分卷 （英國）巴那比 （美國）
克理合撰 （英國）傅蘭雅 （清）鍾天緯同譯
 清光緒十二年(1886)江南機器製造總局鉛
印本 二冊

110000－3162－0001304 古 2914/3－2
英國水師考不分卷 （英國）巴那比 （美國）
克理合撰 （英國）傅蘭雅 （清）鍾天緯同譯
 清光緒十二年(1886)江南機器製造總局鉛
印本 二冊

110000－3162－0001305 古 2914/3.1
英國水師考不分卷 （英國）巴那比 （美國）
克理合撰 （英國）傅蘭雅 （清）鍾天緯同譯
 清江南機器製造總局鋟版刻本 二冊

110000－3162－0001306 古 2914/4－1
法國水師考不分卷 （美國）杜默能著 （美
國）羅享利 （清）鍾天緯同譯 清江南機器
製造總局鋟版刻本 一冊

110000－3162－0001307 古 2914/4－2
法國水師考不分卷 （美國）杜默能著 （美
國）羅享利 （清）鍾天緯同譯 清江南機器
製造總局鋟版刻本 一冊

110000－3162－0001308 古 2914/4－3

法國水師考不分卷 （美國）杜默能著 （美
國）羅享利 （清）鍾天緯同譯 清江南機器
製造總局鋟版刻本 一冊

110000－3162－0001309 古 2914/4－4
法國水師考不分卷 （美國）杜默能著 （美
國）羅享利 （清）鍾天緯同譯 清江南機器
製造總局鋟版刻本 一冊

110000－3162－0001310 古 2914/4－5
法國水師考不分卷 （美國）杜默能著 （美
國）羅享利 （清）鍾天緯同譯 清江南機器
製造總局鋟版刻本 一冊

110000－3162－0001311 古 2914/4－6
法國水師考不分卷 （美國）杜默能著 （美
國）羅享利 （清）鍾天緯同譯 清江南機器
製造總局鋟版刻本 一冊

110000－3162－0001312 古 2914/4－7
法國水師考不分卷 （美國）杜默能著 （美
國）羅享利 （清）鍾天緯同譯 清江南機器
製造總局鋟版刻本 一冊

110000－3162－0001313 古 2914/5－1
俄國水師考不分卷 （英國）百拉西撰 （英
國）傅少蘭 （清）李嶽薌同譯 清江南機
製造總局鋟版刻本 一冊

110000－3162－0001314 古 2914/5－2
俄國水師考不分卷 （英國）百拉西撰 （英
國）傅少蘭 （清）李嶽薌同譯 清江南機器
製造總局鋟版刻本 一冊

110000－3162－0001315 古 2914/9
德國擴充海軍條議不分卷 （清）徐建寅譯
清光緒十三年(1887)天津校錄石印本 一冊

110000－3162－0001316 古 2914/10
外國師船圖表十二卷 （清）許景澄輯 清光
緒十四年(1888)上海蜇英館石印本 四冊

110000－3162－0001317 古 2914/10.1
外國師船圖表十二卷 （清）許景澄輯 清光
緒十二年(1886)上海蜇英館石印本 四冊

110000－3162－0001318 古 2914/10.2

外國師船圖表十六卷 （清）許景澄輯 清光緒十一年(1885)石印本 十冊

110000－3162－0001319 古 2914/11

海軍政藝通論三篇 （美國）抹罕著 吳振南譯 清宣統元年(1909)鉛印本 一冊

110000－3162－0001320 古 2915/1

艇雷紀要三卷 （清）李鳳苞著 清光緒十年(1884)天津機器局鉛印本 三冊

110000－3162－0001321 古 2915/2－1

水雷秘要五卷 （英國）史理孟纂 （清）舒高第口譯 （清）鄭昌棪筆述 清光緒六年(1880)江南機器製造總局鋟版刻本 六冊

110000－3162－0001322 古 2915/2－2

水雷秘要五卷 （英國）史理孟纂 （清）舒高第口譯 （清）鄭昌棪筆述 清光緒六年(1880)江南機器製造總局鋟版刻本 六冊

110000－3162－0001323 古 2915/2－3

水雷秘要五卷 （英國）史理孟纂 （清）舒高第口譯 （清）鄭昌棪筆述 清光緒六年(1880)江南機器製造總局鋟版刻本 六冊

110000－3162－0001324 古 2915/2－4

水雷秘要五卷 （英國）史理孟纂 （清）舒高第口譯 （清）鄭昌棪筆述 清光緒六年(1880)江南機器製造總局鋟版刻本 五冊 存四卷(一至二、四至五)

110000－3162－0001325 古 2915/2－5

水雷秘要五卷 （英國）史理孟纂 （清）舒高第口譯 （清）鄭昌棪筆述 清光緒六年(1880)江南機器製造總局鋟版刻本 六冊

110000－3162－0001326 古 2915/3－1

鐵甲叢譚五卷 （英國）黎特著 （清）舒高第口譯 （清）鄭昌棪同譯 清刻本 二冊

110000－3162－0001327 古 2915/3－2

鐵甲叢譚五卷 （英國）黎特著 （清）舒高第口譯 （清）鄭昌棪同譯 清刻本 二冊

110000－3162－0001328 古 2915/3－3

鐵甲叢譚五卷 （英國）黎特著 （清）舒高第

口譯 （清）鄭昌棪同譯 清刻本 二冊

110000－3162－0001329 古 2915/3－4

鐵甲叢譚五卷 （英國）黎特著 （清）舒高第口譯 （清）鄭昌棪同譯 清刻本 二冊

110000－3162－0001330 古 2915/4－1

兵船汽機六卷附一卷 （英國）息尼德著 (英國)傅蘭雅口譯 （清）華備鈺筆述 清光緒十一年(1885)江南機器製造總局刻本 七冊

110000－3162－0001331 古 2915/4－2

兵船汽機六卷附一卷 （英國）息尼德著 (英國)傅蘭雅口譯 （清）華備鈺筆述 清光緒十一年(1885)江南機器製造總局刻本 七冊

110000－3162－0001332 古 2915/4.1

兵船汽機六卷附一卷 （英國）息尼德著 (英國)傅蘭雅口譯 （清）華備鈺筆述 清刻本 三冊

110000－3162－0001333 古 2915/5

船塢論略一卷 （英國）傅蘭雅輯譯 （清）鍾天緯筆述 清刻本 一冊

110000－3162－0001334 古 2915/6

海國圖志摘抄二卷 （清）丁拱辰 （清）丁守存 （清）潘仕成著 清道光抄本 二冊

110000－3162－0001335 古 292/3

航空戰術三篇 （清）軍學編輯局編 清軍學編輯局鉛印本 一冊

110000－3162－0001336 古 210/1－1

軍語類解不分卷 蔣雁行奏 清軍學編輯局鉛印本 一冊

110000－3162－0001337 古 210/1－2

軍語類解不分卷 蔣雁行奏 清軍學編輯局鉛印本 一冊

110000－3162－0001338 古 210/1－3

軍語類解不分卷 蔣雁行奏 清軍學編輯局鉛印本 一冊

110000－3162－0001339 古 210/1－4

軍語類解不分卷　蔣雁行奏　清軍學編輯局
鉛印本　一冊

110000－3162－0001340　古 210/2

中日陸軍軍用名詞對照表不分卷　（清）兩廣
督練公所教練處編訂　清光緒三十四年
(1908)鉛印本　一冊

110000－3162－0001341　古 210. #/1

地營圖附說不分卷　（清）蔡標編　清光緒十
七年(1891)彩繪抄本　一冊

110000－3162－0001342　古 210. #/2

馬兵六陣圖六幅　（清）□□撰　清彩繪本
一冊

110000－3162－0001343　古 210. #/3

湖南鳳凰廳沿邊碉卡哨臺牆壕全圖長卷一幅
（清）□□撰　清彩繪本　一冊

110000－3162－0001344　古 210. #/4

滇西兵要界圖務一百二十四幅　李根源著
清宣統三年(1911)石印本　一冊

110000－3162－0001345　古 210. #/4 △

滇西兵要界圖務注不分卷　李根源著　清宣
統三年(1911)石印本　一冊

110000－3162－0001346　古 210. #/5

兵圖四十幅　（清）□□撰　清彩繪本　一冊

110000－3162－0001347　古 210. #/6

操陣圖十二幅　（清）□□撰　清彩繪本
一冊

110000－3162－0001348　古 210. #/7

大清兵陣圖式九幅　（清）□□撰　清彩繪本
一冊

110000－3162－0001349　古 210. #/8

陣圖十四幅　（清）□□撰　清彩繪本　一冊

110000－3162－0001350　古 210. #/9

督標防軍馬隊陣圖十八幅　（清）□□撰　清
彩繪本　一冊

110000－3162－0001351　古 210. #/10

江南機器製造局造成四項船臺快炮圖說十幅

（清）江南機器製造局繪編　清彩印抄本
一冊

110000－3162－0001352　古 210. #/11

沂州營速戰陣圖十五幅　（清）□□撰　清彩
繪本　一冊

110000－3162－0001353　古 210. #/12

沂州營四進五連環陣圖八幅　（清）□□撰
清彩繪本　一冊

110000－3162－0001354　古 210. #/13

濟南城守營各汛輿圖六幅　（清）□□撰　清
彩繪本　一冊

110000－3162－0001355　古 210. #/14

武定營輿圖一幅　（清）□□撰　清彩繪本
一冊

110000－3162－0001356　古 210. #/15

濟南城守營得勝陣圖三十幅　（清）□□撰
清彩繪本　一冊

110000－3162－0001357　古 210. #/16

溫州海口各炮臺圖說七幅　（清）□□撰　清
光緒彩繪抄本　一冊

110000－3162－0001358　古 210. #/17

各兵輪圖四幅　（清）□□撰　清手繪本
一冊

110000－3162－0001359　古 210. #/18

運糧鐵脅船布置艙位圖一幅　（清）□□撰
清手繪本　一冊

110000－3162－0001360　古 210. #/19

天廟改築炮臺圖五幅　（清）□□撰　清光緒
繪本　一冊

110000－3162－0001361　古 210. #/20

焦山炮臺圖六幅　（清）□□撰　清繪本
一冊

110000－3162－0001362　古 210. #/21

兵器圖說一百五十幅　（清）□□撰　清彩繪
抄本　二冊

110000－3162－0001363　古 210. #/23

長江吳淞口圖三幅　（清）□□撰　清繪本
一冊

110000－3162－0001364　古210.#/26

勳章圖二十八幅　（清）□□撰　清彩印本
一冊

110000－3162－0001365　古210.#/27

長江水師陸操圖九幅　（清）張玉山呈　清彩
繪本　一冊

110000－3162－0001366　古210.#/27.02

長江水師水操圖八幅　（清）張玉山呈　清彩
繪本　一冊

110000－3162－0001367　古210.#/28

御題平定伊犂回部戰圖八幅　（意大利）郎世
寧繪　清乾隆內府銅版印本　一冊

110000－3162－0001368　古210.#/29

御題平定臺灣得勝圖十二幅　（清）姚文瀚
（清）楊大章　（清）賈全　（清）謝遂　（清）
莊豫德　（清）黎明繪　清乾隆五十六年至五
十七年(1791－1792)清宮造辦處鐫刻銅版印
本　一冊

110000－3162－0001369　古210.#/30

雙龍陣圖十六幅　（清）□□撰　清彩印本
一冊

110000－3162－0001370　古210.#/31

洋槍隊大操圖說十五幅　（清）潘琴軒著　清
同治七年(1868)彩繪刻本　一冊

110000－3162－0001371　古210.#/32

快炮架平面側面圖一幅　（清）□□撰　清手
繪本　一冊

110000－3162－0001372　古210.#/33

陣法戰圖十九幅　（清）□□撰　清彩繪抄本
一冊

110000－3162－0001373　古210.#/34

紫光閣功臣小像並湘軍平定粵匪戰圖六十三
幅　（清）彭鴻年輯　（清）吳嘉猷等繪　清光
緒二十六年(1900)石印本　一冊

110000－3162－0001374　古210.#/36

武毅淮軍行軍操圖十六幅　（清）□□撰　清
石印本　一冊

110000－3162－0001375　古210.#/37

軍營操戰陣圖九幅　（清）□□撰　清彩繪本
一冊

110000－3162－0001376　古210.#/40

新操八陣圖說十一幅　（清）□□撰　清彩繪
抄本　一冊

110000－3162－0001377　古210.#/41－1

粵東虎門沙角炮臺暗道圖說九幅　（清）□□
撰　清光緒十六年(1890)粵東沙角營次刻本
一冊

110000－3162－0001378　古210.#/41－2

粵東虎門沙角炮臺暗道圖說九幅　（清）□□
撰　清光緒十六年(1890)粵東沙角營次刻本
一冊

110000－3162－0001379　古210.#/42

庚戌校閱第一鎮攝影七十四張　（清）□□撰
清宣統二年(1910)影集本　一冊

110000－3162－0001380　古210.#/43

清南洋新軍太湖輝攝影六十張　（清）□□撰
清影集本　一冊

110000－3162－0001381　古210.#/44

陣法操圖二十四幅　（清）□□撰　清彩繪本
一冊

110000－3162－0001382　古210.#/45

校閱陸軍第二鎮攝影七十六張　（清）□□撰
清影集本　一冊

110000－3162－0001383　古210.#/46

校閱陸軍第三鎮攝影七十張　（清）□□撰
清影集本　一冊

110000－3162－0001384　古210.#/47

己酉校閱陸軍第六鎮攝影一百二十張　（清）
□□撰　清宣統元年(1909)影集本　一冊

110000－3162－0001385　古210.#/48

校閱陸軍第一混成協攝影四十八張　（清）
□□撰　清影集本　一冊

110000－3162－0001386　古210.#/49
校閱陸軍第二混成協攝影四十八張　（清）
□□撰　清影集本　一冊

110000－3162－0001387　古210.#/50
袁世凱小站練兵攝影一百六十張　（清）□□
撰　清光緒影集本　二冊

110000－3162－0001388　古211./4
日本陸軍刑法海軍刑法不分卷　（清）章浴駿
　董康譯　清光緒三十一年(1905)法律館鉛
印本　一冊

110000－3162－0001389　古211./5
日本軍法大全二卷　（清）唐寶鍔編譯　清光
緒三十二年(1906)石印本　二冊

110000－3162－0001390　古211./6
奏定懲治陸軍漏泄機密等項章程不分卷　奕
劻奏　清光緒三十四年(1908)陸軍部編譯局
刷印處鉛印本　一冊

110000－3162－0001391　古3/2
經典釋文序錄一卷　（唐）陸德明撰　清江楚
書局刻本　一冊

110000－3162－0001392　古3/3
相臺書塾刊正九經三傳沿革例一卷　（宋）岳
珂撰　清長塘鮑氏桐華館刻本　一冊

110000－3162－0001393　古3/5
十三經集字一卷　（清）李鴻藻輯　清刻本
一冊

110000－3162－0001394　古3/7
談經九卷　（明）郝敬撰　清同治十三年
(1874)崇雅堂刻本　四冊

110000－3162－0001395　古3/8
稽古日鈔八卷　（清）郁文等輯　（清）彭芝庭
鑒定　清乾隆二十九年(1764)秋曉山房刻本
　四冊

110000－3162－0001396　古3/9
匏瓜錄十卷　（明）芮長恤撰　清光緒十三年
(1887)刻本　六冊

110000－3162－0001397　古3/10

群書概要講義一卷　梁啟超講　清鉛印本
一冊

110000－3162－0001398　古3/12
聖歎秘書一卷　（清）證嬲社編　清光緒三十
一年(1905)翰墨林書局鉛印本　一冊

110000－3162－0001399　古3/13
經義匯選六卷　（清）陳春甲輯　清嘉慶二十
三年(1818)聚錦堂刻本　八冊

110000－3162－0001400　古3/14
六藝論疏證一卷　（清）皮錫瑞撰　清光緒二
十五年(1899)刻本　一冊

110000－3162－0001401　古3/16
經咫一卷　（清）陳祖範撰　清乾隆二十九年
(1764)廣雅書局刻本　一冊

110000－3162－0001402　古3/18
會輔堂問答記畧一卷　（清）亦畸輯　清光緒
二十六年(1900)刻本　一冊

110000－3162－0001403　古3/19
經冶堂解義二卷　（清）郭壇撰　清嘉慶十九
年(1814)刻本　一冊

110000－3162－0001404　古3/20
履園叢話考索一卷　（清）錢泳輯　清刻本
一冊

110000－3162－0001405　古3/21
五經類編二十八卷　（清）周世樟輯　清光緒
八年(1882)刻本(掃葉山房藏版)　十二冊

110000－3162－0001406　古3/22
見庵錦官錄八種三十一卷　（清）李錫書撰
清嘉慶二十一年(1816)刻本(蕊石山房藏版)
　十二冊

110000－3162－0001407　古3/23
授經圖不分卷　（明）朱睦㮮輯　明萬曆二年
(1574)抄本　二冊

110000－3162－0001408　古3/25
鄭氏佚書不分卷　（清）鄭康成撰　清光緒十
四年(1888)浙江書局刻本　十冊

110000－3162－0001409　古 3/26

經義述聞三十二卷　（清）王引之撰　清道光
七年(1827)重刻上海文瑞樓發行鴻章書局石
印本　二十冊

110000－3162－0001410　古 3/27

經典釋文三十卷考證二卷　（唐）陸德明撰
考證二卷　盧文弨輯　清同治八年(1869)湖
北崇文書局刻本　十二冊

110000－3162－0001411　古 3/28

古經解匯函附小學匯函不分卷　（清）鍾謙鈞
輯　清同治十二年(1873)粵東書局刻本（菊
坡精舍藏版）　六十四冊

110000－3162－0001412　古 3/29

經傳釋詞十卷　（清）王引之撰　清道光二十
七年(1847)刻本　二冊

110000－3162－0001413　古 3/30

九經今義二十八卷　（清）成本璞撰　清光緒
三十一年(1905)鉛印本　一冊

110000－3162－0001414　古 3/31

重訂七經精義三十二卷　（清）黃淦撰　清嘉
慶十二年(1807)石印本（令德堂藏版）　八冊

110000－3162－0001415　古 3/32

九經發題一卷詩解一卷魯軍制九問一卷
(宋)唐仲友撰　清金華教育會石印本　一冊

110000－3162－0001416　古 3/33

偽經考答問不分卷　（清）譚濟騫輯　清光緒
二十四年(1898)上海大同譯書局石印本
一冊

110000－3162－0001417　古 3/34

詩書古訓六卷　（清）阮元撰　清道光十九年
(1839)刻本　六冊

110000－3162－0001418　古 3/35

通經表不分卷　（清）洪亮吉撰　清光緒五年
(1879)春華陽宏達堂刻本　一冊

110000－3162－0001419　古 31/1

周易要義十二卷　（清）宋書升撰　清朱印本
六冊

110000－3162－0001420　古 31/2

周易本義補說四卷　（□）蘇文韓撰　清文新
堂刻本　四冊

110000－3162－0001421　古 31/3

朱文公易說八卷　（宋）朱熹輯　清康熙十五
年(1676)刻本(通志堂藏版)　四冊

110000－3162－0001422　古 31/4

易經備旨六卷　（明）黃淳耀撰　清刻本　五
冊　存五卷(一至五)

110000－3162－0001423　古 31/7

周易史證四卷附易傳偶解一卷　（清）彭作邦
撰　清鉛印本　二冊

110000－3162－0001424　古 31/9

易類生行譜不分卷　廖平撰　清光緒刻本
一冊

110000－3162－0001425　古 31/12

劉先生易解不分卷　（清）劉峨撰　清嘉慶四
年(1799)抄本　一冊

110000－3162－0001426　古 31/13

吳先生易解不分卷　（清）吳脈邕撰　清嘉慶
三年(1798)抄本　一冊

110000－3162－0001427　古 31/18

周易十問不分卷　（□）自然先生撰　清京師
都門印書局鉛印本　一冊

110000－3162－0001428　古 31/20

槎溪學易三卷　（清）陳蕭撰　清同治十三年
(1874)保定蓮華池刻本　二冊

110000－3162－0001429　古 31/22

太極會通緯六卷　（□）翟衡璣撰　清刻本
一冊

110000－3162－0001430　古 31/23

焦氏易林校畧十六卷　（漢）焦贛撰　清道光
二十八年(1848)刻本　八冊

110000－3162－0001431　古 32/1

書經衷論四卷　（清）張英撰　清光緒二十三
年(1897)桐城張氏刻本　一冊

110000 – 3162 – 0001432　古 32/2

書說二卷　（清）郝懿行撰　清光緒八年(1882)東路廳署刻本　一冊

110000 – 3162 – 0001433　古 32/3

尚書表注二卷　（宋）金履祥注　清同治八年(1869)刻本(退補齋藏版)　一冊

110000 – 3162 – 0001434　古 32/4

鄭氏古文尚書十一卷　（宋）王應麟撰　清刻本　一冊

110000 – 3162 – 0001435　古 32/5

增修東萊書說十卷　（宋）呂祖謙撰　清通志堂刻本　二冊

110000 – 3162 – 0001436　古 32/6

書經精義四卷　（清）黃淦撰　清嘉慶九年(1804)刻本　一冊

110000 – 3162 – 0001437　古 32/7

尚書離句六卷　（清）錢在培輯　清雍正八年(1730)狀元閣刻本　二冊

110000 – 3162 – 0001438　古 32/10

今文尚書考證三十卷　（清）皮錫瑞撰　清刻本　五冊　存二十九卷(二至三十)

110000 – 3162 – 0001439　古 32/11

書意主義六卷　（元）王允耕編　清刻本　一冊

110000 – 3162 – 0001440　古 32/12

群英書義二卷　（明）張泰輯　清刻本　一冊

110000 – 3162 – 0001441　古 33/1

詩經八卷　（春秋）佚名輯　清光緒六年(1880)聚珍堂刻本　四冊

110000 – 3162 – 0001442　古 33/2

毛詩傳箋二十卷　（漢）鄭玄撰　清仿宋刻本　六冊

110000 – 3162 – 0001443　古 33/3

詩經約編一卷　（□）□□撰　清刻本　二冊

110000 – 3162 – 0001444　古 33/4

毛詩九穀考一卷　（清）陳奐撰　清鉛印本

一冊

110000 – 3162 – 0001445　古 33/5

讀詩一得一卷　（清）吳棠撰　清同治三年(1864)刻本　一冊

110000 – 3162 – 0001446　古 33/7

監本詩經八卷　（宋）朱熹集傳　清光緒三年(1877)刻本(永和堂藏版)　四冊

110000 – 3162 – 0001447　古 33/8

毛詩質疑二十卷　（清）牟應震撰　清道光二十九年(1849)刻本　八冊

110000 – 3162 – 0001448　古 34/1

五禮通考二百六十二卷　（清）秦蕙田輯　清乾隆十八年(1753)刻本　一百冊

110000 – 3162 – 0001449　古 34/2

讀禮通考一百二十卷　（清）徐乾學撰　清康熙三十五年(1696)刻本(冠山堂藏板)　二十冊

110000 – 3162 – 0001450　古 34/4

禮記心典傳本三卷　（□）胡瑤光撰　清善成堂刻本　三冊

110000 – 3162 – 0001451　古 34/5

禮記十卷　（元）陳澔編　清同治十一年(1872)山東書局尚志堂刻本　十冊

110000 – 3162 – 0001452　古 34/6

四禮翼一卷　（明）呂坤撰　清康熙五十八年(1719)刻本　一冊

110000 – 3162 – 0001453　古 34/7

周禮節訓六卷　（清）姚培謙撰　清光緒十二年(1886)掃葉山房刻本　二冊

110000 – 3162 – 0001454　古 34/8

禮記四卷　（□）□□撰　清劉伯蘊抄本　四冊

110000 – 3162 – 0001455　古 34/9

禮記集說十六卷　（元）陳澔編　明崇禎四年(1631)刻本　六冊

110000 – 3162 – 0001456　古 34/10

周禮爾雅選讀一卷　（□）□□撰　清抄本

一冊

110000－3162－0001457　　古 34/11

禮記體注合參四卷　（清）范翔鑒定　（清）曹
士瑋輯　清雍正三年(1725)刻本　四冊

110000－3162－0001458　　古 34/12

讀禮竊注一卷　（清）孫自務撰　清乾隆二十
一年(1756)花石山房刻本　一冊

110000－3162－0001459　　古 34/13

夏小正傳二卷　（清）孫星衍撰　清咸豐六年
(1856)刻本　一冊

110000－3162－0001460　　古 34/14

夏小正戴氏傳四卷　（宋）傅崧卿撰　清光緒
十三年(1887)寶章閣影印本　一冊

110000－3162－0001461　　古 34/15

夏小正經傳考釋十卷　（清）莊述祖撰　清光
緒九年(1883)刻本　四冊

110000－3162－0001462　　古 34/16

夏小正詩十二卷　（清）馬國翰撰　清道光二
十二年(1842)刻本　二冊

110000－3162－0001463　　古 34/17

夏小正傳箋一卷　（清）沈秉成撰　清同治二
年(1863)刻本　一冊

110000－3162－0001464　　古 34/18－1

夏小正傳注一卷　（清）張爾岐輯　清光緒七
年(1881)刻本(會文齋藏版)　一冊

110000－3162－0001465　　古 34/18－2

夏小正傳注一卷　（清）張爾岐輯　清光緒七
年(1881)刻本(會文齋藏版)　一冊

110000－3162－0001466　　古 34/19

夏小正輯注四卷　（清）范家相輯　清嘉慶十
五年(1810)刻本(古趣亭藏版)　一冊

110000－3162－0001467　　古 34/20

夏小正箋疏四卷　（清）馬徵麟撰　清光緒十
四年(1888)德清俞氏校思古書堂刻本　二冊

110000－3162－0001468　　古 34/21

夏小正補傳一卷　（清）朱駿聲撰　清刻本

一冊

110000－3162－0001469　　古 34/22

夏小正一卷　（清）王筠正義　清咸豐二年
(1852)刻本　一冊

110000－3162－0001470　　古 34/23

夏小正戴氏傳訓解四卷夏小正考異一卷通論
一卷　（清）王寶仁撰　清同治十三年(1874)
舊香居刻本　一冊

110000－3162－0001471　　古 34/25

夏時考訓蒙一卷　（□）鄭曉如撰　清刻本
一冊

110000－3162－0001472　　古 34/26

哀說考誤一卷　（清）夏震武撰　清光緒十三
年(1887)刻本　一冊

110000－3162－0001473　　古 34/27

大清通禮五十四卷　（清）穆克登額等續纂
清光緒九年(1883)江蘇書局刻本　十二冊

110000－3162－0001474　　古 34/28

滿文八旗祭記不分卷　（清）□□撰　清刻本
六冊

110000－3162－0001475　　古 361/1

春秋左傳五十卷　（晉）杜預注　清刻本(芥
子園藏版)　十六冊

110000－3162－0001476　　古 361/2

春秋說畧十二卷春秋比二卷　（清）郝懿行輯
清道光七年(1827)刻本　四冊

110000－3162－0001477　　古 361/3

春秋集傳大全三十七卷　（明）胡廣等撰　明
刻本　十八冊

110000－3162－0001478　　古 361/4

春秋左傳六十卷　（晉）杜預注　清稽古樓刻
本　十六冊

110000－3162－0001479　　古 361/5

欽定春秋左傳讀本三十卷　（清）英和等撰
清同治八年(1869)武英殿刻本　十六冊

110000－3162－0001480　　古 361/6

春秋左傳杜注三十卷 （清）姚培謙輯 清光緒九年(1883)江南書局刻本 十冊

110000－3162－0001481 古361/6.1
春秋左傳杜注補輯三十卷 （清）姚培謙輯 清乾隆十一年(1746)刻本 十冊

110000－3162－0001482 古361/7
春秋左傳詳節三十五卷 （宋）魯齋等注 明正德八年(1513)刻本 十冊

110000－3162－0001483 古361/8
春秋左傳鈔十二卷 （□）□□撰 清韓絅章抄本 五冊

110000－3162－0001484 古361/9
左傳事緯十二卷 （清）馬驌撰 清刻本 六冊

110000－3162－0001485 古361/9.1
左傳事緯十二卷 （清）馬驌撰 清光緒四年(1878)敏德堂刻本 八冊 存十卷(一至六、九至十二)

110000－3162－0001486 361/10
增補左繡三十卷 （清）馮李驊等輯 清康熙五十九年(1720)書業德刻本 十六冊

110000－3162－0001487 古361/11
左傳節文二十卷 （清）王敷彝撰 清康熙三十七年(1698)王湛重抄本 六冊

110000－3162－0001488 古361/12
春秋經傳擇言一卷 （□）張芸臺撰 清抄本 一冊

110000－3162－0001489 古361/13
左傳選評四卷 （清）馬長春撰 清康熙十年(1671)抄本 三冊

110000－3162－0001490 古361/15
春秋微旨三卷 （唐）陸淳撰 清古經解匯函刻本 一冊

110000－3162－0001491 古361/16
春秋旁訓讀本四卷 （□）吳張氏校 清乾隆五十六年(1791)匠門書屋刻本(文會堂藏版) 一冊

110000－3162－0001492 古361/17
春秋左傳類對賦一卷 （宋）徐晉卿撰 （清）高士奇注 清康熙三十年(1691)刻本 一冊

110000－3162－0001493 古361/18
東萊先生博議八卷 （宋）呂祖謙撰 清刻本 三冊

110000－3162－0001494 古361/21
春秋諸傳會通二十四卷 （元）李廉輯 元至正十一年(1351)崇川書府刻本 十四冊

110000－3162－0001495 古361/22
春秋長厤一卷 （清）宋書升撰 清抄本 一冊

110000－3162－0001496 古361/23
春秋列傳五卷 （明）劉節編 明刻本 八冊

110000－3162－0001497 古361/24
春秋大事表五十卷 （清）顧棟高撰 清乾隆十三年(1748)刻本(萬卷樓藏版) 二十四冊

110000－3162－0001498 古361/24.1－1
春秋大事表五十卷 （清）顧棟高撰 清光緒十四年(1888)陝西求友齋刻本 二十四冊

110000－3162－0001499 古361/24.1－2
春秋大事表五十卷 （清）顧棟高撰 清光緒十四年(1888)陝西求友齋刻本 二十四冊

110000－3162－0001500 古361/24.2
春秋大事表五十卷 （清）顧棟高撰 清同治十二年(1873)萬卷樓刻本 二十冊

110000－3162－0001501 古361/25
東萊博議四卷 （宋）呂祖謙撰 （清）劉紫山輯 清光緒二十八年(1902)上海廣益書局石印本 二冊

110000－3162－0001502 古361/25.1
東萊博議四卷 （宋）呂祖謙撰 清光緒七年(1881)天津元善堂刻本 四冊

110000－3162－0001503 古361/26
魯史權二卷 （清）楊兆鋆撰 清光緒二十四年(1898)刻本 一冊

110000－3162－0001504　古361/27

春秋傳十二卷　（清）牛運震撰　清嘉慶六年(1801)刻本　四冊

110000－3162－0001505　古361/28

左傳事緯十二卷　（清）馬驌撰　清光緒四年(1878)敏德堂刻本　二冊　存二卷(七至八)

110000－3162－0001506　古361/29

春秋世族譜一卷　（□）□□撰　清乾隆四十三年(1778)刻本(蓬瀛一經藏版)　一冊

110000－3162－0001507　古361/30

足本東萊左氏博議集評二十五卷　（宋）呂祖謙撰　清光緒三十四年(1908)上海著易書堂鉛印本　六冊

110000－3162－0001508　古361/31

左傳口義三卷　（清）馬貞榆撰　清光緒二十七年(1901)朱刻本　一冊

110000－3162－0001509　古361/32

春秋辨疑四卷　（宋）蕭楚撰　清咸豐五年(1855)刻本　一冊

110000－3162－0001510　古361/33

欽定春秋傳說匯纂一卷　清刻本　一冊

110000－3162－0001511　古361/34

春秋正旨一卷　（明）高拱撰　清康熙二十六年(1687)刻本(籠春堂藏版)　一冊

110000－3162－0001512　古361/36

左傳義法舉要一卷　（□）望溪口授　清光緒十九年(1893)金匱廉氏刻本　一冊

110000－3162－0001513　古361/37

春秋大義繹八卷　（□）曾學傳撰　清皂江全書刻本　一冊　存四卷(五至八)

110000－3162－0001514　古362/1

春秋公羊傳十一卷　（漢）何休撰　（唐）陸德明音義　清同治七年(1868)湖北崇文書局刻本　四冊

110000－3162－0001515　古363/1

春秋穀梁傳十二卷　（晉）范甯集解　清同治七年(1868)金陵書局刻本　二冊

110000－3162－0001516　古363/2－1

春秋穀梁傳十二卷　（晉）范甯集解　清影宋紹熙金澤文庫遵義黎庶昌校刻本　二冊

110000－3162－0001517　古363/2－2

春秋穀梁傳十二卷　（晉）范甯集解　清影宋紹熙金澤文庫遵義黎庶昌校刻本　二冊

110000－3162－0001518　古37/1

四書述要十九卷　（清）楊玉緒撰　清乾隆二十五年(1760)學源堂銅版刻本　六冊

110000－3162－0001519　古37/2

四書集編二十九卷　（宋）真德秀撰　清嘉慶十六年(1811)留香室刻本　十冊

110000－3162－0001520　古37/4

四書經注集證十九卷　（清）汪廷機撰　清嘉慶三年(1798)江都汪廷機刻本　十六冊

110000－3162－0001521　古37/5

四書經史摘證七卷　（清）宋繼種撰　（清）興存鑒定　清光緒元年(1875)刻本(芝隱室藏版)　四冊

110000－3162－0001522　古37/6

四書撮言大全不分卷　（清）胡蓉芝輯　清光緒十九年(1893)上海書局石印本　十冊

110000－3162－0001523　古37/7

四書朱子集注古義箋六卷　（清）李滋然撰　清宣統二年(1910)鉛印本　一冊

110000－3162－0001524　古37/8

四書通旨四卷　（□）朱公遷撰　清通志堂刻本　二冊

110000－3162－0001525　古37/9

七篇指畧七卷　（清）王訓撰　清康熙十二年(1673)刻本　一冊

110000－3162－0001526　古37/10

四書易知摘要一卷　（清）陳韻清摘編　清光緒二十二年(1896)福州美華書局活版鉛印本　一冊

110000－3162－0001527　古37/11

健餘先生讀書筆記六卷　（清）苑縉輯　清乾隆十五年(1750)刻本　二冊

110000－3162－0001528　古37/13

四書小參一卷　（明）朱斯行撰　清光緒三年(1877)刻本　一冊

110000－3162－0001529　古37/14

四書存參五卷　（清）劉遵海撰　清光緒十二年(1886)刻本　一冊

110000－3162－0001530　古37/16

四書正誤六卷　（清）顏元撰　清四存學會校刊鉛印本　一冊　存五卷(一至四、六)

110000－3162－0001531　古37/17

四書劄記二卷　（□）姚惟寅撰　清石印本　一冊

110000－3162－0001532　古37/18

四書日記四卷　（清）王巡泰撰　清道光十五年(1835)刻本(來鹿堂藏版)　四冊

110000－3162－0001533　古37/20

李二曲四書義說一卷　（清）李顒撰　清抄本　一冊

110000－3162－0001534　古37/22

四書子史集證不分卷　（□）陳子驥輯　清光緒二十年(1894)上海煥文書局石印本　一冊

110000－3162－0001535　古37/23

大學綱目決疑章不分卷　（□）史德清撰　清光緒六年(1880)刻本　一冊

110000－3162－0001536　古37/24

大學直說論語類編合刻不分卷　（清）戴姜福撰　清數蘇齋鉛印本　一冊

110000－3162－0001537　古37/25

四書人物備考十二卷　（清）薛方山輯　清乾隆四十一年(1776)積秀堂刻本　五冊

110000－3162－0001538　古37/26

四書說畧二卷　（清）王筠撰　清道光三十年(1850)刻本　一冊

110000－3162－0001539　古37/27

大學中庸傳注不分卷　（清）李塨注　清鉛印本　一冊

110000－3162－0001540　古37/28

大學中庸解不分卷　（清）北海老人撰　清光緒二十一年(1895)刻本　一冊

110000－3162－0001541　古37/30

四書明善撮要二卷　（清）石光輔輯　清鉛印本　二冊

110000－3162－0001542　古37/31

四書文翼四卷　（清）羅荊壁撰　清嘉慶二十二年(1817)刻本(聚錦堂藏版)　四冊

110000－3162－0001543　古37/32

學庸訓蒙瑣言不分卷　（清）乳山山人輯　清光緒八年(1882)問經堂刻本　二冊

110000－3162－0001544　古37/33

論語類編一卷　（日本）松田東輯　**孟子要畧五卷**　（□）朱堯輯　清光緒三十二年(1906)山西師範學堂鉛印本　一冊

110000－3162－0001545　古37/34

大學古本說一卷　（清）李光地撰　清康熙五十五年(1716)刻本　一冊

110000－3162－0001546　古37/36

學庸正說不分卷　（明）趙南星撰　清光緒六年(1880)刻本　一冊

110000－3162－0001547　古37/37

四書識小錄十卷四書五備編四卷　（□）張江輯　清鉛印本　一冊

110000－3162－0001548　古37/38

認理提綱尋樂大旨二卷　（明）鹿善繼輯　清刻本　一冊

110000－3162－0001549　古37/39

溪山講授二卷　（清）戚學標撰　清道光二年(1822)刻本　一冊

110000－3162－0001550　古37/40

讀四書大全說十卷　（清）王夫之撰　清同治四年(1865)刻本　十冊

110000－3162－0001551　古 37/41

四書典故撮要二卷　（清）張發長編　清乾隆
三十七年(1772)刻本　二冊

110000－3162－0001552　古 37/43

四書新人眼目一卷　（□）王佛撰　清咸豐十
年(1860)石印本　一冊

110000－3162－0001553　古 37/44

溫縣講義一卷　（清）秦勷撰　清嘉慶四年
(1799)抄本　五冊

110000－3162－0001554　古 37/45

大學中庸演義一卷　廖平撰　清刻本　一冊

110000－3162－0001555　古 371/1

大學衍義體要十六卷　（宋）真德秀撰　（□）
徐桐輯　清刻本　八冊

110000－3162－0001556　古 371/5－1

大學質語不分卷　（清）胡德純著　清光緒十
二年(1886)石印本　一冊

110000－3162－0001557　古 371/11

讀大學記二卷　（清）董鴻勳撰　清宣統元年
(1909)刻本　一冊

110000－3162－0001558　古 371/12

大學衍義約旨二卷　（清）慶恕撰　清光緒二
十五年(1899)刻本　一冊

110000－3162－0001559　古 371/13

大學義疏一卷　（日本）西師意撰　清光緒
二十八年(1902)北京華北譯書局刻本
一冊

110000－3162－0001560　古 371/14

大學心悟一卷　（清）沈輝宗撰　清光緒三年
(1877)刻本(致遠堂藏版)　一冊

110000－3162－0001561　古 371/15

大學辦業四卷　（清）李塨撰　清康熙四十二
年(1703)刻本　一冊

110000－3162－0001562　古 371/17.1

大學古本質言一卷　（清）劉源撰　清光緒三
十一年(1905)刻本　一冊

110000－3162－0001563　古 371/18

大學古本說一卷　（清）李光地撰　清康熙五
十五年(1716)刻本　一冊

110000－3162－0001564　古 371/19

大學臆古一卷　（清）王定柱撰　清嘉慶十八
年(1813)刻本　二冊

110000－3162－0001565　古 371/21

大學貫解二卷　（清）韓曉春撰　清咸豐六年
(1856)敬箴堂刻本　一冊

110000－3162－0001566　古 371/25

大學切己錄二卷　（清）謝文薦撰　清嘉慶四
年(1799)刻本　一冊

110000－3162－0001567　古 371/26

大學衍義輯要六卷　（宋）真德秀撰　（清）陳
宏謀輯　清宣統元年(1909)大學堂鉛印本
三冊

110000－3162－0001568　古 371/27

大學衍義補輯要十二卷　（明）邱濬撰　（清）
陳宏謀輯　清宣統元年(1909)大學堂鉛印本
九冊

110000－3162－0001569　古 372/1

中庸質語一卷　（清）胡敬一撰　清光緒二十
四年(1898)石印本　一冊

110000－3162－0001570　古 372/2

中庸注一卷　康有為撰　清光緒二年(1876)
鉛印本　一冊

110000－3162－0001571　古 372/5

中庸臆測一卷　（清）王定柱撰　清嘉慶十八
年(1813)刻本　一冊

110000－3162－0001572　古 372/6

中庸切己錄一卷　（明）謝文洊撰　清刻本
一冊

110000－3162－0001573　古 373/3

論語聞一卷　（清）盛大謨撰　清同治五年
(1866)刻本　一冊

110000－3162－0001574　古 373/4

論語拾遺一卷　（宋）蘇轍撰　清光緒十六年

(1890)湘鄉研經榭謝氏刻本 一冊

110000－3162－0001575 古373/5－1
論語話解十卷 （清）陳澧撰 清光緒五年
(1879)廣仁堂刻本 二冊

110000－3162－0001576 古373/5－2
論語話解十卷 （清）陳澧撰 清光緒五年
(1879)廣仁堂刻本 一冊 存五卷(一至五)

110000－3162－0001577 古373/5－3
論語話解十卷 （清）陳澧撰 清光緒五年
(1879)廣仁堂刻本 一冊 存五卷(一至五)

110000－3162－0001578 古373/6
論語小言一卷 （清）俞樾撰 清刻本 一冊

110000－3162－0001579 古373/7
論語孔注辨偽二卷 （清）沈濤撰 清道光元
年(1821)刻本 一冊

110000－3162－0001580 古373/8
論語事實錄一卷 楊守敬撰 清石印本
一冊

110000－3162－0001581 古373/9
論語傳注不分卷 （清）李塨傳注 清光緒二
十五年(1899)鉛印本 三冊

110000－3162－0001582 古373/10
讀論語劄記一卷 （清）李光地撰 清刻本
一冊

110000－3162－0001583 古373/11
論語意原四卷 （宋）鄭汝諧撰 清乾隆四十
六年(1781)武英殿聚珍版刻本 二冊

110000－3162－0001584 古373/13
論語義疏十卷 （三國魏）何晏撰 （南朝梁）
皇侃義疏 清新安鮑氏知不足齋石印本 一冊

110000－3162－0001585 古373/15
致用精舍論語類解二卷 （□）□□撰 清光
緒十二年(1886)刻本 二冊

110000－3162－0001586 古374/3
孟子雜記四卷 （明）陳士元撰 清光緒十七
年(1891)刻本(三餘草堂藏版) 一冊

110000－3162－0001587 古374/4
孟子讀法附記十四卷 （清）周人麒撰 清嘉
慶二十年(1815)刻本 四冊

110000－3162－0001588 古374/8
孟子精義十四卷 （□）□□撰 清刻本
二冊

110000－3162－0001589 古374/9
孟子集注通證二卷 （□）張存仲編 清通志
堂刻本 一冊

110000－3162－0001590 古374/11
孟志編畧六卷 （清）孫葆田撰 清光緒十六
年(1890)刻本 二冊

110000－3162－0001591 古374/12
孟子外書四卷 （宋）熙時子撰 清刻本
一冊

110000－3162－0001592 古374/13
孟子論仁論不分卷 （□）□□撰 清刻本
一冊

110000－3162－0001593 古374/14
孟子生卒年月考不分卷 （清）閻若璩撰 清
康熙刻本 一冊

110000－3162－0001594 古374/17
孟子年畧不分卷 （□）易順豫撰 清鉛印本
一冊

110000－3162－0001595 古374/19
孟子微八卷 康有為撰 清光緒二十七年
(1901)鉛印本 二冊

110000－3162－0001596 古374/20
孟子解一卷 （宋）蘇轍撰 清光緒十六年
(1890)湘鄉研經榭謝氏刻本 一冊

110000－3162－0001597 古374/22
孟子正義疏十四卷 （宋）孫奭撰 明崇禎六
年(1633)汲古閣刻本 五冊

110000－3162－0001598 古374/24
繪圖四書速成新體讀本孟子一卷 （□）□□
撰 清光緒三十一年(1905)上海彪蒙書室石
印本 一冊 存一卷(梁惠王上)

110000－3162－0001599　　古374/27

致用精舍講語記暑孟子類解十二卷　（□）
□□撰　清光緒十一年（1885）致用精舍刻本
二冊

110000－3162－0001600　　古374/28

論孟發隱一卷　（清）楊文會撰　清刻本
一冊

110000－3162－0001601　　古374/31

日講四書解義（日講孟子解義卷）二十六卷
（□）□□撰　清刻本　六冊　存十四卷（十
三至二十六）

110000－3162－0001602　　古39/1

說文解字注三十卷六書音均表五卷　（清）段
玉裁撰　清同治十一年（1872）湖北崇文書局
刻本　十七冊

110000－3162－0001603　　古39/2

說文解字十五卷附說文通檢一卷　（漢）許慎
撰　清光緒九年（1883）山西書局重刻孫氏本
十二冊

110000－3162－0001604　　古39/3

說文解字十五卷　（漢）許慎撰　清刻本
四冊

110000－3162－0001605　　古39/4

說文解字義證五十卷　（清）桂馥撰　清同治
九年（1870）湖北崇文書局刻本　三十二冊

110000－3162－0001606　　古39/8

說文繫傳校錄三十卷　（清）王筠撰　清咸豐
七年（1857）刻本　四冊

110000－3162－0001607　　古39/11

康熙字典不分卷　（清）張玉書等撰　清光緒
八年（1882）上海點石齋第四次縮印石印本
四冊

110000－3162－0001608　　古39/13

爾雅音注三卷　（晉）郭璞注　清乾隆六十年
（1795）刻本　一冊

110000－3162－0001609　　古39/13.1

爾雅二卷　（晉）郭璞注　（清）張孝楷等校

清光緒六年（1880）成都書局張孝楷等校刻本
一冊

110000－3162－0001610　　古39/13.2

爾雅二卷　（晉）郭璞注　清抄本　一冊

110000－3162－0001611　　古39/13.3

爾雅經注三卷　（晉）郭璞注　清光緒七年
（1881）刻本　二冊

110000－3162－0001612　　古39/13.4

爾雅三卷　（晉）郭璞注　清嘉慶六年（1801）
影宋繪圖藝學軒刻本　三冊

110000－3162－0001613　　古39/13.5－1

爾雅三卷　（晉）郭璞注　清同治十一年
（1872）山東書局刻本（尚志堂藏版）　三冊

110000－3162－0001614　　古39/13.5－2

孝經一卷　（唐）玄宗李隆基注　（唐）陸德明
音義　清同治十一年（1872）山東書局刻本
（尚志堂藏版）　一冊

110000－3162－0001615　　古39/14

爾雅補注殘本一卷　（清）劉玉麟撰　清光緒
十二年（1886）刻本　一冊

110000－3162－0001616　　古39/15

拾雅二十卷　（清）夏味堂撰　清嘉慶二十四
年（1819）刻本　八冊

110000－3162－0001617　　古39/17

小學鉤沉十九卷　（清）任大椿撰　清光緒十
年（1884）龍氏刻本　四冊

110000－3162－0001618　　古39/18

經典文字異義答問四卷　（清）黃燁撰　清光
緒八年（1882）抄本　四冊

110000－3162－0001619　　古39/19

切韻起蒙一卷　（清）張珂撰　清嘉慶二十四
年（1819）抄本　一冊

110000－3162－0001620　　古39/20

新集指南韻暑一卷　（□）□□撰　清抄本
一冊

110000－3162－0001621　　古39/21

訓詁諧音四卷 （□）槐蔭主人編 清宣統元年（1909）寶慶詳隆書局刻本 一冊

110000－3162－0001622 古39/22
金壺精萃二卷 （清）郝在田撰 清光緒元年（1875）刻本 二冊

110000－3162－0001623 古39/24
駢雅訓纂十六卷序目一卷 （明）朱謀㙔撰（清）魏茂林訓纂 清光緒七年（1881）刻本（成都瀹雅齋藏版） 八冊

110000－3162－0001624 古39/25
澄衷蒙學堂字課圖說四卷 （清）劉樹屏撰 清光緒三十年（1904）澄衷學堂石印本 八冊

110000－3162－0001625 古39/25.1
澄衷蒙學堂字課圖說四卷 （清）劉樹屏撰 清光緒二十九年（1903）澄衷學堂石印本 八冊

110000－3162－0001626 古39/30
錦字箋四卷 （清）黃瀠撰 清康熙二十八年（1689）刻本 四冊

110000－3162－0001627 古39/31
分類字錦七卷 （清）何焯撰 清康熙六十一年（1722）刻本 六冊

110000－3162－0001628 古39/32
說文解字斠全十四卷 （清）錢坫撰 清光緒九年（1883）淮南書局刻本 六冊

110000－3162－0001629 古39/34
雷刻說文四種十八卷 （清）雷浚編 清光緒十年（1884）刻本 六冊

110000－3162－0001630 古39/35
說文字原集注十六卷 （清）蔣和撰 清乾隆五十三年（1788）石印本 四冊

110000－3162－0001631 古39/36
說文釋例二十卷 （清）王筠撰 清同治四年（1865）刻本 十冊

110000－3162－0001632 古39/37
說文楬原二卷 （清）引蒙初編 清光緒十年（1884）刻本 二冊

110000－3162－0001633 古39/38
許學四種二十卷 （清）董詔注 清道光二年（1822）刻本 六冊

110000－3162－0001634 古39/39
說文辨字正俗八卷 （清）李富孫撰 清嘉慶二十一年（1816）刻本 二冊

110000－3162－0001635 古39/41
說文校議十五卷 （清）姚文田 （清）嚴可均撰 清同治十三年（1874）歸安姚氏刻本 四冊

110000－3162－0001636 古39/42
說文句讀三十卷 （清）王筠撰 清同治四年（1865）刻本 十六冊

110000－3162－0001637 古39/43
說文審音十六卷 （清）張行孚撰 清光緒十六年（1890）通隱堂刻本 四冊

110000－3162－0001638 古39/46
苗氏說文四種四十六卷 （清）苗夔撰 清咸豐元年（1851）刻本（漢磚亭藏版） 六冊

110000－3162－0001639 古39/49
說文解字述誼二卷 （清）毛際盛撰 清道光二十四年（1844）刻本 二冊

110000－3162－0001640 古39/50
形聲類篇五卷 （清）丁履恒撰 清光緒十四年（1888）虎林刻印本 一冊

110000－3162－0001641 古39/51
五十音母教兵學不分卷 （□）□□撰 清光緒石印本 一冊

110000－3162－0001642 古39/52
訓蒙捷徑四卷 （清）黃慶澄撰 清光緒二十七年（1901）仿泰西法石印本 一冊

110000－3162－0001643 古39/53
重訂幼學須知句解四卷 （清）錢元龍撰 清光緒元年（1875）江陰刻本（寶文堂藏版） 四冊

110000－3162－0001644 古39/53.1
幼學須知句解四卷 （清）錢元龍撰 清光緒十七年（1891）掃葉山房刻本 四冊

110000－3162－0001645　古39/54

識字初階不分卷　（□）□□撰　清光緒二十六年(1900)漢口中西書局刻本　一冊

110000－3162－0001646　古39/56

龍文鞭影四卷　（明）蕭良有撰　清光緒十一年(1885)狀元閣刻本　四冊

110000－3162－0001647　古39/57

龍文鞭影二卷二集二卷　（明）蕭良有撰　清同治七年(1868)刻本　四冊

110000－3162－0001648　古39/58

學庸闡要二卷　（清）張恩霨撰　清光緒九年(1883)刻本　一冊

110000－3162－0001649　古39/59

易圖正旨不分卷　（清）朱文炑撰　清咸豐三年(1853)甘肅藩署刻本　一冊

110000－3162－0001650　古39/61

新增龍文鞭影全集七卷　（明）蕭良有撰　清光緒十九年(1893)書業德刻本　六冊

110000－3162－0001651　古39/64

說文通訓定聲十八卷　（清）朱駿聲輯　清咸豐元年(1851)臨嘯閣刻本　二十四冊

110000－3162－0001652　古39/65

說文通檢十四卷　（清）黎永椿編　清光緒二年(1876)崇文書局刻本　二冊

110000－3162－0001653　古39/66

說文解字韻譜十卷　（清）徐鉉編　清同治六年(1867)馮桂芬摹宋刻本　二冊

110000－3162－0001654　古39/67

說文聲類二篇　（清）嚴可均撰　清嘉慶七年(1802)歸安吳氏二百蘭亭齋刻本　一冊

110000－3162－0001655　古39/68

說文新附考七卷　（清）鈕樹玉撰　清同治七年(1868)碧螺山館刊補非石居刻本　二冊

110000－3162－0001656　古39/70

玉篇廣韻三十卷　（南朝梁）顧野王撰　（宋）陳彭年修　清康熙四十三年(1704)澤存堂刻本　八冊

110000－3162－0001657　古39/71

廣雅疏證十卷　（三國魏）張揖撰　清光緒五年(1879)謙德堂刻本　十一冊

110000－3162－0001658　古39/72

爾雅郭注三卷　（晉）郭璞撰　（唐）陸德明音義　清狀元閣刻本　四冊

110000－3162－0001659　古39/73

埤雅二十卷　（宋）陸佃撰　清光緒二年(1876)刻本　四冊

110000－3162－0001660　古39/74.1

駢雅七卷　（明）朱謀㙔撰　清同治十一年(1872)經綸書室刻本　八冊

110000－3162－0001661　古39/75

韻府群玉二十卷　（元）陰幼遇輯　清乾隆二十四年(1759)敦化堂刻本　十冊

110000－3162－0001662　古39/76

御製駢字類編二百四十卷　（清）張廷玉編　清光緒十三年(1887)上海同文書局石印本　四十八冊

110000－3162－0001663　古39/77

經籍纂詁附補遺一百六卷首一卷　（清）阮元撰　清光緒六年(1880)淮南書局補刻本　四十冊

110000－3162－0001664　古39/78

釋名疏證八卷　（清）劉熙撰　清光緒九年(1883)刻本(撫松館藏版)　二冊

110000－3162－0001665　古39/84

說文古籀疏證六卷　（清）莊述祖撰　清光緒二十年(1894)刻本　四冊

110000－3162－0001666　古39/85

說文解字十五卷　（漢）許慎撰　（宋）徐鉉校　清刻本(毛氏汲古閣藏板)　八冊

110000－3162－0001667　古39/86

增廣詩韻集成不分卷　（□）余照輯　清光緒二十九年(1903)上海錦章圖書局石印本　四冊

110000－3162－0001668　古39/87

西番譯語不分卷 （□）□□撰 清石印本
一冊

110000－3162－0001669 古 39/88

韻法直橫圖不分卷 （明）梅膺祚撰 清刻本
一冊

110000－3162－0001670 古 39/89

識字初階不分卷 （清）侯紹宣編 清光緒二
十五年(1899)刻本 一冊

110000－3162－0001671 古 4/2

史通削繁四卷 （清）紀昀撰 清道光十三年
(1833)刻本(翰墨園藏版) 四冊

110000－3162－0001672 古 4/4

史通通釋二十卷 （清）浦起龍撰 清刻本
六冊

110000－3162－0001673 古 4/7

丙丁龜鑑七卷 （宋）柴望撰 清刻本 二冊

110000－3162－0001674 古 4/8

歷代史事論海三十二卷 （清）王以鎮編 清
光緒二十八年(1902)仿泰西法石印本 三十
二冊

110000－3162－0001675 古 4#/2

歷代地理沿革表四十七卷 （清）陳芳績撰
清光緒二十一年(1895)廣雅書局刻本 十
五冊

110000－3162－0001676 古 4#/3

輿地今古圖考二十二卷 （清）呂調陽繪 清
刻本 四冊

110000－3162－0001677 古 4#/4

讀史方輿紀要一百三十卷 （清）顧祖禹撰
清光緒二十五年(1899)新化三味書室刻本
九冊 存九卷(一至九)

110000－3162－0001678 古 4#/4.1－1

讀史方輿紀要一百三十卷 （清）顧祖禹撰
清光緒二十六年(1900)廣雅書局刻本 七十
四冊

110000－3162－0001679 古 4#/4.1－2

讀史方輿紀要一百三十卷 （清）顧祖禹撰

清光緒二十六年(1900)廣雅書局刻本 六十
一冊 存一百十卷(一至九、三十至一百三
十)

110000－3162－0001680 古 4#/5

讀史方輿紀要序二卷 （清）顧祖禹撰 清刻
本 二冊

110000－3162－0001681 古 4#/6

方輿紀要形勢論罨二卷 （清）顧祖禹撰 清
同治六年(1867)曼陀羅華閣刻本 二冊

110000－3162－0001682 古 4#/7

李氏五種合刊二十七卷 （清）李兆洛輯 清
同治十年(1871)合肥李氏刻本 十二冊

110000－3162－0001683 古 4#/9

通鑑地理通釋十四卷 （宋）王應麟撰 明刻
本(汲古閣藏板) 六冊

110000－3162－0001684 古 4#/10

補三國疆域志二卷 （清）洪亮吉撰 清光緒
四年(1878)授經堂刻本 二冊

110000－3162－0001685 古 4#/10.1

補三國疆域志二卷 （清）洪亮吉撰 清刻本
一冊

110000－3162－0001686 古 4#/11

東晉疆域志四卷 （清）洪亮吉撰 清光緒四
年(1878)授經堂刻本 二冊

110000－3162－0001687 古 4#/12

楚漢諸侯疆域志三卷 （清）劉文淇撰 清光
緒二年(1876)廣雅書局刻本 一冊

110000－3162－0001688 古 4#/12.1

楚漢諸侯疆域志三卷 （清）劉文淇撰 清光
緒十五年(1889)廣雅書局刻本 一冊

110000－3162－0001689 古 4#/13

七國地理考七卷 （清）顧觀光撰 清刻本
二冊

110000－3162－0001690 古 4#/13.1

七國地理考七卷 （清）顧觀光撰 清光緒五
年(1879)刻本 七冊

110000 - 3162 - 0001691　古 4#/14

隋書地理志考證九卷　楊守敬撰　清光緒二
十七年(1901)刻本　六冊

110000 - 3162 - 0001692　古 4#/15

廣輿古今抄二卷　(清)程晴川撰　清乾隆有
誠堂刻本　二冊

110000 - 3162 - 0001693　古 4#/16

歷代地理沿革圖不分卷　(□)□□撰　清同
治十一年(1872)金陵懷亭刻本　一冊

110000 - 3162 - 0001694　古 4#/16.1

歷代地理沿革圖不分卷　(□)□□撰　清光
緒二十二年(1896)金陵書局刻本　一冊

110000 - 3162 - 0001695　古 4#/17

支那疆域沿革畧說不分卷　(日本)重野安繹
(日本)河田羆撰　清輿地學會刻本　一冊

110000 - 3162 - 0001696　古 4#/18

鑑史輯要圖說不分卷　萬卓志編繪　清光緒
三十三年(1907)石印本　一冊

110000 - 3162 - 0001697　古 4#/19

歷代輿地沿革險要圖不分卷　楊守敬撰　清
光緒五年(1879)東湖饒氏刻本　一冊

110000 - 3162 - 0001698　古 4#/19.1

歷代輿地沿革險要圖不分卷　楊守敬撰　清
光緒三十二年至宣統三年(1906 - 1911)觀海
堂鄂城刻本　三十四冊

110000 - 3162 - 0001699　古 4#/19.2

歷代輿地沿革險要圖不分卷　楊守敬撰　清
光緒二十二年(1896)遵饒氏刻本精繪石印本
一冊

110000 - 3162 - 0001700　古 4#/20

新校刻李氏歷代輿地沿革圖不分卷　楊守敬
撰　清光緒十四年(1888)毗陵惲氏刻梓家塾
刻本　十六冊

110000 - 3162 - 0001701　古 4#/22

元豐九域志十卷　(宋)王存等撰　清光緒八
年(1882)金陵書局刻本　四冊

110000 - 3162 - 0001702　古 4#/23

元豐九域志十卷　(宋)王存等撰　清乾隆五
十三年(1788)刻本(德聚堂藏版)　五冊

110000 - 3162 - 0001703　古 4#/24

輿地沿革表四十卷　(清)楊丕復撰　清光緒
十四年(1888)刻本　二十八冊

110000 - 3162 - 0001704　古 4#/26

皇朝統一中外輿地圖畧不分卷　(清)六承如
撰　清同治二年(1863)刻本　四冊

110000 - 3162 - 0001705　古 4#/27 - 1

歷代輿地沿革險要圖不分卷　楊守敬撰　清
光緒三十二年(1906)觀海堂楊氏朱墨套印本
三十四冊

110000 - 3162 - 0001706　古 4#/27 - 2

歷代輿地沿革險要圖不分卷　楊守敬撰　清
光緒三十二年(1906)觀海堂楊氏朱墨套印本
三十四冊

110000 - 3162 - 0001707　古 4#/28

十六國疆域志十六卷　(清)洪亮吉撰　清光
緒四年(1878)授經堂刻本　四冊

110000 - 3162 - 0001708　古 4#/28.1

十六國疆域志十六卷　(清)洪亮吉撰　清嘉
慶刻本　四冊

110000 - 3162 - 0001709　古 4#/29

方輿勝畧十八卷　(明)程百二撰　明萬曆三
十八年(1610)刻本　八冊

110000 - 3162 - 0001710　古 4#/30

杞紀二十二卷　(清)張貞撰　清抄本　一冊
存一卷(三)

110000 - 3162 - 0001711　古 4#/31

太平寰宇記二百卷目錄二卷　(宋)樂史撰
清光緒八年(1882)金陵書局刻本　三十六冊

110000 - 3162 - 0001712　古 4#/32

增補廣輿記二卷　(明)陸應陽撰　清抄本
一冊

110000 - 3162 - 0001713　古 4#/33

輿地廣記三十八卷　(宋)歐陽忞撰　清光緒
六年(1880)金陵書局刻本　一冊　存六卷

(一至六)

110000－3162－0001714　古4#/34
廣輿記二十四卷　（明）陸應陽撰　明萬曆二十八年(1600)金陵盛文高刻本　十二冊

110000－3162－0001715　古4#/34.1
廣輿記二十四卷　（明）陸應陽撰　清刻本（版築居藏版）　十一冊　存二十二卷(一至七、十至二十四)

110000－3162－0001716　古4#/35
皇朝輿地沿革考不分卷　（清）遁天撰　清光緒二十八年(1902)上海廣益書局鉛印本　一冊

110000－3162－0001717　古4#/36
漢書地理志水道圖說七卷　（清）陳澧撰　清道光二十八年(1848)刻本　二冊

110000－3162－0001718　古4#/37
皇輿全圖不分卷　（□）鄒伯奇繪　清光緒二十年(1894)仿鄒氏原本摹臨浙東同康廬西法石印本　一冊

110000－3162－0001719　古4#/38
歷代沿革表不分卷　（清）段長基編　清嘉慶十九年(1814)小酉山房刻本　六冊

110000－3162－0001720　古4#/39
歷代疆域表不分卷　（清）段長基編　清嘉慶二十年(1815)小酉山房刻本　六冊

110000－3162－0001721　古401/1
地理學講義不分卷　（日本）志賀重昂撰　清光緒二十九年(1903)山東官印書局鉛印本　一冊

110000－3162－0001722　古401/2
地志啟蒙不分卷　（□）□□撰　清光緒二十二年(1896)上海著易堂書局鉛印本　一冊

110000－3162－0001723　古404/1
歷代帝王年表不分卷　（清）齊召南編　清光緒二十年(1894)桂垣書局刻本　四冊

110000－3162－0001724　古404/3
列代建元表十卷　（清）錢東垣撰　清道光七年(1827)嘉定錢氏刻本　四冊

110000－3162－0001725　古404/4
歷代建元考不分卷　（□）□□撰　清抄本　二冊

110000－3162－0001726　古404/5
歷代帝王曆祚考八卷　（明）吳繼安編　明萬曆二十九年(1601)刻本　四冊

110000－3162－0001727　古404/7
歷代甲子紀元表不分卷　（清）董醇輯　清咸豐五年(1855)歸安錢氏刻本　一冊

110000－3162－0001728　古404/9
紀元通考十二卷　（清）葉維庚撰　清同治十年(1871)鍾秀山房刻本　二冊

110000－3162－0001729　古404/11
歷代統計全表十三卷　（清）段長基編　清嘉慶二十二年(1817)小酉山房刻本　十二冊

110000－3162－0001730　古404/12
繹史年表不分卷　（□）□□編　清抄本　一冊

110000－3162－0001731　古41/1.01
史記一百三十卷　（漢）司馬遷撰　（南朝宋）裴駰集解　清光緒四年(1878)金陵書局刻本　十六冊

110000－3162－0001732　古41/1.02
前漢書一百二十卷　（漢）班固撰　（唐）顏師古注　清同治八年(1869)金陵書局刻本　十六冊

110000－3162－0001733　古41/1.03
後漢書一百二十卷　（南朝宋）范曄撰　（唐）李賢注　清同治八年(1869)金陵書局刻本　十六冊

110000－3162－0001734　古41/1.04
三國志六十五卷　（晉）陳壽撰　（南朝宋）裴松之注　清同治九年(1870)金陵書局刻本　八冊

110000－3162－0001735　古41/1.05
晉書一百三十卷　（唐）房玄齡等撰　（唐）何

超音義　清同治十年（1871）金陵書局刻本
二十冊

110000－3162－0001736　古 41/1.06
宋書一百卷　（南朝梁）沈約撰　清同治十一
年（1872）金陵書局刻本　十六冊

110000－3162－0001737　古 41/1.07
南齊書五十九卷　（南朝梁）蕭子顯撰　清同
治十三年（1874）金陵書局刻本　六冊

110000－3162－0001738　古 41/1.08
梁書五十六卷　（唐）姚思廉撰　清同治十三
年（1874）金陵書局刻本　六冊

110000－3162－0001739　古 41/1.09
陳書三十六卷　（唐）姚思廉撰　清同治十一
年（1872）金陵書局刻本　四冊

110000－3162－0001740　古 41/1.010
魏書一百十四卷　（北齊）魏收撰　清同治十
一年（1872）金陵書局刻本　二十冊

110000－3162－0001741　古 41/1.011
北齊書五十卷　（唐）李百藥撰　清同治十三
年（1874）金陵書局刻本　四冊

110000－3162－0001742　古 41/1.012
周書五十卷　（唐）令狐德棻等撰　清同治十
三年（1874）金陵書局刻本　四冊

110000－3162－0001743　古 41/1.013
隋書八十五卷　（唐）魏徵等撰　清同治十年
（1871）淮南書局刻本　十六冊

110000－3162－0001744　古 41/1.014
南史八十卷　（唐）李延壽撰　清同治十一年
（1872）金陵書局刻本　十二冊

110000－3162－0001745　古 41/1.015
北史一百卷　（唐）李延壽撰　清同治十一年
（1872）金陵書局刻本　二十冊

110000－3162－0001746　古 41/1.016
舊唐書二百卷　（後晉）劉昫等撰　清同治十
一年（1872）浙江書局刻本　四十冊

110000－3162－0001747　古 41/1.017

新唐書二百二十五卷　（宋）歐陽修　（宋）宋
祁撰　清同治十二年（1873）浙江書局刻本
四十冊

110000－3162－0001748　古 41/1.018
舊五代史一百五十卷　（宋）薛居正等撰　清
同治十一年（1872）湖北崇文書局刻本　十
六冊

110000－3162－0001749　古 41/1.019
新五代史七十四卷　（宋）歐陽修撰　清同治
十一年（1872）湖北崇文書局刻本　八冊

110000－3162－0001750　古 41/1.020
宋史四百九十六卷　（元）脱脱等撰　清光緒
元年（1875）浙江書局刻本　一百冊

110000－3162－0001751　古 41/1.021
遼史一百十六卷　（元）脱脱等撰　清同治十
二年（1873）江蘇書局刻本　十二冊

110000－3162－0001752　古 41/1.022
金史一百三十五卷　（元）脱脱等撰　清同治
十三年（1874）江蘇書局刻本　二十冊

110000－3162－0001753　古 41/1.023
元史二百十卷　（明）宋濂　（明）王禕等撰
清同治十三年（1874）江蘇書局刻本　四十冊

110000－3162－0001754　古 41/1.024
明史三百三十二卷　（清）張廷玉等撰　清光
緒三年（1877）湖北崇文書局刻本　八十冊

110000－3162－0001755　古 41/2.01
史記一百三十卷　（漢）司馬遷撰　明萬曆二
十四年（1596）南京國子監刻明清遞修本　二
十冊

110000－3162－0001756　古 41/2.02
漢書一百二十卷　（漢）班固撰　明嘉靖八年
（1529）南京國子監刻明清遞修本　二十四冊

110000－3162－0001757　古 41/2.03
後漢書一百三十卷　（南朝宋）范曄撰　明天
啓二年（1622）南京國子監刻明清遞修本　十
九冊

110000－3162－0001758　古 41/2.04

三國志六十五卷　（晉）陳壽撰　（南朝宋）裴松之注　明萬曆二十四年（1596）南京國子監鏤版刻本　十二冊

110000－3162－0001759　古41/2.05

晉書一百三十卷　（唐）房玄齡等撰　（唐）何超音義　明正德十年（1515）南京國子監刻明清遞修本　三十七冊

110000－3162－0001760　古41/2.06

宋書一百卷　（南朝梁）沈約撰　明萬曆二十二年（1594）南京國子監刻明清遞修本　二十四冊

110000－3162－0001761　古41/2.07

南齊書五十九卷　（南朝梁）蕭子顯撰　明萬曆十七年（1589）南京國子監刻明清遞修本　十冊

110000－3162－0001762　古41/2.08

梁書五十六卷　（唐）姚思廉撰　明萬曆三年（1575）南京國子監刻清順治、康熙遞修本　八冊

110000－3162－0001763　古41/2.09

陳書三十六卷　（唐）姚思廉撰　明萬曆十六年（1588）南京國子監刻本　四冊

110000－3162－0001764　古41/2.010

魏書一百十四卷　（北齊）魏收撰　明萬曆二十四年（1596）南京國子監刻本　二十四冊

110000－3162－0001765　古41/2.011

北齊書五十卷　（唐）李百藥撰　明萬曆十六年（1588）南京國子監刻本　八冊

110000－3162－0001766　古41/2.012

周書五十卷　（唐）令狐德棻等撰　明萬曆十六年（1588）南京國子監刻清順治遞修本　八冊

110000－3162－0001767　古41/2.013

隋書八十五卷　（唐）魏徵等撰　明萬曆二十三年（1595）南京國子監刻明清遞修本　二十冊

110000－3162－0001768　古41/2.014

北史一百卷　（唐）李延壽撰　明萬曆二十年（1592）南京國子監刻明清遞修本　三十冊

110000－3162－0001769　古41/2.015

新唐書二百二十五卷釋音二十五卷　（宋）歐陽修　（宋）宋祁撰　（宋）董衝釋音　明成化、嘉靖、萬曆清順治間南京國子監刻遞修本　四十四冊

110000－3162－0001770　古41/2.016

新五代史七十四卷　（宋）歐陽修撰　明汲古閣刻本　八冊

110000－3162－0001771　古41/2.017

宋史四百九十六卷　（元）脫脫等撰　明萬曆南京國子監刻明清遞修本　九十六冊

110000－3162－0001772　古41/2.018

金史一百三十五卷　（元）脫脫等撰　明嘉靖八年（1529）南京國子監刻本　二十冊

110000－3162－0001773　古41/2.019

元史二百十卷　（明）宋濂等撰　明嘉靖、萬曆、天啓、崇禎清順治間南京國子監遞修本　五十一冊

110000－3162－0001774　古41/3.01

史記一百三十卷　（漢）司馬遷撰　清光緒二十九年（1903）五洲同文局石印本　二十六冊

110000－3162－0001775　古41/3.02

前漢書一百二十卷　（漢）班固撰　清光緒二十九年（1903）五洲同文局石印本　三十二冊

110000－3162－0001776　古41/3.03

後漢書一百三十卷　（南朝宋）范曄撰　清光緒二十九年（1903）五洲同文局石印本　二十八冊

110000－3162－0001777　古41/3.04

宋書一百卷　（南朝梁）沈約撰　清光緒二十九年（1903）五洲同文局石印本　二十四冊

110000－3162－0001778　古41/3.05

南齊書五十九卷　（南朝梁）蕭子顯撰　清光緒二十九年（1903）五洲同文局石印本　八冊

110000－3162－0001779　古41/3.06

梁書五十六卷　（唐）姚思廉撰　清光緒二十九年（1903）五洲同文局石印本　八冊

110000－3162－0001780　古41/3.07

陳書三十六卷　（唐）姚思廉撰　清光緒二十九年（1903）五洲同文局石印本　六冊

110000－3162－0001781　古41/3.08

魏書一百十四卷　（北齊）魏收撰　清光緒二十九年（1903）五洲同文局石印本　二十四冊

110000－3162－0001782　古41/3.09

北齊書五十卷　（唐）李百藥撰　清光緒二十九年（1903）五洲同文局石印本　八冊

110000－3162－0001783　古41/3.010.

周書五十卷　（唐）令狐德棻等撰　清光緒二十九年（1903）五洲同文局石印本　八冊

110000－3162－0001784　古41/3.011.

南史八十卷　（唐）李延壽撰　清光緒二十九年（1903）五洲同文局石印本　二十冊

110000－3162－0001785　古41/3.012.

北史一百卷　（唐）李延壽撰　清光緒二十九年（1903）五洲同文局石印本　二十四冊

110000－3162－0001786　古41/3.013.

舊唐書二百卷　（後晉）劉昫撰　清光緒二十九年（1903）五洲同文局石印本　四十八冊

110000－3162－0001787　古41/3.014.

舊五代史一百五十卷　（宋）薛居正等撰　清光緒二十九年（1903）五洲同文局石印本　二十四冊

110000－3162－0001788　古41/3.015.

遼史一百十六卷　（元）脫脫等撰　清光緒二十九年（1903）五洲同文局石印本　八冊

110000－3162－0001789　古41/3.016.

五代史七十四卷　（宋）歐陽修撰　清光緒二十九年（1903）五洲同文局石印本　十冊

110000－3162－0001790　古41/4.01

三國志六十五卷　（晉）陳壽撰　（南朝宋）裴松之注　清光緒三十四年（1908）鉛印本（上海集成圖書公司藏版）　八冊

110000－3162－0001791　古41/4.02

晉書一百三十卷　（唐）房玄齡等撰　（唐）何超音義　清光緒三十四年（1908）鉛印本（上海集成圖書公司藏版）　十六冊

110000－3162－0001792　古41/4.03

隋書八十五卷　（唐）魏徵等撰　清光緒三十四年（1908）鉛印本（上海集成圖書公司藏版）　十二冊

110000－3162－0001793　古41/4.04

唐書二百二十五卷　（宋）歐陽修　（宋）宋祁撰　清光緒三十四年（1908）鉛印本（上海集成圖書公司藏版）　三十二冊

110000－3162－0001794　古41/4.05

宋史四百九十六卷　（元）脫脫等撰　清光緒三十四年（1908）鉛印本（上海集成圖書公司藏版）　六十四冊

110000－3162－0001795　古41/4.06

金史一百三十五卷　（元）脫脫等撰　清光緒三十四年（1908）鉛印本（上海集成圖書公司藏版）　十五冊　存一百二十七卷（一至五十、五十九至一百三十五）

110000－3162－0001796　古41/4.07

元史二百十卷　（明）宋濂　（明）王禕等撰　清光緒三十四年（1908）鉛印本（上海集成圖書公司藏版）　二十四冊

110000－3162－0001797　古41/4.08

明史三百三十二卷　（清）張廷玉等撰　清光緒三十四年（1908）鉛印本（上海集成圖書公司藏版）　四十冊

110000－3162－0001798　古41/5.01

史記一百三十卷　（漢）司馬遷撰　清上海涵芬樓百衲本二十四史影印本　三十冊

110000－3162－0001799　古41/5.02

漢書一百二十卷　（漢）班固撰　清上海涵芬樓百衲本二十四史借常熟瞿氏鐵琴銅劍樓藏北宋景祐刻本影印本　三十二冊

110000－3162－0001800　古41/5.03

後漢書一百三十卷 （南朝宋）范曄撰 清上海涵芬樓百衲本二十四史影印宋紹興本原闕五卷半借北平圖書館藏本配補本 四十冊

110000－3162－0001801 古 41/5.04

三國志六十五卷 （晉）陳壽撰 清上海涵芬樓百衲本二十四史影印中華學藝社借照日本帝室圖書寮藏宋紹熙刻本原闕以涵芬樓藏宋紹興刻本配補本 二十冊

110000－3162－0001802 古 41/5.05

晉書一百三十卷 （唐）房玄齡等撰 清上海涵芬樓百衲本二十四史影印海寧蔣氏衍芬草堂藏宋本原闕以江蘇省立國學圖書館藏宋本配補本 二十四冊

110000－3162－0001803 古 41/5.06

宋書一百卷 （南朝梁）沈約撰 清上海涵芬樓百衲本二十四史借北平圖書館吳興劉氏嘉業堂藏宋蜀大字本影印闕卷以涵芬樓藏元明遞修本配補本 三十六冊

110000－3162－0001804 古 41/5.07

南齊書五十九卷 （南朝梁）蕭子顯撰 清上海涵芬樓百衲本二十四史借江安傅氏雙鑑樓藏宋蜀大字本影印本 十四冊

110000－3162－0001805 古 41/5.08

梁書五十六卷 （唐）姚思廉撰 清上海涵芬樓百衲本二十四史借北平圖書館藏宋蜀大字本影印闕卷以涵芬樓藏元明遞修本配補本 十四冊

110000－3162－0001806 古 41/5.09

陳書三十六卷 （唐）姚思廉撰 清上海涵芬樓百衲本二十四史影印北平圖書館及中華學藝社借照日本靜嘉堂文庫藏宋蜀大字本 八冊

110000－3162－0001807 古 41/5.010

魏書一百十四卷 （北齊）魏收撰 清上海涵芬樓百衲本二十四史影印北平圖書館江安傅氏雙鑑樓吳興劉氏嘉業堂及涵芬樓宋蜀大字本 五十冊

110000－3162－0001808 古 41/5.011

北齊書五十卷 （唐）李百藥撰 清上海涵芬樓百衲本二十四史借北平圖書館藏宋蜀大字本影印闕卷以涵芬樓藏元明遞修本配補本 十冊

110000－3162－0001809 古 41/5.012

周書五十卷 （唐）令狐德棻等撰 清上海涵芬樓百衲本二十四史影印吳縣潘氏範硯樓及自藏宋蜀大字本配元明遞修本 十二冊

110000－3162－0001810 古 41/5.013

隋書八十五卷 （唐）魏徵等撰 清上海涵芬樓百衲本二十四史影印元大德刻本並借北平圖書館江蘇省立國學圖書館藏本配補本 二十冊

110000－3162－0001811 古 41/5.014

南史八十卷 （唐）李延壽撰 清上海涵芬樓百衲本二十四史影印北平圖書館及自藏元大德刻本 二十冊

110000－3162－0001812 古 41/5.015

北史一百卷 （唐）李延壽撰 清上海涵芬樓百衲本二十四史影印北平圖書館及自藏元大德刻本 三十二冊

110000－3162－0001813 古 41/5.016

舊唐書二百卷 （後晉）劉昫等撰 清上海涵芬樓百衲本二十四史影印常熟瞿氏鐵琴銅劍樓藏宋刻本闕卷以明聞人銓覆宋本配補本 三十六冊

110000－3162－0001814 古 41/5.017

新唐書二百二十五卷 （宋）歐陽修 （宋）宋祁撰 清上海涵芬樓百衲本二十四史影印中華學藝社借照日本岩崎氏靜嘉文庫藏北宋嘉祐刻本 四十冊

110000－3162－0001815 古 41/5.018

舊五代史一百五十卷 （宋）薛居正等撰 清上海涵芬樓百衲本二十四史影印吳興劉氏嘉業堂刻本 二十四冊

110000－3162－0001816 古 41/5.019

五代史七十四卷 （宋）歐陽修撰 清上海涵芬樓百衲本二十四史借江安傅氏雙鑑樓藏宋

慶元本影印本 十四冊

110000－3162－0001817 古41/5.020
宋史四百九十六卷 （元）脫脫等撰 清上海涵芬樓百衲本二十四史影印北平圖書館藏元至正刻本闕卷以明成化刻本配補本 一百三十六冊

110000－3162－0001818 古41/5.021
遼史一百十六卷 （元）脫脫等撰 清上海涵芬樓百衲本二十四史影印元刻本 十六冊

110000－3162－0001819 古41/5.022
金史一百三十五卷 （元）脫脫等撰 清上海涵芬樓百衲本二十四史借北平圖書館藏元至正刻本影印闕卷以涵芬樓藏元覆本配補本 三十二冊

110000－3162－0001820 古41/5.023
元史二百十卷 （明）宋濂撰 清上海涵芬樓百衲本二十四史影印北平圖書館及自藏明洪武刻本 六十冊

110000－3162－0001821 古41/5.024
明史三百三十二卷 （清）張廷玉等撰 清上海涵芬樓據百衲本二十四史清乾隆年武英殿原刻本影印本 一百冊

110000－3162－0001822 古41/6
二十一史約編不分卷 （清）鄭元慶撰 清康熙三十六年(1697)刻本 八冊

110000－3162－0001823 古41/6.1
二十一史約編不分卷 （清）鄭元慶撰 清康熙三十六年(1697)紫文閣刻本 八冊

110000－3162－0001824 古41/7
二十一史四譜五十四卷 （清）沈炳震編 清同治十年(1871)武林吳氏清來堂重校補刻本 十六冊

110000－3162－0001825 古41/8
二十二史綜編八卷 （清）陶有容編 清咸豐三年(1853)刻本 八冊

110000－3162－0001826 古41/9－1
綱鑑正史約三十六卷 （明）顧錫疇編 （清）

陳宏謀增訂 清同治八年(1869)浙江書局刻本 二十冊

110000－3162－0001827 古41/9－2
綱鑑正史約三十六卷 （明）顧錫疇編 （清）陳宏謀增訂 清同治八年(1869)浙江書局刻本 二十冊

110000－3162－0001828 古41/10－1
十七史說四卷 劉體智撰 清光緒三十四年(1908)石印本 四冊

110000－3162－0001829 古41/10－2
十七史說等四種三十四卷 劉體智撰 清光緒三十四年(1908)石印本 十九冊

110000－3162－0001830 古41/11
十七史商榷一百卷 （清）王鳴盛撰 清光緒十九年(1893)廣雅書局刻本 十四冊

110000－3162－0001831 古41/12
二十四史紀事提要八卷 （清）吳綏撰 清光緒二十五年(1899)石印本 四冊

110000－3162－0001832 古41/13
二十四史論贊七十八卷 （清）陳闡輯 清光緒二十年(1894)文淵山房石印本 十二冊

110000－3162－0001833 古41/14
二十二史劄記三十六卷 （清）趙翼撰 清光緒元年(1875)上海千頃堂石印本 六冊

110000－3162－0001834 古41/14.1
二十二史劄記三十六卷 （清）趙翼撰 清光緒二十六年(1900)上海書局石印本 八冊

110000－3162－0001835 古41/15
二十四史分類輯要十二卷 沈桐生輯 清光緒二十八年(1902)會文學社石印本 十二冊

110000－3162－0001836 古41/16
二十二史策案十二卷 （清）王鎏匯輯 清道光十一年(1831)刻本(綠蔭山房藏版) 八冊

110000－3162－0001837 古41/17
二十四史分類言行錄四十二卷 （清）錢大昕輯 清光緒二十八年(1902)上海書局石印本 八冊

110000－3162－0001838　　古41/19

增定二十一史韻二卷　（清）仲弘道撰　清康熙三十五年(1696)蘭雪堂版刻本　一冊

110000－3162－0001839　　古41/20.01

史記一百三十卷　（漢）司馬遷撰　清光緒二十九年(1903)五洲同文局石印本　二十六冊

110000－3162－0001840　　古41/20.02

漢書一百二十卷　（漢）班固撰　清光緒二十九年(1903)五洲同文局石印本　三十二冊

110000－3162－0001841　　古41/20.03

後漢書一百三十卷　（南朝宋）范曄撰　清光緒二十九年(1903)五洲同文局石印本　二十八冊

110000－3162－0001842　　古41/20.04

三國志六十五卷　（晉）陳壽撰　清光緒二十九年(1903)五洲同文局石印本　十四冊

110000－3162－0001843　　古41/20.05

晉書一百三十卷　（唐）房玄齡等撰　清光緒二十九年(1903)五洲同文局石印本　三十冊

110000－3162－0001844　　古41/20.06

宋書一百卷　（南朝梁）沈約撰　清光緒二十九年(1903)五洲同文局石印本　二十四冊

110000－3162－0001845　　古41/20.07

南齊書五十九卷　（南朝梁）蕭子顯撰　清光緒二十九年(1903)五洲同文局石印本　八冊

110000－3162－0001846　　古41/20.08

梁書五十六卷　（唐）姚思廉撰　清光緒二十九年(1903)五洲同文局石印本　八冊

110000－3162－0001847　　古41/20.09

陳書三十六卷　（唐）姚思廉撰　清光緒二十九年(1903)五洲同文局石印本　六冊

110000－3162－0001848　　古41/20.010.

魏書一百十四卷　（北齊）魏收撰　清光緒二十九年(1903)五洲同文局石印本　二十四冊

110000－3162－0001849　　古41/20.011.

北齊書五十卷　（唐）李百藥撰　清光緒二十九年(1903)五洲同文局石印本　八冊

110000－3162－0001850　　古41/20.012.

周書五十卷　（唐）令狐德棻等撰　清光緒二十九年(1903)五洲同文局石印本　八冊

110000－3162－0001851　　古41/20.013.

隋書八十五卷　（唐）魏徵等撰　清光緒二十九年(1903)五洲同文局石印本　二十四冊

110000－3162－0001852　　古41/20.014.

南史八十卷　（唐）李延壽撰　清光緒二十九年(1903)五洲同文局石印本　二十冊

110000－3162－0001853　　古41/20.015.

北史一百卷　（唐）李延壽撰　清光緒二十九年(1903)五洲同文局石印本　二十四冊

110000－3162－0001854　　古41/20.016.

舊唐書二百卷　（後晉）劉昫等撰　清光緒二十九年(1903)五洲同文局石印本　四十八冊

110000－3162－0001855　　古41/20.017.

新唐書二百二十五卷　（宋）歐陽修（宋）宋祁撰　清光緒二十九年(1903)五洲同文局石印本　五十冊

110000－3162－0001856　　古41/20.018.

舊五代史一百五十卷　（宋）薛居正等撰　清光緒二十九年(1903)五洲同文局石印本　二十四冊

110000－3162－0001857　　古41/20.019.

新五代史七十四卷　（宋）歐陽修撰　清光緒二十九年(1903)五洲同文局石印本　十冊

110000－3162－0001858　　古41/20.020.

宋史四百九十六卷　（元）脫脫等撰　清光緒二十九年(1903)五洲同文局石印本　一百冊

110000－3162－0001859　　古41/20.021.

遼史一百十六卷　（元）脫脫等撰　清光緒二十九年(1903)五洲同文局石印本　八冊

110000－3162－0001860　　古41/20.022.

金史一百三十五卷　（元）脫脫等撰　清光緒二十九年(1903)五洲同文局石印本　二十四冊

110000－3162－0001861　　古41/20.023.

元史二百十卷 （明）宋濂等撰 清光緒二十九年(1903)五洲同文局石印本 五十一冊

110000 – 3162 – 0001862 古 41/20.024.

明史三百三十二卷 （清）張廷玉等撰 清光緒二十九年(1903)五洲同文局石印本 一百十二冊

110000 – 3162 – 0001863 古 41/20.11

史記一百三十卷 （漢）司馬遷撰 清光緒十年(1884)上海同文書局石印本 二十六冊

110000 – 3162 – 0001864 古 41/20.12

前漢書一百二十卷 （漢）班固撰 清光緒十年(1884)上海同文書局石印本 三十二冊

110000 – 3162 – 0001865 古 41/20.13

後漢書一百三十卷 （南朝宋）范曄撰 清光緒十年(1884)上海同文書局石印本 二十八冊

110000 – 3162 – 0001866 古 41/20.14

三國志六十五卷 （晉）陳壽撰 清光緒十年(1884)上海同文書局石印本 十四冊

110000 – 3162 – 0001867 古 41/20.15

晉書一百三十卷 （唐）房玄齡等撰 清光緒十年(1884)上海同文書局石印本 三十冊

110000 – 3162 – 0001868 古 41/20.16

宋書一百卷 （南朝梁）沈約撰 清光緒十年(1884)上海同文書局石印本 二十四冊

110000 – 3162 – 0001869 古 41/20.17

南齊書五十九卷 （南朝梁）蕭子顯撰 清光緒十年(1884)上海同文書局石印本 八冊

110000 – 3162 – 0001870 古 41/20.18

梁書五十六卷 （唐）姚思廉撰 清光緒十年(1884)上海同文書局石印本 八冊

110000 – 3162 – 0001871 古 41/20.19

陳書三十六卷 （唐）姚思廉撰 清光緒十年(1884)上海同文書局石印本 六冊

110000 – 3162 – 0001872 古 41/20.110.

魏書一百十四卷 （北齊）魏收撰 清光緒十年(1884)上海同文書局石印本 二十四冊

110000 – 3162 – 0001873 古 41/20.111.

北齊書五十卷 （唐）李百藥撰 清光緒十年(1884)上海同文書局石印本 八冊

110000 – 3162 – 0001874 古 41/20.112.

周書五十卷 （唐）令狐德棻等撰 清光緒十年(1884)上海同文書局石印本 八冊

110000 – 3162 – 0001875 古 41/20.113.

隋書八十五卷 （唐）魏徵等撰 清光緒十年(1884)上海同文書局石印本 二十四冊

110000 – 3162 – 0001876 古 41/20.114.

南史八十卷 （唐）李延壽撰 清光緒十年(1884)上海同文書局石印本 二十四冊

110000 – 3162 – 0001877 古 41/20.115.

北史一百卷 （唐）李延壽撰 清光緒十年(1884)上海同文書局石印本 二十四冊

110000 – 3162 – 0001878 古 41/20.116.

舊唐書二百卷 （後晉）劉昫撰 清光緒十年(1884)上海同文書局石印本 四十冊

110000 – 3162 – 0001879 古 41/20.117.

新唐書二百二十五卷 （宋）歐陽修 （宋）宋祁撰 清光緒十年(1884)上海同文書局石印本 五十冊

110000 – 3162 – 0001880 古 41/20.118.

舊五代史一百五十卷 （宋）薛居正撰 清光緒十年(1884)上海同文書局石印本 二十四冊

110000 – 3162 – 0001881 古 41/20.119.

新五代史七十四卷 （宋）歐陽修撰 清光緒十年(1884)上海同文書局石印本 十冊

110000 – 3162 – 0001882 古 41/20.120.

宋史四百九十六卷 （元）脫脫等撰 清光緒十年(1884)上海同文書局石印本 一百冊

110000 – 3162 – 0001883 古 41/20.121.

遼史一百十六卷 （元）脫脫等撰 清光緒十年(1884)上海同文書局石印本 八冊

110000 – 3162 – 0001884 古 41/20.122.

金史一百三十五卷 （元）脫脫等撰 清光

緒十年(1884)上海同文書局石印本　二十四冊

110000－3162－0001885　古41/20.123.

元史二百十卷　(明)宋濂等撰　清光緒十年(1884)上海同文書局石印本　五十一冊

110000－3162－0001886　古41/20.124.

明史三百三十二卷　(清)張廷玉等撰　清光緒十年(1884)上海同文書局石印本　一百十二冊

110000－3162－0001887　古41/22

二十二史考異一百卷　(清)錢大昕撰　清光緒二十年(1894)廣雅書局刻本　十八冊

110000－3162－0001888　古411/2

史記一百三十卷劄記五卷　(漢)司馬遷撰　(南朝宋)裴駰集解　清同治五年(1866)金陵書局刻本　二十二冊

110000－3162－0001889　古411/3

史記一百三十卷　(漢)司馬遷撰　(南朝宋)裴駰集解　清同治十一年(1872)成都書局仿殿刻本　二十六冊

110000－3162－0001890　古411/4

史記集解一百三十卷　(漢)司馬遷撰　(南朝宋)裴駰集解　清同治五年(1866)金陵書局刻本　二十冊

110000－3162－0001891　古411/5

史記一百三十卷　(漢)司馬遷撰　吳闓生點勘　清宣統元年(1909)南宮邢氏刻本　二十冊

110000－3162－0001892　古411/6

史記一百三十卷　吳闓生評點　清宣統元年(1909)南宮邢氏刻本　二十冊

110000－3162－0001893　古411/7

史記一百三十卷　(漢)司馬遷撰　(南朝宋)裴駰集解　清光緒四年(1878)金陵書局刻本　十六冊

110000－3162－0001894　古411/9

歸方評點史記合筆六卷　(清)王拯撰　清

光緒元年(1875)錦城節署望三益齋刻本　四冊

110000－3162－0001895　古411/10

史記評林一百三十卷　(明)凌稚隆輯　明萬曆四年(1576)刻本　四十冊

110000－3162－0001896　古411/12

一百五十名家評注史記一百三十卷　(明)凌稚隆　(明)李光縉輯　清上海鴻章書局石印本　二十冊

110000－3162－0001897　古411/13

史記選六卷　(清)儲欣撰　清乾隆四十九年(1784)刻本(受祉堂藏板)　四冊

110000－3162－0001898　古411/14.1

史記菁華錄六卷　(清)姚苧田撰　清光緒九年(1883)廣州翰墨園朱墨套印本　六冊

110000－3162－0001899　古411/15

史記抄四卷　(清)高嵣集評　清乾隆五十三年(1788)刻本　四冊

110000－3162－0001900　古411/18

讀史記臆說五卷　(清)楊琪光撰　清光緒十年(1884)刻本　一冊

110000－3162－0001901　古411/20

史記三卷首一卷　(清)徐孚遠　(清)陳子龍測議　清刻本　一冊

110000－3162－0001902　古4121/2

前漢書補注一百卷　(漢)班固　(唐)顏師古注　王先謙補注　清光緒二十六年(1900)王氏刻本　三十二冊

110000－3162－0001903　古4121/3

前漢書一百卷　(漢)班固撰　(唐)顏師古注　清光緒十三年(1887)金陵書局汲古閣刻本　十六冊

110000－3162－0001904　古4121/5

前漢書一百卷　(漢)班固撰　(唐)顏師古注　清同治十二年(1873)嶺東使署校刻本　十六冊

110000－3162－0001905　古4121/6

前漢書一百卷　（漢）班固撰　（唐）顏師古注
清光緒十三年（1887）金陵書局刻本　十
六冊

110000－3162－0001906　古4121/7
前漢書一百卷　（漢）班固撰　（唐）顏師古注
清同治十年（1871）成都書局刻本　三十
二冊

110000－3162－0001907　古4121/8
漢書鈔九十三卷　（明）茅坤撰　明崇禎八年
（1635）刻本　十四冊

110000－3162－0001908　古4121/9
鍾伯敬先生批評漢書九十二卷　（明）鍾惺撰
明刻本　二十四冊

110000－3162－0001909　古4121/10－1
漢書補注七卷　（清）王榮商撰　清刻本
二冊

110000－3162－0001910　古4121/10－2
漢書補注七卷　（清）王榮商撰　清刻本
二冊

110000－3162－0001911　古4121/11
漢書補注一百卷　（漢）班固撰　（唐）顏師古
注　王先謙輯　清光緒二十六年（1900）長沙
王氏校刻本　二十八冊

110000－3162－0001912　古4121/12
前漢書抄四卷　（清）高嶠集評　清乾隆五十
三年（1788）刻本　六冊

110000－3162－0001913　古4121/14
前漢書一百卷　（漢）班固撰　（唐）顏師古注
清同治八年（1869）金陵書局刻本　二十
四冊

110000－3162－0001914　古4122/1
范氏後漢書批評一百卷　（明）顧鄰初撰　明
萬曆四十七年（1619）錦石山房刻本　二十
四冊

110000－3162－0001915　古4122/2
後漢書一百三十卷　（南朝宋）范曄撰　清光
緒十三年（1887）金陵書局刻本　十四冊

110000－3162－0001916　古4122/4
後漢書一百三十卷　（南朝宋）范曄撰　清同
治十年（1871）成都書局仿殿版刻本　二十
八冊

110000－3162－0001917　古4122/5
後漢書一百三十卷　（南朝宋）范曄撰　清同
治十二年（1873）嶺東使署刻本　十六冊

110000－3162－0001918　古4122/6
後漢書華佗傳補注一卷　（□）張驥補注　清
光緒元年（1875）刻本　一冊

110000－3162－0001919　古4122/7
東觀漢記二十四卷　（漢）劉珍等撰　清乾隆
六十年（1795）掃葉山房刻本　四冊

110000－3162－0001920　古4122/8
謝氏後漢書補逸五卷　（清）姚之駰輯　（清）
孫志祖增訂　清同治十年（1871）盍山精舍石
印本　一冊

110000－3162－0001921　古4122/9
後漢書一百三十卷　（南朝宋）范曄撰　（唐）
李賢注　（晉）司馬彪撰　（南朝梁）劉昭注
清同治八年（1869）金陵書局刻本　二十冊

110000－3162－0001922　古413/1
兩晉南北合纂三十九卷　（明）錢岱撰　明萬
曆三十六年（1608）刻本　三十六冊

110000－3162－0001923　古4131/2
三國志六十五卷　（晉）陳壽撰　（南朝宋）裴
松之注　清光緒十八年（1892）武林竹簡齋石
印本　四冊

110000－3162－0001924　古4131/3
三國志六十五卷　（晉）陳壽撰　（南朝宋）裴
松之注　清光緒十三年（1887）江南書局重本
八冊

110000－3162－0001925　古4131/5
三國志注補六十五卷附補遺一卷　（清）趙一
清撰　清光緒廣雅書局刻本　六冊

110000－3162－0001926　古4131/6
三國志考證八卷　（清）潘眉撰　清光緒十五

年(1889)廣雅書局刻本　二冊

110000－3162－0001927　古4131/6.1

三國志考證八卷　（清）潘眉撰　清光緒十五年(1889)廣雅書局刻本　二冊

110000－3162－0001928　古4131/8

三國郡縣表八卷　（清）吳增僅撰　清光緒二十二年(1896)刻本　四冊

110000－3162－0001929　古4131/9

三國會要二十二卷　（清）楊晨撰　清光緒二十六年(1900)江蘇書局刻本　四冊

110000－3162－0001930　古4131/14

三國志辨微二卷　（清）尚熔撰　清刻本一冊

110000－3162－0001931　古4131/15

三國志證聞三卷　（清）錢儀吉撰　清光緒十一年(1885)江蘇書局刻本　二冊

110000－3162－0001932　古4131/16

三國志旁證三十卷　（清）梁章鉅撰　清光緒十五年(1889)廣雅書局刻本　六冊

110000－3162－0001933　古4131/17

三國志質疑六卷　（清）徐紹楨撰　清光緒十二年(1886)羊城刻本　二冊

110000－3162－0001934　古4132/1

晉書斠注一百三十卷　（清）吳士鑑　（宋）劉承幹注　清刻本　六十冊

110000－3162－0001935　古4132/2

晉書地理志新補正五卷　（清）畢源撰　清光緒二十年(1894)廣雅書局刻本　一冊

110000－3162－0001936　古4133/1

南史八十卷　（唐）李延壽撰　明萬曆十九年(1591)刻本　二十四冊

110000－3162－0001937　古4133/2

南齊書五十九卷　（南朝梁）蕭子顯撰　明崇禎十年(1637)汲古閣刻本　六冊

110000－3162－0001938　古4142/1

舊唐書二百卷　（後晉）劉昫撰　清乾隆四年(1739)刻本　三十冊

110000－3162－0001939　古4142/3

新舊唐書互證二十卷　（清）趙紹祖撰　清嘉慶十八年(1813)古墨齋刻本　四冊

110000－3162－0001940　古4143/1

五代史記七十四卷　（宋）歐陽修撰　（宋）徐無黨注　清道光八年(1828)刻本　四十冊

110000－3162－0001941　古4143/3

五代史記七十四卷　（宋）歐陽修撰　（宋）徐無黨注　明崇禎三年(1630)汲古閣刻本　十冊

110000－3162－0001942　古4143/4

五代史記七十四卷　（宋）歐陽修撰　（宋）徐無黨注　清同治十一年(1872)湖北崇文書局刻本　八冊

110000－3162－0001943　古4143/5

五代史闕文一卷　（宋）王禹偁撰　五代史補五卷　（宋）陶嶽撰　清紅格抄本　一冊

110000－3162－0001944　古4143/6

五代史記注七十四卷　（宋）歐陽修撰　（宋）徐無黨注　清嘉慶二十年(1815)刻本　三十六冊

110000－3162－0001945　古4143/7

五代史七十四卷　（宋）歐陽修撰　（宋）徐無黨注　清同治十一年(1872)湖北崇文書局刻本　八冊

110000－3162－0001946　古4143/9

南唐書注十八卷附錄一卷　（宋）陸游撰（元）戚光音釋　（清）周在浚注　清吳興劉氏嘉業堂刻本　五冊

110000－3162－0001947　古4143/10

南唐書十八卷　（宋）陸游撰　明刻本　三冊

110000－3162－0001948　古4143/11－1

南唐書注十八卷　（宋）陸游撰　（清）周在浚注　清吳興劉氏嘉業堂刻本　六冊

110000－3162－0001949　古4143/11－2

南唐書補注十八卷　（宋）陸游撰　清吳興劉

氏嘉業堂刻本　四冊

110000－3162－0001950　古 4143/12
南漢書十八卷　（清）梁廷枏撰　清道光九年(1829)刻本　八冊

110000－3162－0001951　古 4143/13
南唐書三十卷　（宋）馬令撰　明刻本　十冊

110000－3162－0001952　古 4143/15
五代史記纂誤續補六卷　（清）吳光耀撰　清光緒十四年(1888)江夏吳氏刻本　六冊

110000－3162－0001953　古 4143/16
五代史七十四卷　（宋）歐陽修撰　（宋）徐無黨注　（明）楊慎評　明刻本　二冊　存十卷(一至十)

110000－3162－0001954　古 4151/1
東都事畧一百三十卷　（宋）王偁撰　清乾隆六十年(1795)刻本(上海精一閣書局藏版)八冊

110000－3162－0001955　古 4151/2
南宋書六十八卷　（明）錢士升撰　清掃葉山房刻本　十一冊

110000－3162－0001956　古 4152/1
遼史拾遺二十四卷　（清）厲鶚撰　清光緒元年(1875)江蘇書局刻本　十冊

110000－3162－0001957　古 4153/1
金史詳校十卷首一卷史論五答一卷　（清）施國祁撰　清同治十二年(1873)刻本　十冊

110000－3162－0001958　古 4153/1.1
金史詳校十卷首一卷史論五答一卷　（清）施國祁撰　清光緒二十年(1894)廣雅書局刻本　十冊

110000－3162－0001959　古 4154/3
元史氏族表三卷　（清）錢大昕撰　清嘉慶十一年(1806)江蘇書局刻本　二冊

110000－3162－0001960　古 4154/4
元書一百二卷　（清）曾廉撰　清宣統三年(1911)層漪堂刻本　二十冊

110000－3162－0001961　古 4154/5
元史譯文證補三十卷　（清）洪鈞撰　清光緒二十三年(1897)刻本　四冊

110000－3162－0001962　古 416/3
明史稿三百十卷目錄三卷　（清）王鴻緒等撰　清康熙三十六年(1697)敬慎堂刻本　八十冊

110000－3162－0001963　古 416/3.1
明史稿三百十卷目錄三卷　（清）王鴻緒等撰　清康熙五十三年(1714)敬慎堂刻本　六十冊

110000－3162－0001964　古 42/1.01
少微通鑑節要五十卷　（宋）江贄撰　明正德九年(1514)司禮監刻本　二十冊

110000－3162－0001965　古 42/1.02
資治通鑑節要續編三十卷　（明）張光啟撰　明正德九年(1514)司禮監刻本　二十冊

110000－3162－0001966　古 42/2－1
資治通鑑二百九十四卷目錄三十卷　（宋）司馬光撰　（元）胡三省音注　清同治十年(1871)湖北崇文書局刻本　一百冊

110000－3162－0001967　古 42/2－2
資治通鑑二百九十四卷目錄三十卷　（宋）司馬光撰　（元）胡三省音注　清同治十年(1871)湖北崇文書局刻本　一百冊

110000－3162－0001968　古 42/2.21
資治通鑑二百九十四卷目錄三十卷　（宋）司馬光撰　（元）胡三省音注　清同治八年(1869)中華書局據鄱陽胡氏仿元本校刊鉛印本　一百冊

110000－3162－0001969　古 42/2.22
續資治通鑑二百二十卷　（清）畢沅撰　清同治六年(1867)中華書局鉛印本　六十四冊

110000－3162－0001970　古 42/2.4
兩朝御批新校資治通鑑二百九十四卷　（宋）司馬光編　（元）胡三省音注　清光緒二十九年(1903)重慶廣學書局刻本　一百冊

110000－3162－0001971　古 42/3

續資治通鑑二百二十卷　（清）畢沅撰　清同治六年(1867)江蘇書局刻本　六十冊

110000－3162－0001972　古 42/4

御撰資治通鑑綱目三編四十卷　（清）舒赫德等撰　清同治十一年(1872)江西書局刻本　十二冊

110000－3162－0001973　古 42/6

讀通鑑論三十卷　（清）王夫之撰　清光緒二十五年(1899)武昌刻本　十六冊

110000－3162－0001974　古 42/9

歷朝綱鑑會纂五十五卷　（明）王世貞撰　清書業德刻本　四十八冊

110000－3162－0001975　古 42/11

御批歷代通鑑輯覽一百十六卷　（清）傅恒等撰　清乾隆三十二年(1767)刻本　六十冊

110000－3162－0001976　古 42/11.1

御批歷代通鑑輯覽一百二十卷　（清）傅恒等撰　清光緒三十年(1904)上海商務印書館鉛印本　四十冊

110000－3162－0001977　古 42/11.2

御批歷代通鑑輯覽一百二十卷　（清）傅恒等撰　清乾隆三十二年(1767)刻本　十冊　存二十卷(六十二至八十一)

110000－3162－0001978　古 42/12

綱鑑易知錄九十二卷明鑑易知錄十五卷（清）吳乘權等撰　清光緒二十四年(1898)上海宏文閣鉛印本　十六冊

110000－3162－0001979　古 42/12.1

綱鑑易知錄九十二卷明鑑易知錄十五卷（清）吳乘權等撰　清光緒二十九年(1903)上海商務印書館鉛印本　十六冊

110000－3162－0001980　古 42/12.2

綱鑑易知錄九十二卷明鑑易知錄十五卷（清）吳乘權等撰　清光緒十四年(1888)上海廣百宋齋鉛印本　十六冊

110000－3162－0001981　古 42/13

御撰資治通鑑綱目三編二十卷　（清）張廷玉等撰　清乾隆十一年(1746)刻本　八冊

110000－3162－0001982　古 42/14

通鑑綱目前編二十五卷　（明）南軒撰　（明）陳仁錫評　清同文堂刻本　十冊

110000－3162－0001983　古 42/15

建康實錄二十卷　（清）許嵩撰　清光緒二十八年(1902)刻本　六冊

110000－3162－0001984　古 42/16

通鑑論二卷　（宋）司馬光撰　清光緒二十七年(1901)常昭排印局刻本　一冊

110000－3162－0001985　古 42/17

通鑑答問五卷　（宋）王應麟撰　清光緒十年(1884)成都志古堂刻本　一冊

110000－3162－0001986　古 42/18

資治通鑑外紀十卷　（宋）劉恕撰　清同治十年(1871)江蘇書局刻本　六冊

110000－3162－0001987　古 42/19

御製續資治通鑑綱目二十七卷　（明）商輅等撰　明成化十二年(1476)刻本　十六冊

110000－3162－0001988　古 42/20

通鑑類纂四十卷　（清）松椿撰　清光緒二十四年(1898)長白馬佳氏刻本　四十冊

110000－3162－0001989　古 421/1

竹書紀年義證四十卷　（清）雷學淇撰　清陶廬抄本　八冊

110000－3162－0001990　古 421/2

竹書紀年二卷　（宋）沈約注　（清）洪頤煊校　清嘉慶十一年(1806)平津館刻本　一冊

110000－3162－0001991　古 421/3

竹書紀年附汲塚周書序不分卷　（□）□□撰　清嘉慶八年(1803)姍經山房刻本　一冊

110000－3162－0001992　古 421/4

竹書紀年集注二卷　（清）陳詩集注　清嘉慶六年(1801)刻本　一冊

110000－3162－0001993　古 422/1

西漢年記三十卷 （宋）王益之撰 清同治十二年（1873）退補齋刻本 十冊

110000－3162－0001994 古422/2

前漢紀三十卷 （漢）荀悅撰 明刻本 六冊

110000－3162－0001995 古424/1

五代紀年表不分卷 （清）周嘉猷撰 清光緒十七年（1891）廣雅書局刻本 一冊

110000－3162－0001996 古424/2

東萊先生音注唐鑑二十四卷 （宋）范祖禹撰 （宋）呂祖謙音注 明刻本 四冊

110000－3162－0001997 古426/1

明通鑑九十卷前編四卷附編六卷首一卷 （清）夏燮撰 清光緒二十三年（1897）湖北官書處刻本 四十冊

110000－3162－0001998 古426/2

明紀六十卷 （清）陳鶴撰 清同治十年（1871）江蘇書局刻本 二十冊

110000－3162－0001999 古426/3

憲章錄四十六卷 （明）薛應旂撰 明萬曆二年（1574）陸光宅刻本 十冊

110000－3162－0002000 古426/4

永曆實錄二十六卷 （清）王夫之撰 清同治四年（1865）湘鄉曾氏金陵節署刻本 三冊

110000－3162－0002001 古426/5

皇明大政纂要六十三卷 （明）譚希思撰 清光緒二十一年（1895）湖南思賢書局刻本 二十八冊

110000－3162－0002002 古427/1－1

東華錄二百八十九卷（天命朝至雍正朝）東華續錄四百三十卷（乾隆朝至同治朝） 王先謙 （清）潘頤福編 清光緒十年（1884）刻本 二百二十二冊

110000－3162－0002003 古427/1－2

東華錄二百八十九卷（天命朝至雍正朝） 王先謙 （清）潘頤福編 清光緒十年（1884）刻本 六十四冊

110000－3162－0002004 古427/2

東華續錄二百二十卷（光緒朝） （清）朱壽朋編 清宣統元年（1909）上海集成圖書公司鉛印本 六十四冊

110000－3162－0002005 古427/3

東華續錄一百卷（咸豐朝） 王先謙編 清光緒十五年（1889）刻本 六十冊

110000－3162－0002006 古427/8

大清太祖高皇帝實錄八卷 （清）勒德洪（清）明珠等纂修 清抄本 四冊

110000－3162－0002007 古427/15

東華錄十六卷（乾隆三十年） （清）蔣良騏撰 清抄本 七冊 存十四卷（一至六、九至十六）

110000－3162－0002008 古43/1

通鑑紀事本末四十二卷 （宋）袁樞撰 （明）張溥論正 明萬曆三十五年（1607）黃吉士刻本 四十二冊

110000－3162－0002009 古43/1.1

通鑑紀事本末二百三十九卷 （宋）袁樞撰 （明）張溥論正 清同治十二年（1873）江西書局刻本 八十冊

110000－3162－0002010 古43/4

左傳紀事本末五十三卷 （清）高士奇撰 清光緒二十四年（1898）湖南思賢書局刻本 十二冊

110000－3162－0002011 古43/4.1

左傳紀事本末五十三卷 （清）高士奇撰 清光緒二十六年（1900）廣雅書局刻本 十二冊

110000－3162－0002012 古43/4.2

左傳紀事本末五十三卷 （清）高士奇撰 清同治十二年（1873）江西書局刻本 十二冊

110000－3162－0002013 古43/5

宋史紀事本末一百九卷 （明）馮琦撰 （明）陳邦瞻增訂 （明）張溥論正 清光緒十三年

(1887)廣雅書局刻本　十六冊

110000－3162－0002014　古43/5.1
宋史紀事本末一百九卷　（明）馮琦撰　（明）陳邦瞻增訂　（明）張溥論正　清同治十三年（1874）江西書局刻本　二十冊

110000－3162－0002015　古43/6
金史紀事本末五十二卷首一卷　（清）李有棠撰　清光緒十九年（1893）石印本　六冊

110000－3162－0002016　古43/6.1
金史紀事本末五十二卷首一卷末一卷　（清）李有棠撰　清光緒二十九年（1903）李杍鄂樓刻本　十二冊

110000－3162－0002017　古43/7－1
遼史紀事本末四十卷首一卷末一卷　（清）李有棠撰　清光緒二十九年（1903）李杍鄂樓刻本　八冊

110000－3162－0002018　古43/7－2
遼史紀事本末四十卷首一卷末一卷　（清）李有棠撰　清光緒二十九年（1903）李杍鄂樓刻本　八冊

110000－3162－0002019　古43/7－3
金史紀事本末五十二卷首一卷末一卷　（清）李有棠撰　清光緒二十九年（1903）李杍鄂樓刻本　十二冊

110000－3162－0002020　古43/8
明史紀事本末八十卷　（清）谷應泰撰　清光緒二十四年（1898）湖南思賢書局刻本　二十冊

110000－3162－0002021　古43/8.1
明史紀事本末八十卷　（清）谷應泰撰　清光緒十四年（1888）廣雅書局刻本　十六冊

110000－3162－0002022　古43/8.2
明史紀事本末八十卷　（清）谷應泰撰　清同治十三年（1874）江西書局刻本　二十冊

110000－3162－0002023　古43/9
明史紀事本末詳節六卷　（清）谷應泰撰　清光緒二十八年（1902）五城學堂鉛印本　六冊

110000－3162－0002024　古43/10
西夏紀事本末三十六卷　（清）張鑑撰　清光緒十年（1884）刻本　四冊

110000－3162－0002025　古43/13
欽定剿平粵匪方畧四百二十卷首一卷　（清）奕訢等撰　清同治十一年（1872）內府木活字印本　一百四十冊

110000－3162－0002026　古43/14
欽定剿平三省邪匪方畧正編三百五十二卷續編三十六卷附編十二卷首九卷表文一卷　（清）慶桂等撰　清嘉慶十五年（1810）武英殿刻本　一百八十冊

110000－3162－0002027　古43/15
欽定平定陝甘新疆回匪方畧三百二十卷首一卷　（清）奕訢等撰　清光緒二十二年（1896）內府木活字印本　八十冊

110000－3162－0002028　古43/16
欽定平定雲南回匪方畧五十卷　（清）奕訢等撰　清光緒二十二年（1896）內府木活字印本　十二冊

110000－3162－0002029　古43/18
皇清開國方畧三十二卷首一卷　（清）章佳阿桂等撰　清抄本　十六冊

110000－3162－0002030　古43/18.1
皇清開國方畧三十二卷首一卷　（清）章佳阿桂等撰　清光緒十三年（1887）廣百宋齋鉛印本　六冊

110000－3162－0002031　古43/19
平定兩金川方畧一百三十六卷首一卷紀畧一卷　（清）章佳阿桂等撰　（清）方畧館纂　清刻本　二十一冊　存五十二卷（十七至三十六、四十九至六十一、六十五至八十三）

110000－3162－0002032　古43/20
平定準噶爾方畧一百七十二卷首一卷前編五十四卷正編八十五卷續編三十二卷　（清）傅恆　（清）福德等撰　清乾隆武英殿刻本　八十四冊

110000－3162－0002033　古43/21

御製親征平定朔漠方畧四十八卷紀畧一卷
（清）溫達等撰　清康熙四十七年(1708)內府
刻本　四十八冊

110000－3162－0002034　古43/22

三藩紀事本末二十二卷　（清）楊陸榮撰　清
光緒二十八年(1902)上海捷記書局石印本
一冊

110000－3162－0002035　古43/23

前蒙古紀事本末二卷　（清）韓善徵撰　清光
緒三十一年(1905)上海春記石印本　二冊

110000－3162－0002036　古43/24

後蒙古紀事本末二卷　（清）韓善徵撰　清光
緒三十一年(1905)上海春記石印本　二冊

110000－3162－0002037　古43/25

欽定平定回疆剿捦逆裔方畧八十卷首六卷
（清）曹振鏞等撰　清道光十年(1830)武英殿
刻本　四十九冊

110000－3162－0002038　古43/26

元史紀事本末二十七卷　（明）陳邦瞻撰
（明）張溥論正　清同治十三年(1874)江西書
局刻本　四冊

110000－3162－0002039　古44/1

荊駝逸史五十種　（清）陳湖逸士輯　清道光
古槐山房木活字印本　三十二冊

110000－3162－0002040　古44/1.1

荊駝逸史五十三種　（清）陳湖逸士輯　清宣
統三年(1911)中國圖書館石印本　十六冊

110000－3162－0002041　古44/2－1

歷代史纂左編一百四十二卷　（明）唐順之撰
　明刻本　八十冊

110000－3162－0002042　古44/2－2

歷代史纂左編一百四十二卷　（明）唐順之撰
　明嘉靖四十年(1561)胡宗憲刻本　一百冊

110000－3162－0002043　古44/3

函史上下編一百二卷　（明）鄧元錫撰　清康
熙二十年(1681)刻本　六十冊

110000－3162－0002044　古44/4

繹史一百六十卷　（清）馬驌撰　清同治七年
(1868)刻本(姑蘇亦西齋藏版)　四十八冊

110000－3162－0002045　古44/4.1

繹史一百六十卷　（清）馬驌撰　清光緒二十
三年(1897)武林尚有齋石印本　二十四冊

110000－3162－0002046　古44/5

讀史大畧六十卷首一卷小沙子史畧一卷
（清）沙張白撰　清道光二十五年(1845)刻本
　十二冊

110000－3162－0002047　古44/5.1

讀史大畧六十卷首一卷小沙子史畧一卷
（清）沙張白撰　清道光二十五年(1845)刻本
　十二冊

110000－3162－0002048　古44/5.2

讀史大畧六十卷首一卷小沙子史畧一卷
（清）沙張白撰　清光緒二十六年(1900)刻本
　十二冊

110000－3162－0002049　古44/6

史存三十卷　（清）劉沅撰　清同治十一年
(1872)西充刻本　二十五冊

110000－3162－0002050　古44/7

匯草堂治平類纂三十卷　（明）朱健撰　清康
熙二年(1663)刻本　十四冊

110000－3162－0002051　古44/8

廣治平畧四十四卷　（清）蔡方炳撰　清光緒
十四年(1888)上海點石齋石印本　四冊

110000－3162－0002052　古44/8.1

廣治平畧四十四卷　（清）蔡方炳撰　清光緒
十六年(1890)上海廣百宋齋鉛印本　八冊

110000－3162－0002053　古44/9

廣治平畧續集八卷　（清）蔡方炳撰　清光緒
十六年(1890)上海廣百宋齋鉛印本　一冊

110000－3162－0002054　古44/10－1

讀史鏡古編三十二卷　（清）潘世恩輯　清同
治十三年(1874)冶城飛霞閣刻本　六冊

110000－3162－0002055　古44/10－2

讀史鏡古編三十二卷　(清)潘世恩輯　清同治十三年(1874)冶城飛霞閣刻本　六冊

110000－3162－0002056　古44/11－1
摘刊歷代論畧七卷　(清)羅瑞圖輯　清光緒二十五年(1899)刻本(五華書院藏版)　五冊

110000－3162－0002057　古44/11－2
摘刊歷代論畧四卷　(清)羅瑞圖輯　清光緒二十五年(1899)刻本(五華書院藏版)　三冊

110000－3162－0002058　古44/12
讀史提要錄十二卷　(清)夏之蓉撰　清乾隆三十七年(1772)半舫齋刻本　四冊

110000－3162－0002059　古44/15
鑑評别錄六十卷　(清)黄恩彤撰　清光緒三十一年(1905)刻本　二十冊

110000－3162－0002060　古44/16
鑑語經世編二十七卷　(清)魏裔介撰　清康熙十四年(1675)刻本　十二冊

110000－3162－0002061　古44/17
歷代政要表二卷　(清)胡子清編　清光緒二十九年(1903)長沙刻本　一冊

110000－3162－0002062　古44/18
右編補十卷　(明)姚文蔚編　明萬曆二十九年(1601)刻本　四冊

110000－3162－0002063　古44/19
涉史隨筆一卷　(宋)葛洪撰　清刻本　一冊

110000－3162－0002064　古44/20
歷代定域史綱四卷　(清)張印西撰　清光緒二十九年(1903)叢碧軒石印本　一冊

110000－3162－0002065　古44/21
歷代制度詳說十五卷　(宋)吕祖謙撰　清抄本　二冊

110000－3162－0002066　古44/24
人表考九卷　(清)梁玉繩撰　清光緒十四年(1888)廣雅書局刻本　四冊

110000－3162－0002067　古44/27
史目表不分卷　(清)洪飴孫撰　清光緒二十五年(1899)京都官書局石印本　一冊

110000－3162－0002068　古44/28
歷朝捷錄四卷　(明)顧充撰　明刻本　六冊

110000－3162－0002069　古44/28.1－1
歷朝捷錄四卷　(明)顧充撰　清光緒二十七年(1901)吉慶堂記刻本　四冊

110000－3162－0002070　古44/28.1－2
重刻音注歷朝捷錄四卷　(明)顧充撰　(清)張之洞音注　清光緒二十七年(1901)吉慶堂記刻本　二冊

110000－3162－0002071　古44/29
溯流史學鈔二十卷　(清)張沐撰　清康熙三十三年(1694)刻本(敦林堂藏版)　十冊

110000－3162－0002072　古44/30
支那五千年大事一覽表不分卷　(清)陳敬第編　清杭州浙西書局鉛印本　二十冊

110000－3162－0002073　古44/31
獨異志三卷　(唐)李冗撰　明刻本　一冊

110000－3162－0002074　古44/32
讀史賸言四卷　(清)秦篤輝撰　清光緒十七年(1891)刻本(三餘草堂藏版)　一冊

110000－3162－0002075　古44/34
鑑要分類四卷　(明)翟士寀編　明崇禎十三年(1640)金陵梅滄刻本　四冊

110000－3162－0002076　古44/35
史鈔不分卷　(□)艮思撰　清鉛印本　一冊

110000－3162－0002077　古44/36
歷代陵寢備考五十卷歷代宗廟備考八卷　(清)朱孔陽撰　清光緒申報館叢書本　十四冊

110000－3162－0002078　古44/37
史餘二十卷補錄一卷附揭庶韓先生注一卷　(清)陳堯松撰　清同治三年(1864)刻本(竹平安齋藏版)　六冊

110000－3162－0002079　古44/38

新鐫湯睡庵先生批評歷朝捷錄六卷　（明）顧充編撰　（明）湯賓尹評　明萬曆四十二年(1614)書林黃耀宇刻本　二冊

110000－3162－0002080　古44/39

滇雲歷年傳十二卷　（清）倪蛻撰　清乾隆二年(1737)刻本　八冊

110000－3162－0002081　古44/40－1

重刊史鑑節要便讀六卷　（清）鮑東里撰　清同治十二年(1873)和州鮑氏刻本　二冊

110000－3162－0002082　古44/40－2

重刊史鑑節要便讀六卷　（清）鮑東里撰　清同治十二年(1873)和州鮑氏刻本　一冊　存三卷(一至三)

110000－3162－0002083　古44/41

史學聯珠十卷　（清）胡文炳撰　清光緒十三年(1887)鉛印本　十冊

110000－3162－0002084　古44/42

史斷會要四卷　（清）劉夢蓮撰　清道光十三年(1833)刻本(醉月樓藏版)　二冊

110000－3162－0002085　古44/43

千百年眼十二卷　（明）張燧撰　明萬曆四十二年(1614)石印本　一冊　存六卷(一至六)

110000－3162－0002086　古44/43.1

四千年史讀驚奇十二卷　（明）張燧撰　清鉛印本　一冊

110000－3162－0002087　古44/44

普通歷代史不分卷　（□）□□撰　清光緒三十年(1904)上海商務印館鉛印本　一冊

110000－3162－0002088　古44/45

中國綱鑑撮要三卷　（美國）畢腓力著　清光緒三十年(1904)上海美華書館鉛印本　一冊

110000－3162－0002089　古44/46

中國史要問答地理質學問答不分卷　（□）□□撰　清刻本　一冊

110000－3162－0002090　古44/48

新刻九邊破虜方畧五卷　（□）□□撰　明刻本　四冊　存四卷(二至五)

110000－3162－0002091　古44/49

史摘便讀八卷　（漢）司馬遷撰　（清）王訓摘編　清康熙二十年(1681)抄本　五冊

110000－3162－0002092　古44/50

獨斷不分卷　（漢）蔡邕撰　清光緒元年(1875)湖北崇文書局刻本　一冊

110000－3162－0002093　古44/53

味檗齋遺筆不分卷　（明）趙南星撰　明崇禎二年(1629)刻本　一冊

110000－3162－0002094　古44/55

益智編四十一卷　（明）孫能傳撰　清光緒十七年(1891)刻本　十二冊

110000－3162－0002095　古44/55.1

益智編四十一卷　（明）孫能傳撰　明萬曆四十二年(1614)刻本　八冊　存十七卷(一至三、九至十九、二十四至二十六)

110000－3162－0002096　古44/56

兩山墨談十八卷　（明）陳霆撰　清道光十九年(1839)李錫齡刻本　四冊

110000－3162－0002097　古44/57

案頭集錦不分卷　（□）□□撰　清抄本　一冊

110000－3162－0002098　古44/58

吳郡通典十卷　（清）吳昌撰　清雲在山房鉛印本　一冊

110000－3162－0002099　古44/59

澂景堂史測十四卷　（清）施鴻撰　清光緒十三年(1887)邵武徐氏刻本　一冊

110000－3162－0002100　古44/60

歷代社會狀況史二十卷　（□）尚秉和編　清鉛印本　二冊

110000－3162－0002101　古44/61

巾經纂二十卷　（清）宋宗元著　清乾隆十六年(1751)刻本　四冊

110000－3162－0002102　古44/62

昭代經濟言十四卷　（明）陳子壯輯　明天啓六年(1626)刻本　六冊

110000－3162－0002103　古 44/62.1

昭代經濟言十四卷　（明）陳子壯撰　清道光三十年(1850)粤雅堂刻本　六冊

110000－3162－0002104　古 44/63

歷代史事政治論三百八卷　（清）繆筱珊鑒定（清）金詠榴等編　清光緒二十九年(1903)上海點石齋書局石印本　二十八冊

110000－3162－0002105　古 44/64

諸史然疑一卷　（□）□□撰　清乾隆四十五年(1780)刻本　一冊

110000－3162－0002106　古 44/65

晉史乘不分卷　（清）汪士漢考校　清康熙七年(1668)刻本　一冊

110000－3162－0002107　古 44/66

支那教學史略三卷　（日本）狩野良知著　清光緒二十八年(1902)上海商務印書館鉛印本　一冊

110000－3162－0002108　古 44/67

史眼不分卷　（日本）西師意著　清光緒二十七年(1901)李茂堂刻本　一冊

110000－3162－0002109　古 44/68

一草亭讀史漫筆二卷　（清）吳孟堅著　清北京大學堂官書局鉛印本　一冊

110000－3162－0002110　古 44/69

如諫果室叢刻不分卷　（清）王延釗著　清光緒三十四年(1908)益森書館鉛印本　一冊

110000－3162－0002111　古 44/70

東齋記事一卷　（宋）許觀撰　清刻本　一冊

110000－3162－0002112　古 44/72

望奎樓讀書隨筆一卷　（清）丁愷曾著　清抄本　一冊

110000－3162－0002113　古 44/73

史論選本不分卷　（□）□□著　清丁錫田手抄本　一冊

110000－3162－0002114　古 44/74

涉史偶悟五卷　（清）溫啟封纂述　（清）溫忠翰編輯　清光緒十年(1884)東甌道署刻本一冊

110000－3162－0002115　古 44/75

史論存稿不分卷　（清）秦粤生著　清光緒三十四年(1908)刻本　一冊

110000－3162－0002116　古 44/76

鑒古齋日記四卷　（清）皮錫瑞評　（清）陳紹箕記　清光緒二十八年(1902)長沙刻本二冊

110000－3162－0002117　古 44/82

學海君道部二百四十卷　（明）饒伸纂　明萬曆三十六年(1608)刻本　一百三十二冊

110000－3162－0002118　古 44/83

考古質疑三卷　（宋）葉大慶撰　清刻本一冊

110000－3162－0002119　古 44/84

漢唐事箋前集十二卷後集八卷　（元）朱禮著　清道光二年(1822)刻本　二冊

110000－3162－0002120　古 44/86

釣磯立談不分卷　（南唐）史虛白著　清宣統三年(1911)扶輪編輯部鉛印本　一冊

110000－3162－0002121　古 44/87

湖樓筆談七卷　（清）俞樾著　清抄本　一冊存一卷(三)

110000－3162－0002122　古 44/88

癡學四卷　（清）黃本驥著　清道光六年(1826)刻本　一冊

110000－3162－0002123　古 44/89

南詔野史二卷　（明）楊慎編輯　（清）胡蔚訂正　清乾隆四十年(1775)刻本　二冊

110000－3162－0002124　古 44/91

治世龜鑑一卷　（元）蘇天爵撰　清道光二十八年(1848)瓶花書屋刻本　一冊

110000－3162－0002125　古 44/92

敏求機要十六卷　（清）劉寶撰　（清）劉茂實注　清光緒二十六年(1900)泰中官書局鉛印本　四冊

110000－3162－0002126　古44/93

秘笈新書十三卷別集三卷　（明）吳道南編
明刻本　九冊　存十四卷（三至十三、別集三
卷）

110000－3162－0002127　古44/96

望奎樓讀書隨筆五卷　（清）丁愷曾著　清抄
本　二冊　存四卷（二至五）

110000－3162－0002128　古44/99

百夷傳一卷　（明）錢古訓編　清光緒石印本
一冊

110000－3162－0002129　古44/100

日涉編十二卷　（明）陳楷編輯　清康熙二十
七年（1688）刻本　十二冊

110000－3162－0002130　古44/101

寰宇分合志八卷　（明）徐樞編輯　寰宇分合
志增輯一卷　（清）鄭元慶述　（清）楊超冶編
清光緒二十八年（1902）湘潭楊超冶刻本
八冊

110000－3162－0002131　古44/102

覺世經史鑒證六卷　（清）鮑繼培注　清咸豐
八年（1858）刻本（古歙堂藏版）　六冊

110000－3162－0002132　古44/103

藏書六十八卷　（明）李贄著　明天啓元年
（1621）刻本　十四冊

110000－3162－0002133　古44/104

續藏書二十七卷　（明）李贄著　明刻本　十
一冊　存二十五卷（三至二十七）

110000－3162－0002134　古44/105

海岱史略一百四十卷　（清）王馭超編　清嘉
慶二十三年（1818）刻本　二十三冊　存一百
三十卷（一至一百十三、一百二十四至一百四
十）

110000－3162－0002135　古44/106

明夷待訪錄不分卷　（清）黃宗羲著　清光緒
二十三年（1897）上海鴻文局石印本　二冊

110000－3162－0002136　古44/107

歷代史論十二卷　（明）張溥論正　清光緒九

年（1883）都城蒼松山房朱墨套印本　八冊

110000－3162－0002137　古44/107.1

歷代史論二十二卷　（明）張溥論正　清光緒
二十四年（1898）圖書集成局鉛印本　六冊

110000－3162－0002138　古44/107.2

歷代史論二十二卷　（明）張溥論正　清光緒
八年（1882）江西裴氏校刻本　八冊

110000－3162－0002139　古44/108

讀史集四卷　（明）楊以任輯　清刻本　一冊
存一卷（三）

110000－3162－0002140　古44/111

滇考二卷　（清）馮甦編　清刻本　一冊　存
一卷（上）

110000－3162－0002141　古44/113

歷史圖說不分卷　黃尚毅著　清光緒三十三
年（1907）朱墨刻本　一冊

110000－3162－0002142　古44/114－1

歷代邊事匯鈔十二卷　（清）朱克敬編輯　清
光緒二十八年（1902）上海捷記書局石印本
四冊

110000－3162－0002143　古44/114－2

歷代邊事匯鈔十二卷　（清）朱克敬編輯　清
光緒二十八年（1902）上海捷記書局石印本
四冊

110000－3162－0002144　古44/115

龍城書院課藝不分卷　（清）劉念詒等著　清
光緒二十七年（1901）仿聚珍版刻本　十六冊

110000－3162－0002145　古44/116

歷朝史案二十卷　（清）洪亮吉編　清刻本
（聚奎閣藏版）　二冊

110000－3162－0002146　古44/117

譯史補六卷　柯劭忞撰　清國立北京大學研
究院文史部鉛印本　一冊

110000－3162－0002147　古44/118

談邊要刪十二卷　黃壽袞輯　清光緒二十七
年（1901）石印本　二冊

110000－3162－0002148　古44/119

政跡匯覽十四卷　（清）糜奇瑜纂輯　清道光十年(1830)刻本(敏德堂藏版)　三冊

110000－3162－0002149　古44/120

越州紀略等史料雜抄不分卷　（清）陳元瑜等著　清同治二年至光緒二十年(1863－1894)抄本　一冊

110000－3162－0002150　古44/121

論海四種　（清）李思浩定　（清）蔡和鏻輯　清光緒二十八年(1902)上海千頃堂石印本　三十二冊

110000－3162－0002151　古44/122

草堂說史八卷　（明）劉應秋著　清道光十三年(1833)刻本(來鹿堂藏版)　三冊　存六卷(一至六)

110000－3162－0002152　古44/123

世史淘金二卷　（清）陳陞謨著　清光緒八年(1882)刻本(同會齋藏版)　一冊

110000－3162－0002153　古44/125

史書九種　（清）汪士漢輯　清刻本　六冊　存五種(汲冢周書、拾遺記、大戴禮記、竹書紀年、楚史檮杌)

110000－3162－0002154　古44/128

重校讀史論略不分卷　（清）杜詔著　清光緒元年(1875)石印本　一冊

110000－3162－0002155　古44/129

東坡史評一卷　（宋）蘇軾著　清刻本　一冊

110000－3162－0002156　古44/130

瘖言二卷　（清）陳澹然著　清光緒二十八年(1902)刻本　二冊

110000－3162－0002157　古44/131

鑑語經世編二十七卷　（清）魏裔介纂　清康熙十四年(1675)兼濟堂刻本　十二冊

110000－3162－0002158　古441/1

戰國策補注三十三卷　（漢）高誘注　吳曾祺補注　清宣統商務印書館鉛印本　四冊

110000－3162－0002159　古441/3

戰國策評苑五卷　（宋）鮑彪　（元）吳師道注　（明）穆文熙編纂　明刻本　四冊

110000－3162－0002160　古441/4

戰國策三十三卷札記三卷　（漢）高誘注　清光緒二十七年(1901)上海鴻寶齋石印本　五冊

110000－3162－0002161　古441/4.1

戰國策三十三卷札記三卷　（漢）高誘注　清同治八年(1869)湖北崇文書局刻本　六冊

110000－3162－0002162　古441/5.1

重刻剡川姚氏本戰國策三十三卷札記三卷　（漢）高誘注　清嘉慶八年(1803)讀未見書齋影摹宋本重雕石印本　五冊

110000－3162－0002163　古441/6－1

戰國策去毒二卷　（清）陸隴其評定　清同治九年(1870)六安求我齋刻本　二冊

110000－3162－0002164　古441/6－2

戰國策去毒二卷　（清）陸隴其評定　清同治九年(1870)六安求我齋刻本　二冊

110000－3162－0002165　古441/7

國語解二十一卷　（三國吳）韋昭解　（宋）宋庠補音　清嘉慶十一年(1806)刻本(書業堂藏版)　六冊

110000－3162－0002166　古441/7.1

天聖明道本國語十五卷　（三國吳）韋昭解　（清）黃丕烈影刻　清嘉慶五年(1800)讀未見書齋刻本　二冊

110000－3162－0002167　古441/8

國策評林十八卷　（清）張星徽評點　清光緒三十一年(1905)刻本　八冊

110000－3162－0002168　古441/9

路氏國策讀本二卷　（□）□□□　清抄本　二冊

110000－3162－0002169　古441/11

國語解二十一卷　（三國吳）韋昭解　明嘉靖七年(1528)澤元堂刻本　八冊

110000－3162－0002170　古441/12－1

吳越春秋六卷 （漢）趙曄撰 清刻本 四冊

110000－3162－0002171 古441/12－2
吳越春秋六卷 （漢）趙曄撰 清刻本 二冊

110000－3162－0002172 古441/12.1
吳越春秋六卷 （漢）趙曄撰 明刻本 三冊

110000－3162－0002173 古441/13
錢子允遺文略不分卷 （清）錢子允著 清同
治二年(1863)刻本 一冊

110000－3162－0002174 古441/14
春秋釋地韻編五卷首一卷 （清）徐壽基編輯
清光緒十二年(1886)傳經堂刻本 四冊

110000－3162－0002175 古441/15
春秋王霸列國世紀編三卷 （宋）李琪撰 清
光緒十一年(1885)通志堂刻本 二冊

110000－3162－0002176 古441/16
七國考十四卷 （明）董說撰 清光緒二十二
年(1896)劉氏嘉業堂刻本 四冊

110000－3162－0002177 古441/20
開闢傳疑二卷 （清）林春溥編 清咸豐五年
(1855)竹柏山房刻本 一冊

110000－3162－0002178 古441/21
三古人名考異四卷 （清）黃煒著 清光緒十
五年(1889)黃煒手稿本 一冊

110000－3162－0002179 古441/22
戰國策校注十卷 （宋）鮑彪校注 （元）吳師
道重校 （清）李錫齡校訂 清惜陰軒據元本
重雕刻本 七冊 存八卷(三至十)

110000－3162－0002180 古441/22.1
戰國策校注十卷 （宋）鮑彪校注 （元）吳師
道重校 （清）李錫齡校訂 清道光刻本
八冊

110000－3162－0002181 古442/1
漢事會最人物志三卷 （清）惠棟輯錄 清光
緒二十一年(1895)借仁和汪氏振綺堂刻本
一冊

110000－3162－0002182 古442/2

兩漢策要十二卷 （漢）董仲舒等撰 （清）張
朝樂校閱 清刻本 八冊

110000－3162－0002183 古442/3
伏夫子墓考不分卷 （清）成啟洸著 （清）成
琅校 清嘉慶九年(1804)刻本 一冊

110000－3162－0002184 古442/4
兩漢刊誤補遺十卷 （宋）吳仁傑撰 （清）陸
錫熊 （清）紀昀 （清）程晉芳編修 清乾隆
四十三年(1778)武英殿聚珍版刻本 一冊

110000－3162－0002185 古443/2
山公啟事不分卷 （晉）伯山濤撰 清光緒二
十六年(1900)刻本 一冊

110000－3162－0002186 古443/3
晉略六十六卷 （清）周濟撰 清光緒二年
(1876)味雋齋刻本 十冊

110000－3162－0002187 古443/4
讀十六國春秋隨筆一卷 （清）王金策纂 清
道光四年(1824)刻本 一冊

110000－3162－0002188 古443/6
西魏書二十四卷附錄一卷 （清）謝啟昆撰 清
乾隆六十年(1795)刻本(樹經堂藏版) 六冊

110000－3162－0002189 古443/7
英雄記鈔不分卷 （三國魏）王粲撰 明刻本
一冊

110000－3162－0002190 古443/8
廣快書五十卷 （明）何偉然纂 清刻本 一
冊 存一卷(三十)

110000－3162－0002191 古444/1
奉天錄四卷 （唐）趙元一撰 清咸豐二年
(1852)刻本 二冊

110000－3162－0002192 古444/3
唐鑑二十四卷 （宋）范祖禹撰 清刻本
六冊

110000－3162－0002193 古444/4
近事會元五卷 （宋）李上交撰 近事會元校
勘一卷 （清）錢熙祚撰 近事會元考證一卷
（清）王樹枏撰 清光緒十一年(1885)刻本

一册

110000－3162－0002194　古444/5

蠻書十卷　（唐）樊綽撰　清乾隆三十九年
(1774)武英殿聚珍版刻本　一冊

110000－3162－0002195　古444/7

貞觀政要十卷　（唐）吳兢纂　明成化元年
(1465)刻本　四冊

110000－3162－0002196　古444/8

九國志十二卷　（宋）路振撰　清道光三十年
(1850)刻本　二冊

110000－3162－0002197　古444/9

九國志不分卷　（清）錢熙祚等編　清道光刻
本　一冊

110000－3162－0002198　古444/10

十國春秋一百十六卷　（清）吳任臣撰　清乾
隆五十八年(1793)刻本(此宜閣藏版)　二十
四冊

110000－3162－0002199　古444/11

吳越備史四卷補遺一卷　（宋）范坰　（宋）林
禹撰　清康熙十七年(1678)刻本(燕喜堂藏
版)　二冊

110000－3162－0002200　古444/11.1

吳越備史四卷補遺一卷雜考一卷後序四篇
(宋)范坰　（宋）林禹撰　清光緒二十一年
(1895)錢塘丁氏嘉惠堂刻本　四冊

110000－3162－0002201　古444/12

三唐傳國編年五卷　（清）吳山賓撰　清宣統
元年(1909)刻本　一冊

110000－3162－0002202　古444/14

南漢地理志一卷　（清）吳蘭修撰　清道光三
十年(1850)粵雅堂刻本　一冊

110000－3162－0002203　古4451/1

三朝北盟會編二百五十卷　（宋）徐夢莘編集
　清光緒四年(1878)越東集鉛印本　四十冊

110000－3162－0002204　古4451/1.1

三朝北盟會編二百五十卷　（宋）徐夢莘撰
清光緒三十四年(1908)刻本　四十冊

110000－3162－0002205　古4451/2

北行日錄二卷放翁家訓一卷　（宋）樓鑰撰
清刻本　一冊

110000－3162－0002206　古4451/3

采石瓜州斃亮記不分卷　（宋）蹇駒撰　清光
緒七年(1881)刻本　一冊

110000－3162－0002207　古4451/5

讀宋鑒論三卷　（清）方宗誠述　清光緒三年
(1877)刻本　一冊

110000－3162－0002208　古4451/6

建炎以來朝野雜記甲集二十卷乙集二十卷
(宋)李心傳撰　清刻本　十一冊

110000－3162－0002209　古4451/7

澗泉日記三卷(唐淳化二年至天祐三年)
(宋)韓淲撰　清刻本　一冊

110000－3162－0002210　古4451/9

南宋纂四卷　（明）錢岱纂　（明）姚宗儀校
明刻本　一冊

110000－3162－0002211　古4451/10

金佗粹編高宗皇帝宸翰三卷經進鄂王行實編
年六卷經進鄂王家集十卷籲天辨誣六卷天定
錄三卷高宗皇帝宸翰摭遺一卷絲綸傳信錄十
一卷天定別錄四卷百氏昭忠錄十四卷　（宋）
岳珂編　清光緒九年(1883)浙江書局刻本
十二冊

110000－3162－0002212　古4451/11

中興小紀四十卷　（宋）熊克撰　清光緒十七
年(1891)廣雅書局刻本　九冊

110000－3162－0002213　古4451/12

許奉使行程錄考釋不分卷　丁錫田著　清抄
本　一冊

110000－3162－0002214　古4451/13

中興禦侮錄二卷　（宋）□□撰　清咸豐四年
(1854)刻本　一冊

110000－3162－0002215　古4451/14

宋季三朝政要五卷附錄一卷　（宋）□□撰
清咸豐三年(1853)陳氏餘慶堂刻本　二冊

110000 - 3162 - 0002216　古4451/15 - 1
開禧德安守城錄不分卷　（宋）王致遠編　清同治十一年(1872)瑞安孫氏詒善祠塾刻本　一冊

110000 - 3162 - 0002217　古4451/15 - 2
開禧德安守城錄不分卷　（宋）王致遠編　蒙川遺稿四卷補遺一卷　（元）劉應奎校正（明）阮存編次　清同治十一年(1872)瑞安孫氏詒善祠塾刻清光緒元年(1875)瑞安孫氏詒善祠塾刻本　一冊

110000 - 3162 - 0002218　古4451/16
靖康要錄十六卷　（□）□□撰　清光緒十二年(1886)刻本　八冊

110000 - 3162 - 0002219　古4451/17
北宋經撫年表二卷　吳廷燮輯　清宣統三年(1911)鉛印本　二冊

110000 - 3162 - 0002220　古4451/18
桯史十五卷　（宋）岳珂撰　清刻本　四冊

110000 - 3162 - 0002221　古4452/1
契丹國志二十七卷　（宋）葉隆禮撰　清嘉慶二年(1797)刻本(掃葉山房藏版)　二冊

110000 - 3162 - 0002222　古4452/1.1
契丹國志二十七卷　（宋）葉隆禮撰　清乾隆五十八年(1793)刻本(承恩堂藏版)　四冊

110000 - 3162 - 0002223　古4453/1
歸潛志十四卷　（金）劉祁撰　清乾隆四十四年(1779)鮑廷博刻本　三冊

110000 - 3162 - 0002224　古4453/2
大金國志四十卷　（宋）宇文懋昭撰　清嘉慶二年(1797)刻本(掃葉山房藏版)　二冊

110000 - 3162 - 0002225　古4453/2.1
大金國志四十卷　（宋）宇文懋昭撰　清掃葉山房刻本　四冊

110000 - 3162 - 0002226　古4454/1
元朝秘史十五卷　（□）□□撰　清光緒二十九年(1903)石印本　二冊

110000 - 3162 - 0002227　古4454/2 - 1

保越錄不分卷　（元）徐勉之著　清刻本　一冊

110000 - 3162 - 0002228　古4454/2 - 2
保越錄不分卷　（元）徐勉之著　清刻本　一冊

110000 - 3162 - 0002229　古4454/4 - 1
皇元聖武親征錄一卷　（清）何秋濤校訂　清光緒二十年(1894)小漚巢石印本　一冊

110000 - 3162 - 0002230　古4454/4 - 2
皇元聖武親征錄一卷　（清）何秋濤校訂　清光緒二十年(1894)小漚巢石印本　一冊

110000 - 3162 - 0002231　古4454/4 - 3
皇元聖武親征錄一卷　（清）何秋濤校訂　清光緒二十年(1894)小漚巢石印本　一冊

110000 - 3162 - 0002232　古4454/4 - 4
皇元聖武親征錄一卷　（清）何秋濤校訂　清光緒二十年(1894)小漚巢石印本　一冊

110000 - 3162 - 0002233　古4454/8
元朝捷錄二卷　（明）顧充編輯　明刻本　一冊

110000 - 3162 - 0002234　古446/4 - 1
明季南略十八卷北略二十四卷　（清）計六奇編　清康熙十年(1671)都城琉璃廠半松居士排字本　二十八冊

110000 - 3162 - 0002235　古446/4 - 2
明季南略二十四卷北略十七卷　（清）計六奇編　清光緒十三年(1887)上海圖書集成印書局鉛印本　十冊

110000 - 3162 - 0002236　古446/4.1
明季北略二十四卷　（清）計六奇編　清康熙十年(1671)都城琉璃廠半松居士排字本　十冊

110000 - 3162 - 0002237　古446/5
吾學編六十九卷　（明）鄭曉編　明隆慶元年(1567)刻本　二十四冊

110000 - 3162 - 0002238　古446/5.1
吾學編六十九卷　（明）鄭曉編　明嘉靖四十五年(1566)刻本　十冊

110000－3162－0002239　古446/6

建文朝野彙編二十卷　（明）屠叔方纂　明萬曆二十六年(1598)刻本　十六冊

110000－3162－0002240　古446/7

兩朝從信錄三十五卷　（明）沈國元撰　明崇禎刻本　十六冊

110000－3162－0002241　古446/8

小腆紀傳六十五卷　（清）徐鼒撰　補遺五卷　（清）徐承禮撰　清光緒十三年(1887)金陵孫祿增署補遺附刻本　十八冊

110000－3162－0002242　古446/9

皇明通紀法傳全錄二十八卷　（明）陳建著　明刻本　十一冊

110000－3162－0002243　古446/11

明季稗史彙編十六種　（清）尊閣主人輯　清光緒十三年(1887)上海圖書集成印書局鉛印本　六冊

110000－3162－0002244　古446/11.1

明季稗史彙編十六種　（清）留去居士輯　清都城琉璃廠留雲居士刻本　十六冊

110000－3162－0002245　古446/14

明季遺聞四卷　（清）鄒漪輯　清順治十四年(1657)刻　四冊

110000－3162－0002246　古446/18

藩獻記四卷　（明）朱謀㙔撰　清杭州抱經堂書局鉛印本　一冊

110000－3162－0002247　古446/19

蜀碧四卷附記一卷　（清）彭遵泗編　清刻本　二冊

110000－3162－0002248　古446/21

經略復國要編十四卷附一卷後附一卷　（明）宋應昌編　明萬曆二十九年(1601)刻本　六冊　存十二卷(一至五、十至十四,附一卷,後附一卷)

110000－3162－0002249　古446/22

金文靖公北征錄二卷　（明）金幼孜撰　清東方學會鉛印本　一冊

110000－3162－0002250　古446/23

玉堂薈記二卷　（明）楊士聰撰　清嘉慶十三年(1808)昭文張海鵬刻本　二冊

110000－3162－0002251　古446/24

海東逸史十八卷　（□）翁洲老民手稿　清邵武徐氏刻本　一冊

110000－3162－0002252　古446/27

紀載彙編十種　（清）馮夢龍原本　清都城琉璃廠排字本　四冊

110000－3162－0002253　古446/28

平蠻餘錄二卷　（明）魯省吾著　明萬曆九年(1581)刻本　二冊

110000－3162－0002254　古446/29

廷對略不分卷　（明）張爾忠奏疏　清仿明崇禎十一年(1638)抄本　一冊

110000－3162－0002255　古446/30

出劫紀略不分卷　（清）丁耀亢著　清抄本　一冊

110000－3162－0002256　古446/31

邊長白先生餘生錄不分卷　（清）邊大綬撰　清乾隆三十五年(1770)晉陽公寓刻本　一冊

110000－3162－0002257　古446/32

揚州十日記一卷　（清）王秀楚撰　清石印本　一冊

110000－3162－0002258　古446/34

明亡述略二卷　（清）鎖綠山人撰　清光復學社石印本　一冊

110000－3162－0002259　古446/35

蜀破鏡五卷　（清）孫鋕撰　清道光二十三年(1843)古棠書屋刻本　二冊

110000－3162－0002260　古446/37

明季實錄不分卷　（清）顧炎武輯　清光緒十四年(1888)上海掃葉山房刻本　一冊

110000－3162－0002261　古446/38

流寇陷巢記不分卷　（明）沈常著　清光緒二年(1876)蟫隱廬刻本　一冊

110000－3162－0002262　古 446/39

崇禎壬午全城記不分卷　（明）杜開基編較
清咸豐十一年(1861)抄本　一冊

110000－3162－0002263　古 446/40

子遺錄不分卷　（清）戴名世著　清刻本
一冊

110000－3162－0002264　古 446/41

九江城守記不分卷　（清）徐世溥撰　清鉛印
本　一冊

110000－3162－0002265　古 446/42

倖存錄不分卷續倖存錄不分卷聖安皇帝本紀
五卷　（明）夏允彝　（清）顧炎武等撰　清刻
本　四冊

110000－3162－0002266　古 446/48

勝朝遺事初編三十二種二編十八種　（清）吳
彌光輯　清道光二十二年(1842)刻本(吳氏
楚香書屋藏板)　十八冊

110000－3162－0002267　古 446/50

實政錄七卷　（明）呂坤著　清道光七年
(1827)刻本　六冊

110000－3162－0002268　古 446/53

南疆繹史三十卷首二卷摭遺十八卷卹諡攷八
卷　（清）溫睿臨著　清道光十年(1830)都城
琉璃廠半松居士排字本　二十冊

110000－3162－0002269　古 446/54－1

靖海紀略四卷　（明）曹履泰著　（清）蔣光熙
輯　清道光蔣氏刻本　一冊

110000－3162－0002270　古 446/54－2

靖海紀略四卷　（明）曹履泰著　（清）蔣光熙
輯　清道光蔣氏刻本　一冊

110000－3162－0002271　古 446/55－1

東南紀事十二卷　（清）邵廷采撰　清光緒十
年(1884)邵武徐氏刻本　二冊

110000－3162－0002272　古 446/55－2

東南紀事十二卷　（清）邵廷采撰　清光緒十
年(1884)邵武徐氏刻本　二冊

110000－3162－0002273　古 446/56

西南紀事十二卷　（清）邵廷采撰　清光緒十
年(1884)邵武徐氏刻本　二冊

110000－3162－0002274　古 446/57

南天痕二十六卷　（清）凌雪纂修　清宣統二
年(1910)復古社鉛印本　六冊

110000－3162－0002275　古 446/60

福建城守紀不分卷　（清）華廷獻撰　清石印
本　一冊

110000－3162－0002276　古 446/61－1

江陰倭寇舊聞一卷　張之純輯　清刻本
一冊

110000－3162－0002277　古 446/61－2

江陰倭寇舊聞一卷　張之純輯　清刻本
一冊

110000－3162－0002278　古 446/62

天南逸史不分卷　（清）瞿叔獻著　清抄本
三冊

110000－3162－0002279　古 446/64

太白劍二卷　（明）姚康著　清光緒二十一年
(1895)姚五桂堂刻本　二冊

110000－3162－0002280　古 446/65

雙槐歲鈔十卷附錄一卷　（明）黃瑜撰　清道
光十一年(1831)文字觀娛室粵雅堂校南海伍
氏刻本　三冊

110000－3162－0002281　古 446/67

東林本末三卷　（□）□□撰　清刻本　一冊

110000－3162－0002282　古 446/71

椽曹名臣錄不分卷　（明）王鴻儒撰　遇思錄
不分卷　（明）劉仲璟撰　造邦賢勳錄不分卷
　（□）王禕撰　致身錄不分卷　（三國吳）史
仲彬撰　明刻本　一冊

110000－3162－0002283　古 446/73

平播全書十五卷　（明）李化龍著　清光緒五
年(1879)定州王氏謙德堂刻本　十二冊

110000－3162－0002284　古 446/74

全城記不分卷　（□）□□撰　清抄本　一冊

110000－3162－0002285　古446/75

守汴日誌一卷　（明)李光壂編　清光緒二十四年(1898)刻本　一冊

110000－3162－0002286　古446/76

綏寇紀略十二卷補遺三卷　(清)吳偉業纂輯　清光緒三年(1877)申報館仿聚珍版鉛印本　八冊

110000－3162－0002287　古446/76.1－1

綏寇紀略十二卷　(清)吳偉業纂　清嘉慶九年(1804)照曠閣刻本　四冊

110000－3162－0002288　古446/76.1－2

綏寇紀略十二卷補遺三卷　(清)吳偉業纂　清嘉慶九年(1804)照曠閣刻本　八冊

110000－3162－0002289　古446/76.2

綏寇紀略十二卷　(清)吳偉業纂　清康熙十三年(1674)刻本　六冊

110000－3162－0002290　古446/77

續編綏寇紀略五卷　(清)葉蘿珠纂　清據康熙二十七年(1688)刻本鉛印本　一冊

110000－3162－0002291　古446/79

嘉靖東南平倭通錄不分卷　(清)徐學聚編輯　清同治十一年(1872)缽山精舍石印本　一冊

110000－3162－0002292　古446/80

治平言二卷　(明)曾大奇著　明刻本　二冊

110000－3162－0002293　古446/82

弇州史料後集七十卷　(明)王世貞撰　明萬曆四十二年(1614)刻本　七冊　存三十卷(四十一至七十)

110000－3162－0002294　古446/83

三朝平攘錄六卷　(明)諸葛元聲輯　明萬曆三十四年(1606)抄本　五冊

110000－3162－0002295　古446/84

明璫彰癉錄不分卷　(明)顧爾邁編　清乾隆三十八年(1773)抄本　三冊

110000－3162－0002296　古447/11

清朝史略十一卷附傳一卷　(日本)佐藤楚材編　清光緒二十八年(1902)上海書局石印本　六冊

110000－3162－0002297　古447/18－1

清史攬要六卷　(日本)增田貢著　清鉛印本　二冊

110000－3162－0002298　古447/18－2

清史攬要六卷　(日本)增田貢著　清鉛印本　二冊

110000－3162－0002299　古447/26－1

中東戰紀本末初編八卷續編四卷　(美國)林樂知著譯　清鉛印本　十七冊

110000－3162－0002300　古447/26－2

中東戰紀本末初編八卷續編四卷　(美國)林樂知著譯　清鉛印本　十四冊

110000－3162－0002301　古447/26－3

中東戰紀本末初編八卷續編四卷　(美國)林樂知著譯　清光緒二十三年(1897)上海廣學會新春圖書集成局鉛印本　十二冊

110000－3162－0002302　古447/26－4

中東戰紀本末初編八卷　(美國)林樂知著譯　清光緒二十二年(1896)上海廣學會新春圖書集成局鉛印本　八冊

110000－3162－0002303　古447/26－5

中東戰紀本末初編八卷　(美國)林樂知著譯　清光緒二十二年(1896)上海廣學會新春圖書集成局鉛印本　七冊　存七卷(一至六、八)

110000－3162－0002304　古447/26－6

中東戰紀本續編四卷　(美國)林樂知著譯　清光緒二十三年(1897)上海廣學會新春圖書集成局鉛印本　四冊

110000－3162－0002305　古447/27

平臺紀略一卷　(清)藍鼎元著　清雍正十年(1732)羊城緯文堂刻本　一冊

110000－3162－0002306　古447/27.1

平臺紀略一卷　(清)藍鼎元著　清雍正十年(1732)刻本　一冊

110000 - 3162 - 0002307　古 447/28

欽定平定臺灣紀略七十卷首五卷　清刻本
十五冊　存二十九卷(一至八、三十一至三十八、四十四至五十四,首一至二)

110000 - 3162 - 0002308　古 447/29

治臺必告錄八卷　(清)徐宗幹原輯　(清)丁日健增輯　清同治六年(1867)知足知止園刻本　七冊

110000 - 3162 - 0002309　古 447/31 - 1

浙東籌防錄四卷　(清)薛福成纂　清光緒十四年(1888)刻本　四冊

110000 - 3162 - 0002310　古 447/31 - 2

浙東籌防錄四卷　(清)薛福成纂　清光緒十四年(1888)刻本　四冊

110000 - 3162 - 0002311　古 447/31 - 3

浙東籌防錄四卷　(清)薛福成纂　清光緒十四年(1888)刻本　四冊

110000 - 3162 - 0002312　古 447/31 - 4

浙東籌防錄四卷　(清)薛福成纂　清光緒十四年(1888)刻本　四冊

110000 - 3162 - 0002313　古 447/31 - 5

浙東籌防錄四卷　(清)薛福成纂　清光緒十三年(1887)刻本　四冊

110000 - 3162 - 0002314　古 447/31 - 6

浙東籌防錄四卷　(清)薛福成纂　清光緒十三年(1887)刻本　四冊

110000 - 3162 - 0002315　古 447/31 - 7

浙東籌防錄四卷　(清)薛福成纂　清光緒十三年(1887)刻本　四冊

110000 - 3162 - 0002316　古 447/32 - 1

中倭戰守始末記四卷　(清)思恢復生選錄
清光緒二十一年(1895)匯錄各國日報石印本　四冊

110000 - 3162 - 0002317　古 447/32 - 2

中倭戰守始末記四卷　(清)思恢復生選錄
清光緒二十一年(1895)匯錄各國日報石印本　四冊

110000 - 3162 - 0002318　古 447/34 - 1

湖南苗防屯政考十五卷首一卷　(清)但湘良纂　(清)樊秉中編次　清光緒九年(1883)蒲坊但氏刻本　六冊　存六卷(一至五、首一卷)

110000 - 3162 - 0002319　古 447/34 - 2

湖南苗防屯政考十五卷首一卷　(清)但湘良纂　(清)樊秉中編次　清光緒九年(1883)蒲坊但氏刻本　十五冊　存十四卷(二至十一、十三至十五,首一卷)

110000 - 3162 - 0002320　古 447/34 - 3

湖南苗防屯政考補編一卷　(清)但湘良纂　清光緒十六年(1890)蒲坊但氏刻本　一冊

110000 - 3162 - 0002321　古 447/35

撫苗錄不分卷　(清)鄂海撰　清康熙五十二年(1713)拳石堂刻本　十冊

110000 - 3162 - 0002322　古 447/36

皇朝武功紀盛四卷　(清)趙翼著　清光緒二十七年(1901)掃葉山房石印本　一冊

110000 - 3162 - 0002323　古 447/36.1

皇朝武功紀盛四卷　(清)趙翼撰　**旗軍志一卷**　(清)金德純撰　清鉛印本　一冊

110000 - 3162 - 0002324　古 447/36.2 - 1

皇朝武功紀盛四卷　(清)趙翼著　清道光湛貽堂刻本　一冊

110000 - 3162 - 0002325　古 447/36.2 - 2

皇朝武功紀盛四卷　(清)趙翼著　清乾隆五十七年(1792)湛貽堂刻本　一冊

110000 - 3162 - 0002326　古 447/36.2 - 3

皇朝武功紀盛四卷　(清)趙翼著　清乾隆五十七年(1792)湛貽堂刻本　一冊

110000 - 3162 - 0002327　古 447/36.2 - 4

皇朝武功紀盛四卷　(清)趙翼著　清乾隆五十七年(1792)湛貽堂刻本　一冊

110000 - 3162 - 0002328　古 447/36.3 - 1

皇朝武功紀盛四卷　(清)趙翼著　清光緒四

年(1878)湛貽堂刻本　二册

110000－3162－0002329　古447/36.3－2
皇朝武功紀盛四卷　（清）趙翼著　清光緒四年(1878)湛貽堂刻本　二册

110000－3162－0002330　古447/36.4
皇朝武功紀盛四卷　（清）趙翼撰　**簷曝雜記六卷**　（清）趙翼撰　清乾隆五十七年(1792)乾元堂刻本　一册

110000－3162－0002331　古447/38－1
從戎紀略一卷　（清）郿景超撰　清康熙二十七年(1688)刻本　一册

110000－3162－0002332　古447/38－2
從戎紀略一卷　（清）朱洪章撰　清光緒十九年(1893)紫陽堂刻本　一册

110000－3162－0002333　古447/40
臺防末議一卷　（清）張驤撰　清光緒二十一年(1895)粵秀山麓通窟刻本　一册

110000－3162－0002334　古447/42
南巡盛典一百二十卷　（清）高晉纂　清光緒八年(1882)上海點石齋硃墨石印本　八册

110000－3162－0002335　古447/43
元功垂範二卷　（清）尹源進撰　清刻本二册

110000－3162－0002336　古447/44－1
西巡大事本末記六卷　（日本）吉田良大郎編譯　清光緒石印本　二册

110000－3162－0002337　古447/44－2
西巡大事本末記六卷　（日本）吉田良大郎編譯　清光緒二十七年(1901)上海書局石印本六册

110000－3162－0002338　古447/46－1
庚子北京事變紀略一卷　（清）鹿完天撰　清刻本　二册

110000－3162－0002339　古447/46－2
庚子北京事變紀略一卷　（清）鹿完天撰　清光緒二十七年(1901)刻本　一册

110000－3162－0002340　古447/47－1
庚子海外紀事四卷　（清）呂海寰編　清光緒二十八年(1902)上海辦理商約行轅鉛印本四册

110000－3162－0002341　古447/47－2
庚子海外紀事四卷　（清）呂海寰編　清光緒二十八年(1902)上海辦理商約行轅鉛印本四册

110000－3162－0002342　古447/48－1
盾鼻餘瀋一卷　（清）左宗棠撰　（清）柳葆元等輯　清光緒七年(1881)刻本　一册

110000－3162－0002343　古447/48－2
盾鼻餘瀋一卷　（清）左宗棠撰　（清）柳葆元等輯　清光緒七年(1881)刻本　一册

110000－3162－0002344　古447/48－3
盾鼻餘瀋一卷　（清）左宗棠撰　（清）柳葆元等輯　清光緒七年(1881)刻本　一册

110000－3162－0002345　古447/49－1
校邠廬抗議二卷　（清）馮桂芬著　清光緒十八年(1892)敏德堂刻本　二册

110000－3162－0002346　古447/49－2
校邠廬抗議二卷　（清）馮桂芬著　清光緒二十四年(1898)刻本(和溪鳳山藏板)　二册

110000－3162－0002347　古447/51
賜福樓啟事四卷　（清）宋小濂　（清）徐蕭霖等編　清鉛印本　四册

110000－3162－0002348　古447/52－1
征西紀略四卷　（清）曾毓瑜撰　清光緒二十年(1894)京師官書局鉛印本　一册

110000－3162－0002349　古447/52－2
征西紀略四卷　（清）曾毓瑜撰　清光緒二十年(1894)京師官書局鉛印本　一册

110000－3162－0002350　古447/53
中日戰輯圖考六卷　（清）王炳耀輯　清光緒二十一年(1895)石印本　四册

110000－3162－0002351　古447/53.1
中日戰輯六卷　（清）王炳耀輯　清光緒二十

一年(1895)香江文裕堂鉛印本　四冊

110000－3162－0002352　古447/55

中山傳信錄六卷　（清）徐葆光纂　清康熙六十年(1721)刻本(二友齋藏板)　三冊

110000－3162－0002353　古447/56

中西紀事二十四卷　（清）蹇叟著　清光緒二十三年(1897)慎記書莊石印本　八冊

110000－3162－0002354　古447/56.1－1

中西紀事二十四卷　（清）蹇叟著　清咸豐九年(1859)刻本　六冊

110000－3162－0002355　古447/56.1－2

中西紀事二十四卷　（清）蹇叟著　清光緒七年(1881)慧香簃刻本　六冊

110000－3162－0002356　古447/59－1

國朝遺事紀聞一卷　湯殿三著　清宣統二年(1910)民興報館鉛印本　一冊

110000－3162－0002357　古447/59－2

國朝遺事紀聞一卷　湯殿三著　清宣統二年(1910)民興報館鉛印本　一冊

110000－3162－0002358　古447/60

守浚日記一卷　（清）朱鳳森著　清嘉慶刻本　一冊

110000－3162－0002359　古447/62

偽忠王李秀成被拿口供不分卷　（清）李秀成撰　清同治三年(1864)抄本　一冊

110000－3162－0002360　古447/63

臺海使槎錄八卷　（清）黃叔璥撰　清光緒五年(1879)謙德堂刻本　二冊

110000－3162－0002361　古447/67

克復金陵城生擒偽忠王親筆口供一卷　（清）李秀成撰　清同治刻本　二冊

110000－3162－0002362　古447/71.1

庸庵筆記六卷　（清）薛福成著　清光緒二十三年(1897)蕭山陳氏遺經樓刻本　六冊

110000－3162－0002363　古447/72

蜀燹述略三卷　（清）余鴻觀編　清光緒二十

七年(1901)成都昌福公司鉛印本　二冊

110000－3162－0002364　古447/73

病榻述舊錄一卷　（清）舫仙著　清光緒十一年(1885)刻本　一冊

110000－3162－0002365　古447/77

守撫紀略一卷　（清）鍾峻著　清同治十三年(1874)刻本　一冊

110000－3162－0002366　古447/79－1

靖逆記六卷　（清）蘭簃外史纂　清刻本　一冊

110000－3162－0002367　古447/79－2

靖逆記六卷　（清）蘭簃外史纂　清嘉慶二十五年(1820)文盛堂刻本　二冊

110000－3162－0002368　古447/79－3

靖逆記六卷　（清）蘭簃外史纂　清嘉慶二十五年(1820)文盛堂刻本　二冊

110000－3162－0002369　古447/80

靖逆記二卷　（清）蘭簃外史纂　清道光十九年(1839)品石山房刻本　二冊

110000－3162－0002370　古447/81－1

平浙紀略十六卷　（清）秦緗業　（清）陳鐘英纂輯　清光緒元年(1875)申報館鉛印本　四冊

110000－3162－0002371　古447/81－2

平浙紀略十六卷　（清）秦緗業　（清）陳鐘英纂輯　清光緒元年(1875)申報館鉛印本　四冊

110000－3162－0002372　古447/81.1－1

平浙紀略十六卷　（清）秦緗業　（清）陳鐘英纂輯　清同治十三年(1874)浙江書局刻本　四冊

110000－3162－0002373　古447/81.1－2

平浙紀略十六卷　（清）秦緗業　（清）陳鐘英纂輯　清同治十三年(1874)浙江書局刻本　四冊

110000－3162－0002374　古447/81.1－3

平浙紀略十六卷　（清）秦緗業　（清）陳鐘英

纂輯　清同治十三年(1874)浙江書局刻本
四冊

110000－3162－0002375　古447/81.1－4
平浙紀略十六卷　(清)秦緗業　(清)陳鐘英
纂輯　清同治十三年(1874)浙江書局刻本
四冊

110000－3162－0002376　古447/82－1
豫軍紀略十二卷　(清)尹耕雲　(清)李汝鈞
(清)康會定　(清)方昌翰　(清)吳保清
纂　清光緒三年(1877)申報館仿聚珍版鉛印
本　六冊

110000－3162－0002377　古447/82－2
豫軍紀略十二卷　(清)尹耕雲　(清)李汝鈞
(清)康會定　(清)方昌翰　(清)吳保清
纂　清光緒三年(1877)申報館仿聚珍版鉛印
本　六冊

110000－3162－0002378　古447/82－3
豫軍紀略十二卷　(清)尹耕雲　(清)李汝鈞
(清)康會定　(清)方昌翰　(清)吳保清
纂　清光緒三年(1877)申報館仿聚珍版鉛印
本　六冊

110000－3162－0002379　古447/82－4
豫軍紀略十二卷　(清)尹耕雲　(清)李汝鈞
(清)康會定　(清)方昌翰　(清)吳保清
纂　清光緒三年(1877)申報館仿聚珍版鉛印
本　六冊

110000－3162－0002380　古447/82－5
豫軍紀略十二卷　(清)尹耕雲　(清)李汝鈞
(清)康會定　(清)方昌翰　(清)吳保清
纂　清光緒三年(1877)申報館仿聚珍版鉛印
本　六冊

110000－3162－0002381　古447/83
平桂紀略四卷　(清)蘇鳳文撰　清光緒十五
年(1889)刻本　一冊

110000－3162－0002382　古447/84－1
拳匪紀略八卷前編二卷後編二卷圖一卷
(清)僑析生輯　清光緒二十九年(1903)上洋
書局石印本　六冊

110000－3162－0002383　古447/84－2
拳匪紀略八卷前編二卷後編二卷圖一卷
(清)僑析生輯　清光緒二十九年(1903)上洋
書局石印本　六冊

110000－3162－0002384　古447/84－3
拳匪紀略八卷前編二卷後編二卷圖一卷
(清)僑析生輯　清光緒二十九年(1903)上洋
書局石印本　六冊

110000－3162－0002385　古447/84.1
京津拳匪紀略八卷前編二卷後編二卷圖一卷
(清)僑析生輯　清光緒二十七年(1901)香
港書局石印本　六冊

110000－3162－0002386　古447/85－1
平撚記十二卷　(清)周世澄輯　清光緒三年
(1877)上海機器印書局鉛印本　二冊

110000－3162－0002387　古447/85－2
平撚記十二卷　(清)周世澄輯　清光緒三年
(1877)上海機器印書局鉛印本　二冊

110000－3162－0002388　古447/85.1
平撚記十二卷　(清)周世澄輯　清光緒三年
(1877)申報館仿聚珍版鉛印本　二冊

110000－3162－0002389　古447/85.2－1
淮軍平撚記十二卷　(清)周世澄撰　清光緒
刻本　六冊

110000－3162－0002390　古447/85.2－2
淮軍平撚記十二卷　(清)周世澄撰　清光緒
刻本　六冊

110000－3162－0002391　古447/85.2－3
淮軍平撚記十二卷　(清)周世澄撰　清光緒
刻本　六冊

110000－3162－0002392　古447/85.3
淮軍平撚記十二卷　(清)周世澄撰　清光緒
刻本　六冊

110000－3162－0002393　古447/86－1
吳中平寇記八卷　(清)錢勗撰　清光緒元年
(1875)申報館鉛印本　二冊

110000－3162－0002394　古447/86－2

吳中平寇記八卷　（清）錢勛撰　清光緒元年
(1875)申報館鉛印本　二冊

110000－3162－0002395　古447/86－3

吳中平寇記八卷　（清）錢勛撰　清光緒元年
(1875)申報館鉛印本　二冊

110000－3162－0002396　古447/86－4

吳中平寇記八卷　（清）錢勛撰　清光緒元年
(1875)申報館鉛印本　二冊

110000－3162－0002397　古447/86.1－1

吳中平寇記八卷　（清）錢勛撰　清同治四年
(1865)刻本　二冊

110000－3162－0002398　古447/86.1－2

吳中平寇記八卷　（清）錢勛撰　清同治四年
(1865)刻本　二冊

110000－3162－0002399　古447/86.2

吳中平寇記八卷　（清）錢勛撰　清同治九年
(1870)刻本　二冊

110000－3162－0002400　古447/89

關隴思危錄四卷　（清）王生吉輯　清光緒三
十四年(1908)中江雷氏鉛印本　二冊

110000－3162－0002401　古447/90－1

險異錄圖說合覽不分卷　（清）豫師著　清光
緒十四年(1888)石印本　二冊

110000－3162－0002402　古447/90－2

險異錄圖說合覽不分卷　（清）豫師著　清光
緒十四年(1888)石印本　二冊

110000－3162－0002403　古447/92

濰城記變錄不分卷　（□）□□撰　清抄本
一冊

110000－3162－0002404　古447/93

平叛記摘抄一卷　（清）朱公著　清抄本
一冊

110000－3162－0002405　古447/94

記馬剛事一卷　（□）□□撰　清抄本　一冊

110000－3162－0002406　古447/95

西征日記一卷　汪振聲錄　清光緒二十六年

(1900)夢花軒刻本　一冊

110000－3162－0002407　古447/96

雜稿不分卷　（清）吳軾等撰　清嘉慶六年至
道光十三年(1801－1833)抄本　一冊

110000－3162－0002408　古447/97

思痛記二卷　（清）李圭撰　清光緒六年
(1880)師一齋刻本　一冊

110000－3162－0002409　古447/98

歸圍日記不分卷　（清）張忻撰　清刻本
一冊

110000－3162－0002410　古447/100

蒙寇志略不分卷　（清）胡壽昌著　清光緒十
四年(1888)刻本　一冊

110000－3162－0002411　古447/101

從征圖記不分卷　（□）□□撰　清同治六年
(1867)西山草堂刻本　一冊

110000－3162－0002412　古447/102

樞垣記略二十八卷　（清）梁章鉅原著　朱智
續撰　清光緒元年(1875)刻本　六冊

110000－3162－0002413　古447/103

秦邊紀略六卷　（□）□□撰　清抄本　六冊

110000－3162－0002414　古447/104

萊陽紳民自述亂事徵實錄不分卷　　（□）□□
撰　清石印本　一冊

110000－3162－0002415　古447/105

欽定剿捕臨清逆匪紀略十六卷　（清）永保
（清）李中簡等纂修　清乾隆三十九年(1774)
刻本　十二冊

110000－3162－0002416　古447/108

大清乾隆二十三年七政經緯度時憲書不分卷
（清）□□撰　清乾隆二十三年(1758)刻本
一冊

110000－3162－0002417　古447/109

大清同治十一時憲書不分卷　（清）□□撰
清同治十一年(1872)刻本　一冊

110000－3162－0002418　古447/110

皇朝掌故二卷　（清）陳蔚文著　清光緒二十八年（1902）京都廣文書社刻本　一冊

110000－3162－0002419　古 447/111
國朝耆獻類徵初編七百二十卷　（清）李桓輯　清光緒十年（1884）刻本　三百冊

110000－3162－0002420　古 447/112
春融堂雜記八種　（清）王昶撰　清嘉慶十三年（1808）塾南書舍刻本　四冊

110000－3162－0002421　古 447/113－1
臺灣戰紀二卷　（清）洪棄父纂　清光緒三十二年（1906）鉛印本　二冊

110000－3162－0002422　古 447/113－2
臺灣戰紀二卷　（清）洪棄父纂　清光緒三十二年（1906）鉛印本　二冊

110000－3162－0002423　古 447/113－3
臺灣戰紀二卷　（清）洪棄父纂　清光緒三十二年（1906）鉛印本　二冊

110000－3162－0002424　古 447/113－4
臺灣戰紀二卷　（清）洪棄父纂　清光緒三十二年（1906）鉛印本　二冊

110000－3162－0002425　古 447/114
不懺齋漫存十二卷　（清）徐賡陛著　清光緒三十一年（1905）刻本　十二冊

110000－3162－0002426　古 447/115
前後守寶錄二十五卷　（清）長白魁等聯撰　清咸豐三年（1853）寶慶府刻本　六冊

110000－3162－0002427　古 447/116
金吾事宜不分卷　（清）□□撰　清抄本　二冊

110000－3162－0002428　古 447/117－1
越事備考十三卷　（清）劉名譽輯　清光緒二十一年（1895）慕盦氏刻本　三冊　存八卷（芻言六卷、案略二卷）

110000－3162－0002429　古 447/117－2
越事備考十三卷　（清）劉名譽輯　清光緒二十一年（1895）慕盦氏刻本　四冊

110000－3162－0002430　古 447/117－3
越事備考十三卷　（清）劉名譽輯　清光緒二十一年（1895）慕盦氏刻本　四冊

110000－3162－0002431　古 447/118
重刊西沱吳先生蠢遇錄十五卷附二卷　（清）趙承恩編　清同治二年（1863）刻本　三冊

110000－3162－0002432　古 447/119
咸同捻匪寇濰記事叢鈔不分卷　丁錫田編　清宣統三年（1911）抄本　一冊

110000－3162－0002433　古 447/120
俟命錄十卷　（清）方宗誠著　清光緒三年（1877）刻本　一冊

110000－3162－0002434　古 447/122
平定教匪紀事不分卷　（清）林則徐著　清抄本　二冊

110000－3162－0002435　古 447/123
咸同濰城紀事不分卷　（清）董青著　清咸豐十一年至同治四年（1861－1865）抄本　一冊

110000－3162－0002436　古 447/124
金陵兵事匯略四卷　（清）李圭輯　清光緒十四年（1888）甬上寓齋刻本　二冊

110000－3162－0002437　古 447/125
金陵被難記幸生記合抄不分卷　（清）□□撰　清抄本　一冊

110000－3162－0002438　古 447/126
發逆李世賢李秀成竄浙後左宗棠奏請捐米以濟軍民而支危局紀事不分卷　（清）左宗棠著　清木活字印本　一冊

110000－3162－0002439　古 447/127－1
中東戰記一卷　（清）洪棄父纂　清光緒三十二年（1906）鉛印本　一冊

110000－3162－0002440　古 447/127－2
中東戰記一卷　（清）洪棄父纂　清光緒三十二年（1906）鉛印本　一冊

110000－3162－0002441　古 447/127－3
中東戰記一卷　（清）洪棄父纂　清光緒三十二年（1906）鉛印本　一冊

110000－3162－0002442　古 447/127－4

中東戰記一卷　（清）洪棄父纂　清光緒三十二年（1906）鉛印本　一冊

110000－3162－0002443　古 447/130

談浙四卷　（清）許瑤光纂輯　清光緒十四年（1888）刻本　二冊

110000－3162－0002444　古 447/131

戊申大政記七卷　（清）□□撰　**大清律例講義二卷**　吉同鈞著　清光緒三十四年（1908）鉛印本　六冊

110000－3162－0002445　古 447/132

湘亂雜錄不分卷　葉德輝錄稿　清鉛印本　一冊

110000－3162－0002446　古 447/133

吾學錄初編二十四卷　（清）吳榮光撰　（清）黃本驥編　清道光二十九年（1849）刻本　八冊

110000－3162－0002447　古 447/133.1

吾學錄初編二十四卷　（清）吳榮光撰　（清）黃本驥編　清道光二十九年（1849）刻本　八冊

110000－3162－0002448　古 447/135

庚辛泣杭錄十六卷　（清）丁申輯　清光緒二十一年（1895）錢塘丁氏刻本　六冊

110000－3162－0002449　古 447/138

舌擊編二卷　（清）沈儲著　清咸豐九年（1859）刻本　一冊

110000－3162－0002450　古 447/139

膠州挫虜全城記一卷　（清）張文開撰　**與居錄一卷**　（清）王祖昌撰　**爐餘志略一卷**　（清）張在辛述　**習字訣一卷**　（清）陳介祺撰　清同治十年（1871）抄本　一冊

110000－3162－0002451　古 447/140

太平天國庚申拾年糧票二張　（□）□□撰　清咸豐十年（1860）刻本　一冊

110000－3162－0002452　古 447/142

新政真詮初編六篇　（清）何啟等撰　清光緒二十七年（1901）格致新報館鉛印本　六冊

110000－3162－0002453　古 447/144

皇朝藩部要略十八卷　（清）祁韻士纂　（清）毛嶽生編次　**皇朝藩部世系表四卷**　（清）祁韻士纂　（清）宋景昌輯　清光緒十年（1884）浙江書局刻本　八冊

110000－3162－0002454　古 447/145

內蒙古要略不分卷　（清）李兆洛輯抄　清道光十九年（1839）抄本　一冊

110000－3162－0002455　古 447/146－1

苗防備覽二十二卷　（清）嚴如熤撰　清道光二十三年（1843）紹義堂刻本　六冊

110000－3162－0002456　古 447/146－2

苗防備覽二十二卷　（清）嚴如熤撰　清道光二十三年（1843）紹義堂刻本　六冊

110000－3162－0002457　古 447/147

沈仲禮觀察燕晉弭兵記二卷　（清）陳守謙述稿　清光緒二十九年（1903）上海英商順成書局石印本　一冊

110000－3162－0002458　古 447/148

河海昆侖錄四卷　裴景福著　清宣統元年（1909）上海文明書局鉛印本　四冊

110000－3162－0002459　古 447/149

全灘紀略不分卷　（□）□□撰　明崇禎十六年（1643）抄本　一冊

110000－3162－0002460　古 447/150

聖武記十四卷　（清）魏源撰　清道光二十六年（1846）上海文瑞樓鴻章書局石印本　六冊

110000－3162－0002461　古 447/150.1

聖武記十四卷　（清）魏源撰　清道光二十六年（1846）上海申報館仿聚珍版鉛印本　十冊

110000－3162－0002462　古 447/150.2

聖武記十四卷　（清）魏源撰　清道光二十六年（1846）和記書莊鉛印本　六冊

110000－3162－0002463　古 447/150.3－1

聖武記十四卷　（清）魏源撰　清道光二十六

年(1846)刻本(古微堂藏版)　十二冊

110000－3162－0002464　古447/150.3－2
聖武記十四卷　(清)魏源撰　清道光二十六
年(1846)刻本(古微堂藏版)　十二冊

110000－3162－0002465　古447/150.3－3
聖武記十四卷　(清)魏源撰　清道光二十六
年(1846)刻本(古微堂藏版)　十二冊

110000－3162－0002466　古447/150.4
聖武記十四卷　(清)魏源撰　清道光二十四
年(1844)刻本(古微堂藏版)　十二冊

110000－3162－0002467　古447/151－1
**圖開勝跡六卷戰功紀略不分卷紀恩慕義不分
卷**　(清)秦夢熊輯　清光緒元年至二年
(1875－1876)石印本　八冊

110000－3162－0002468　古447/151－2
**圖開勝跡六卷戰功紀略不分卷紀恩慕義不分
卷**　(清)秦夢熊輯　清光緒元年至二年
(1875－1876)石印本　八冊

110000－3162－0002469　古447/151.1
圖開勝跡六卷　(清)秦夢熊輯　清光緒元年
(1875)石印本　四冊　存四卷(三至六)

110000－3162－0002470　古447/152
時務經濟策論統宗二十四卷　(清)秀湖漁隱
編　清光緒二十四年至二十五年(1898－
1899)石印本　十二冊

110000－3162－0002471　古447/153
中國現勢論不分卷　(清)出洋學生編輯　清
光緒二十八年(1902)上海商務印書館鉛印本
　一冊

110000－3162－0002472　古447/154
時務金華集不分卷　(清)宗觀輯　清雍正七
年(1729)刻本　一冊

110000－3162－0002473　古447/155
籌國芻言二卷　(清)劉次源著　清宣統二年
(1910)金城縮印石印本　二冊

110000－3162－0002474　古447/156
洋務論說新編四卷　(清)袁祖志著　清光緒

二十三年(1897)文苑書局石印本　四冊

110000－3162－0002475　古447/157
洋務實學新編二卷　(清)傅雲龍輯　清光緒
二十二年(1896)上海書局石印本　二冊

110000－3162－0002476　古447/158
洋務新論六卷　(英國)李提摩太著　(清)仲
英採輯　清光緒二十七年(1901)上海書局石
印本　六冊

110000－3162－0002477　古447/159
資治新書初集十四卷二集二十卷首一卷
(清)李漁輯　清光緒二十年(1894)上海圖書
集成印書局鉛印本　十二冊

110000－3162－0002478　古447/160
劉大將軍臺戰實紀六卷　(清)□□撰　清光
緒二十一年(1895)石印本　二冊

110000－3162－0002479　古447/162
西陲要略四卷　(清)祁韻士輯　清道光十七
年(1837)筠淥山房刻本　一冊

110000－3162－0002480　古447/162.1－1
西陲要略四卷　(清)祁韻士輯　清光緒四
年(1878)總理衙門同文館聚珍版鉛印本
二冊

110000－3162－0002481　古447/162.1－2
西陲要略四卷　(清)祁韻士輯　清光緒八年
(1882)總理衙門同文館聚珍版鉛印本　二冊

110000－3162－0002482　古447/163.1
西陲總統事略十二卷　(清)松筠撰　(清)汪
廷楷原輯　(清)祁韻士編纂　清嘉慶十四年
(1809)刻本　六冊

110000－3162－0002483　古447/164
借月山房彙鈔七種　(清)張海鵬校梓　清嘉
慶十三年(1808)刻本　三冊

110000－3162－0002484　古447/166
強學彙編十一種　(清)馬冠群輯　清光緒二
十三年(1897)上海文瑞樓石印本　八冊

110000－3162－0002485　古447/167
自強學齋治平十議十種　(清)陳熾等著　清

光緒二十三年(1897)上海文瑞樓石印本 十二冊

110000－3162－0002486 古447/168
日清海陸戰爭史不分卷 （日本）松井廣吉著 （清）范枕石譯 清光緒二十八年(1902)上海會文編譯社石印本 一冊

110000－3162－0002487 古447/169
皇朝經世文統編一百二十卷 （清）賀長齡輯 清光緒二十七年(1901)上海慎記石印本 三十九冊

110000－3162－0002488 古447/170－1
皇朝蓄艾文編八十卷 （清）于寶軒輯 清光緒二十九年(1903)上海官書局鉛印本 四十冊

110000－3162－0002489 古447/170－2
皇朝蓄艾文編八十卷 （清）于寶軒輯 清光緒二十九年(1903)上海官書局鉛印本 四十冊

110000－3162－0002490 古447/171
皇朝掌故彙編一百卷首二卷 （清）張壽鏞等編 清光緒二十八年(1902)求實書社鉛印本 六十冊

110000－3162－0002491 古447/172
皇朝經世文編一百二十卷 （清）賀長齡輯 （清）魏源編 清道光六年(1826)刻本 九十六冊

110000－3162－0002492 古447/172.11
皇朝經世文編一百二十卷 （清）賀長齡輯 清光緒二十二年(1896)掃葉山房鉛印本 二十四冊

110000－3162－0002493 古447/172.12
皇朝經世文續編一百二十卷 （清）葛士濬輯 清光緒二十七年(1901)上海久敬齋鉛印本 二十四冊

110000－3162－0002494 古447/172.121
皇朝經世文續編一百二十卷 （清）盛康輯 清光緒二十三年(1897)武進盛氏思補樓刻本

八十冊

110000－3162－0002495 古447/172.13
皇朝經世文三編八十卷 （清）陳忠倚輯 清光緒二十四年(1898)浙江書局石印本 十六冊

110000－3162－0002496 古447/172.14
皇朝經世文新編二十一卷 （清）麥仲華輯 清光緒二十四年(1898)上海大同譯書局石印本 二十四冊

110000－3162－0002497 古447/172.15
最新經世文編一百三十卷 （清）上海寶善齋編 清光緒二十八年(1902)上海寶善齋石印本 三十二冊

110000－3162－0002498 古447/173
增訂正續盛世危言九卷 （清）鄭觀應纂 清光緒十九年(1893)上海六先書局鉛印本 八冊

110000－3162－0002499 古447/174
盛世危言三編十四卷 （清）鄭觀應輯 清光緒二十四年(1898)圖書集成局鉛印本 四冊 存十二卷(一編三至四、二編一至五、三編一至五)

110000－3162－0002500 古447/174.1
盛世危言增訂新編十四卷 （清）鄭觀應纂 清光緒二十一年(1895)琅環仙館珍藏鉛印本 八冊

110000－3162－0002501 古447/175
危言四卷 （清）湯震著 清光緒十六年(1890)上海刻本 二冊

110000－3162－0002502 古447/175.1
危言四卷 （清）湯震著 清光緒二十四年(1898)文瀾堂刻本 四冊

110000－3162－0002503 古447/176
新輯時務匯通一百八卷 （清）李作棟輯 清光緒二十九年(1903)上海崇新書局石印本 二十九冊

110000－3162－0002504 古447/177

全圖臺戰實紀六卷　（清）□□撰　清光緒二十一年(1895)石印本　一冊

110000－3162－0002505　古 447/178－1
平定粵匪紀略十八卷附記四卷　（清）□□撰　清同治八年(1869)群玉齋刻本　十冊

110000－3162－0002506　古 447/178－2
平定粵匪紀略十八卷附記四卷　（清）□□撰　清同治八年(1869)群玉齋刻本　十冊

110000－3162－0002507　古 447/178－3
平定粵匪紀略十八卷附記四卷　（清）□□撰　清同治九年(1870)刻本　八冊

110000－3162－0002508　古 447/178.1
平定粵寇紀略十八卷附四卷　（清）杜文瀾撰　清光緒元年(1875)詁穀堂刻本　十冊

110000－3162－0002509　古 447/180
記聞類編十四卷　（清）上海印書局彙輯　清光緒三年(1877)上海印書局鉛印本　六冊

110000－3162－0002510　古 447/181
蕩平髮逆圖記二十二卷首一卷　（清）□□撰　清光緒鉛印本　四冊

110000－3162－0002511　古 447/181.1
蕩平髮逆圖記二十二卷首一卷　（清）□□撰　清石印本　六冊

110000－3162－0002512　古 447/181.2
蕩平髮逆圖記二十二卷首一卷　（清）□□撰　清上海漱六山莊石印本　四冊

110000－3162－0002513　古 447/182－1
霆軍紀略十六卷　（清）陳昌編輯　清光緒八年(1882)上海申報館鉛印本　六冊

110000－3162－0002514　古 447/182－2
霆軍紀略十六卷　（清）陳昌編輯　清光緒八年(1882)上海申報館鉛印本　六冊

110000－3162－0002515　古 447/184
援守井研紀略不分卷　（清）董貽清撰　清同治十一年(1872)刻本　一冊

110000－3162－0002516　古 447/185

金川紀略四卷　（清）程穆衡撰　清抄本　四冊

110000－3162－0002517　古 447/186－1
義和拳教門源流考一卷　（清）勞乃宣著　清光緒二十五年(1899)刻本　一冊

110000－3162－0002518　古 447/186－2
義和拳教門源流考一卷　（清）勞乃宣著　清光緒二十五年(1899)刻本　一冊

110000－3162－0002519　古 447/187
拳教析疑說一卷　（清）恩壽著　清光緒二十八年(1902)刻本　一冊

110000－3162－0002520　古 447/187.1
拳教析疑說一卷　（清）恩壽著　清刻本(有部分石印本)　一冊

110000－3162－0002521　古 447/189－1
湘鄉師相言兵事手函不分卷　（清）曾國藩撰　清石印本　二冊

110000－3162－0002522　古 447/189－2
湘鄉師相言兵事手函不分卷　（清）曾國藩撰　清石印本　二冊

110000－3162－0002523　古 447/190
古今戰事圖說平定粵匪之部二卷　（清）陳曾壽纂　清光緒二十六年(1900)上海商務印書館鉛印本　一冊

110000－3162－0002524　古 447/190.1
古今戰事圖說平定粵匪之部六卷　（清）陳曾壽纂　清光緒二十六年(1900)上海商務印書館鉛印本　五冊

110000－3162－0002525　古 447/192
粵匪始末紀略不分卷　（清）杏花樵子編輯　清同治四年(1865)抄本　二冊

110000－3162－0002526　古 447/193
平定粵匪功臣戰跡圖不分卷　（清）吳嘉猷編繪　（清）艾颺春徵輯　清光緒二十年(1894)石印本　一冊

110000－3162－0002527　古 447/194.1－1
山東軍興紀略二十二卷　（清）管晏　（清）張

曜等編撰　清光緒刻本　十冊

110000－3162－0002528　古447/194.1－2
山東軍興紀略二十二卷　（清）管晏　（清）張
曜等編撰　清光緒刻本　十冊

110000－3162－0002529　古447/196－1
征剿紀略四卷　（清）□□撰　清抄本　二冊

110000－3162－0002530　古447/196－2
征剿紀略四卷　（清）□□撰　清抄本　四冊

110000－3162－0002531　古447/196－3
征剿紀略四卷　（清）□□撰　清抄本　三冊

110000－3162－0002532　古447/197
兩浙防護錄不分卷　（清）阮元輯　清光緒十
五年(1889)浙江書局刻本　二冊

110000－3162－0002533　古447/197.1
兩浙防護錄不分卷　（清）阮元輯　清光緒會
稽董氏取斯家塾刻本　四冊

110000－3162－0002534　古447/198.1－1
平叛記二卷　（清）毛彬編　清刻本　二冊

110000－3162－0002535　古447/198.1－2
平叛記二卷　（清）毛彬編　清康熙五十五年
(1716)刻本　四冊

110000－3162－0002536　古447/201
東征集六卷　（清）藍鼎元撰　清雍正十年
(1732)刻本　三冊

110000－3162－0002537　古447/202
東牟守城紀要一卷　（清）戴燮元撰　清同治
八年(1869)羊城刻本　一冊

110000－3162－0002538　古447/203
有賀博士日清戰役中之國際法論十六章
□）□□撰　清宣統三年(1911)陸軍部承政
司印刷所鉛印本　一冊

110000－3162－0002539　古447/205
嘉定屠城記略不分卷　（清）闕名撰　清石印
本　一冊

110000－3162－0002540　古447/206
戊戌政變要聞匯錄不分卷　（清）徐爲又抄寫

清抄本　一冊

110000－3162－0002541　古447/207
聯軍入京記不分卷　（清）患國士述　清光緒
二十七年(1901)鉛印本　一冊

110000－3162－0002542　古447/208
繡像剿逆圖考不分卷　（清）闕名輯　清光緒
十八年(1892)上海書局石印本　一冊

110000－3162－0002543　古447/214.1
常勝軍案略不分卷　（清）謝元壽編　清光緒
二十一年(1895)成德堂刻本　一冊

110000－3162－0002544　古447/216
西征續錄二卷　（清）孫景賢著　清抄本
二冊

110000－3162－0002545　古447/217
繪圖湘軍平逆傳四卷　（清）醴泉居士著　清
光緒二十五年(1899)上海書局石印本　四冊

110000－3162－0002546　古447/219
固圉撮要不分卷　（清）王宗元著　清咸豐三
年(1853)抄本　一冊

110000－3162－0002547　古447/220－1
張公襄理軍務紀略六卷　（清）張秀岩　（清）
丁運樞撰　陳世勳　葛毓琦編　清宣統元年
(1909)石印本　六冊

110000－3162－0002548　古447/220－2
張公襄理軍務紀略六卷　（清）張秀岩　（清）
丁運樞撰　陳世勳　葛毓琦編　清宣統元年
(1909)石印本　二冊　存二卷(一至二)

110000－3162－0002549　古447/221
時事新編初集六卷　（清）陳耀卿編輯　清光
緒二十一年(1895)鉛印本　六冊

110000－3162－0002550　古447/222
鴻濛室文鈔二集二卷　（清）方玉潤著　清咸
豐十年(1860)刻本　二冊

110000－3162－0002551　古447/223
軍機故事二卷　（清）朱智輯　清光緒七年
(1881)小謨觴室刻本　一冊

110000 – 3162 – 0002552　古 447/224

湘軍志十六卷　王闓運著　清光緒二十八年(1902)富記書局刻本　四冊

110000 – 3162 – 0002553　古 447/224.1 – 1

湘軍志十六卷　王闓運著　清同治八年(1869)成都志古堂刻本　四冊

110000 – 3162 – 0002554　古 447/224.1 – 2

湘軍志十六卷　王闓運著　清同治八年(1869)成都志古堂刻本　四冊

110000 – 3162 – 0002555　古 447/224.1 – 3

湘軍志十六卷　王闓運著　清同治八年(1869)成都志古堂刻本　四冊

110000 – 3162 – 0002556　古 447/224.2

湘軍志十六卷　王闓運著　清宣統元年(1909)東洲刻本　四冊

110000 – 3162 – 0002557　古 447/224.3

湘軍志十六卷　王闓運著　清光緒十二年(1886)成都墨香書屋刻本　四冊

110000 – 3162 – 0002558　古 447/225 – 1

湘軍記二十卷　(清)王定安撰　清光緒十五年(1889)江南書局刻本　十二冊

110000 – 3162 – 0002559　古 447/225 – 2

湘軍記二十卷　(清)王定安撰　清光緒十五年(1889)江南書局刻本　十二冊

110000 – 3162 – 0002560　古 447/225 – 3

湘軍記二十卷　(清)王定安撰　清光緒十五年(1889)江南書局刻本　十二冊

110000 – 3162 – 0002561　古 447/225 – 4

湘軍記二十卷　(清)王定安撰　清光緒十五年(1889)江南書局刻本　十二冊

110000 – 3162 – 0002562　古 447/227

沈觀察燕晉弭兵記二卷　(清)陳守謙述稿　清光緒二十九年(1903)上海英商順成書局石印本　一冊

110000 – 3162 – 0002563　古 447/229

浙東平寇紀略二卷　(□)呂鳳齎　(□)呂鳳齊校刊　清光緒十四年(1888)教忠堂刻本一冊

110000 – 3162 – 0002564　古 447/230

池北偶談二十六卷　(清)王士禛著　清康熙四十年(1701)刻本　八冊

110000 – 3162 – 0002565　古 447/231

十三日備嘗記不分卷　(清)曹晟撰　清光緒二年(1876)申報館鉛印本　一冊

110000 – 3162 – 0002566　古 447/232

英人強賣鴉片記八卷附一卷　(清)湯睿譯清光緒二十四年(1898)上海大同譯書局石印本　二冊

110000 – 3162 – 0002567　古 447/233

國朝事略八卷　(清)江楚編譯局編輯　清光緒三十二年(1906)江楚編譯局石印本　四冊

110000 – 3162 – 0002568　古 447/238

撫夷實錄不分卷　(清)金士奎等寫稿　清道光二十年(1840)抄奏稿本　一冊

110000 – 3162 – 0002569　古 447/241

東槎紀略五卷　(清)姚瑩著　清道光十二年(1832)刻本　二冊

110000 – 3162 – 0002570　古 447/243

清纓日記十卷　(清)唐景崧著　清光緒十九年(1893)臺灣布政使署刻本　四冊

110000 – 3162 – 0002571　古 447/244

守臨清日記不分卷　(清)秦震鈞編　清嘉慶十五年(1810)刻本　一冊

110000 – 3162 – 0002572　古 447/246

天津拳匪變亂紀事二卷　(清)劉孟揚筆記清宣統二年(1910)民興報館鉛印本　二冊

110000 – 3162 – 0002573　古 447/247

拳匪紀事六卷　(日本)佐原篤介　(日本)漚隱輯　清光緒二十七年(1901)鉛印本　六冊

110000 – 3162 – 0002574　古 447/248

拳亂聞見錄三種　(清)管鶴撰　**客舍偶聞一種**　(清)彭孫貽撰　**克復諒山大略一種**　(清)□□撰　清宣統三年(1911)振綺堂叢書鉛印本　一冊

110000 – 3162 – 0002575　古 447/249

欽定平定貴州苗匪紀略四十卷　（清）奕訢等編纂　清光緒二十二年（1896）刻本　十冊

110000 – 3162 – 0002576　古 447/250

平定關隴紀略十三卷　（清）易孔昭等輯　清光緒十三年（1887）刻本　十三冊

110000 – 3162 – 0002577　古 447/251

道光英艦破鎮江記不分卷　（清）陳慶年撰清光緒二十三年（1897）抄本　一冊

110000 – 3162 – 0002578　古 447/252

戊戌政變記九卷　梁啟超撰　清鉛印本三冊

110000 – 3162 – 0002579　古 447/253

征南輯略八卷　（清）馮子材撰　清光緒十年（1884）粵東聚德堂刻本　八冊

110000 – 3162 – 0002580　古 447/254

庚子教會華人流血史五卷　柴蓮馥編輯　清宣統三年（1911）上海中國聖教書會鉛印本一冊

110000 – 3162 – 0002581　古 447/255

戡定新疆記八卷　（清）魏光燾撰　清光緒二十五年（1899）刻本　四冊

110000 – 3162 – 0002582　古 447/256

烏魯木齊守城紀略不分卷　（清）□□撰　清松古齋紅格抄本　一冊

110000 – 3162 – 0002583　古 447/257

東方兵事紀略六卷　（清）姚錫光撰　清光緒二十三年（1897）通學齋鉛印本　二冊　存五卷（一至五）

110000 – 3162 – 0002584　古 447/257.1 – 1

東方兵事紀略六卷　（清）姚錫光撰　清光緒二十三年（1897）武昌刻本　五冊　存五卷（一至五）

110000 – 3162 – 0002585　古 447/257.1 – 2

東方兵事紀略六卷　（清）姚錫光撰　清光緒二十三年（1897）武昌刻本　五冊　存五卷（一至五）

110000 – 3162 – 0002586　古 447/257.1 – 3

東方兵事紀略六卷　（清）姚錫光撰　清光緒二十三年（1897）武昌刻本　四冊　存五卷（一至五）

110000 – 3162 – 0002587　古 447/257.2

東方兵事紀略六卷　（清）姚錫光撰　清光緒二十五年（1899）尊經學舍刻本　二冊　存五卷（一至五）

110000 – 3162 – 0002588　古 447/258

庚子拳變系目要錄六卷　（清）陳陸撰　清光緒抄本　六冊

110000 – 3162 – 0002589　古 447/259

劉大帥百戰百勝圖說不分卷　（清）蔡床舊主著　清光緒二十一年（1895）上海賜書堂石印本　四冊

110000 – 3162 – 0002590　古 447/260

西巡迴鑾始末記六卷　（日）吉田良太郎口譯　（清）八詠廔主人筆述　清光緒二十八年（1902）石印本　六冊

110000 – 3162 – 0002591　古 447/261

欽定平定教匪紀略四十二卷首一卷　（清）托津　（清）董誥等編纂　清嘉慶刻本　三十一冊　存三十六卷（一至二十二、二十四至二十五、三十至四十，首一卷）

110000 – 3162 – 0002592　古 447/262

嘉應平寇紀略不分卷　（清）謝國珍撰　清光緒抄本　一冊

110000 – 3162 – 0002593　古 447/263

剿平發逆圖考二卷　（清）□□撰　清光緒二十年（1894）上海書局石印本　二冊

110000 – 3162 – 0002594　古 447/265

經濟類考二卷　（清）顧九錫輯著　清光緒十五年（1889）上海鴻文書局石印本　一冊

110000 – 3162 – 0002595　古 447/266

切問齋文鈔三十卷　（清）陸耀輯　清光緒十九年（1893）切問齋校定楊國楨刻本（合肥李氏藏版）　八冊

110000 – 3162 – 0002596　古 447/267

皇朝瑣屑錄四十四卷　（清）鍾琦著　清光緒
二十三年(1897)朱墨刻本　八冊

110000 – 3162 – 0002597　古 447/268

湘軍水陸戰紀十六卷　（清）鮑舍人編　清光
緒十二年(1886)鉛印本　二冊

110000 – 3162 – 0002598　古 447/269 – 1

鎮江剿平粵匪記二卷　（清）陳慶年撰　清抄
本　二冊

110000 – 3162 – 0002599　古 447/269 – 2

鎮江剿平粵匪記二卷　（清）陳慶年撰　清抄
本　二冊

110000 – 3162 – 0002600　古 447/270

韓南溪平苗四種　（清）空六居士　（清）韓超
（清）陳昌運撰　清宣統二年(1910)鉛印本
一冊

110000 – 3162 – 0002601　古 447/273

避兵紀略不分卷　（清）王維度撰　清咸豐十
一年(1861)抄本　一冊

110000 – 3162 – 0002602　古 447/274

咸同敕大總戎從征紀述四卷　（清）陳翼亮纂
清光緒二十一年(1895)抄本　四冊

110000 – 3162 – 0002603　古 447/278

秦隴回務紀略八卷　（清）余澍疇撰　清光緒
六年(1880)鎮平縣刻本　一冊

110000 – 3162 – 0002604　古 451/1

太祖高皇帝聖訓四卷太宗文皇帝聖訓六卷世
祖章皇帝聖訓六卷　清乾隆四年(1739)刻本
十二冊

110000 – 3162 – 0002605　古 451/2

朱批諭旨不分卷　（清）鄂爾泰　（清）張廷玉
等輯　清光緒十三年(1887)上海點石齋石印
朱墨套印本　六十冊

110000 – 3162 – 0002606　古 451/2.1

朱批諭旨不分卷　（清）鄂爾泰　（清）張廷玉
等輯　清乾隆三年(1738)刻朱墨套印本　一
百十二冊

110000 – 3162 – 0002607　古 451/3.01

光緒諭摺匯存二十二卷（同治十三年至光緒
二十七年）　（清）□□輯　清光緒二十九年
(1903)上海慎記書莊石印本　二十四冊

110000 – 3162 – 0002608　古 451/3.017.

諭摺匯存不分卷(光緒十七年)　（清）□□輯
清木活字印本　十六冊

110000 – 3162 – 0002609　古 451/3.018.

諭摺匯存不分卷(光緒十八年)　（清）□□輯
清木活字印本　八十一冊

110000 – 3162 – 0002610　古 451/3.019.

諭摺匯存不分卷(光緒十九年)　（清）□□輯
清木活字印本　六十冊

110000 – 3162 – 0002611　古 451/3.020.

諭摺匯存不分卷(光緒二十年)　（清）□□輯
清木活字印本　七十四冊

110000 – 3162 – 0002612　古 451/3.021.

諭摺匯存不分卷(光緒二十一年)　（清）□□
輯　清木活字印本　七十三冊

110000 – 3162 – 0002613　古 451/3.022.

諭摺匯存不分卷(光緒二十二年)　（清）□□
輯　清木活字印本　七十四冊

110000 – 3162 – 0002614　古 451/3.023.

諭摺匯存不分卷(光緒二十三年)　（清）□□
輯　清木活字印本　四十七冊

110000 – 3162 – 0002615　古 451/3.024.

諭摺匯存不分卷(光緒二十四年)　（清）□□
輯　清木活字印本　四十二冊

110000 – 3162 – 0002616　古 451/3.025. – 1

諭摺匯存不分卷(光緒二十五年)　（清）□□
輯　清木活字印本　七十四冊

110000 – 3162 – 0002617　古 451/3.025. – 2

諭摺匯存不分卷(光緒二十五年)　（清）□□
輯　清木活字印本　二十四冊

110000 – 3162 – 0002618　古 451/3.026.

諭摺匯存不分卷(光緒二十六年)　（清）□□
輯　清木活字印本　六冊

110000－3162－0002619　古451/3.126.
諭摺匯存不分卷(光緒二十六年)　（清）□□
輯　清木活字印本　二冊

110000－3162－0002620　古451/3.027.
諭摺匯存不分卷(光緒二十七年)　（清）□□
輯　清木活字印本　六冊

110000－3162－0002621　古451/3.028.
諭摺匯存不分卷(光緒二十八年)　（清）□□
輯　清木活字印本　二十四冊

110000－3162－0002622　古451/3.029.
諭摺匯存不分卷(光緒二十九年)　（清）□□
輯　清木活字印本　四十二冊

110000－3162－0002623　古451/3.030.
諭摺匯存不分卷(光緒三十年)　（清）□□輯
清木活字印本　三十冊

110000－3162－0002624　古451/3.031.
諭摺匯存不分卷(光緒三十一年)　（清）□□
輯　清木活字印本　四十七冊

110000－3162－0002625　古451/3.032.
諭摺匯存不分卷(光緒三十二年)　（清）□□
輯　清木活字印本　十八冊

110000－3162－0002626　古451/3.033.
諭摺匯存不分卷(光緒三十三年)　（清）□□
輯　清木活字印本　六冊

110000－3162－0002627　古451/4
上諭條奏不分卷(同治四年至八年、十一年至
十三年,光緒元年至十一年)　（清）□□輯
清光緒刻本　四十三冊

110000－3162－0002628　古451/6
上諭不分卷(雍正元年至三年)　（清）□□輯
清雍正刻本　六冊

110000－3162－0002629　古451/8
上諭不分卷(嘉慶朝)　（清）□□輯　清嘉慶
十八年(1813)抄本　一冊

110000－3162－0002630　古451/9
勸修堡寨告諭不分卷　（清）張煦校刊　清咸
豐六年(1856)刻本　一冊

110000－3162－0002631　古451/10
寬溫仁聖皇帝諭親王郡不分卷　（清）□□輯
清崇德三年(1638)刻本　一冊

110000－3162－0002632　古451/11
詔令集不分卷　（清）濟南彙報社輯　清光緒
二十九年(1903)鉛印本　一冊

110000－3162－0002633　古451/12
諭旨恭錄不分卷(光緒七年至八年)　（清）
□□輯　清上海申報館抄本　三冊

110000－3162－0002634　古451/13
諭旨不分卷(光緒八年至十五年)　（清）□□
輯　清光緒鉛印本　八冊

110000－3162－0002635　古451/14.09
光緒九年奏摺不分卷　（清）鍾霖奉　清光緒
十年(1884)抄本　一冊

110000－3162－0002636　古451/15
太祖高皇帝聖訓四卷太宗文皇帝聖訓六卷世
祖章皇帝聖訓六卷　清石印本　三冊

110000－3162－0002637　古451/16
達伐新編一卷　（清）□□撰　清光緒木活字
印本　一冊

110000－3162－0002638　古452/1
歷代名臣奏議三百十九卷目錄一卷　（明）黃
淮　（明）楊士奇等編　明崇禎八年(1635)文
德堂刻本　六十四冊

110000－3162－0002639　古452/2
歷代名臣奏議策編三十四卷　（清）恥不逮齋
主人編　清光緒二十七年(1901)上海祥記書
局石印本　十二冊

110000－3162－0002640　古452/3
歷代名臣奏議選三十卷　（清）趙承恩編　清
光緒二十七年(1901)上海千頃堂石印本
八冊

110000－3162－0002641　古452/4
鳴原堂論文二卷　（清）曾國荃輯　清光緒四
年(1878)上海淞隱閣鉛印本　一冊

110000－3162－0002642　古452/5

官銜名目衙署名目摺奏成語公文成語四種
（清）□□撰　清光緒十五年(1889)京都三槐
堂書坊漢蒙雙文字刻本　四冊

110000–3162–0002643　古4521/1
治國要略三卷　（明）吳國倫校　清光緒二十
七年(1901)京都鴻文齋石印本　一冊

110000–3162–0002644　古4524/1
唐陸宣公奏議讀本四卷首一卷　（唐）陸贄
（清）汪銘謙編輯　（清）馬傳庚點評　清光緒
二十六年(1900)會稽馬氏石印本　一冊

110000–3162–0002645　古4524/2
陸宣公奏議十五卷制誥十卷表一卷附錄一卷
[陸贄]年譜輯略一卷　（唐）陸贄撰　（宋）
郎曄注　清光緒十一年至十二年(1885–
1886)淮南書局刻本　四冊

110000–3162–0002646　古4524/3–1
魏鄭公諫錄五卷諫續錄一卷　（唐）王方慶集
　清光緒五年(1879)謙德堂刻本　一冊

110000–3162–0002647　古4524/3–2
魏鄭公諫錄五卷　（唐）王方慶集　（清）王先
恭校注　魏鄭公諫續錄二卷　（清）紀昀編修
　魏鄭公故事拾遺三卷　（清）王先恭集　魏
文貞公[徵]年譜一卷　（清）王先恭編　魏徵
列傳二十二卷王先謙新舊唐書合注　清光緒
九年(1883)王氏刻本　五冊　存五卷（續錄
二卷、故事拾遺三卷）

110000–3162–0002648　古4525/1–1
重鋟文公先生奏議十五卷　（宋）朱熹著
（明）朱吾弼編　明萬曆三十二年(1604)刻本
　六冊

110000–3162–0002649　古4525/1–2
重鋟文公先生奏議十五卷　（宋）朱熹著
（明）朱吾弼編　明萬曆三十二年(1604)朱崇
沐刻本　十四冊

110000–3162–0002650　古4525/2
許國公奏議四卷　（宋）吳潛著　清刻本
四冊

110000–3162–0002651　古4525/3
孝肅包公奏議十卷　（宋）包拯撰　清同治三
年(1864)李瀚章省心閣刻本　四冊

110000–3162–0002652　古4525/4
蘇文忠公奏議二卷　（宋）蘇軾撰　清嘉慶十
八年(1813)盱江曾氏刻本　二冊

110000–3162–0002653　古4525/5
范文正公政府奏議二卷　（宋）范仲淹撰　元
元統二年(1334)刻本　二冊

110000–3162–0002654　古4525/6
宋李忠定公奏議選十五卷　（明）左光先選
清朝宗書室聚珍刻本　六冊

110000–3162–0002655　古4525/7
匯呈朱子論治本各疏不分卷　（清）趙炳麟撰
編　清光緒三十四年(1908)京師京華印書局
鉛印本　一冊

110000–3162–0002656　古4526/1
明臣奏議十二卷首一卷　（清）孫桐生編輯
清光緒十七年(1891)四影閣刻本　十冊

110000–3162–0002657　古4526/3–1
王文肅公牘草十八卷　（明）王錫爵著　明萬
曆四十三年(1615)刻本　十二冊

110000–3162–0002658　古4526/3–2
王文肅公文草十四卷　（明）王錫爵著　明萬
曆四十三年(1615)刻本　六冊　存十三卷
（一至十三）

110000–3162–0002659　古4526/3–3
王文肅公奏草二十三卷　（明）王錫爵著　明
天啓二年(1622)刻本　十四冊

110000–3162–0002660　古4526/4
司空奏議四卷　（明）張輔之著　明天啓詒經
堂刻本　四冊

110000–3162–0002661　古4526/5
關中奏議十二卷首一卷附一卷　（明）楊一清
著　清嘉慶二十一年(1816)刻本　六冊

110000–3162–0002662　古4526/6
趙文毅公奏疏五卷　（明）趙用賢撰　清光緒

二十二年(1896)常熟趙氏承啟堂刻本　二冊

110000 – 3162 – 0002663　古 4526/7

龔端毅公奏疏四卷　(清)龔鼎孳撰　清光緒
九年(1883)龔氏聽彝書屋刻本　二冊

110000 – 3162 – 0002664　古 4526/8

譚襄敏公奏議十卷　(明)譚綸撰　明萬曆二
十八年(1600)顧所有刻本　八冊

110000 – 3162 – 0002665　古 4526/9 – 1

經遼疏稿五卷書牘五卷　(明)熊廷弼著　清
湖北通志局刻本　十冊

110000 – 3162 – 0002666　古 4526/9 – 2

經遼疏稿五卷書牘五卷　(明)熊廷弼著　清
湖北通志局刻本　十冊

110000 – 3162 – 0002667　古 4526/10

諫垣七疏一卷　(明)周洪謨撰　清光緒二十
年(1894)刻本　一冊

110000 – 3162 – 0002668　古 4526/11 – 1

于肅愍公奏議十卷于肅愍公集八卷附錄一卷
拾遺一卷　(明)于謙著　清光緒十六年
(1890)錢塘丁氏刻杭州府本　八冊

110000 – 3162 – 0002669　古 4526/11 – 2

于肅愍公奏議十卷于肅愍公集八卷附錄一卷
拾遺一卷　(明)于謙著　清光緒十六年
(1890)錢塘丁氏刻杭州府本　八冊

110000 – 3162 – 0002670　古 4526/12

南征疏稿六卷　(明)于謙著　清抄本　六冊

110000 – 3162 – 0002671　古 4527/1

皇清奏議六十八卷首一卷　(清)琴川居士編
輯　清都城國史館木活字印本　四十八冊

110000 – 3162 – 0002672　古 4527/1.1

皇清名臣奏議彙編初集六十八卷首一卷
(清)琴川居士編輯　清光緒二十八年(1902)
麗澤學會石印本　八冊

110000 – 3162 – 0002673　古 4527/3

李文恭公奏議二十二卷　(清)李星沅撰　清
同治五年(1866)芋香山館刻本　二十四冊

110000 – 3162 – 0002674　古 4527/4

左恪靖伯奏稿三十八卷　(清)左宗棠撰　清
同治七年(1868)刻本　三十八冊

110000 – 3162 – 0002675　古 4527/4.1

左恪靖侯奏稿初編三十八卷續編七十六卷
(清)左宗棠撰　清同治七年(1868)刻本　七
十冊

110000 – 3162 – 0002676　古 4527/5 – 1

林文忠公政書三十七卷蒐遺一卷畿輔水利議
一卷國史本傳一卷滇軺紀程一卷荷戈紀程一
卷　(清)林則徐撰　清光緒二年至五年
(1876 – 1879)刻本　十二冊

110000 – 3162 – 0002677　古 4527/5 – 2

林文忠公政書三十七卷蒐遺一卷畿輔水利議
一卷國史本傳一卷滇軺紀程一卷荷戈紀程一
卷　(清)林則徐撰　清光緒二年至五年
(1876 – 1879)刻本　十二冊

110000 – 3162 – 0002678　古 4527/5.1

林文忠公政書三十七卷　(清)林則徐撰　清
光緒二年(1876)鉛印本　八冊

110000 – 3162 – 0002679　古 4527/5.2

林文忠公政書三十七卷　(清)林則徐撰　清
刻本　十二冊

110000 – 3162 – 0002680　古 4527/6

曾文正公奏稿三十卷　(清)曾國藩撰　清光
緒二年(1876)傳忠書局刻本　三十冊

110000 – 3162 – 0002681　古 4527/7.01

曾文正公奏議十一卷首一卷附一卷　(清)曾
國藩撰　(清)薛福成編　清同治十三年
(1874)上海醉六堂刻本　十一冊

110000 – 3162 – 0002682　古 4527/7.02

曾文正公奏議補編四卷　(清)曾國藩撰
(清)薛福成編　清同治刻本　四冊

110000 – 3162 – 0002683　古 4527/7.12

曾文正公奏議補編四卷　(清)曾國藩撰
(清)薛福成編　清同治十三年(1874)上海醉
六堂刻本　三冊

110000－3162－0002684　古4527/8

駱文忠公奏稿十卷　（清）駱秉章撰　清光緒
十七年(1891)刻本　十冊

110000－3162－0002685　古4527/10

李文襄公奏議二卷奏疏十卷別錄六卷棘聽草十
二卷賦役詳稿一卷　（清）李之芳撰　［之芳］
年譜一卷　（清）程光祖編纂　清康熙二十六
年至四十一年(1687－1702)刻本　十八冊

110000－3162－0002686　古4527/11

耐庵奏議存稿十六卷文存六卷詩存三卷
（清）賀長齡撰　清咸豐十一年至光緒八年
(1861－1882)刻本　十二冊

110000－3162－0002687　古4527/12

河南總督田文鏡奏摺不分卷　（清）田文鏡撰
　清朱墨抄本　十一冊

110000－3162－0002688　古4527/13－1

江楚會奏變法摺三卷附一卷　（清）劉坤一
（清）張之洞合撰　清刻本　一冊

110000－3162－0002689　古4527/13－2

江楚會奏變法摺三卷附一卷　（清）劉坤一
（清）張之洞合撰　清光緒二十七年(1901)兩
湖書院刻本　三冊

110000－3162－0002690　古4527/14

楊勇愨公奏議十四卷遺集一卷　（清）楊嶽斌
撰　清光緒二十一年(1895)問竹軒刻本　十
五冊

110000－3162－0002691　古4527/15

長白先生奏議二卷　（清）寶廷撰　清鉛印本
　一冊

110000－3162－0002692　古4527/20－1

南皮張宮保政書奏議初編十二卷　（清）張之
洞撰　清光緒二十七年(1901)上海圖書集成
印書局鉛印本　六冊

110000－3162－0002693　古4527/20－2

南皮張宮保政書奏議初編十二卷　（清）張之
洞撰　清光緒二十七年(1901)上海圖書集成
印書局鉛印本　六冊

110000－3162－0002694　古4527/22－1

南海先生戊戌奏稿不分卷　康有爲撰　麥仲
華編　清宣統三年(1911)鉛印本　一冊

110000－3162－0002695　古4527/22－2

南海先生戊戌奏稿不分卷　康有爲撰　麥仲
華編　清宣統三年(1911)鉛印本　一冊

110000－3162－0002696　古4527/23

諭行旗務奏議不分卷　（清）巴圖等撰　清雍
正滿漢文刻本　十冊

110000－3162－0002697　古4527/24

劉壯肅公奏議十卷首一卷　（清）劉銘傳撰
清光緒三十二年(1906)鉛印本　六冊

110000－3162－0002698　古4527/25

東溟奏稿四卷　（清）姚瑩撰　清道光二十二
年(1842)刻本　二冊

110000－3162－0002699　古4527/27

毛尚書奏稿十六卷首一卷　（清）毛鴻賓撰
清宣統二年(1910)刻本　十六冊

110000－3162－0002700　古4527/28

進修堂奏稿二卷　（清）白恩佑撰　清光緒二
十三年(1897)津門刻本　一冊

110000－3162－0002701　古4527/29－1

沈文肅公政書七卷首一卷　（清）沈葆楨撰
清光緒六年(1880)吳門節署木活字印本
八冊

110000－3162－0002702　古4527/29－2

沈文肅公政書七卷首一卷　（清）沈葆楨撰
清光緒六年(1880)吳門節署木活字印本
八冊

110000－3162－0002703　古4527/30

水流雲在館奏議二卷詩鈔六卷　（清）宋晉撰
　清光緒十二年至十三年(1886－1887)刻本
四冊

110000－3162－0002704　古4527/32－1

合肥李勤恪公政書十卷首一卷　（清）李瀚章
撰　（清）李經畲等編輯　清光緒三十二年
(1906)石印本　十冊

110000－3162－0002705　古4527/32－2

合肥李勤恪公政書十卷首一卷　（清）李瀚章撰　（清）李經畬等編輯　清光緒三十二年（1906）石印本　十冊

110000－3162－0002706　古4527/33－1

錢敏肅公奏疏七卷　（清）錢鼎銘撰　清光緒六年（1880）存華堂刻本　四冊

110000－3162－0002707　古4527/33－2

錢敏肅公奏疏七卷國史館列傳一卷　（清）錢鼎銘撰　清光緒六年（1880）存華堂刻本　四冊

110000－3162－0002708　古4527/34

許景澄先生奏疏錄存二卷　（清）許景澄撰　清光緒鉛印本　一冊

110000－3162－0002709　古4527/36

譚文勤公奏稿二十卷首一卷　（清）譚鍾麟撰　清宣統三年（1911）刻本　十冊

110000－3162－0002710　古4527/37

鄧鐵香奏稿六卷　（清）鄧鐵香撰　清光緒二十八年（1902）安雅書局鉛印本　二冊

110000－3162－0002711　古4527/38

劉文莊公奏議八卷　（清）劉秉璋撰　（清）朱孔彰編　清鉛印本　八冊

110000－3162－0002712　古4527/39

岑襄勤公奏稿三十卷首一卷　（清）岑毓英撰　清光緒二十三年（1897）武昌督糧官署止復園刻本　三十二冊

110000－3162－0002713　古4527/40

洪經略奏對筆記二卷　（清）洪承疇撰　清鉛印本　一冊

110000－3162－0002714　古4527/41－1

名臣奏議一卷續集一卷彭玉麟戰略一卷　（清）關奕基輯　清光緒粵東學院前守經堂刻本　三冊

110000－3162－0002715　古4527/41－2

彭玉麟戰略一卷　（清）關奕基輯　清光緒粵東學院前守經堂刻本　一冊

110000－3162－0002716　古4527/44

同治中興京外奏議約編八卷　（清）陳弢輯　清光緒元年（1875）篋劍囊琴之室刻本　八冊

110000－3162－0002717　古4527/44.1

同治中興京外奏議約編八卷　（清）陳弢輯　清光緒元年（1875）篋劍囊琴之室刻本　八冊

110000－3162－0002718　古4527/46

王文敏公奏疏一卷　（清）王懿榮撰　清宣統三年（1911）江寧印刷廠鉛印本　一冊

110000－3162－0002719　古4527/47

光緒二十八年至三十年奏摺不分卷　（清）□□輯　清光緒刻本　一冊

110000－3162－0002720　古4527/48

撫吳公牘五十卷　（清）丁禹生撰　（清）沈紉丹評選　清光緒三年（1877）林達泉鉛印本　六冊

110000－3162－0002721　古4527/49－1

李肅毅伯奏議十三卷　（清）李鴻章撰　（清）吳汝綸　章洪均編　清石印本　十三冊

110000－3162－0002722　古4527/49－2

李肅毅伯奏議十三卷　（清）李鴻章撰　（清）吳汝綸　章洪均編　清石印本　十三冊

110000－3162－0002723　古4527/50

勤餘文牘六卷首一卷學廬自鏡語一卷　（清）陳錦撰　清光緒五年（1879）刻本（桔蔭軒藏版）　七冊

110000－3162－0002724　古4527/53

左文襄公書牘節要二十六卷　（清）左宗棠撰　清光緒二十八年（1902）刻本　十二冊

110000－3162－0002725　古4527/54

綏遠奏議不分卷　（清）貽穀　（清）文瑞等撰　清光緒鉛印本　一冊

110000－3162－0002726　古4527/55

山東巡撫臣經額布奏陳馬剛倡亂情形摺不分卷　（清）經額布撰　清抄本　一冊

110000－3162－0002727　古4527/56

奏咨不分卷　（清）丁寶楨等奏　清同治十二

年至光緒六年(1873－1880)稿本　十三冊

110000－3162－0002728　古4527/58

平番奏議四卷輿圖一卷　（清）那彥成撰　清咸豐三年(1853)刻本　四冊

110000－3162－0002729　古4527/60

同治七年閏四月至光緒十五年奏摺摘抄不分卷　（清）□□等撰　清刻本　一冊

110000－3162－0002730　古4527/61

江南製造局移設蕪湖各疏稿一卷　（清）張之洞撰　清光緒二十九年(1903)刻本　一冊

110000－3162－0002731　古4527/62

寒松堂奏疏四卷後跋一卷　（清）魏象樞撰　清光緒二十五年(1899)刻本　四冊

110000－3162－0002732　古4527/64

湖北奏辦積穀保甲團煉章程摺一卷　（清）張為撰　清光緒二十五年(1899)刻本　一冊

110000－3162－0002733　古4527/65

鹿洲奏疏一卷平臺紀略一卷　（清）藍鼎元撰　清光緒六年(1880)刻本　一冊

110000－3162－0002734　古4527/66

總督巡撫奏稟一卷　（清）崧蕃等撰　清光緒刻本　一冊

110000－3162－0002735　古4527/67

光緒二十五年至三十一年奏摺信件一卷　袁世凱等撰　清光緒石印本　一冊

110000－3162－0002736　古4527/68

治平六策一卷　（清）薛福成撰　清光緒元年(1875)刻本　一冊

110000－3162－0002737　古4527/69

雲仲公奏稿一卷　（清）李鴻章等撰　清光緒抄本　一冊

110000－3162－0002738　古4527/72

皇朝道咸同光奏議六十四卷　（清）黃爵滋等撰　清光緒二十八年(1902)上海久敬齋石印本　二十八冊

110000－3162－0002739　古4527/73

載濤奏稿一卷　載濤撰　清宣統石印本　一冊

110000－3162－0002740　古4527/74

克復金陵奏摺一卷　（清）曾國藩等撰　清咸豐十一年至同治三年(1861－1864)抄本　一冊

110000－3162－0002741　古4527/75

袁太常疏稿三卷　（清）袁昶撰　清光緒二十六年(1900)石印本　一冊

110000－3162－0002742　古4527/76

辛丑三議不分卷　（清）哲甫撰　清光緒二十八年(1902)鉛印本　一冊

110000－3162－0002743　古4527/77－1

光緒三十三年奏摺不分卷　（清）隆斌等撰　清光緒石印本　十一冊

110000－3162－0002744　古4527/77－2

[同治]奏摺一卷　（清）□□撰　清同治九年(1870)稿本　一冊

110000－3162－0002745　古4527/78

劉中丞奏議二十卷國史館本傳一卷　（清）劉蓉撰　清光緒十一年(1885)思賢講舍刻本　十冊

110000－3162－0002746　古4527/79－1

丁文誠公奏稿二十六卷首一卷　（清）丁寶楨撰　（清）李端棻編輯　清光緒二十二年(1896)南海羅氏成都刻本　二十七冊

110000－3162－0002747　古4527/79－2

丁文誠公奏稿二十六卷首一卷　（清）丁寶楨撰　（清）李端棻編輯　清光緒二十二年(1896)南海羅氏成都刻本　二十七冊

110000－3162－0002748　古4527/79.1

丁文誠公奏稿二十六卷首一卷十五弗齋詩存一卷文存一卷　（清）丁寶楨撰　清光緒二十五年(1899)京師刻本　二十七冊

110000－3162－0002749　古4527/81

李文忠公奏議二十卷　（清）李鴻章撰　章洪均　（清）吳汝綸編輯　清保定蓮池書院石印

本 二十冊

110000－3162－0002750 古4527/83

光緒政要三十四卷 沈桐生輯 清宣統元年
(1909)上海崇義堂石印本 三十冊

110000－3162－0002751 古4527/84

張靖達公奏議八卷首一卷 （清）張樹聲撰
清光緒二十五年(1899)刻本 四冊

110000－3162－0002752 古4527/85

直東剿匪電存四卷首一卷 （清）林學瑊輯
清光緒三十二年(1906)石印本 四冊

110000－3162－0002753 古4527/86

盾墨拾餘六卷 （清）易順鼎撰 清光緒二十
二年(1896)刻本 二冊

110000－3162－0002754 古4527/87

奏疏備覽一卷 （清）兵部撰 清光緒三十年
(1904)抄本 一冊

110000－3162－0002755 古4527/89

[同治]奏議不分卷 （清）奎潤等撰 清光緒
十年至十五年(1884－1889)抄本 一冊

110000－3162－0002756 古4527/91

李文忠公全集一百六十六卷首一卷 （清）李
鴻章撰 清光緒三十四年(1908)刻本 一
百冊

110000－3162－0002757 古4527/92.01

北洋公牘類纂二十五卷 甘厚慈輯 清光緒
三十三年(1907)北京益森公司鉛印本 二
十冊

110000－3162－0002758 古4527/92.02

北洋公牘類纂續編二十四卷 甘厚慈輯 清
宣統二年(1910)降雪齋初版北洋官報兼印刷
局鉛印本 二十冊

110000－3162－0002759 古4527/93

北洋函牘類纂不分卷 （清）□□輯 清光緒
紅格稿本 五冊

110000－3162－0002760 古4527/94

曾文正公書牘匯鈔四卷事略一卷目錄一卷
（清）曾國藩撰 清涵青山房石印本 四冊

110000－3162－0002761 古4527/95

守岐公牘匯存不分卷 （清）張友山撰 清光
緒四年(1878)刻本 一冊

110000－3162－0002762 古4527/96

維新奏議二十卷 （清）朱錚纂訂 清光緒石
印本 二冊 存八卷(十三至二十)

110000－3162－0002763 古4527/97

諫止中東和議奏疏四卷 （清）文廷式等撰
清光緒二十一年(1895)香港書局石印本
二冊

110000－3162－0002764 古4527/99

張中丞奏議四卷 （清）張聯桂撰 清光緒二
十六年(1900)揚州刻本 四冊

110000－3162－0002765 古4527/100

卞制軍奏議十二卷卞制軍傳一卷目錄一卷
（清）卞寶第撰 清光緒二十年(1894)刻本
十二冊

110000－3162－0002766 古4527/101

彭剛直公奏稿八卷詩集八卷 （清）彭玉麟撰
（清）俞樾輯 清光緒十七年(1891)吳下刻
本 八冊

110000－3162－0002767 古4527/102

御前侍衛大臣成都將軍參贊大臣奏稿不分卷
（清）德楞泰等撰 清嘉慶七年至九年
(1802－1804)抄本 三冊

110000－3162－0002768 古4527/103

袁爽秋清剿拳匪奏稿一卷 （清）袁昶撰 清
嘉慶十三年(1808)稿本 一冊

110000－3162－0002769 古4527/104

軍諮處遵旨議覆陸軍部九年預備事宜摺一卷
（清）軍諮處撰 清宣統元年(1909)石印本
一冊

110000－3162－0002770 古4527/109

張大司馬奏稿四卷 （清）張亮基撰 清咸豐
刻本 四冊

110000－3162－0002771 古4527/110

度支部軍餉奏案彙編四卷前編一卷附編一卷

（清）張茂炯輯　清光緒三十四年（1908）鉛印本　四冊

110000－3162－0002772　古46/1

歷代名臣傳三十五卷　（清）朱軾　（清）蔡世遠合編　清刻本　十六冊

110000－3162－0002773　古46/1.1－1

歷代名臣傳三十五卷　（清）朱軾　（清）蔡世遠合編　清刻本　十二冊

110000－3162－0002774　古46/1.1－2

歷代名臣傳三十五卷　（清）朱軾　（清）蔡世遠合編　清雍正七年（1729）刻本　十八冊

110000－3162－0002775　古46/2

歷代名臣言行錄二十四卷　（清）朱桓編　清嘉慶十二年（1807）刻本　二十四冊

110000－3162－0002776　古46/2.1

歷代名臣言行錄二十四卷　（清）朱桓編　清光緒十一年（1885）文光樓刻本　三十二冊

110000－3162－0002777　古46/2.2

歷代名臣言行錄二十四卷　（清）朱桓編　清光緒三十年（1904）上海錦章圖書局石印本　八冊

110000－3162－0002778　古46/3

歷代名人年譜十卷　（清）吳榮光撰　清咸豐二年（1852）北京晉華書局刻本　十冊

110000－3162－0002779　古46/3.1

歷代名人年譜十卷　（清）吳榮光撰　清咸豐二年（1852）京都正文齋刻本　十冊

110000－3162－0002780　古46/4

歷朝忠臣義士卓行錄四卷　（清）戴作銘輯　清同治元年（1862）敦德堂刻本　二冊

110000－3162－0002781　古46/5

歷代壽考名臣錄不分卷　（清）洪梧編輯　清嘉慶二十一年（1816）蘇州文學山房聚珍版刻本　四冊

110000－3162－0002782　古46/6

歷代名臣傳節錄三十卷　（清）蕭培元錄訂　（清）崇厚增輯　清同治九年（1870）完顏崇厚雲蔭堂刻本　十冊

110000－3162－0002783　古46/7

歷代節義名臣錄十卷　（清）陳炳恭纂　清光緒十二年（1886）金陵刻本　十冊

110000－3162－0002784　古46/8

正氣集十卷　（清）王式纂　清宣統三年（1911）不讀非道書齋鉛印本　四冊

110000－3162－0002785　古46/9

趙伯浚遺史三傳不分卷　（明）趙士喆撰　明崇禎九年（1636）抄本　一冊

110000－3162－0002786　古46/11

古先君臣圖鑒不分卷君類四十一幅臣類一百幅　（清）嫺蜎山房摹　清道光十六年（1836）繪抄本　六冊

110000－3162－0002787　古46/13

兩浙名賢錄六十二卷　（明）徐象梅撰　清道光二十六年（1846）浙江書局刻本　六十二冊

110000－3162－0002788　古46/14

節婦傳十六卷　（清）楊錫紱著　清乾隆二十七年（1762）刻本　六冊

110000－3162－0002789　古46/18

歷代名賢圖傳不分卷　（□）□□撰　清石印本　一冊

110000－3162－0002790　古46/19

王文成公[守仁]年譜二卷漢徐徵士[穉]年譜一卷漢諸葛忠武侯[亮]年譜一卷晉陶徵士[淵明]年譜一卷唐李鄴侯[泌]年譜一卷唐陸宣公[贄]年譜一卷歐陽文忠公[修]年譜一卷韓忠獻公[琦]年譜一卷王文公[安石]年譜二卷曾文定公[鞏]年譜一卷黃文節公[庭堅]年譜一卷李忠定公[綱]年譜一卷附錄一卷陸文安公[九淵]年譜二卷吳聘君[與弼]年譜一卷胡文敬公[居仁]年譜一卷　（清）楊希閔編

王文成公[守仁]年譜考略節要四卷附存二卷　（清）蔡上翔撰　（清）楊希閔節錄並輯附存

明王文成公[守仁]年譜節鈔二卷　（明）錢德洪撰　（清）楊希閔節鈔　清光緒三年

（1877）揚州刻本　十六冊

110000－3162－0002791　古46/20

臣鑑錄二十卷　（清）蔣伊編　清光緒七年
（1881）光州怡蓮堂書坊刻本　十冊

110000－3162－0002792　古46/21

歷代臣鑒三十七卷　（明）朱瞻基撰　清刻本
　八冊

110000－3162－0002793　古46/23

碧血錄六卷　（清）莊仲方著　（清）陳彝繪圖
　清宣統二年（1910）天津醒華日報石印本
六冊

110000－3162－0002794　古46/24

練川名人畫像八卷　（清）程祖慶編　清道光
二十八年至三十年（1848－1850）程氏陜南草
堂刻本　二冊

110000－3162－0002795　古46/26

海岱人物志三十六卷　（清）侯登岸著　清道
光十七年（1837）抄本　十冊

110000－3162－0002796　古46/27

於越先賢像傳贊二卷　（清）王齡撰　（清）任
熊繪像　清咸豐七年（1857）王氏養龢堂刻光
緒三年（1877）張氏印本　四冊

110000－3162－0002797　古46/28

凌煙閣功臣圖不分卷　（清）劉源繪　清光緒
十年（1884）上海同文書局石印本　一冊

110000－3162－0002798　古46/29

酒人傳三卷　（清）侯登岸著　清抄本　一冊

110000－3162－0002799　古46/30

北海郡國人物志不分卷　（□）□□撰　清抄
本　十二冊

110000－3162－0002800　古46/31

安丘縣鄉賢小傳不分卷　（清）張貞撰　清康
熙四十三年（1704）抄本　一冊

110000－3162－0002801　古46/32

京江丁氏傳略匯錄不分卷　（清）丁度撰　清
光緒三十一年（1905）金陵松銘堂刻本　一冊

110000－3162－0002802　古46/35

三江戰事錄不分卷　（清）顧苓撰　清光緒十
年（1884）刻本（五湖草廬主人藏板）　一冊

110000－3162－0002803　古46/37

濰縣科第考六卷　（□）□□撰　清抄本
一冊

110000－3162－0002804　古46/38

劉氏[勖]家乘不分卷　（清）程乾補編　清同
治四年（1865）刻本　一冊

110000－3162－0002805　古46/39

名儒言行錄二卷　（清）寶鎮編　清同治三年
（1864）無錫文苑閣刻本　六冊

110000－3162－0002806　古46/40

安丘縣學崇祀鄉賢小傳不分卷　（清）張貞撰
　清康熙四十三年（1704）刻本　一冊

110000－3162－0002807　古46/41

類聚數考不分卷　（□）□□撰　清刻本
一冊

110000－3162－0002808　古46/43－1

世忠錄一卷　（清）□□撰　清咸豐八年
（1858）刻本　一冊

110000－3162－0002809　古46/43－2

繼忠錄一卷　（清）程端本等撰　清咸豐六年
（1856）刻本　一冊

110000－3162－0002810　古46/45

雲臺二十八將圖不分卷　（清）張菊如繪　清
道光二十六年（1846）刻本　一冊

110000－3162－0002811　古46/46

山左分州縣人物考不分卷　（清）□□撰　清
抄本　十二冊

110000－3162－0002812　古46/47

膠東高氏[敬業]世德錄二卷　（清）□□撰
清抄本　二冊

110000－3162－0002813　古46/48

文竿匯氏二十四卷　（明）傅作興編　明崇禎
九年（1636）刻本　十二冊

110000－3162－0002814　古 46/49

姓譜不分卷　（□）□□撰　清抄本　四冊

110000－3162－0002815　古 46/50

義利法戒錄二卷　（清）沈兆澐撰　清同治四
年(1865)山東德州督糧署刻本　一冊

110000－3162－0002816　古 46/51

濰縣科貢表不分卷　（□）□□撰　清抄本
一冊

110000－3162－0002817　古 46/52

高士傳三卷　（晉）皇甫謐著　清光緒三年
(1877)湖北崇文書局刻本　一冊

110000－3162－0002818　古 46/53

安丘張氏列傳不分卷　（清）方仲鴻撰　清道
光二十三年(1843)刻本　一冊

110000－3162－0002819　古 46/54

古今同姓名錄二卷　（南朝梁）元帝蕭繹撰
(唐)陸善經續　（元)葉森補　清刻本　一冊

110000－3162－0002820　古 46/58

壬癸志稿二十八卷　（清）錢寶琛輯　清光緒
六年(1880)刻本　四冊

110000－3162－0002821　古 46/59

尚友錄二十二卷　（明）廖用賢編　（明）張伯
琮補輯　清康熙五年(1666)刻本(古婺正業
堂藏板）　二十四冊

110000－3162－0002822　古 46/62

涵芬樓古今文抄小傳四卷首一卷附錄一卷
(清)商務印書館編譯所編　清宣統三年
(1911)商務印書館鉛印本　一冊

110000－3162－0002823　古 46/63

覆校穆天子傳六卷補遺六卷　（晉）荀勗撰
(晉)郭璞注　清道光十二年(1832)五經歲徧
齋刻本　一冊

110000－3162－0002824　古 46/64

童蒙觀鑑六卷附一卷　（清）楊蘭畹鑒定
(清)丁磊山纂輯　清乾隆三十六年(1771)詠
春堂刻本　二冊

110000－3162－0002825　古 46/66

校正古今人表一卷　（漢）班固撰　（唐）顏師
古注　清道光十五年(1835)刻本　一冊

110000－3162－0002826　古 461/2

史記扁鵲倉公傳補注三卷　（漢）司馬遷撰
(南朝宋)裴駰集解　（宋)張驥補注　清刻本
二冊　存二卷(中、下)

110000－3162－0002827　古 461/3

左氏秦和傳補注一卷　（晉）杜預集解　（宋)
張驥補注　清光緒二十五年(1899)成都義生
堂刻本　一冊

110000－3162－0002828　古 462/1

鄭司農年譜一卷　（清）孫星衍撰　清嘉慶十
四年(1809)揚州阮元抄本　一冊

110000－3162－0002829　古 462/2

漢大司農康成鄭公年譜一卷　（清）侯登岸編
纂　清道光十八年(1838)抄本　一冊

110000－3162－0002830　古 462/3

鄭大司農年譜一卷　（清）林春溥編　清抄本
一冊

110000－3162－0002831　古 462/5

兩漢循吏類編四卷補遺一卷　（清）侯登岸著
清抄本　二冊

110000－3162－0002832　古 463/1

明良志略一卷　（清）劉沅撰　清道光二十九
年(1849)豫誠堂刻本　一冊

110000－3162－0002833　古 464/1

韓[愈]柳[宗元]年譜八卷　（清）馬曰璐輯
韓吏部文公[愈]年譜一卷　（宋）呂大防撰
韓文公歷官記一卷　（宋)程俱撰　韓子
[愈]年譜五卷　（宋)洪興祖撰　柳先生[宗
元]年譜一卷　（宋)文安禮撰　清咸豐五年
(1855)刻本　二冊

110000－3162－0002834　古 464/3

魏鄭公諫錄五卷考證一卷　（唐）王方慶集
清光緒九年(1883)長沙王氏刻本　一冊　存
三卷(一至二、考證一卷)

110000－3162－0002835　古 4651/1

127

宋名臣言行錄七十五卷　（宋）朱熹纂集　清
道光二十二年(1842)丹徒包氏刻本　十二冊

110000－3162－0002836　古4651/1.1

宋名臣言行錄七十五卷　（宋）朱熹纂集　清
道光元年(1821)歙續學堂洪氏刻本　十二冊

110000－3162－0002837　古4651/2

宋元明先儒紀略二卷先賢精論一卷　（□）徐
忠儀纂　清同治七年(1868)抄本　三冊

110000－3162－0002838　古4651/5

朱子[熹]年譜考異四卷　（清）王白田纂　清
乾隆白田草堂刻本　一冊

110000－3162－0002839　古4651/6

傳忠錄四卷　（清）湘史君編　清光緒三十一
年(1905)蓉湖柳蕩守三堂刻本　二冊

110000－3162－0002840　古4651/7

[紹興]登科錄一卷[寶祐]頭名錄一卷
（□）□□編　清咸豐五年(1855)刻本　一冊

110000－3162－0002841　古4651/8

宋遺民錄十五卷附天地間集一卷宋舊宮人詩
詞一卷　（明）程敏政編　清順治十年(1653)
刻本　三冊

110000－3162－0002842　古4651/9

宋中興百官題名三卷　繆荃孫輯　清光緒二
十二年(1896)刻本　一冊

110000－3162－0002843　古4651/10

自號錄一卷　（宋）徐光溥編　清光緒六年
(1880)刻本　一冊

110000－3162－0002844　古4651/11

昭忠錄一卷　（宋）無名氏撰　清道光三十年
(1850)刻本　一冊

110000－3162－0002845　古4653/1

廣元遺山[李光廷]年譜二卷　（清）李光廷編
　清同治五年(1866)刻本　二冊

110000－3162－0002846　古4654/2

元朝名臣事略十五卷　（元）蘇天爵撰　清乾
隆三十九年(1774)武英殿聚珍版刻本　四冊

110000－3162－0002847　古466/2-1

欽定勝朝殉節諸臣錄十二卷首一卷　（清）紀
昀　（清）陸錫熊　（清)孫士毅纂　清乾隆五
十四年(1789)四庫全書版刻本　六冊

110000－3162－0002848　古466/2-2

欽定勝朝殉節諸臣錄十二卷首一卷　（清）紀
昀　（清）陸錫熊　（清)孫士毅纂　清嘉慶二
年(1797)刻本　五冊

110000－3162－0002849　古466/4

皇明遜國臣傳五卷首一卷　（明）朱國禎輯
明刻本　二冊

110000－3162－0002850　古466/5

寒松先生[魏象樞]年譜一卷　（清）魏象樞口
述　清嘉慶十六年(1811)刻本　一冊

110000－3162－0002851　古466/7

濰陽丁氏族譜一卷丁氏家乘述德錄一卷
（清）陳調元等撰　清同治七年(1868)清怡堂
抄本　四冊

110000－3162－0002852　古466/8

勝朝殉揚錄三卷　（清）劉寶楠輯　清同治十
年(1871)淮南書局刻本　二冊

110000－3162－0002853　古466/9

建文[朱允炆]年譜二卷甲申秋杪山僧問答一
卷辨疑一卷提綱一卷後事一卷　（明）趙士哲
纂修　（明)趙濤　（明)趙瀚音注　清古北海
郡郭氏松南書廬抄本　二冊

110000－3162－0002854　古466/10

邱文莊公[浚]年譜一卷　（清）王國憲輯　清
光緒二十四年(1898)研經書院刻本　一冊

110000－3162－0002855　古466/11

龍山王氏家乘一卷　（清）□□撰　清抄本
一冊

110000－3162－0002856　古4666/14

奉先思孝錄一卷　（清）□□撰　清抄本
一冊

110000－3162－0002857　古466/16

表忠錄一卷附一卷　（清）□□輯　清刻本

二冊

110000 – 3162 – 0002858　古 466/19
皇明表忠記十卷首一卷附錄一卷　（明）錢士升撰　明崇禎六年(1633)刻本　六冊

110000 – 3162 – 0002859　古 466/20
勝國遺民錄四卷補遺一卷　（清）侯登岸著　清道光二十年(1840)抄本　二冊

110000 – 3162 – 0002860　古 466/21
明人集不分卷　（清）□□撰　清抄本　一冊

110000 – 3162 – 0002861　古 466/22
明鼎甲徵信錄四卷　（清）閻湘蕙編　清同治五年(1866)刻本　二冊

110000 – 3162 – 0002862　古 466/24
史外八卷　（清）汪有典著　清同治九年(1870)陝甘公所刻本　八冊

110000 – 3162 – 0002863　古 467/1 – 1
咸豐以來功臣別傳三十卷　（清）朱孔彰撰　清石印本　六冊

110000 – 3162 – 0002864　古 467/1 – 2
咸豐以來功臣別傳三十卷　（清）朱孔彰撰　清光緒二十四年(1898)漸學廬石印本　四冊

110000 – 3162 – 0002865　古 467/2
中興名臣事略八卷　（清）朱孔彰撰　清光緒二十四年(1898)上海書局石印本　四冊

110000 – 3162 – 0002866　古 467/2.1 – 1
中興名臣事略八卷　（清）朱孔彰撰　清光緒二十七年(1901)上海書局石印本　四冊

110000 – 3162 – 0002867　古 467/2.1 – 2
中興名臣事略八卷　（清）朱孔彰撰　清光緒二十七年(1901)上海書局石印本　四冊

110000 – 3162 – 0002868　古 467/2.1 – 3
中興名臣事略八卷　（清）朱孔彰撰　清光緒二十七年(1901)上海書局石印本　四冊

110000 – 3162 – 0002869　古 467/3
畿輔人物考八卷　（清）孫奇逢輯　清同治八年(1869)兼山堂刻本　八冊

110000 – 3162 – 0002870　古 467/5
國朝名臣言行錄十六卷　（清）王炳燮撰　清光緒十一年(1885)津河廣仁堂刻本　六冊

110000 – 3162 – 0002871　古 467/6
左文襄公榮哀錄一卷　（清）左念謙等編　清光緒刻本　四冊

110000 – 3162 – 0002872　古 467/7
左文襄公[宗棠]年譜十卷　（清）羅正鈞纂　清光緒二十三年(1897)湘陰左氏刻本　十冊

110000 – 3162 – 0002873　古 467/8
湖北節義錄十二卷補遺一卷　（清）黃昌輔編　（清）陳瑞珍彙纂　清同治九年(1870)崇文書局刻本　十三冊

110000 – 3162 – 0002874　古 467/9
碑傳集一百六十卷首二卷末二卷　（清）錢儀吉纂錄　清光緒十九年(1893)江蘇書局刻本　五十三冊　存一百三十八卷（一至二十五、五十二至一百六十,首二卷,末二卷）

110000 – 3162 – 0002875　古 467/9.03
續碑傳集八十六卷首二卷　繆荃孫纂錄　清宣統二年(1910)江楚編譯書局刻本　二十冊　存七十六卷（一至三十九、四十七至五十三、五十七至八十六）

110000 – 3162 – 0002876　古 467/10.010.
大清搢紳全書四卷大清中樞備覽二卷　（清）□□撰　清光緒十年(1884)寶善堂刻本　五冊

110000 – 3162 – 0002877　古 467/10.012.
大清中樞備覽二卷　（清）□□撰　清光緒十二年(1886)來鹿堂刻本　二冊

110000 – 3162 – 0002878　古 467/10.014.
大清搢紳全書四卷　（清）□□撰　清光緒十四年(1888)榮錄堂刻本　四冊

110000 – 3162 – 0002879　古 467/10.019.
大清搢紳全書四卷　（清）□□撰　清光緒十九年(1893)榮錄堂刻本　四冊

110000 – 3162 – 0002880　古 467/10.023.

大清搢紳全書新增爵秩全覽一卷 （清）□□
撰　清光緒二十三年(1897)刻本　二冊

110000－3162－0002881　古467/10.024.

大清搢紳全書四卷新增搢紳全書二卷 （清）
□□撰　清光緒二十四年(1898)榮寶齋刻本
六冊

110000－3162－0002882　古467/10.025.

大清搢紳全書四卷 （清）□□撰　清光緒二
十五年(1899)榮錄堂刻本　四冊

110000－3162－0002883　古467/10.029.

大清搢紳全書四卷大清中樞備覽二卷 （清）
□□撰　清光緒二十九年(1903)榮錄堂刻本
六冊

110000－3162－0002884　古467/10.033.

大清搢紳全書四卷 （清）□□撰　清光緒三
十三年(1907)榮錄堂刻本　四冊

110000－3162－0002885　古467/11－1

宗室王公世職章京爵龔秩次全表十卷 （清）
□□撰　清光緒三十三年(1907)石印本
十冊

110000－3162－0002886　古467/11－2

宗室王公世職章京爵龔秩次全表十卷 （清）
□□撰　清光緒三十三年(1907)石印本
十冊

110000－3162－0002887　古467/12

欽定宗室王公功績表傳十二卷首一卷　清乾
隆刻本　八冊

110000－3162－0002888　古467/13

軍機章京題名一卷 （清）□□撰　清道光八
年(1828)有嘉樹軒刻本　一冊

110000－3162－0002889　古467/14

鄭板橋年譜一卷　張幼俊編　清抄本　一冊

110000－3162－0002890　古467/15

羅忠節公[澤南]年譜二卷 （清）□□撰　清
同治二年(1863)長沙刻本　一冊

110000－3162－0002891　古467/16

沈端恪公[近思]年譜二卷 （清）沈曰富纂

清刻本　一冊

110000－3162－0002892　古467/17

唐公[友耕]年譜一卷附錄一卷 （清）唐鴻學
述　清光緒三十四年(1908)石印本　一冊

110000－3162－0002893　古467/18

吳門三相傳略 （清）管晏撰　清刻本　一冊

110000－3162－0002894　古467/19

乙酉科鄉試十八省同年全錄不分卷 （清）
□□撰　清光緒十一年(1885)翰古齋刻本
二冊

110000－3162－0002895　古467/20

廣東委缺一覽不分卷 （清）□□撰　清抄本
四冊

110000－3162－0002896　古467/21

張文襄公[之洞]大事記不分卷 （清）□□撰
清石印本　一冊

110000－3162－0002897　古467/22

張文襄公[之洞]大事記不分卷 （清）□□撰
清石印本　一冊

110000－3162－0002898　古467/23

劉坤一不分卷 （清）□□撰　清宣統元年
(1909)石印本　一冊

110000－3162－0002899　古467/23.1

劉坤一不分卷 （清）□□撰　清光緒二十九
年(1903)鉛印本　一冊

110000－3162－0002900　古467/23.2

劉坤一不分卷 （清）□□撰　清光緒二十九
年(1903)石印本　一冊

110000－3162－0002901　古467/24

吳昌壽行述不分卷 （清）胡受福撰　清刻本
一冊

110000－3162－0002902　古467/26

張忠烈公[煌言]年譜不分卷 （清）全祖望輯
清光緒二十二年(1896)慈溪童廣年刻本
一冊

110000－3162－0002903　古467/27

鹿文端公榮哀錄二卷 （清）□□撰 清宣統
三年（1911）天津華新印刷局鉛印本 一冊

110000－3162－0002904 古467/28
儒林傳四卷 （清）□□撰 清紅條格抄本
四冊

110000－3162－0002905 古467/30
阿文成公［桂］年譜三十四卷（康熙四十七年
至嘉慶十八年） （清）那彥成纂 清嘉慶十
八年（1813）刻本 三十四冊

110000－3162－0002906 古467/32
名賢手劄不分卷 （清）□□編 清光緒十年
（1884）湘陰郭氏岵瞻堂摹刻本 四冊

110000－3162－0002907 古467/33
樞垣題名不分卷 （清）□□編修 清道光八
年（1828）刻光緒十年（1884）重修本 一冊

110000－3162－0002908 古467/34－1
曾文正公日記不分卷（道光二十一年至同治
十年） （清）曾國藩撰 清宣統元年（1909）
上海中國圖書公司石印本 四十冊

110000－3162－0002909 古467/34－2
曾文正公日記不分卷（道光二十一年至同治
十年） （清）曾國藩撰 清宣統元年（1909）
上海中國圖書公司石印本 四十冊

110000－3162－0002910 古467/35
曾侯日記不分卷（光緒四年九月至五年三月）
（清）曾國藩撰 清光緒七年（1881）申報館
袖珍板鉛印本 一冊

110000－3162－0002911 古467/36
曾文正公［國藩］大事記四卷（道光十三年至
同治十一年） （清）王定安著 清光緒十三
年（1887）鴻文書局鉛印本 一冊

110000－3162－0002912 古467/36.1
曾文正公［國藩］大事記四卷 （清）王定安著
清光緒十六年（1890）鴻寶齋鉛印本 一冊

110000－3162－0002913 古467/36.2
曾文正公［國藩］大事記五卷家訓二卷 （清）
□□編 清石印本 一冊

110000－3162－0002914 古467/38
總理各國事務衙門同官錄不分卷 （清）□□
編 清光緒鉛印本 一冊

110000－3162－0002915 古467/40
陳氏族譜不分卷 （清）陳鶴鳴 （清）陳振進
等重修 清道光元年（1821）惇敘堂石印本
四冊

110000－3162－0002916 古467/42
山東節烈彙報不分卷 （清）□□編 清刻本
一冊

110000－3162－0002917 古467/44
趙公行狀一卷 （清）趙家瑞輯 清光緒三年
（1877）刻本 一冊

110000－3162－0002918 古467/46
南海先生遺稿不分卷 康有爲撰 清石印本
一冊

110000－3162－0002919 古467/47－1
崇祀鄉賢錄不分卷 （清）□□輯 清道光刻
本 一冊

110000－3162－0002920 古467/47－2
韓烈婦傳一卷 （清）□□輯 清道光五年
（1825）抄本 一冊

110000－3162－0002921 古467/47－3
韓理堂先生行述傳略祭文彙存不分卷 （清）
□□輯 清嘉慶抄本 一冊

110000－3162－0002922 古467/48
杜氏家譜摘抄不分卷 （明）于周等撰 （清）
□□輯 清抄本 一冊

110000－3162－0002923 古467/49
于氏家傳一卷 （明）于周等撰 （清）□□輯
清抄本 一冊

110000－3162－0002924 古467/50
于氏家傳一卷 （明）于周等撰 （清）□□輯
清抄本 一冊

110000－3162－0002925 古467/51
鄭康成［司農］年譜一卷 （清）沈可培輯 清
光緒二十八年（1902）抄本 一冊

110000 – 3162 – 0002926　　古 467/52

江南鄉試錄一卷　（清）翰林院編修　清康熙五十年(1711)刻本　一冊

110000 – 3162 – 0002927　　古 467/53

恩科山東鄉試題名錄一卷（乾隆六十年）(清)武英殿纂修　（清）翰林院編修　清乾隆六十年(1795)刻本　一冊

110000 – 3162 – 0002928　　古 467/54

桑文恪傳一卷　（清）國史館纂修　清光緒刻本　一冊

110000 – 3162 – 0002929　　古 467/55

國史儒林傳二卷　（清）□□輯　清光緒鉛印本　一冊

110000 – 3162 – 0002930　　古 467/56

長沙張文達公榮哀錄四卷　陳毅編　清宣統元年(1909)北京德興堂鉛印本　一冊

110000 – 3162 – 0002931　　古 467/57

濰縣郭氏[禮]家乘不分卷　（清）□□輯　清刻本　二冊

110000 – 3162 – 0002932　　古 467/58

雷塘庵主弟子記八卷浙江專祠錄一卷專祠錄事實一卷鄉賢錄一卷鄉賢錄事實一卷　（清）張鑒撰　清刻本　二冊

110000 – 3162 – 0002933　　古 467/59

孝恪先生鄉謚議不分卷　（清）王雪舫著　清道光六年(1826)世德堂刻本　一冊

110000 – 3162 – 0002934　　古 467/60

二曲先生[李顒]歷年紀略一卷潛確錄一卷(清)惠霖撰　清同治十二年(1873)應理書院刻本　一冊

110000 – 3162 – 0002935　　古 467/61

多忠勇公[隆阿]勤勞錄四卷　（清）李宗賓纂　清光緒三年(1877)刻本　四冊

110000 – 3162 – 0002936　　古 467/62

曾胡言行記不分卷（道光十七年至同治十一年）　（清）方柏壹遺著　清石印本　一冊

110000 – 3162 – 0002937　　古 467/63

曾文正公[國藩]大事記五卷　（清）王定安著　清石印本　一冊

110000 – 3162 – 0002938　　古 467/64

資政大夫左都御史顯考念庵府君[王沛恬]年譜二卷　（清）王棠等輯　清雍正十年(1732)石印本　二冊

110000 – 3162 – 0002939　　古 467/65

欽定鼎甲策不分卷　清光緒石印本　四冊

110000 – 3162 – 0002940　　古 467/66

敬恕齋遺稿二卷　（清）□□輯　清光緒二十四年(1898)刻本　二冊

110000 – 3162 – 0002941　　古 467/68

李忠武公遺書四卷奏疏一卷書牘二卷褒節錄一卷　（清）□□輯　清光緒十七年(1891)甌江巡署刻本　四冊

110000 – 3162 – 0002942　　古 467/69

沈文節公事實不分卷　（清）沈守廉輯　清光緒八年(1882)京師補輯刻本　一冊

110000 – 3162 – 0002943　　古 467/70

誥授光錄大夫建威將軍原任江甯將軍予謚莊靖先考寶臣府君行述不分卷　（清）莊魁瀛述　清刻本　一冊

110000 – 3162 – 0002944　　古 467/71

李石渠先生治閩政略不分卷　（清）黃貽楫編　清光緒元年(1875)梅石山房石印本　一冊

110000 – 3162 – 0002945　　古 467/72

楊忠武侯宣勤積慶圖冊一卷　（清）□□纂　清光緒十一年(1885)石印本　一冊

110000 – 3162 – 0002946　　古 467/73

曾文正公批讀六卷　（清）曾國藩撰　清光緒十四年(1888)鴻文書局鉛印本　一冊

110000 – 3162 – 0002947　　古 467/75

多忠勇公[隆阿]勤勞錄四卷　（清）雷正縮纂輯　清光緒元年(1875)固原提署刻本　四冊

110000 – 3162 – 0002948　　古 467/76

周武壯公遺書九卷首二卷外集三卷別集一卷附錄一卷　（清）周家駒編輯　清光緒三十一

年（1905）金陵刻本　十冊

110000－3162－0002949　古467/77
胡文忠公遺集三十四卷　（清）鄭敦謹　（清）曾國荃編輯　清蘭墨印刻本　十冊

110000－3162－0002950　古467/78.1－1
貳臣傳十二卷　（清）□□撰　清都城琉璃廠半松居士木活字印本　六冊

110000－3162－0002951　古467/78.1－2
逆臣傳四卷　（清）□□撰　清都城琉璃廠半松居士木活字印本　二冊

110000－3162－0002952　古467/78.1－1.1
貳臣傳十二卷　（清）□□撰　清都城琉璃廠半松居士木活字印本　六冊

110000－3162－0002953　古467/78.1－2.1
逆臣傳四卷　（清）□□撰　清都城琉璃廠半松居士木活字印本　二冊

110000－3162－0002954　古467/79－1
貳臣傳二十卷　（清）□□撰　清刻本　二十冊

110000－3162－0002955　古467/79－2
逆臣傳八卷　（清）□□撰　清刻本　八冊

110000－3162－0002956　古467/80
熙朝宰輔錄不分卷　（清）潘世恩等輯　（清）沈桂芬增補　清光緒三年（1877）刻本　一冊

110000－3162－0002957　古467/81
錦里新編十六卷首一卷　（清）張邦伸纂輯　清嘉慶五年（1800）刻本（敦彝堂藏版）　八冊

110000－3162－0002958　古467/83
孫佩南先生濰縣碑傳不分卷　（清）□□撰　清抄本　一冊

110000－3162－0002959　古467/84
郭宅祭文不分卷　（清）□□撰　清抄本　一冊

110000－3162－0002960　古467/85
丙子山東舉人七十一名不分卷　（清）□□輯　清光緒抄本　一冊

110000－3162－0002961　古467/86
同治以來督撫譜不分卷　吳廷燮纂　清光緒三十年（1904）鉛印本　一冊

110000－3162－0002962　古467/88
焦文起先生傳不分卷　（清）王篔撰　清咸豐三年（1853）抄本　一冊

110000－3162－0002963　古467/90
羅公星潭夫子行狀一卷趨庭紀聞一卷　（清）□□輯　清光緒二十六年（1900）刻本　一冊

110000－3162－0002964　古467/91
栗恭勤公［毓美］年譜二卷　（清）張壬林編輯　清光緒十六年（1890）刻本　二冊

110000－3162－0002965　古467/92
江西通省文武同官錄二卷　（清）□□輯　清光緒三十四年（1908）吳慶福堂刻本　一冊　存一卷（上）

110000－3162－0002966　古467/93
范將軍逸事記不分卷　（清）□□撰　清紅格抄本　一冊

110000－3162－0002967　古467/95
軍官學堂兩班學員銜名年籍全冊不分卷　(清)陸軍軍官學堂編　清光緒三十四年（1908）石印本　一冊

110000－3162－0002968　古467/96
表忠錄四卷　（清）黃樹滋等撰　清咸豐二年（1852）刻本　四冊

110000－3162－0002969　古467/97
黎文肅公遺書六十七卷　（清）黎培敬撰　清光緒十八年（1892）湘潭黎氏刻本　二十冊

110000－3162－0002970　古467/98
周屋三義傳不分卷　（清）李顯著　清刻本　一冊

110000－3162－0002971　古467/99
平雄紀略不分卷　（清）陳永年等撰　清刻本　一冊

110000－3162－0002972　古467/101
曾文正公家訓二卷　（清）曾國藩著　清光緒

十三年(1887)鴻文書局鉛印本　一冊

110000－3162－0002973　古467/102
李鴻章不分卷　梁啟超著　清光緒二十七年(1901)石印本　一冊

110000－3162－0002974　古467/102.1－1
李鴻章不分卷　梁啟超著　清光緒二十七年(1901)石印本　一冊

110000－3162－0002975　古467/102.1－2
李鴻章不分卷　梁啟超著　清光緒二十七年(1901)石印本　一冊

110000－3162－0002976　古467/104
曾太傅毅勇侯傳略不分卷　(清)黎庶昌撰　清刻本　一冊

110000－3162－0002977　古467/105
國朝先正事略正編八卷　(清)李元度撰　國朝先正事略續編三卷　(清)朱孔彰撰　清光緒二十八年(1902)廣益書局石印本　十冊

110000－3162－0002978　古467/106
浙江忠義錄十卷　(清)浙江採訪忠義局編　清同治六年(1867)浙江採訪忠義總局刻本　四冊

110000－3162－0002979　古467/107
岑襄勤公勳德介福圖不分卷　(清)岑春榮等輯　清光緒十七年(1891)石印本　一冊

110000－3162－0002980　古467/111
求闕齋弟子記三十二卷　(清)王定安撰　清光緒二年(1876)龍文齋刻本　十六冊

110000－3162－0002981　古467/113
劉忠誠公[坤一]榮哀錄二卷補編一卷　(清)張之洞等撰　清光緒二十八年(1902)樊榮桂刻本　一冊

110000－3162－0002982　古467/114
歸安趙忠節公遺墨一卷列傳一卷　(清)趙景賢撰　別傳一卷　(清)汪曰楨撰　溫次言先生詩錄一卷　(清)溫汝超撰　(清)趙溙彥等編次　清光緒八年(1882)刻本　一冊

110000－3162－0002983　古467/117

金剛滸公表忠錄不分卷　(清)金頤增輯　清光緒二十一年(1895)刻本　一冊

110000－3162－0002984　古467/118
駱文忠公[秉章]年譜二卷本傳一卷祭文碑文一卷　(清)張蔭桓撰　清光緒二十一年(1895)粵東新館刻本　二冊

110000－3162－0002985　古467/119
清故資政大夫海軍協都統嚴君墓誌銘不分卷　(清)陳寶琛撰　清石印本　一冊

110000－3162－0002986　古467/121
劉襄勤史傳稿不分卷　何維樸錄　清宣統二年(1910)石印本　一冊

110000－3162－0002987　古467/122
曾文正公事略四卷曾文正公祠雅集圖記一卷　(清)王定安撰　清光緒元年(1875)北京琉璃廠龍文齋刻本　二冊

110000－3162－0002988　古467/123
曾文正公[國藩]榮哀錄一卷　(清)□□撰　清光緒十三年(1887)鴻文書局鉛印本　一冊

110000－3162－0002989　古467/124
辛酉春殉難碑記不分卷　(清)□□撰　清抄本　一冊

110000－3162－0002990　古467/125
忠義紀聞錄三十卷贈文林郎圃香陳先生事畧一卷後序一卷　(清)陳繼聰述　清光緒八年(1882)刻本　八冊

110000－3162－0002991　古467/126－1
中興將帥別傳三十卷　(清)朱孔彰撰　清光緒二十五年(1899)掃葉山房石印本　四冊

110000－3162－0002992　古467/126－2
中興將帥別傳三十卷　(清)朱孔彰撰　清光緒二十五年(1899)掃葉山房石印本　四冊

110000－3162－0002993　古467/128
中興名將傳略不分卷　(清)□□撰　清光緒二十七年(1901)石印本　一冊

110000－3162－0002994　古467/131
李龍川[光炘]年譜不分卷　(清)□□撰　清

抄本　一冊

110000－3162－0002995　古47/1
大清一統志四百二十四卷　（清）勅重等纂
清乾隆刻本　一百二十冊

110000－3162－0002996　古47/1.1
嘉慶重修一統志五百六十卷　（清）邵燦等纂
清道光二十二年（1842）上海涵芬樓影印清
史館藏進呈寫本　二百冊

110000－3162－0002997　古47/1.1△
嘉慶重修一統志索隱不分卷　（清）□□撰
清鉛印本（藝文印書館藏版）　十冊

110000－3162－0002998　古47/1.2
大清一統志五百卷　（清）勅重等纂　清光緒
二十八年（1902）上海寶善齋石印本　六十冊

110000－3162－0002999　古47/2
**元和郡縣圖志四十卷附闕卷逸文一卷補志九
卷**　（唐）李吉甫撰　（清）嚴觀輯　清光緒六
年至八年（1880－1882）金陵書局刻本　八冊

110000－3162－0003000　古47/4
皇朝一統輿地全圖不分卷　（清）王新甫繪
清光緒二十八年（1902）漢讀樓書局石印本
二冊

110000－3162－0003001　古47/5
皇朝藩屬輿地叢書六集　（清）黃沛翹等輯
清光緒二十九年（1903）上海書局上海文瑞樓
石印本　四十八冊

110000－3162－0003002　古47/7
皇朝輿地略不分卷　（清）六承如著　清光緒
五年（1879）羊城王氏聽春雨樓刻本　四冊

110000－3162－0003003　古47/8
輿地總圖不分卷　（清）□□撰　清乾隆十二
年（1747）抄本　四冊

110000－3162－0003004　古47/9
方輿全圖總說五卷　（清）顧祖禹輯　清光緒
二十五年（1899）上海二林齋石印本　五冊

110000－3162－0003005　古47/10－2
大清帝國全圖一卷　（清）□□繪　清光緒三

十一年（1905）上海商務印書館彩印本　一冊

110000－3162－0003006　古47/11
中國沿海地志不分卷　（□）□□撰　清舊抄
本　一冊

110000－3162－0003007　古47/13
八省輿全圖不分卷　（清）休丞敬繪　清彩繪
本　一冊

110000－3162－0003008　古47/15
七省沿海全圖一卷　（清）□□繪　清彩繪本
一冊

110000－3162－0003009　古47/18
地圖綜要不分卷　（明）李釜源鑒定　（明）朱
國達等編輯　明刻本　十冊

110000－3162－0003010　古47/19
示我周行二集　（清）賴盛遠輯　清乾隆三十
九年（1774）靈蘭堂刻本　三冊

110000－3162－0003011　古47/20
增補都門紀略不分卷　（清）楊靜亭編輯　清
光緒九年（1883）刻本　九冊

110000－3162－0003012　古47/24
輿地學講義不分卷　（清）韓樸存編輯　清光
緒三十一年至三十三年（1905－1907）京師譯
學館鉛印本　四冊

110000－3162－0003013　古47/25－1
小方壺齋輿地叢抄十二帙六十四卷　（清）俞
正燮　（清）吳鐘史等著　（清）王錫祺輯　清
光緒十七年（1891）南清河王氏鑄版上海著易
堂鉛印本　五十六冊　存六十三卷（一至三
十二、三十四至六十四）

110000－3162－0003014　古47/25－2
小方壺齋輿地叢抄十二帙六十四卷　（清）俞
正燮　（清）吳鐘史等著　（清）王錫祺輯　清
光緒十七年（1891）南清河王氏鑄版上海著易
堂鉛印本　六十四冊

110000－3162－0003015　古47/26－1
問影樓輿地叢書四十四卷　（宋）彭大雅等撰
清光緒三十四年（1908）京師仿聚珍版鉛印

本　十册

110000－3162－0003016　古47/26－2
問影樓輿地叢書四十四卷　（宋）彭大雅等撰
　清光緒三十四年（1908）京師仿聚珍版鉛印
本　十册

110000－3162－0003017　古47/27
［弘治］大明一統志九十卷　（明）李賢等修
明弘治十八年（1505）慎獨齋刻本　四十册

110000－3162－0003018　古47/28
［嘉慶］乾隆府廳州縣圖志五十卷　（清）洪亮
吉撰　清嘉慶七年（1802）刻本　十二册

110000－3162－0003019　古47/29
天下郡國利病書一百二十卷　（清）顧炎武撰
　清光緒二十六年（1900）廣雅書局刻本　五
十册

110000－3162－0003020　古47/30
邊疆簡覽三卷　（清）李慎儒　鴻軒氏著　清
光緒二十八年（1902）石印本　一册

110000－3162－0003021　古47/31
最新地理教科書四卷　（清）商務印書館編譯
所編纂　清光緒三十二年（1906）商務印書館
鉛印本　一册　存三卷（二至四）

110000－3162－0003022　古47/32
全圖山海經十八卷山海經圖贊一卷　（晉）郭
璞傳　清光緒十八年（1892）聯興堂馮烘記刻
上海中和書店刻本　六册

110000－3162－0003023　古47/39
天下郡國利病書一百二十卷　（清）顧炎武撰
　清光緒二十九年（1903）上海益吾齋石印本
二十四册

110000－3162－0003024　古4721/1
［光緒］畿輔通志三百卷首一卷　（清）李鴻章
等纂修　清光緒十年（1884）古蓮華池刻本
一百六十册

110000－3162－0003025　古4721/2
畿輔輿地全圖九十三卷　（□）□□撰　清刻
本　十二册　存十二卷（四十六至五十五、九

十二至九十三）

110000－3162－0003026　古4721/3
［光緒］順天府志百三十卷　（清）周家楣
（清）萬青藜修　清光緒十二年（1886）刻本
六十四册

110000－3162－0003027　古4721/7－1
［光緒］通州志十卷末一卷　（清）高建勳修
清光緒五年（1879）鉛印　十二册

110000－3162－0003028　古4721/9
［光緒］涿州志二十二卷首一卷　（清）吳山鳳
等纂修　清光緒元年（1875）刻本　十二册

110000－3162－0003029　古4721/14
［康熙］保定府志二十九卷　（清）紀弘漠修
清康熙十九年（1680）刻本　十二册

110000－3162－0003030　古4721/19
［光緒］容城縣志八卷首一卷圖一卷　（清）俞
廷獻　（清）曹鵬等修　清光緒二十二年
（1896）刻本　八册

110000－3162－0003031　古4721/21
［光緒］雄縣鄉土志十五卷　（清）劉崇本編
清光緒三十一年（1905）鉛印本　一册

110000－3162－0003032　古4721/27
［光緒］臨榆縣志二十四卷首一卷　（清）趙允
祐修　（清）高錫疇等纂　清光緒四年（1878）
刻本　十册

110000－3162－0003033　古4721/28
［康熙］河間縣志十二卷　（清）楊九有修　清
康熙十三年（1674）刻本　八册

110000－3162－0003034　古4721/29
［乾隆］獻縣志二十卷圖一卷歷代沿革表一卷
　（清）萬廷蘭纂修　清乾隆二十六年（1761）
刻本　十二册

110000－3162－0003035　古4721/30
［乾隆］任邱縣志十二卷首一卷　（清）劉統
（清）劉炳等修　清乾隆二十八年（1763）刻本
十册

110000－3162－0003036　古4721/32－1

[乾隆]天津縣志二十四卷　（清）朱奎揚
（清）張志奇修　清乾隆四年(1739)刻本　八冊

110000－3162－0003037　古4721/32－2

[乾隆]天津縣志二十四卷　（清）朱奎揚
（清）張志奇修　清乾隆四年(1739)刻本
八冊

110000－3162－0003038　古4721/32－3

[同治]續天津縣志二十卷首一卷　（清）吳惠
元修　（清）蔣玉虹等編輯　清同治九年
(1870)刻本　八冊

110000－3162－0003039　古4721/32－4

[同治]續天津縣志二十卷首一卷　（清）吳惠
元修　（清）蔣玉虹等編輯　清同治九年
(1870)刻本　八冊

110000－3162－0003040　古4721/39

[同治]欒城縣志十四卷首一卷末一卷　（明）
耿繼武創修　（清）趙炳　（清）桂超萬等重修
（清）張惇德纂輯　清同治十一年(1872)刻
本　六冊

110000－3162－0003041　古4721/40

[光緒]東光縣志十二卷首一卷末一卷　（明）
廖紀增修　（明）余良弼　（清）白爲幾
（清）簫德宣　（清）周植瀛等重修　清光緒十
四年(1888)刻本　十冊

110000－3162－0003042　古4721/51

[光緒]新河縣志十六卷　（清）趙鴻鈞
（清）王澍霖修　清光緒二年(1876)刻宣統元
年(1909)勸學所補刻本　四冊

110000－3162－0003043　古4721/52－1

[嘉慶]棗強縣志二十卷　（清）任衍蕙修
（清）楊元錫纂　清嘉慶九年(1804)刻本
五冊

110000－3162－0003044　古4721/52－2

[光緒]棗強縣志補正二卷　（清）方宗誠補正
清光緒二年(1876)棗強縣署刻本　一冊

110000－3162－0003045　古4721/53

[光緒]趙州志十六卷首一卷末一卷　（明）張

清創修　（清）祝萬祉　（清）孫傳栻重修　清
光緒二十三年(1897)刻本　六冊

110000－3162－0003046　古4721/54－1

趙州屬邑志八卷　（清）孫傳栻纂修　清刻本
四冊

110000－3162－0003047　古4721/54－2

趙州屬邑志八卷　（清）孫傳栻纂修　清刻本
四冊

110000－3162－0003048　古4721/55

[光緒]深州風土記二十二卷　（清）吳汝綸纂
清光緒二十六年(1900)文瑞書院刻本
六冊

110000－3162－0003049　古4721/59

[同治]深澤縣志十卷　（清）張衍壽修
（清）王肇晉纂輯　清同治元年(1862)鉛印本
二冊

110000－3162－0003050　古4721/61

[乾隆]欽定熱河志一百二十卷　（清）和坤
（清）梁國治纂修　清乾隆四十六年(1781)刻
本　二十冊

110000－3162－0003051　古4721/62

[光緒]承德府志六十卷首二十六卷　（清）海
忠等纂修　（清）成格等鑒定　（清）屠之申等
參定　清光緒十三年(1887)刻本　二十四冊

110000－3162－0003052　古4721/63

[乾隆]萬全縣志十卷首一卷　（清）左承業纂
修　清乾隆七年(1742)刻本　四冊

110000－3162－0003053　古4721/64

[光緒]蔚州志二十卷首一卷　（清）王袞鑒定
（清）慶之金　（清）楊篤纂輯　清光緒三年
(1877)刻本　八冊

110000－3162－0003054　古4721/65

畿輔義倉圖不分卷　（□）□□撰繪　清刻本
四冊

110000－3162－0003055　古4721/66

[乾隆]邱縣志八卷　（清）黃景曾重修　清乾
隆四十七年(1782)抄本　四冊

110000－3162－0003056　古4721/70

[乾隆]永清縣志二十八卷　（清）周震榮主修
（清）章學誠纂修　清乾隆四十四年(1779)
永清縣署刻本　十冊

110000－3162－0003057　古4721/70.1

[光緒]續永清縣志十四卷　（清）李鴻章等鑒
修　（清）李秉鈞　（清）吳欽修　清光緒元年
(1875)刻本　四冊

110000－3162－0003058　古4721/73

[光緒]重修天津府志五十四卷首一卷末一卷
（清）李鴻章鑒修　沈家本　（清）徐宗亮等
纂修　清光緒二十五年(1899)刻本　二十
八冊

110000－3162－0003059　古4721/74

[乾隆]易州志十八卷首一卷　（清）楊芊纂修
清乾隆十二年(1747)刻本　八冊

110000－3162－0003060　古4721/76

[光緒]昌平州志十八卷　（明）崔學履
（清）耿繼先　（清）續昌等重修　清光緒十二
年(1886)刻本　八冊

110000－3162－0003061　古4721/79

[乾隆]寶坻縣誌十八卷　（清）洪肇楙輯　清
乾隆十年(1745)刻本　八冊

110000－3162－0003062　古4721/80

[光緒]續修故城縣志十二卷首一卷　（清）丁
燦　（清）王塏德纂修　（清）張煥等續修　清
光緒十一年(1885)刻本　八冊

110000－3162－0003063　古4722/2－1

[乾隆]歷城縣志五十卷首一卷　（清）胡德琳
修　清乾隆三十八年(1773)刻本　十六冊

110000－3162－0003064　古4722/2－2

[乾隆]歷城縣志五十卷首一卷　（清）胡德琳
修　清乾隆三十八年(1773)刻本　十六冊

110000－3162－0003065　古4722/6

[光緒]山東省沿革表四卷首一卷　（清）張昭
潛著　清光緒二十七年(1901)刻本　二冊

110000－3162－0003066　古4722/7－1

[乾隆]齊乘六卷考證六卷　（清）于欽纂　清
乾隆四十六年(1781)刻本　四冊

110000－3162－0003067　古4722/7－2

[乾隆]齊乘六卷考證六卷　（清）于欽纂　清
乾隆四十六年(1781)刻本　三冊　存十卷
(齊乘三至六、考證六卷)

110000－3162－0003068　古4722/8

[康熙]長山縣誌十卷首一卷末一卷　（清）孫
衍輯　清康熙五十五年(1716)刻本　四冊

110000－3162－0003069　古4722/9

[嘉慶]長山縣志十六卷首一卷末一卷　（清）
鍾廷瑛纂輯　（清）倪企望重修　清嘉慶六年
(1801)刻本　十冊

110000－3162－0003070　古4722/10

[乾隆]濟陽縣志十四卷首一卷　（清）胡德琳
修　清乾隆三十年(1765)刻本　八冊

110000－3162－0003071　古4722/12.01

[同治]臨邑縣志十六卷首一卷末一卷　（清）
陳鴻翾修　清同治十三年(1874)刻本　七冊
存十三卷(一至二、六至十六)

110000－3162－0003072　古4722/13

[光緒]沾化縣志十六卷首一卷　（清）聯印總
修　（清）張會一總纂　清光緒十七年(1891)
刻本　四冊

110000－3162－0003073　古4722/14

[道光]長清縣志十六卷首一卷末一卷　（清）
舒化民修　清道光十五年(1835)刻本　九冊

110000－3162－0003074　古4722/16

[乾隆]平原縣志十卷首一卷　（清）張蕙等重
修　（明）劉定宇重刊　清乾隆十四年(1749)
刻本　四冊

110000－3162－0003075　古4722/17.01

[乾隆]曲阜縣志一百卷　（清）潘相修　清乾
隆三十九年(1774)聖化堂刻本　十二冊

110000－3162－0003076　古4722/18

[乾隆]臨清直隸州志十一卷首一卷　（清）張
度總纂　清乾隆五十年(1785)刻本　十一冊

110000 - 3162 - 0003077　古4722/20

[嘉慶]陋巷志八卷　（清）邦城敬等撰
（清）顏星重刊　清嘉慶二十二年(1817)刻本
二冊

110000 - 3162 - 0003078　古4722/21

[光緒]鄒縣鄉土志一卷　（清）胡煒修　清光
緒三十三年(1907)山東國文報館石印本
一冊

110000 - 3162 - 0003079　古4722/23

[光緒]嶧縣志二十五卷首一卷　（清）王振錄
等主修　清光緒三十年(1904)嶧縣義塾刻本
十一冊

110000 - 3162 - 0003080　古4722/24

[光緒]壽張縣誌十卷首一卷　（明）周三錫創
修　（清）陳瑛　（清）劉文煒續修　（清）王
守謙編次　清光緒二十六年(1900)壽良書院
刻本　六冊

110000 - 3162 - 0003081　古4722/25

[光緒]堂邑縣志二十卷　（清）盧承琰修　清
光緒十八年(1892)崔城書院刻本　四冊

110000 - 3162 - 0003082　古4722/26

[宣統]莘縣鄉土志不分卷　周鄭表纂修　孔
廣文編纂　清宣統元年(1909)石印本　一冊

110000 - 3162 - 0003083　古4722/29 - 1

[雍正]恩縣續志五卷　（清）陳學海修
（清）韓天蕘編輯　清雍正元年(1723)刻本
一冊

110000 - 3162 - 0003084　古4722/29 - 2

[萬曆]恩縣志六卷　（明）孫居相修　（明）
雷金聲編輯　明萬曆二十六年(1598)刻本
一冊　存三卷(四至六)

110000 - 3162 - 0003085　古4722/29 - 3

[萬曆]恩縣志六卷　（明）孫居相修　（明）
雷金聲編輯　明刻本　一冊　存一卷(四)

110000 - 3162 - 0003086　古4722/30

[康熙]益都縣志十四卷首一卷　（清）陳食花
修　清康熙十二年(1673)刻本　六冊

110000 - 3162 - 0003087　古4722/31 - 1

[光緒]益都縣圖志五十四卷首一卷　（清）法
紀堂編　清光緒三十三年(1907)刻本　十
六冊

110000 - 3162 - 0003088　古4722/31 - 2

[光緒]益都縣圖志五十四卷首一卷　（清）法
紀堂編　清光緒三十三年(1907)刻本　十
六冊

110000 - 3162 - 0003089　古4722/32

[光緒]博興縣志十三卷　（清）□□修　清刻
本　一冊　存三卷(十一至十三)

110000 - 3162 - 0003090　古4722/38

[嘉慶]昌樂縣志三十二卷　（清）賀基昌纂
清嘉慶十四年(1809)刻本　六冊

110000 - 3162 - 0003091　古4722/39

[乾隆]高密縣志十卷首一卷末一卷　（清）錢
廷熊纂修　清乾隆十九年(1754)刻本　八冊

110000 - 3162 - 0003092　古4722/43

[萬曆]安丘縣志二十八卷　（明）熊元修
（明）馬文煒撰　明萬曆十七年(1589)刻本
四冊

110000 - 3162 - 0003093　古4722/45

[道光]章邱縣志十六卷首一卷末一卷　（清）
吳璋總纂　（清）曹棐堅纂修　清道光十三年
(1833)刻本　八冊

110000 - 3162 - 0003094　古4722/48.01

[乾隆]諸城縣志四十六卷　（清）李文藻等纂
修　（清）宮懋讓裁定　清乾隆二十九年
(1764)刻本　八冊

110000 - 3162 - 0003095　古4722/48.02

[道光]諸城縣續志二十三卷　（清）劉光斗裁
定　（清）朱學海纂修　清道光十四年(1834)
刻本　四冊

110000 - 3162 - 0003096　古4722/50 - 1

[道光]重修蓬萊縣志十四卷　（清）王文壽總
理　（清）蔡永華等修　（清）張本編次　清道
光十九年(1839)刻本　八冊

110000－3162－0003097　古4722/50－2

[道光]重修蓬萊縣志十四卷　（清）王文壽總理　（清）蔡永華等修　（清）張本編次　清道光十九年(1839)刻本　八冊

110000－3162－0003098　古4722/50.1

[光緒]蓬萊縣續志十四卷　（清）鄭錫鴻総理　（清）王爾植等編次　清光緒八年(1882)刻本　四冊

110000－3162－0003099　古4722/51

[同治]黃縣志十四卷首一卷末一卷　（清）尹繼美纂修　清同治十一年(1872)刻本　四冊

110000－3162－0003100　古4722/53

[道光]招遠縣續志四卷　（清）陳國器等總裁　（清）李蔭等纂修　清道光二十六年(1846)刻本　四冊

110000－3162－0003101　古4722/54

[道光]招遠縣志十二卷　（清）張鳳羽編輯　清道光二十六年(1846)刻本　四冊

110000－3162－0003102　古4722/55

[光緒]棲霞縣志十卷首一卷　（清）黃麗中主修　（清）于如川纂修　清光緒五年(1879)刻本　八冊

110000－3162－0003103　古4722/57

[同治]重修寧海州志二十六卷　（清）舒孔安總修　（清）王厚階纂修　清同治三年(1864)牟平書院刻本　六冊

110000－3162－0003104　古4722/59

[康熙]萊州府志十二卷首一卷　（清）陳謙纂修　清康熙五十一年(1712)抄本　十三冊

110000－3162－0003105　古4722/61

[道光]文登縣誌十卷　（清）歐文纂修　清道光二十年(1840)刻本　四冊

110000－3162－0003106　古4722/63

[乾隆]威海衛志十卷首一卷　（清）畢懋第原修　（清）郭文大續修　（清）王士任鑒定　清乾隆四十二年(1777)刻本　二冊

110000－3162－0003107　古4722/65

[道光]重修平度洲志二十七卷　（清）保忠總修　（清）李圖總纂　（清）李澍原纂　清道光二十九年(1849)刻本　八冊

110000－3162－0003108　古4722/66－1

[光緒]濰縣鄉土志不分卷　（清）宋朝楨總纂　清光緒三十三年(1907)石印本　一冊

110000－3162－0003109　古4722/66－2

[光緒]濰縣鄉土志不分卷　（清）宋朝楨總纂　清光緒三十三年(1907)石印本　一冊

110000－3162－0003110　古4722/67

[光緒]濰縣沿革表不分卷　（清）張次陶輯　清光緒二年(1876)抄本　一冊

110000－3162－0003111　古4722/69

[萬曆]濰縣志十卷　（明）劉廷錫纂　清同治元年(1862)仿明萬曆志抄本　二冊

110000－3162－0003112　古4722/70－1

[乾隆]濰縣志六卷首一卷末一卷　（清）王珍原修　（清）張耀璧總裁　（清）王涌芬編纂　清乾隆二十五年(1760)刻本　六冊

110000－3162－0003113　古4722/70－2

[乾隆]濰縣志六卷首一卷末一卷　（清）王珍原修　（清）張耀璧總裁　（清）王涌芬編纂　清乾隆二十五年(1760)刻本　六冊

110000－3162－0003114　古4722/71

[康熙]濰縣志九卷　（清）王珍總裁　（清）陳調元編纂　清康熙十一年(1672)刻本　五冊

110000－3162－0003115　古4722/72

[乾隆]海陽縣志八卷　（清）包桂纂修　清乾隆七年(1742)刻本　四冊

110000－3162－0003116　古4722/72.1

[乾隆]海陽縣志八卷　（清）包桂纂修　清乾隆七年(1742)刻本　四冊

110000－3162－0003117　古4722/72.2

[光緒]海陽縣續志十卷首一卷　（清）王敬勳承修　清光緒六年(1880)清畏堂刻本　六冊

110000－3162－0003118　古4722/74.01

[乾隆]昌邑縣志八卷 （清）周來邰纂修 清乾隆七年（1742）刻本 四冊

110000－3162－0003119 古4722/74.02
[光緒]昌邑縣續志八卷 （清）陳嘉楷倡修 （清）吳弼昌總修 （清）韓天衢纂輯 清光緒三十三年（1907）刻本 六冊

110000－3162－0003120 古4722/75
[乾隆]膠州志八卷首一卷 （清）周于智修 清乾隆十七年（1752）刻本 八冊

110000－3162－0003121 古4722/76
[道光]膠州志四十卷 （清）張同聲總修 （清）李圖總纂 清道光二十五年（1845）刻本 八冊

110000－3162－0003122 古4722/78
[乾隆]即墨縣志十三卷首一卷 （清）尤淑孝裁定 （清）李元正修輯 清乾隆二十九年（1764）刻本 六冊

110000－3162－0003123 古4722/79
[同治]即墨縣志十二卷圖一卷 （清）林溥修輯 清同治十二年（1873）刻本 八冊

110000－3162－0003124 古4722/83
[光緒]惠民縣志補遺不分卷 （清）柳堂主修 清光緒二十七年（1901）尊經閣刻本 一冊

110000－3162－0003125 古4722/84
[康熙]費縣志十卷圖一卷 （清）黃學勤纂修 清康熙二十八年（1689）刻本 四冊

110000－3162－0003126 古4722/85
[乾隆]掖縣志八卷首一卷 （清）張思勉總裁 （清）于始瞻纂修 清乾隆二十六年（1761）刻本 八冊

110000－3162－0003127 古4722/86
[嘉慶]續掖縣志四卷 （清）張彤修 （清）張詡纂 清嘉慶刻本 三冊 存三卷（二至四）

110000－3162－0003128 古4722/87
[光緒]三續掖縣志四卷首一卷 （清）魏起鵬總裁 （清）王績藩等纂修 清光緒十九年（1893）刻本 四冊

110000－3162－0003129 古4722/89
[光緒]魚臺縣志四卷首一卷末一卷 （清）王恩培鑒定 （清）趙英祚纂修 清光緒十五年（1889）刻本 四冊

110000－3162－0003130 古4722/90
[光緒]曹縣志十八卷首一卷 （清）陳嗣良總修 （清）孟廣來纂修 清光緒十年（1884）居敬書院刻本 四冊

110000－3162－0003131 古4722/92
[道光]沂水縣志十卷 （清）張燮纂修 清道光七年（1827）刻本 六冊

110000－3162－0003132 古4722/95
[光緒]日照縣志十二卷首一卷 （清）陳懋修 （清）張庭詩 （清）李堉纂 清光緒十二年（1886）刻本 四冊

110000－3162－0003133 古4722/96
[康熙]蒙陰縣志八卷圖一卷 （清）劉德芳修 清康熙二十四年（1685）抄本 二冊

110000－3162－0003134 古4722/97
[萬曆]萊蕪縣志十卷 （明）吳來朝纂修 明萬曆刻本 四冊

110000－3162－0003135 古4722/99－1
[宣統]莒州志八卷 高士英總纂 榮相鼎纂修 清宣統元年（1909）刻本 八冊

110000－3162－0003136 古4722/99－2
[宣統]莒州志八卷 高士英總纂 榮相鼎纂修 清宣統元年（1909）刻本 八冊

110000－3162－0003137 古4722/100
[嘉慶]莒州志十六卷首一卷 （清）許紹錦等纂修 清嘉慶元年（1796）刻本 六冊

110000－3162－0003138 古4722/103
[乾隆]泰安府志三十卷前一卷首一卷 （清）顏希深等裁定 （清）成城編纂 清乾隆二十五年（1760）刻本 二十冊

110000－3162－0003139 古4722/105
[同治]泰安縣志十二卷首一卷末一卷 （清）

徐宗幹裁定　（清）蔣大慶等編纂　清同治六年(1867)刻本　十四冊

110000－3162－0003140　古4722/106

[咸豐]濟寧直隸州志十卷首一卷末一卷
（清）徐宗幹纂修　（清）汪承鏞續修　（清）許瀚等編輯　清咸豐九年(1859)尊經閣刻本　二十四冊

110000－3162－0003141　古4722/109

[道光]掖乘十六卷　（清）侯登岸撰　清抄本　七冊　存十二卷(三至十四)

110000－3162－0003142　古4722/111

[嘉慶]范縣志四卷　（清）唐晟纂修　清嘉慶十四年(1809)刻本　二冊　存二卷(二至三)

110000－3162－0003143　古4722/112

上濟南王太守論修志事宜並編具目錄條例狀不分卷　（□）□□撰　清抄本　一冊

110000－3162－0003144　古4722/113－1

山東考古錄三十二卷首一卷　（清）顧炎武著　清光緒八年(1882)山東書局刻本　七冊

110000－3162－0003145　古4722/113－2

山東考古錄三十二卷首一卷　（清）顧炎武著　清光緒八年(1882)山東書局刻本　七冊

110000－3162－0003146　古4722/120

[光緒]章邱縣鄉土志二卷　（清）楊學淵修　（清）李洪鈺等纂　清光緒三十三年(1907)石印本　二冊

110000－3162－0003147　古4722/123

[正德]東泉志四卷　（明）王寵纂　明嘉靖十六年(1537)抄本　二冊

110000－3162－0003148　古4723/8

[道光]武陟縣志三十六卷　（清）王榮陛修　（清）方履籛編輯　清道光九年(1829)刻本　八冊

110000－3162－0003149　古4723/10

[光緒]內黃縣志十八卷首一卷　（清）李禎纂修　清光緒十六年(1890)刻本　二冊

110000－3162－0003150　古4723/11

[光緒]內黃縣志十九卷首一卷　（清）董慶恩纂修　（清）陳熙春總纂　清光緒十八年(1892)刻本　六冊

110000－3162－0003151　古4723/16

[同治]鄢陵文獻志四十卷補遺一卷　（清）蘇源生纂修　清同治四年(1865)刻本　十九冊　存四十卷(二至四十、補遺一卷)

110000－3162－0003152　古4723/18

[乾隆]偃師縣志三十卷首一卷　（清）孫星衍　（清）湯毓倬纂修　清乾隆五十四年(1789)刻本　十六冊

110000－3162－0003153　古4723/19

[乾隆]洛陽縣志二十四卷圖考一卷　（清）龔崧林修　（清）汪堅纂　清乾隆十年(1745)刻本　二十冊

110000－3162－0003154　古4723/20

[乾隆]盧氏縣志十七卷首一卷　（清）李炳修　（清）侯肩復纂　清乾隆十二年(1747)刻本　八冊　存十四卷(四至十七)

110000－3162－0003155　古4723/21

[乾隆]祥符縣志二十二卷　（清）張淑載修　（清）魯曾煜纂　清乾隆四年(1739)刻本　十二冊　存十八卷(一至十、十五至二十二)

110000－3162－0003156　古4723/23

[嘉慶]濬縣志二十二卷卷目一卷補遺一卷　（清）熊象階總纂　（清）武穆淳分纂　清嘉慶六年(1801)刻本　六冊

110000－3162－0003157　古4723/27

[同治]豫乘識小錄二卷　（清）朱雲錦撰　清同治十二年(1873)王郁文齋刻本　二冊

110000－3162－0003158　古4723/31

[嘉慶]澠池縣志十六卷　（清）甘揚纂修　清嘉慶十五年(1810)刻本　八冊

110000－3162－0003159　古4724/1

[光緒]山西通志一百八十四卷首一卷　（清）曾國荃等修　（清）王軒纂　清光緒十八年(1892)刻本　九十六冊

110000－3162－0003160　古4724/2

[雍正]山西通志二百三十卷　(清)覺羅石麟總裁　(清)儲大文纂修　清雍正十二年(1734)刻本　一百冊

110000－3162－0003161　古4724/3

[道光]太原縣志十八卷目錄一卷圖一卷(清)員佩蘭總裁　(清)楊國泰纂修　清道光六年(1826)刻本　五冊　存十七卷(一至十一、十五至十八,目錄一卷,圖一卷)

110000－3162－0003162　古4724/3.1

[光緒]續太原縣志二卷　(清)薛元釗總裁(清)王效尊纂修　清光緒八年(1882)刻本二冊

110000－3162－0003163　古4724/5

[乾隆]廣靈縣志十卷首一卷末一卷　(清)郭磊纂修　清乾隆十九年(1754)刻本　五冊

110000－3162－0003164　古4724/5.1－1

[光緒]廣靈縣補志十卷　(清)楊亦銘纂修清光緒七年(1881)京都琉璃廠漱潤齋王振豪刻本　二冊

110000－3162－0003165　古4724/5.1－2

[光緒]廣靈縣補志十卷　(清)楊亦銘纂修清光緒七年(1881)京都琉璃廠漱潤齋王振豪刻本　二冊

110000－3162－0003166　古4724/6

[光緒]續修岢嵐州志十二卷圖考一卷　(清)吳光熊等修　(清)史文炳纂　清光緒十年(1884)刻本　四冊

110000－3162－0003167　古4724/7

[同治]河曲縣志八卷　(清)金福增總修(清)張兆魁　(清)金鐘彥纂修　清同治十一年(1872)刻本　七冊　存七卷(一至二、四至八)

110000－3162－0003168　古4724/10

[光緒]太谷縣志八卷首一卷末一卷　(清)恩凌　(清)趙冠卿修　(清)王效尊等纂　清光緒十二年(1886)刻本　四冊　存六卷(四至八、末一卷)

110000－3162－0003169　古4724/11－1

[光緒]祁縣志十六卷　(清)劉發岏等修(清)李芬纂　清光緒八年(1882)刻本　十冊

110000－3162－0003170　古4724/11－2

[光緒]祁縣志十六卷　(清)劉發岏等修(清)李芬纂　清光緒八年(1882)刻本　十冊

110000－3162－0003171　古4724/12

[道光]汾陽縣志十四卷首一卷　(清)周貽纘纂修　清道光三十年(1850)修咸豐元年(1851)刻本　三冊　存五卷(十至十四)

110000－3162－0003172　古4724/13

[光緒]汾陽縣志十四卷序一卷圖一卷首一卷(清)方家駒　(清)慶文等纂修　清光緒十年(1884)刻本　九冊

110000－3162－0003173　古4724/14

[光緒]和順縣志十卷首一卷末一卷　(清)陳守中等總裁修　(清)岳宜興纂修　清光緒十一年(1885)刻本　六冊

110000－3162－0003174　古4724/15－1

[光緒]交城縣志十卷首一卷　(清)夏肇庸纂修　清光緒八年(1882)刻本　八冊

110000－3162－0003175　古4724/15－2

[光緒]交城縣志十卷首一卷　(清)夏肇庸纂修　清光緒八年(1882)刻本　八冊

110000－3162－0003176　古4724/16.01－1

[乾隆]孝義縣志二十卷原序一卷　(清)鄧必安重修　清乾隆三十五年(1770)刻本　四冊

110000－3162－0003177　古4724/16.01－2

[乾隆]孝義縣志二十卷原序一卷　(清)鄧必安重修　清乾隆三十五年(1770)刻本　四冊

110000－3162－0003178　古4724/16.02－1

[光緒]孝義縣志二卷首一卷　(清)孔廣熙續修　清光緒六年(1880)刻本　二冊

110000－3162－0003179　古4724/16.02－2

[光緒]孝義縣志二卷首一卷　(清)孔廣熙續修　清光緒六年(1880)刻本　二冊

110000－3162－0003180　古4724/17.01

[嘉慶]靈石縣志十二卷 （清）王志瀜修 清嘉慶二十二年（1817）刻本 六冊

110000－3162－0003181 古 4724/17.02
[光緒]靈石縣續志二卷 （清）謝均纂修 清光緒元年（1875）刻本 二冊

110000－3162－0003182 古 4724/18
[光緒]平遙縣志十二卷圖考一卷 （清）王綬原修 （清）林洪樞 （清）恩端等續修 （清）武達林等編輯 清光緒九年（1883）刻本 八冊

110000－3162－0003183 古 4724/19－1
[光緒]長治縣志八卷首一卷 （清）李楨等監 （清）楊篤纂修 清光緒二十年（1894）刻本 十冊

110000－3162－0003184 古 4724/19－2
[光緒]長治縣志八卷首一卷 （清）李楨等監 （清）楊篤纂修 清光緒二十年（1894）刻本 十冊

110000－3162－0003185 古 4724/20.01
[康熙]黎城縣志四卷 （清）程大夏修 （清）李御 （清）李吉纂 清康熙二十一年（1682）刻本 四冊

110000－3162－0003186 古 4724/20.02
[光緒]黎城縣續志四卷 （清）鄭灝等續纂 （清）楊恩樹纂修 清光緒九年（1883）刻本 四冊

110000－3162－0003187 古 4724/21
[光緒]長子縣志十二卷首一卷 （清）豫謙總修 （清）楊篤總纂 清光緒八年（1882）刻本 八冊

110000－3162－0003188 古 4724/22
[乾隆]潞安府志四十卷首一卷 （清）張淑渠 （清）姚學瑛等主修 （清）姚學甲纂修 清乾隆三十五年（1770）刻本 二十四冊

110000－3162－0003189 古 4724/23－1
[光緒]陵川縣志三十卷首一卷 （清）徐炘等修 （清）梁寅編輯 清光緒八年（1882）刻本 十二冊

110000－3162－0003190 古 4724/23－2
[光緒]陵川縣志三十卷首一卷 （清）徐炘等修 （清）梁寅編輯 清光緒八年（1882）刻本 六冊 存二十一卷（一至二十、首一卷）

110000－3162－0003191 古 4724/24
[乾隆]代州志六卷 （清）吳重光修 清乾隆五十年（1785）刻本 八冊

110000－3162－0003192 古 4724/25
[同治]陽城縣志十八卷 （清）賴昌朝總修 （清）譚澐 （清）盧廷棻纂修 清同治十三年（1874）刻本 七冊 存十七卷（一至十三、十五至十八）

110000－3162－0003193 古 4724/27－1
[乾隆]襄垣縣志八卷 （清）李廷芳修 清乾隆四十七年（1782）刻光緒六年（1880）印本 八冊

110000－3162－0003194 古 4724/27－2
[光緒]襄垣縣續志二卷 （清）李汝霖續修 清光緒六年（1880）刻本 二冊

110000－3162－0003195 古 4724/28.01－1
[乾隆]武鄉縣志六卷首一卷 （清）白鶴修 （清）史傅遠纂 清乾隆五十五年（1790）刻本 六冊

110000－3162－0003196 古 4724/28.01－2
[乾隆]武鄉縣志六卷首一卷 （清）白鶴修 （清）史傅遠纂 清乾隆五十五年（1790）刻本 六冊

110000－3162－0003197 古 4724/28.02－1
[光緒]武鄉縣續志四卷 （清）吳匡監修 （清）鈕增垚纂修 清光緒五年（1879）刻本 四冊

110000－3162－0003198 古 4724/28.02－2
[光緒]武鄉縣續志四卷 （清）吳匡監修 （清）鈕增垚纂修 清光緒五年（1879）刻本 四冊

110000－3162－0003199 古 4724/29－1

[乾隆]臨汾縣志十卷首一卷末一卷 （清）高
塏 （清）吳士淳纂修 清乾隆四十四年
(1779)刻本 六冊

110000－3162－0003200 古4724/29－2
[乾隆]臨汾縣志十卷首一卷末一卷 （清）高
塏 （清）吳士淳纂修 清乾隆四十四年
(1779)刻本 六冊

110000－3162－0003201 古4724/30
[光緒]續修曲沃縣志三十二卷 （清）張鴻逵
（清）茅丕熙纂輯 清光緒六年(1880)刻本
五冊 存二十六卷(七至三十二)

110000－3162－0003202 古4724/31
[光緒]太平縣志十四卷首一卷舊序一卷
(清)勞文慶 （清）朱光綬總修 （清）婁道
南纂修 清光緒八年(1882)刻本 十冊

110000－3162－0003203 古4724/32
[光緒]浮山縣志三十四卷序一卷 （清）陸學
典 （清）裴允莊補修 （清）武克明 （清）
蓋天佑正纂 清光緒六年(1880)刻本 八冊

110000－3162－0003204 古4724/33
[雍正]洪洞縣志九卷序一卷圖考一卷 （清）
余世堂修 清雍正八年(1730)刻本 八冊

110000－3162－0003205 古4724/34
[道光]趙城縣志三十七卷首一卷 （清）楊延
亮纂修 清道光七年(1827)刻本 八冊

110000－3162－0003206 古4724/35－1
[乾隆]鄉寧縣志十五卷 （清）葛清纂修 清
乾隆四十九年(1784)刻本 四冊

110000－3162－0003207 古4724/35－2
[光緒]續修鄉寧縣志十五卷 （清）馮安瀾續
修 清光緒七年(1881)刻本 二冊

110000－3162－0003208 古4724/37
[光緒]永濟縣志二十四卷 （清）李榮和
(清)劉鐘麟修 （清）張元懋纂 清光緒十二
年(1886)刻本 十四冊

110000－3162－0003209 古4724/38－1
[乾隆]聞喜縣志十二卷首一卷圖考一卷

(清)李遵堂纂修 清乾隆三十一年(1766)刻
本 六冊

110000－3162－0003210 古4724/38－2
[光緒]聞喜縣志斠三卷首一卷 （清）陳作哲
修 （清）楊深秀纂 清光緒六年(1880)刻本
一冊

110000－3162－0003211 古4724/38－3
[光緒]聞喜縣志補四卷 （清）陳作哲修
(清)楊深秀纂 清光緒六年(1880)刻本
一冊

110000－3162－0003212 古4724/38－4
[光緒]聞喜縣志續四卷 （清）陳作哲修
(清)楊深秀纂 清光緒六年(1880)刻本
一冊

110000－3162－0003213 古4724/39－1
[光緒]垣曲縣志十四卷 （清）薛元釗修
(清)張于鑄纂 清光緒六年(1880)刻本
八冊

110000－3162－0003214 古4724/39－2
[光緒]垣曲縣志十四卷 （清）薛元釗修
(清)張于鑄纂 清光緒六年(1880)刻本
八冊

110000－3162－0003215 古4724/39－3
[光緒]垣曲縣志十四卷 （清）薛元釗修
(清)張于鑄纂 清光緒六年(1880)刻本
八冊

110000－3162－0003216 古4724/40
[乾隆]鳳臺縣志二十卷首一卷 （清）林荔修
（清）姚學甲纂 清乾隆四十九年(1784)刻
本 八冊 存十四卷(一至十四)

110000－3162－0003217 古4724/41
[嘉慶]介休縣志十四卷圖考一卷 （清）徐品
山 （清）陸元鏸纂修 清嘉慶二十四年
(1819)刻本 八冊

110000－3162－0003218 古4724/42
[光緒]山西通志一百八十四卷首一卷 （清）
曾國荃 （清）張煦等修 （清）王軒 （清）

楊篤等纂　清光緒十八年(1892)刻本　四十八冊　存一百八卷(七至二十、五十至七十四、八十八、一百一至一百一十七、一百三十四至一百八十四)

110000－3162－0003219　古4724/45
[乾隆]山西志輯要十二卷首一卷　(清)雅德修　(清)汪本直纂　清乾隆四十五年(1780)刻本　十二冊

110000－3162－0003220　古4724/46
[光緒]代州志十二卷首一卷　(清)俞廉三修　清光緒八年(1882)代山書院刻本　六冊

110000－3162－0003221　古473/1－1
西北邊界地名譯漢考證二卷　(清)許景澄著　清光緒二十二年(1896)刻本　二冊

110000－3162－0003222　古473/1－2
西北邊界地名譯漢考證二卷　(清)許景澄著　清光緒二十二年(1896)刻本　二冊

110000－3162－0003223　古4731/1
[雍正]陝西通志一百卷首一卷　(清)劉於義等監修　(清)沈青崖編輯　清雍正十三年(1735)刻本　六十冊

110000－3162－0003224　古4731/2－1
[嘉慶]咸寧縣志二十六卷首一卷　(清)高廷法　(清)沈琮修　(清)陸耀通　(清)董祐誠編輯　清嘉慶二十四年(1819)刻本　八冊

110000－3162－0003225　古4731/2－2
[嘉慶]咸寧縣志二十六卷首一卷　(清)高廷法　(清)沈琮修　(清)陸耀通　(清)董祐誠編輯　清嘉慶二十四年(1819)刻本　八冊

110000－3162－0003226　古4731/3
[康熙]朝邑縣後志八卷　(清)王兆鼇纂修　(清)王鵬翼編次　清康熙五十一年(1712)刻本　二冊　存七卷(一至七)

110000－3162－0003227　古4731/4
[乾隆]合陽縣全志四卷　(清)孫景烈　(清)席奉乾修　清乾隆三十四年(1769)刻本　四冊

110000－3162－0003228　古4731/5
[道光]岐山縣志八卷　(清)平世增　(清)郭履恒重修　(清)蔣兆甲編次　清乾隆四十四年(1779)刻道光二十二年(1842)印本　四冊

110000－3162－0003229　古4731/6
[道光]千陽縣志十二卷首一卷　(清)羅曰壁纂修　清道光二十一年(1841)刻本　四冊

110000－3162－0003230　古4731/8－1
[熙寧]長安志二十卷圖志三卷　(宋)宋敏求撰　(元)李好文圖撰　(清)畢沅校正　清乾隆四十九年(1784)靈巖山館刻五十二年(1787)印本　四冊

110000－3162－0003231　古4731/8－2
[乾隆]王隱晉書地道記一卷[乾隆]晉太康三年地志一卷　(清)畢沅撰　清乾隆四十九年(1784)經訓堂刻本　一冊

110000－3162－0003232　古4731/8－3
[乾隆]晉書地理志新補正五卷　(清)畢沅撰　清乾隆四十六年(1781)靈巖山館刻本　一冊

110000－3162－0003233　古4731/9
[康熙]長安縣志八卷　(清)梁禹甸纂修　清康熙七年(1668)刻本　一冊　存四卷(一至四)

110000－3162－0003234　古4731/11
[熙寧]長安志二十卷　(宋)宋敏求撰　(清)畢沅校正　清光緒十七年(1891)思賢講舍刻本　六冊　存十五卷(四至十八)

110000－3162－0003235　古4731/12
[嘉慶]長安縣志三十六卷　(清)張聰賢總纂　(清)董曾臣編輯　清嘉慶十七年(1812)刻本　六冊

110000－3162－0003236　古4731/12.1
[嘉慶]長安縣志三十六卷　(清)張聰賢總纂　(清)董曾臣編輯　清嘉慶二十年(1815)刻同治十一年(1872)補刻本　六冊

110000－3162－0003237　古4731/16
[乾隆]武功縣志三卷首一卷　(明)康對山著
清乾隆二十六年(1761)刻本　一冊

110000－3162－0003238　古4731/19
[光緒]三原縣新志八卷圖一卷　(清)焦雲龍
重修　(清)賀瑞麟編纂　清光緒六年(1880)
刻本　四冊

110000－3162－0003239　古4731/21
[嘉慶]扶風縣志十七卷首一卷　(清)宋世犖
總纂　(清)吳鵬翔編輯　清嘉慶二十四年
(1819)刻本　四冊

110000－3162－0003240　古4731/22
[光緒]高陵縣續志八卷圖一卷　(清)白遇道
編纂　(清)程維雍重修　清光緒十四年
(1888)刻本　二冊

110000－3162－0003241　古4732/1
[康熙]蘭州府志二十二卷　(清)高錫爵修
清康熙二十六年(1687)刻本　六冊　存十四
(一至十二、十六至十七)

110000－3162－0003242　古4732/2.1
[乾隆]皋蘭縣志二十卷　(清)吳鼎新修　清
乾隆四十三年(1778)刻本　九冊

110000－3162－0003243　古4732/3
[乾隆]隴西縣志十二卷　(清)魯廷琰修　清
乾隆三十七年(1772)補刻本　六冊

110000－3162－0003244　古4732/4
[乾隆]伏羌縣志十四卷圖一卷　(清)周銑裁
定　(清)葉芝纂輯　清乾隆三十五年(1770)
刻本　四冊

110000－3162－0003245　古4732/9
[道光]敦煌縣志七卷首一卷　(清)蘇履吉創
修　(清)曾誠纂輯　清道光十一年(1831)刻
本　四冊

110000－3162－0003246　古4732/10
[光緒]泰州直隸新志二十四卷首一卷　(清)
余澤春等纂修　清光緒十五年(1889)隴南書
院刻本　二十冊

110000－3162－0003247　古4733/4
[萬曆]固原州志二卷　(明)劉敏寬撰　明萬
曆四十四年(1616)劉汝桂刻本　二冊

110000－3162－0003248　古4735/1
[宣統]新疆國界圖志八卷　王樹枏撰　清光
緒三十四年(1908)刻宣統元年(1909)鉛印本
四冊

110000－3162－0003249　古4735/2
[宣統]新疆山脈圖志六卷　王樹枏撰　清宣
統元年(1909)刻本　六冊

110000－3162－0003250　古4735/3－1
[道光]漢書西域傳補注二卷新疆賦一卷
(清)徐松纂輯　清道光九年(1829)上海楊文
書局石印本　一冊

110000－3162－0003251　古4735/3－2
[道光]西域水道記五卷　(清)徐松撰　清道
光九年(1829)上海楊文書局石印本　三冊

110000－3162－0003252　古4735/3－3
[同治]漢西域圖考七卷首一卷　(清)李光廷
撰　(清)潘平章　(清)李承緒繪圖　清同治
九年(1870)上海楊文書局石印本　四冊

110000－3162－0003253　古4735/4
[乾隆]西域聞見錄八卷　(清)春園著　清乾
隆四十二年(1777)刻本　一冊　存四卷(一
至四)

110000－3162－0003254　古4735/5
[光緒]欽定皇輿西域圖志四十八卷首四卷
(清)傅恒　(清)褚廷章等修　清光緒十九年
(1893)杭州便益書局石印本　十二冊

110000－3162－0003255　古4735/5.1
[乾隆]欽定皇輿西域圖志四十八卷首四卷
(清)傅恒　(清)褚廷章等修　(清)英廉等
增修　清乾隆二十七年(1762)修四十七年
(1782)增修武英殿刻本　二十四冊

110000－3162－0003256　古4735/6
[乾隆]西域聞見錄八卷　(清)春園著　清乾
隆四十二年(1777)抄本　二冊

110000－3162－0003257　古4735/8－1

[道光]欽定新疆識略十二卷首一卷　（清）松
筠　（清）綿忻等修　（清）祝慶蕃　（清）孫
貫一總纂　（清）傅綬等纂修　清道光元年
(1821)武英殿修書處刻本　十冊

110000－3162－0003258　古4735/8－2

[道光]欽定新疆識略十二卷首一卷　（清）松
筠　（清）綿忻等修　（清）祝慶蕃　（清）孫
貫一總纂　（清）傅綬等纂修　清道光元年
(1821)武英殿修書處刻本　十冊

110000－3162－0003259　古4735/9

[宣統]新疆圖志一百十六卷　袁大化修　王
樹枏　王學曾總纂　清宣統三年(1911)鉛印
本　三十二冊

110000－3162－0003260　古4735/9.1

[宣統]新疆圖志一百十六卷　袁大化修　王
樹枏　王學曾總纂　清宣統三年(1911)鉛印
本　三十一冊　存四十卷(五至九、十六至二
十一、三十一、三十五至三十六、三十八、四十
八、五十二、五十九至七十四、七十六至七十
八、一百六、一百十一至一百十二、一百十六)

110000－3162－0003261　古4735/10

[光緒]新疆要略四卷　（清）祁韻士輯　清光
緒二十一年(1895)鴻寶書局石印本　二冊

110000－3162－0003262　古4735/12

[光緒]新疆吐魯番廳鄉土志一卷　曾炳煌撰
清光緒三十三年(1907)油印本　一冊

110000－3162－0003263　古4735/14

[嘉慶]伊犂總統事略十二卷　（清）祁韻士編
輯　（清）廣寧繪圖　西陲竹枝詞一卷　（清）
祁韻士著　綏服紀略圖詩一卷　（清）松筠著
清嘉慶十四年(1809)刻本　八冊

110000－3162－0003264　古4735/17

新疆建置志四卷　（清）宋伯魯撰　清海棠仙
館刻本　三冊　存三卷(一至三)

110000－3162－0003265　古4735/24

[宣統]莎車府志不分卷　（清）□□撰　清宣
統元年(1909)刻本影印本　一冊

110000－3162－0003266　古474/1

[光緒]東三省輿地圖說一卷附錄一卷東北邊
防輯要二卷　（清）曹廷傑撰　清光緒二十四
年(1898)鉛印本　二冊

110000－3162－0003267　古474/2－1

[宣統]東三省沿革表六卷　吳廷燮撰　清宣
統元年(1909)退耕堂刻本　六冊

110000－3162－0003268　古474/2－2

[宣統]東三省沿革表六卷　吳廷燮撰　清宣
統元年(1909)退耕堂刻本　六冊

110000－3162－0003269　古4741/2

[咸豐]盛京通志四十八卷　（清）呂耀曾修
（清）雷以誠等補修　清咸豐二年(1852)刻本
二十冊

110000－3162－0003270　古4741/3

[光緒]盛京典制備考八卷首一卷　（清）崇厚
撰　清光緒四年(1878)刻本　六冊

110000－3162－0003271　古4742/1

吉林外紀十卷　（清）薩英額著　甯古塔紀略
一卷　（清）吳振臣著　清光緒二十一年
(1895)漸西村舍刻本　二冊

110000－3162－0003272　古4742/2－1

吉林外紀十卷　（清）薩英額著　清光緒二十
六年(1900)廣雅書局刻本　二冊

110000－3162－0003273　古4742/2－2

吉林外紀十卷　（清）薩英額著　清光緒二十
六年(1900)廣雅書局刻本　二冊

110000－3162－0003274　古4742/4

甯古塔紀略一卷　（清）吳振臣著　清光緒二
十一年(1895)漸西村舍刻本　一冊

110000－3162－0003275　古4742/6

長白徵存錄八卷　（清）張鳳臺等修　劉龍光
等編輯　清宣統二年(1910)鉛印本　四冊

110000－3162－0003276　古4743/3

[光緒]黑龍江外紀八卷　（清）西清撰　清光
緒漸西村舍刻本　二冊

110000－3162－0003277　古4743/4

[光緒]黑龍江外紀八卷 （清）西清撰 清光緒二十六年(1900)廣雅書局刻本 二冊

110000－3162－0003278 古 4751/1

[光緒]蘇州府志一百五十卷首三卷 （清）李銘皖等修 （清）馮桂芬總纂 清光緒九年(1883)刻本 八十冊

110000－3162－0003279 古 4751/2

[光緒]江蘇全省輿圖不分卷 （清）江蘇書局承辦 清光緒二十一年(1895)黃步雲刻本 三冊

110000－3162－0003280 古 4751/3－1

[光緒]江蘇沿海圖說不分卷 （清）朱正元撰 清光緒二十五年(1899)上海聚珍版鉛印本 一冊

110000－3162－0003281 古 4751/3－2

[光緒]江蘇沿海圖說不分卷 （清）朱正元撰 清光緒二十五年(1899)上海聚珍版鉛印本 一冊

110000－3162－0003282 古 4751/5

[光緒]上海縣志三十二卷首一卷末一卷 (清)應寶時等修 （清）俞樾 （清）方宗誠總纂 清光緒八年(1882)南園書局刻本 十六冊

110000－3162－0003283 古 4751/7

[光緒]金山縣志三十卷首一卷 （清）龔寶琦 （清）崔廷鏞修 清光緒四年(1878)刻本 八冊

110000－3162－0003284 古 4751/8

[光緒]嘉定縣志三十二卷首一卷補遺一卷 (清)田祚等修 （清）程其珏總修 清光緒八年(1882)尊經閣刻本 十六冊

110000－3162－0003285 古 4751/10

[光緒]川沙廳志十四卷首一卷末一卷 （清）陳方瀛修 （清）俞樾總纂 清光緒五年(1879)刻本 六冊

110000－3162－0003286 古 4751/11

[光緒]青浦縣志三十卷首二卷末一卷 （清）

陳其元等修 （清）沈誠燾輯 清光緒五年(1879)尊經閣刻本 十二冊

110000－3162－0003287 古 4751/12

[康熙]江寧府志三十四卷 （清）陳開虞原修 （清）霽亭清補刊 （清）吳元潛等編輯 清康熙七年(1668)刻嘉慶七年(1802)補刻本 十四冊

110000－3162－0003288 古 4751/13

[光緒]六合縣志八卷附錄一卷 （清）謝延庚等督修 （清）賀廷壽等纂修 清光緒十年(1884)刻本 十冊

110000－3162－0003289 古 4751/14－1

[光緒]無錫金匱縣志四十卷首一卷附編一卷 （清）裴大中等修 （清）秦緗業總纂 清光緒七年(1881)刻本 十八冊

110000－3162－0003290 古 4751/14－2

[光緒]無錫金匱縣志四十卷首一卷附編一卷 （清）裴大中等修 （清）秦緗業總纂 清光緒七年(1881)刻本 十八冊

110000－3162－0003291 古 4751/15

[光緒]丹徒縣志六十卷首五卷 （清）沈葆楨 （清）何紹章等修 （清）呂耀斗總纂 清光緒五年(1879)刻本 三十二冊

110000－3162－0003292 古 4751/17

[光緒]武進陽湖縣志三十卷首一卷 （清）張球 （清）湯成烈總纂 （清）王其淦重修 清光緒五年(1879)刻本 二十冊

110000－3162－0003293 古 4751/18

[光緒]武進陽湖合志三十六卷首一卷 （清）黃冕等修 清光緒十二年(1886)聚珍版翻印木活字印本 三十冊

110000－3162－0003294 古 4751/19－1

[光緒]溧陽縣志十六卷 （清）李景嶧等修 清光緒二十二年(1896)刻本 十冊

110000－3162－0003295 古 4751/19－2

[光緒]溧陽縣續志十六卷附一卷 （清）朱畯 （清）馮煦纂修 （清）楊靖等督修 清光緒

二十三年(1897)刻本　八冊

110000－3162－0003296　古4751/20
[光緒]重刊宜興縣舊志十卷首一卷末一卷
(清)阮升基等主修　(清)甯楷總修　清光緒
八年(1882)刻本　十冊　存十一卷(舊志十
卷、首一卷)

110000－3162－0003297　古4751/21
[嘉慶]重修揚州府志七十二卷首一卷　(清)
張世浣　(清)嵩年纂輯　(清)阿克當阿監修
清嘉慶十五年(1810)刻本　八十冊

110000－3162－0003298　古4751/27－1
[咸豐]興化縣志十卷　(清)梁園棣修　清咸
豐二年(1852)尊經閣刻本　八冊

110000－3162－0003299　古4751/27－2
[咸豐]興化縣志十卷　(清)梁園棣修　清咸
豐二年(1852)尊經閣刻本　八冊

110000－3162－0003300　古4751/29
[光緒]泰興縣志二十六卷首一卷末一卷
(清)楊激雲主修　(清)顧曾烜總纂　清光緒
十二年(1886)刻本　十冊

110000－3162－0003301　古4751/30
[道光]泰州志三十六卷首一卷　(清)王有慶
等修　(清)陳世鎔等纂　清道光七年(1827)
刻光緒三十四年(1908)補刻本　十六冊

110000－3162－0003302　古4751/31
[咸豐]邳州志二十卷首一卷　(清)董用威
(清)馬軏群修　(清)魯一同纂　清咸豐元年
(1851)刻光緒二十一年(1895)印本　四冊

110000－3162－0003303　古4751/32－1
[康熙]儀徵縣志二十二卷　(清)胡崇倫
(清)舒文燦修　(清)馬章玉增修　清康熙五
十七年(1718)刻本　六冊

110000－3162－0003304　古4751/32－2
[嘉慶]儀徵縣續志十卷　(清)顏希源
(清)邵光鈐纂修　清嘉慶十三年(1808)刻本
二冊

110000－3162－0003305　古4751/35－1

[嘉慶]如皋縣志二十四卷　(清)楊受廷
(清)左元鎮主修　(清)馬汝舟　(清)江大
鍵纂修　清嘉慶十三年(1808)刻本　十冊

110000－3162－0003306　古4751/35－2
[同治]如皋縣續志十六卷　(清)周際霖
(清)胡維藩主修　(清)周頊　(清)吳開陽
纂修　清同治十二年(1873)刻本　八冊

110000－3162－0003307　古4751/37
[嘉慶]東臺縣志四十卷　(清)周佑總纂　清
嘉慶二十二年(1817)刻本　十冊

110000－3162－0003308　古4751/39－1
[弘治]太倉州志十卷　(明)李端修　(明)
桑悅纂　(清)繆朝荃校刊　清光緒二十八年
(1902)依嘉定錢氏本東倉書庫朱印本　三冊

110000－3162－0003309　古4751/39－2
[淳祐]玉峯志三卷　(宋)凌萬頃　(宋)邊
實纂修　(清)繆朝荃校刊　[咸淳]玉峯續志
一卷　(宋)邊實纂修　(清)繆朝荃校刊　清
光緒二十八年(1902)依嘉定錢氏本東倉書庫
朱印本　二冊

110000－3162－0003310　古4751/39－3
[至正]昆山郡志六卷　(元)楊譓纂修
(清)繆朝荃校刊　清光緒二十八年(1902)依
嘉定錢氏本東倉書庫朱印本　一冊

110000－3162－0003311　古4751/39－4
[淳熙]中吳紀聞六卷　(宋)龔明之著
(清)繆朝荃校刊　中吳紀聞校勘記一卷
(清)繆朝荃撰　清光緒二十八年(1902)依嘉
定錢氏本東倉書庫朱印本　二冊

110000－3162－0003312　古4751/41.01
[乾隆]吳江縣志五十八卷首一卷　(清)陳□
纏　(清)丁元正等修　清乾隆十二年(1747)
刻本　十二冊

110000－3162－0003313　古4751/41.02
[光緒]吳江縣續志四十卷首一卷　(清)金福
曾等修　(清)熊其英等纂　清光緒五年
(1879)刻本　八冊

110000－3162－0003314　古 4751/43

[光緒]常昭合志稿四十八卷首一卷末一卷
(清)龐鴻文纂修　(清)鄭鍾祥　(清)張瀛監修　清光緒三十年(1904)木活字印本　十六冊

110000－3162－0003315　古 4751/47－1

[嘉慶]黎里志十六卷首一卷　(清)徐達源纂輯　清嘉慶十年(1805)禊湖書院刻本　四冊

110000－3162－0003316　古 4751/47－2

[光緒]黎里續志十六卷首一卷　(清)蔡丙圻纂輯　清光緒二十五年(1899)禊湖書院刻本　六冊

110000－3162－0003317　古 4751/48.1

[光緒]南匯縣志二十二卷首一卷末一卷
(清)金福曾　(清)顧思賢修　(清)張文虎等纂　清光緒五年(1879)刻本　十一冊　存二十二卷(二至二十二、末一卷)

110000－3162－0003318　古 4751/49

[雍正]江浦縣志八卷　(清)項維正纂修　清雍正四年(1726)刻本　一冊　存一卷(八)

110000－3162－0003319　古 4751/54

[光緒]周莊鎮志六卷首一卷
貞豐里庚申見聞錄二卷　(清)陶煦撰　清光緒八年(1882)刻本　六冊

110000－3162－0003320　古 4751/56

[咸豐]甘棠小志四卷首一卷末一卷　(清)董醇著　清咸豐五年(1855)荻芬書屋董氏刻本　四冊

110000－3162－0003321　古 4751/57

[嘉慶]廣陵事略七卷　(清)姚文田輯　清嘉慶十七年(1812)歸安姚氏開封節院刻本　四冊

110000－3162－0003322　古 4751/58

[同治]廣陵通典十卷　(清)汪中撰　清同治八年(1869)揚州書局刻本　二冊

110000－3162－0003323　古 4751/60

[光緒]續纂江寧府志十五卷首一卷　(清)蔣

啟勳　(清)趙佑宸修　(清)汪士鐸纂　江寧府七縣地形考略一卷　(清)吳崧慶繪圖並分纂　清光緒江楚書局刻本　一冊　存一卷(一)

110000－3162－0003324　古 4751/61

[光緒]贛榆縣志十八卷　(清)王豫熙修
(清)張睿纂　清光緒十四年(1888)刻本　四冊

110000－3162－0003325　古 4751/62

[乾隆]蘇州府志八十卷首一卷　(清)雅爾哈善　(清)習寯等纂修　清乾隆十三年(1748)刻本　四十冊

110000－3162－0003326　古 4751/66

[崇禎]泰州志十卷　(明)李自滋修　(明)劉萬春纂　清康熙五十九年(1720)抄本　八冊

110000－3162－0003327　古 4751/68

[光緒]莫愁湖志六卷首一卷　(清)馬士圖輯著　清光緒八年至十七年(1882－1891)刻本　二冊

110000－3162－0003328　古 4751/75

[光緒]海門廳圖志二十卷首一卷　(清)俞麟年等修　(清)孫壽祺　(清)王汝騏等纂
(清)周家祿編纂　清光緒二十六年(1900)刻本　四冊

110000－3162－0003329　古 4751/77

[光緒]睢寧縣志稿十八卷　(清)侯紹瀛修　清光緒十二年至十三年(1886－1887)刻本　六冊

110000－3162－0003330　古 4751/79

[嘉慶]松江府志八十四卷首二卷　(清)宋如林纂修　清嘉慶二十四年(1819)松江府學明倫堂刻本　四十冊

110000－3162－0003331　古 4751/80

[光緒]震澤縣志三十八卷首一卷　(清)陳和志修　(清)倪師孟　(清)沈彤纂輯　清光緒十九年(1893)吳郡徐元圃刻本　八冊

110000 - 3162 - 0003332   古 4751/80.1

[乾隆]震澤縣志三十八卷首一卷 (清)陳和志修 (清)倪師孟 (清)沈彤纂輯 清乾隆十一年(1746)刻本 八冊

110000 - 3162 - 0003333   古 4751/81

琴川志注十二卷 (清)陳揆編 琴川續志十卷 (清)陳揆編 琴川補志二卷 (清)陳揆編 清泰州古籍書店抄本 十二冊

110000 - 3162 - 0003334   古 4751/84

[萬曆]泰州志四卷 (明)黃佑纂修 (明)章文鬥編 明萬曆三十二年(1604)抄本 四冊

110000 - 3162 - 0003335   古 4751/87

[同治]徐州府志二十五卷 (清)吳世熊 (清)朱忻修 (清)劉庠 (清)方駿謨纂 清同治十三年(1874)刻本 一冊 存一卷(二)

110000 - 3162 - 0003336   古 4752/1

[光緒]重修安徽通志三百五十卷補遺十卷 (清)沈葆楨等修 (清)何紹基等纂 清光緒四年(1878)刻光緒七年(1881)馮焯校補本 一百二十冊

110000 - 3162 - 0003337   古 4752/2

[光緒]皖志便覽六卷 (清)李應珏著 清光緒二十八年(1902)鍾雲閣續刻本 二冊

110000 - 3162 - 0003338   古 4752/3

[道光]潁上縣志十三卷首一卷 (清)彭壽山等修 清道光六年(1826)刻本 四冊 存八卷(一至三、八至九、十二至十三,首一卷)

110000 - 3162 - 0003339   古 4752/25

[康熙]休寧縣志八卷 (清)廖騰煃 (清)汪晉征纂修 清康熙三十二年(1693)刻本 四冊 存七卷(一至四、六至八)

110000 - 3162 - 0003340   古 4752/28

[光緒]新安志十卷 (清)羅願撰 清光緒十四年(1888)刻本 四冊

110000 - 3162 - 0003341   古 4752/29

[光緒]江南安徽全圖不分卷 (清)福潤修 (清)劉籌纂 (清)方賓穆等繪圖 清光緒二十二年(1896)點石印行石印本 一冊

110000 - 3162 - 0003342   古 4752/35

[光緒]續修廬州府志一百卷首一卷末一卷 (清)李瀚章 (清)黃雲等修 清光緒十一年(1885)刻本 四十八冊

110000 - 3162 - 0003343   古 4753/1

[乾隆]浙江通志二百八十卷首三卷 (清)嵇曾筠等修 (清)沈冀機等纂 清乾隆元年(1736)刻嘉慶十七年(1812)校補刻本 一百五十六冊 存二百八十一卷(一至二百四十五、二百四十八至二百八十,首三卷)

110000 - 3162 - 0003344   古 4753/4

[光緒]杭州府志一百七十八卷首八卷 (清)龔嘉儁等主修 (清)李榕等纂 清光緒二十四年(1898)刻本 八十冊

110000 - 3162 - 0003345   古 4753/6

[光緒]富陽縣志二十四卷首一卷 (清)汪文炳纂修 清光緒三十二年(1906)刻本 十六冊

110000 - 3162 - 0003346   古 4753/8

[萬曆]錢塘縣志十卷 (明)聶心湯修 (明)吳淳熙纂 清光緒十九年(1893)武林丁氏刻本 四冊

110000 - 3162 - 0003347   古 4753/9

[光緒]嘉善縣志三十六卷首一卷 (清)江峰青修 (清)顧福仁纂 清光緒二十年(1894)刻本 十六冊

110000 - 3162 - 0003348   古 4753/10

[光緒]嘉興府志八十八卷首二卷 (清)許瑤光修 (清)吳仰賢纂 清光緒四年(1878)鴛湖書院刻本 四十八冊

110000 - 3162 - 0003349   古 4753/11

[光緒]平湖縣志二十五卷首一卷末一卷 (清)彭潤章修 (清)葉廉鍔纂 清光緒十二年(1886)刻本 十三冊

110000－3162－0003350　古 4753/12
光緒桐鄉縣志二十四卷首四卷　(清)嚴辰重
輯　楊園淵源錄四卷　(清)沈日富輯　清光
緒十三年(1887)蘇州陶漱藝齋刻青鎮立志書
院刻本　二十四冊

110000－3162－0003351　古 4753/13
[咸豐]南潯鎮志四十卷首一卷　(清)汪曰楨
纂修　清咸豐九年(1859)修同治二年(1863)
刻本　十冊

110000－3162－0003352　古 4753/16
[康熙]建德縣志十卷　(清)高寅修　清康熙
元年(1662)刻本　五冊

110000－3162－0003353　古 4753/17
[宣統]建德縣志二十卷首一卷　張贊異等監
修　周學銘總修　清宣統二年(1910)湖北官
印局鉛印本　十冊

110000－3162－0003354　古 4753/18－1
乾道四明圖經十二卷首一卷　(宋)張津等纂
修　清咸豐四年(1854)刻光緒五年(1879)煙
嶼樓徐氏刻本　四冊

110000－3162－0003355　古 4753/18－2
[寶慶]四明志二十一卷　(宋)羅濬等纂　清
咸豐四年(1854)煙嶼樓徐氏刻本　九冊

110000－3162－0003356　古 4753/18－3
開慶四明續志二十二卷　(宋)梅應發等
纂　清咸豐四年(1854)煙嶼樓徐氏刻本
四冊

110000－3162－0003357　古 4753/18－4
大德昌國州志七卷　(元)馮福京等纂　清咸
豐四年(1854)刻光緒二十四年(1898)煙嶼樓
徐氏刻本　一冊

110000－3162－0003358　古 4753/18－5
延祐四明志二十卷　(元)袁桷等纂　清咸豐
四年(1854)煙嶼樓徐氏刻本　十二冊

110000－3162－0003359　古 4753/18－6
至正四明續志二十二卷　(元)王元恭纂　清
咸豐四年(1854)煙嶼樓徐氏刻本　六冊

110000－3162－0003360　古 4753/18－7
四明山水利備覽二卷　(宋)魏峴纂　清咸豐
四年(1854)煙嶼樓徐氏刻本　一冊

110000－3162－0003361　古 4753/18－8
四明六志校勘記九卷　(清)徐時棟撰　清咸
豐四年(1854)煙嶼樓徐氏刻本　三冊

110000－3162－0003362　古 4753/20
[雍正]寧波府志三十六卷首一卷　(宋)曹秉
仁纂修　(清)孫詔監修　清道光二十六年
(1846)刻本　十六冊

110000－3162－0003363　古 4753/22
[光緒]鎮海縣志四十卷圖一卷　(清)于萬川
修　(清)俞樾等纂　清光緒五年(1879)鯤池
書院刻本　十六冊

110000－3162－0003364　古 4753/25
[同治]鄞縣志七十五卷圖一卷　(清)張恕總
修　(清)董沛等纂　清光緒三年(1877)刻本
三十四冊

110000－3162－0003365　古 4753/26
[光緒]慈谿縣志五十六卷附編一卷　(清)馮
可鏞修　清光緒二十五年(1899)刻本　二十
四冊

110000－3162－0003366　古 4753/27
[乾隆]象山縣志十二卷　(清)史鳴皋主修
(清)姜炳璋等纂修　清乾隆二十四年(1759)
刻本　六冊

110000－3162－0003367　古 4753/33
[光緒]諸暨縣志六十卷首一卷　陳遹聲修
蔣鴻藻纂　清光緒三十四年(1908)修宣統三
年(1911)刻本　十八冊

110000－3162－0003368　古 4753/34.01
[光緒]上虞縣志四十八卷首一卷末一卷
(清)唐煦春主修　(清)朱士黻纂　清光緒十
七年(1891)刻本　二十冊

110000－3162－0003369　古 4753/34.02
[光緒]上虞縣志校續五十卷首一卷末一卷
(清)儲家藻修　(清)徐致靖纂　清光緒二十

四年(1898)刻本　二十册

110000－3162－0003370　古4753/35
[道光]嵊縣志十四卷首一卷末一卷　（清）李式圃纂修　（清）朱淥總纂　清道光八年(1828)刻本　八册

110000－3162－0003371　古4753/37
[光緒]台州府志一百卷首一卷　（清）王佩瑤修　清光緒二十一年(1895)台州旅杭同鄉會鉛印本　六十册

110000－3162－0003372　古4753/39
[光緒]黃岩縣志四十卷首一卷　（清）陳鐘英等主修　（清）王詠霓纂　清光緒三年(1877)刻本　十六册

110000－3162－0003373　古4753/41
[光緒]蘭溪縣志八卷首一卷補遺一卷　（清）秦簧等修　（清）唐壬森總纂　清光緒十三年(1887)刻十七年(1891)補遺本　十册

110000－3162－0003374　古4753/42
[嘉慶]義烏縣志二十二卷首一卷　（清）程瑜　（清）李錫齡纂　清嘉慶七年(1802)石印本　十二册

110000－3162－0003375　古4753/43
[同治]江山縣志十二卷首一卷末一卷（清）王彬纂修　清同治十二年(1873)刻本　八册

110000－3162－0003376　古4753/44
嚴州圖經三卷　（宋）陳公亮重修　清光緒二十二年(1896)漸西村舍文瀾閣刻本　二册

110000－3162－0003377　古4753/45－1
[康熙]德清縣志十卷　（清）王宏仁　（清）侯元棐修　（清）王振孫編次　清石印本　四册

110000－3162－0003378　古4753/45－2
[嘉慶]德清縣續志十卷　（清）周紹濂續修　清石印本　二册

110000－3162－0003379　古4753/46

[乾隆]溫州府志三十卷首一卷　（清）李琬修　（清）齊召南　（清）汪沆纂　（清）閔昌祚編輯　清乾隆二十七年(1762)刻本　二十册

110000－3162－0003380　古4753/48
[光緒]樂清縣志十六卷首一卷　（清）李登雲　（清）錢寶鎔修　（清）陳珅纂　清光緒二十七年(1901)東甌部博古齋刻本　二十册

110000－3162－0003381　古4753/49
[光緒]分水縣志十卷首一卷末一卷　（清）啟續　（清）陳常鏵等修　清光緒三十二年(1906)刻本　七册

110000－3162－0003382　古4753/51
浙江沿海圖一卷　（清）□□繪　清彩繪本　一册

110000－3162－0003383　古4753/52－1
浙江沿海圖說一卷　（清）朱正元撰　清光緒二十五年(1899)上海聚珍板鉛印本　一册

110000－3162－0003384　古4753/52－2
浙江沿海圖說一卷　（清）朱正元撰　清光緒二十五年(1899)上海聚珍板鉛印本　一册

110000－3162－0003385　古4753/62
[光緒]淳安縣志十六卷首一卷　（清）劉世甯原本　（清）李詩續修　（清）陳中元等續纂　清光緒十年(1884)刻本　八册

110000－3162－0003386　古4753/65
孤嶼志八卷首一卷　（清）陳舜咨訂修　清嘉慶十四年(1809)介和堂刻本　八册

110000－3162－0003387　古4753/67
浙江溫州府總圖一卷　（清）輿圖總局編輯　清輿圖總局石印本　一册

110000－3162－0003388　古4753/68
咸淳臨安志一百卷札記三卷　（宋）潛說友撰　清道光十一年(1831)錢塘振綺堂汪氏刻本　二十四册　存九十九卷(一至八十九、九十一至九十七,札記三卷)

110000－3162－0003389　古4753/69

[光緒]華亭縣志二十四卷首一卷末一卷
(清)楊開第承修　(清)姚光發等纂　清光緒
五年(1879)刻本　十冊

110000－3162－0003390　古 4753/70
浙江全省總圖不分卷　(清)□□繪　清杭州
武林印術館印本　六冊

110000－3162－0003391　古 4754/1
[光緒]江西通志一百八十卷首五卷　(清)劉
坤一等修　(清)劉鐸等纂　清光緒七年
(1881)刻本　一百二十冊

110000－3162－0003392　古 4754/3
[康熙]九江府志十八卷　(清)江殷道修
(清)張秉鉉等編纂　清康熙十二年(1673)刻
本　十四冊

110000－3162－0003393　古 4754/6
[乾隆]永寧縣志八卷首一卷　(清)張楷纂修
　清乾隆五十四年(1789)刻本　八冊

110000－3162－0003394　古 4754/9
[乾隆]贛州府志四十四卷首一卷　(清)朱辰
等修　(清)林有席纂　清乾隆四十七年
(1782)刻本　十一冊　存三十六卷(四至三
十九)

110000－3162－0003395　古 4754/12
[康熙]雪都縣志十四卷　(清)盧振先
(清)劉首魁等撰　清康熙四十七年(1708)刻
本　四冊

110000－3162－0003396　古 4754/13
[同治]江西全省輿圖十四卷首一卷　(清)曾
國藩等撰　(清)顧長齡彙修兼繪圖　清同治
七年(1868)刻本　十五冊

110000－3162－0003397　古 4754/14
[光緒]江西全省輿圖不分卷　(清)朱兆麟校
印　清光緒二十二年(1896)石印本　十冊

110000－3162－0003398　古 4755/4
[道光]江陵志餘十卷　(清)孔自來　(清)
袁坦譔　清道光二十九年(1849)吹笙閣王樹
滋刻本　四冊

110000－3162－0003399　古 4755/7
[光緒]德安府志二十卷首一卷末一卷　(清)
賡音布修　(清)劉國光　(清)李春澤纂　清
光緒十四年(1888)刻本　二十冊

110000－3162－0003400　古 4756/1
[道光]靖州直隸州志十二卷首一卷　(清)魏
德畹主修　(清)汪尚友續纂　清道光十七年
(1837)刻本　十四冊

110000－3162－0003401　古 4756/2
[光緒]湘潭縣志十二卷　(清)陳嘉榆修　清
光緒十五年(1889)刻本　十冊

110000－3162－0003402　古 4756/5
[光緒]湘潭縣志十二卷　(清)陳嘉榆修　清
光緒十五年(1889)刻本　十冊

110000－3162－0003403　古 4756/11
[光緒]湖南通志二百八十八卷首八卷末十九
卷　(清)曾國荃等纂　(清)李瀚章等督修
清光緒十一年(1885)府學宮尊經閣刻本　一
百六十冊

110000－3162－0003404　古 4756/12
[同治]湘鄉縣志二十三卷首一卷末一卷
(清)齊德五等修　(清)黃楷盛纂　清同治十
三年(1874)刻本　二十四冊

110000－3162－0003405　古 4756/14
[同治]長沙縣志三十六卷首一卷　(清)劉采
邦修　(清)張延珂等纂　清同治十年(1871)
刻本　二十冊

110000－3162－0003406　古 4756/16
[同治]瀏陽縣志二十四卷　(清)王汝惺修
(清)鄒燉傑等纂　清同治十二年(1873)刻本
　十三冊

110000－3162－0003407　古 4761/1
[嘉慶]四川通志二百四卷首二十二卷　(清)
常明等修　(清)楊芳燦　(清)譚光祐纂　清
嘉慶二十一年(1816)刻本　一百二十冊

110000－3162－0003408　古 4761/3
[光緒]蜀故二十七卷　(清)彭遵泗纂　清光

155

緒二年(1876)讀書堂刻本　　六冊

110000－3162－0003409　　古 4761/4－1

[嘉慶]蜀典十二卷　（清）張澍編輯　清嘉慶
二十三年(1818)刻本　　四冊

110000－3162－0003410　　古 4761/6

[同治]新繁縣志十六卷首一卷　（清）張文珍
（清）李應觀修　清同治十二年(1873)刻本
八冊

110000－3162－0003411　　古 4761/9

[道光]新都縣志十八卷首一卷　（清）張奉書
修　（清）張懷泃等纂　清道光二十四年
(1844)刻本　　九冊

110000－3162－0003412　　古 4761/13

[光緒]重修彭縣志十三卷首一卷末一卷
(清)張龍甲修　清光緒四年(1878)刻本
八冊

110000－3162－0003413　　古 4761/14.1

[同治]郫縣志四十四卷　（清）陳慶熙纂修
清同治八年(1869)刻本　　八冊

110000－3162－0003414　　古 4761/20

[同治]漢州志四十卷首一卷末一卷　（清）張
超修　（清）曾履中　（清）張敏行纂　清同治
八年(1869)刻本　　十二冊

110000－3162－0003415　　古 4761/20.1－1

[嘉慶]漢州全志四十卷首一卷末一卷　（清）
劉長庚修　（清）侯肇元　（清）張懷泗纂　清
嘉慶二十二年(1817)刻本　　十六冊

110000－3162－0003416　　古 4761/20.1－2

[同治]續漢州志二十四卷首一卷補一卷
(清)張超修　（清）曾履中　（清）張敏行纂
清同治八年(1869)刻本　　八冊

110000－3162－0003417　　古 4761/23

[光緒]珙縣志十五卷首一卷　（清）冉瑞桐
（清）郭肇林修　（清）楊世禎纂　清光緒九年
(1883)刻本　　八冊

110000－3162－0003418　　古 4761/28

[光緒]富順縣志五卷首一卷　（清）段玉裁

(清)李芝修　清光緒八年(1882)釜江書社刻
本　　五冊

110000－3162－0003419　　古 4761/32

[道光]夔州府志三十六卷首一卷　（清）劉德
銓修　清道光七年(1827)刻本　　二十四冊

110000－3162－0003420　　古 4761/36

章穀屯志略一卷　（清）吳德煦輯　清光緒二
十年(1894)汪氏振綺堂刻本　　一冊

110000－3162－0003421　　古 4761/37

[嘉慶]峨眉縣志十卷首一卷　（清）王燮修
清嘉慶十八年(1813)刻宣統三年(1911)李錦
成補刻本　　四冊

110000－3162－0003422　　古 4761/39

[道光]蓬溪縣志十六卷首一卷　（清）吳章祁
修　（清）顧世英編輯　清道光二十五年
(1845)刻本　　八冊

110000－3162－0003423　　古 4761/42

[道光]樂至縣志十六卷首一卷　（清）裴顯忠
修　清道光二十年(1840)賓興局刻本　　四冊

110000－3162－0003424　　古 4761/47

[道光]江安縣志二卷　（清）高學濂纂修　清
道光九年(1829)刻本　　二冊

110000－3162－0003425　　古 4761/49

[光緒]井研志四十二卷首一卷　（清）高承瀛
修　（清）吳嘉謨　（清）龔煦春纂　清光緒二
十六年(1900)刻本　　十二冊

110000－3162－0003426　　古 4761/52－1

[嘉慶]羅江縣志三十六卷　（清）李桂林修
清嘉慶二十年(1815)刻本　　四冊

110000－3162－0003427　　古 4761/52－2

[同治]續修羅江縣志二十四卷　（清）馬傳業
（清）劉正慧等纂修　清同治四年(1865)刻
本　　二冊

110000－3162－0003428　　古 4761/60

[光緒]丹棱縣志十卷首一卷　（清）顧汝萼
(清)袁桂芳修　（清）朱文瀚等纂輯　清光緒
十八年(1892)巽崖書院刻本　　八冊

110000－3162－0003429　古4761/64

[光緒]增修崇慶州志十二卷首一卷　（清）沈恩培等修　（清）胡麟等纂　清光緒三年(1877)刻本　八冊

110000－3162－0003430　古4761/67

[咸豐]隆昌縣志四十二卷首一卷　（清）花映均　（清）魏元燮增總纂　（清）晏菜纂修（清）覺羅國歡續主修　清同治十三年(1874)增刻本　十冊

110000－3162－0003431　古4761/70

[光緒]灌縣鄉土志二卷　（清）鍾文虎修（清）徐昱輯　（清）高履和纂　清光緒三十三年(1907)刻本　二冊

110000－3162－0003432　古4761/76

[光緒]秀山縣志十四卷首一卷　（清）王壽松修　清光緒十七年(1891)刻本　四冊

110000－3162－0003433　古4761/80

[光緒]蓬溪縣志十四卷首一卷　（清）周學銘修　（清）熊祥謙等編輯　清光緒二十五年(1899)刻本　四冊

110000－3162－0003434　古4763/2

[乾隆]貴州通志四十六卷首一卷　（清）鄂爾泰等修　（清）靖道謨　（清）杜詮纂　清乾隆六年(1741)刻本　二十四冊

110000－3162－0003435　古4763/3

黔書二卷　（□）田雯編　清刻本　一冊

110000－3162－0003436　古4763/5

[道光]黔南職方紀略九卷　（清）羅繞典纂清道光二十七年（1847）刻光緒三十一年(1905)印本　四冊

110000－3162－0003437　古4763/8

[道光]遵義府志四十八卷　（清）賀長齡等修（清）鄭珍　（清）莫友芝纂　清道光二十一年(1841)刻本　二十冊

110000－3162－0003438　古4763/9

貴州全省地輿圖說三卷首一卷　（□）□□輯清宣統元年(1909)貴州調查局石印本

四冊

110000－3162－0003439　古4764/3

[嘉慶]滇繫四十卷　（清）師範纂輯　清嘉慶十三年(1808)二餘堂刻本　四十冊

110000－3162－0003440　古4764/4－1

[嘉慶]滇繫四十卷　（清）師範纂輯　清光緒十三年(1887)雲南通志局刻本　四十冊

110000－3162－0003441　古4764/4－2

[嘉慶]滇繫四十卷　（清）師範纂輯　清光緒十三年(1887)雲南通志局刻本　四十冊

110000－3162－0003442　古4764/5－1

全滇紀要不分卷　（清）雲南課吏館編輯　清光緒三十二年(1906)鉛印本　十冊

110000－3162－0003443　古4764/5－2

全滇紀要不分卷　（清）雲南課吏館編輯　清光緒三十二年(1906)鉛印本　十冊

110000－3162－0003444　古4764/5－3

全滇紀要不分卷　（清）雲南課吏館編輯　清光緒三十二年(1906)鉛印本　十冊

110000－3162－0003445　古4764/8－1

滇粹一卷　呂志伊　李根源合輯　清宣統元年(1909)鉛印本　一冊

110000－3162－0003446　古4764/8－2

滇粹一卷　呂志伊　李根源合輯　清宣統元年(1909)鉛印本　一冊

110000－3162－0003447　古4764/9

滇事總錄二卷　（清）莊仲求纂　清光緒十四年(1888)刻本　一冊

110000－3162－0003448　古4764/10

雲南機務抄黃一卷　（明）張紞編　清刻本一冊

110000－3162－0003449　古4764/11

滇緬劃界圖說一卷　（清）薛福成撰　清光緒二十八年(1902)無錫傳經樓鉛印本　一冊

110000－3162－0003450　古4764/12

雲南初勘緬界記一卷　姚文棟撰　清刻本

157

一冊

110000－3162－0003451　古4764/19
[道光]昆明縣志十卷　(清)戴絅孫輯　清光
緒二十七年(1901)桂香樓刻本　六冊

110000－3162－0003452　古4764/29
[乾隆]彌勒州志二十七卷首一卷　(清)秦仁
(清)王緯纂輯　(清)傅騰蛟等增訂　清抄
本　四冊

110000－3162－0003453　古4764/30
[康熙]羅平州志四卷　(清)黃德巽纂修　清
抄本　四冊

110000－3162－0003454　古4764/32
[道光]陸涼州志八卷　(清)繆閬重修
(清)沈生遴纂輯　清抄本　四冊

110000－3162－0003455　古4764/35
[雍正]師宗州志二卷續編一卷　(清)管棆纂
輯　(清)夏治源增修　清抄本　二冊

110000－3162－0003456　古4767/1
[嘉慶]西藏紀遊四卷　(清)周藹聯撰　清光
緒二年(1876)石印本　二冊

110000－3162－0003457　古4767/2
西藏小識四卷　(清)單毓年著　清光緒三十
四年(1908)抄本　四冊

110000－3162－0003458　古4767/3－1
西藏圖考八卷　(清)黃沛翹輯　清光緒十二
年(1886)刻本　四冊

110000－3162－0003459　古4767/3－2
西藏圖考八卷　(清)黃沛翹輯　清光緒十二
年(1886)刻本　四冊

110000－3162－0003460　古4767/4
西藏圖考八卷　(清)黃沛翹輯　清光緒十七
年(1891)讀我書齋刻本　四冊

110000－3162－0003461　古4767/5－1
西藏通覽二篇　(日本)山縣初男編著　(清)
四川西藏研究會編譯　清宣統元年(1909)成
都文倫書局鉛印本　四冊

110000－3162－0003462　古4767/5－2
西藏通覽二篇　(日本)山縣初男編著　(清)
四川西藏研究會編譯　清宣統元年(1909)成
都文倫書局鉛印本　四冊

110000－3162－0003463　古4767/5－3
西藏通覽二篇　(日本)山縣初男編著　(清)
四川西藏研究會編譯　清宣統元年(1909)成
都文倫書局鉛印本　四冊

110000－3162－0003464　古4767/10
[光緒]衛藏通志十六卷首一卷　(清)和琳纂
校字記一卷　(清)袁昶撰　清光緒二十二
年(1896)漸西村舍刻本　八冊

110000－3162－0003465　古4767/10.1
[光緒]衛藏通志十六卷首一卷　(清)和琳纂
校字記一卷　(清)袁昶撰　清光緒二十二
年(1896)漸西村舍刻本　八冊

110000－3162－0003466　古4767/12
藏事舉要一卷　(清)胡炳熊撰　清宣統清風
橋文茂印局鉛印本　一冊

110000－3162－0003467　古4767/14
藏事舉要一卷　(清)胡炳熊撰　清宣統風橋
文茂印局鉛印本　一冊

110000－3162－0003468　古4771/2
[道光]福建通志二百七十八卷首一卷附一卷
(清)孫爾準等修　(清)陳壽祺纂　(清)
魏敬中續修　清道光九年(1829)修十五年
(1835)續修同治十年(1871)正誼書院刻本
一百七十八冊

110000－3162－0003469　古4771/11.1
[道光]廈門志十六卷　(清)周凱總纂　清道
光十九年(1839)刻本　十二冊

110000－3162－0003470　古4771/19
[嘉慶]崇安縣志十卷首一卷　(清)魏大名修
清嘉慶十三年(1808)刻本　十冊

110000－3162－0003471　古4771/21
[康熙]寧化縣志七卷　(清)祝文郁修
(清)李世熊纂　清康熙二十三年(1684)刻本

十八冊

110000－3162－0003472　古4771/24
[光緒]福建全省輿圖不分卷　（清）傅以禮等纂　（清）李藻測量　（清）保津繪圖　清光緒三十一年(1905)石印本　二冊

110000－3162－0003473　古4771/28
[乾隆]仙遊縣志五十三卷首一卷　（清）胡啟植等纂　清同治十二年(1873)刻本　三十冊

110000－3162－0003474　古4771/31
閩都記三十三卷　（明）王應山纂輯　清道光十一年(1831)求放心齋刻本　六冊

110000－3162－0003475　古4771/35
福建沿海圖說不分卷　（清）朱正元撰　清光緒二十八年(1902)上海聚珍版鉛印本　一冊

110000－3162－0003476　古4772/5
臺灣外記十卷　（清）江日升編　清康熙四十三年(1704)求無不獲齋刻本　十冊

110000－3162－0003477　古4772/6
臺灣輿圖二卷　（清）夏獻綸撰　清光緒六年(1880)福建臺灣道庫刻本　二冊

110000－3162－0003478　古4772/7
臺灣輿圖二卷　（清）夏獻綸撰　清光緒六年(1880)福建臺灣道庫刻本　二冊

110000－3162－0003479　古4772/12
臺灣府噶瑪蘭廳志十四卷　（清）仝卜年（清）薩廉修　清抄本　二冊　存四卷(七至十)

110000－3162－0003480　古4773/1
[嘉慶]廣西通志二百七十九卷首一卷　（清）謝啟昆修　（清）胡虔纂　清嘉慶六年(1801)刻同治四年(1865)補刻光緒十七年(1891)桂垣書局增補刻本　八十冊

110000－3162－0003481　古4773/2
廣西輿地全圖二卷　（清）張聯桂編　（清）北洋機器總局算學堂繪　清光緒二十一年(1895)石印本　二冊

110000－3162－0003482　古4773/6

110000－3162－0003482　古4773/6
[同治]蒼梧縣志十八卷首一卷　（清）蒯光煥（清）李百齡續修　（清）羅勳　（清）嚴寅恭纂　清同治十一年(1872)刻本　十三冊

110000－3162－0003483　古4773/7
[乾隆]凌雲志略不分卷　（清）□□纂　清抄本　一冊

110000－3162－0003484　古4773/8
[康熙]臨桂縣志十卷　（清）黃良驥　（清）張遴等修　（清）潘毓梧　（清）高熊徵等編纂　清康熙二十六年(1687)刻本　五冊

110000－3162－0003485　古4773/9
[道光]白山司志十八卷首一卷　（清）王言記修　（清）朱錦纂　清道光十年(1830)抄本　四冊

110000－3162－0003486　古4773/10
[乾隆]廣西輿圖不分卷　（清）朱椿撰輯　清乾隆三十九年(1774)刻本　二冊

110000－3162－0003487　古4773/11
[乾隆]鬱林州志十卷　（清）邱桂山修（清）劉玉麟　（清）秦兆鯨纂　清乾隆五十七年(1792)刻本　四冊

110000－3162－0003488　古4773/12
[康熙]荔浦縣志四卷　（清）許之豫纂修　清仿康熙四十八年(1709)抄本　四冊

110000－3162－0003489　古4774/1
[光緒]廣東輿地圖說十四卷首一卷　（清）李瀚章等修　（清）廖廷相　（清）楊士驤纂　清光緒十五年(1889)重修宣統元年(1909)廣東參謀處重印粵東編譯公司鉛印本　四冊

110000－3162－0003490　古4774/2
[道光]廣東通志三百三十四卷首一卷　（清）阮元等修　（清）陳昌齊等纂　清同治三年(1864)刻本　一百二十冊

110000－3162－0003491　古4774/3
[宣統]東莞縣志一百二卷首一卷　陳伯陶纂修　清宣統三年(1911)東莞縣養和印務局鉛印本　二十冊

110000－3162－0003492　古4774/4

[乾隆]陽江縣志八卷　（清）莊大中（鏡堂）纂修　清乾隆十一年（1746）滇螺書屋刻本　四冊

110000－3162－0003493　古4774/8.01

[同治]番禺縣志五十四卷首一卷附錄一卷（清）李福泰修　（清）史澄　（清）何若瑤纂　清同治十年（1871）月光齋堂刻本　十六冊

110000－3162－0003494　古4774/8.02

[同治]番禺縣續志四十四卷首一卷　（清）丁仁長　（清）吳道溶　（清）梁慶桂纂修　清同治八年（1869）續修宣統三年（1911）刻本　十六冊

110000－3162－0003495　古4774/10

[乾隆]潮州府志四十二卷首一卷　（清）周碩勳纂修　清乾隆二十七年（1762）刻光緒十九年（1893）珠蘭書屋刻本　二十五冊

110000－3162－0003496　古4774/19

[乾隆]南海縣志二十卷　（清）魏縮修（清）陳張翼　（清）張晒纂　清乾隆六年（1741）刻本　十二冊

110000－3162－0003497　古4774/24

[光緒]嘉應州志三十二卷　（清）吳宗焯（清）蔣鳴慶等修　（清）溫仲和纂　清光緒二十七年（1901）刻本　十四冊

110000－3162－0003498　古4774/25

[光緒]海陽縣志四十六卷首一卷　（清）盧蔚猷修　（清）吳道鎔纂　清光緒二十六年（1900）潮城謝存文館刻本　十二冊

110000－3162－0003499　古4774/29

[康熙]潮陽縣志二十卷首一卷　（清）藏憲祖纂修　清康熙二十六年（1687）刻本　八冊

110000－3162－0003500　古4774/31

[乾隆]瓊州府志十卷　（清）蕭應植修（清）陳景塤纂　清乾隆三十九年（1774）刻本　十六冊

110000－3162－0003501　古4774/39

廣東輿地全圖十四卷　（清）張人駿編輯　清光緒二十三年（1897）廣州石經堂石印本　二冊

110000－3162－0003502　古4774/40

廣東圖二十三卷　（清）□□編輯　清同治五年（1866）刻本　三冊

110000－3162－0003503　古4774/41

廣東海圖說四卷　（清）張之洞撰　清光緒十五年（1889）廣雅書局刻本　一冊

110000－3162－0003504　古4774/42

廣東省輿地全圖十四卷　（清）張人駿編輯　清光緒二十三年（1897）廣州石經堂石印本　一冊

110000－3162－0003505　古4774/46

[康熙]惠州府志二十卷首一卷　（清）呂應奎　（清）俞九成修　（清）黃挺華　（清）衛金章纂　清康熙二十七年（1688）刻本　十冊

110000－3162－0003506　古4774/47

羅浮志補十五卷　（明）陳璉撰　清仿明成化五年（1469）刻本　四冊

110000－3162－0003507　古4774/48

[光緒]曲江縣志十六卷　（清）張希京修（清）歐樾華等纂　清光緒元年（1875）刻本　八冊

110000－3162－0003508　古4779/1

[乾隆]澳門記略二卷首一卷　（清）印光任（清）張汝霖合纂　清乾隆十六年（1751）刻本　二冊

110000－3162－0003509　古4779/1.1

[乾隆]澳門記略二卷首一卷末一卷　（清）印光任　（清）張汝霖合纂　清嘉慶五年（1800）刻本　二冊

110000－3162－0003510　古478/4

[康熙]五蓮山志五卷　（清）釋海霆編集　清康熙二十年（1681）萬松禪林刻本　二冊

110000－3162－0003511　古478/5－1

泰山道里記不分卷　（清）徐宗幹撰　清同治

五年(1866)雨山堂刻本　一冊

110000－3162－0003512　古478/5－2

泰山道里記不分卷　(清)徐宗幹撰　清同治
五年(1866)雨山堂刻本　一冊

110000－3162－0003513　古478/6

泰山道里記不分卷　(清)增瑞撰　清光緒四
年(1878)雨山堂刻本　一冊

110000－3162－0003514　古478/9

泰山小史不分卷　(清)蕭協中著　清抄本
一冊

110000－3162－0003515　古478/10

廬山紀遊不分卷　(清)崔來臨著　清光緒三
十二年(1906)金陵湯明林書莊刻本　一冊

110000－3162－0003516　古478/14－1

[同治]焦山志二十六卷首一卷　(清)吳雲輯
清同治十三年(1874)刻本　八冊

110000－3162－0003517　古478/14－2

[光緒]焦山續志八卷　(清)陳任暘輯　清光
緒三十一年(1905)刻本　二冊

110000－3162－0003518　古478/15

岳廟志略十卷首一卷　(清)馮培編輯　清光
緒五年(1879)浙江書局刻本　四冊

110000－3162－0003519　古478/20

費邑古跡考六卷　(清)楊佑廷纂　清光緒二
十二年(1896)刻本　一冊

110000－3162－0003520　古478/25

雪竇寺志十卷　(清)釋行正輯　(清)釋行恂
增輯　清康熙刻本　三冊　存六卷(五至十)

110000－3162－0003521　古478/26

濰縣宏福寺造像碑考不分卷　(清)郭麟著
清抄本　一冊

110000－3162－0003522　古478/29－1

長江圖說十二卷首一卷　(清)馬徵麟　(清)
王香倬著　清同治十年(1871)湖北崇文書局
刻本　五冊

110000－3162－0003523　古478/29－2

長江圖說十二卷首一卷　(清)馬征麟　(清)
王香倬著　清同治十年(1871)湖北崇文書局
刻本　五冊

110000－3162－0003524　古478/29－3

長江圖說十二卷首一卷　(清)馬征麟　(清)
王香倬著　清同治十年(1871)湖北崇文書局
刻本　五冊

110000－3162－0003525　古478/30

嘉慶重修萬年橋賬不分卷　(清)□□記錄
清嘉慶抄本　一冊

110000－3162－0003526　古478/31

河幹問答不分卷　(□)陳法著　清抄本
一冊

110000－3162－0003527　古478/32

瓊管山海圖說二卷　(明)顧可久著　清光緒
十六年(1890)如不及齋刻本　二冊

110000－3162－0003528　古478/34

峽江救生船志圖不分卷　(清)□□繪　清石
印本　一冊

110000－3162－0003529　古478/37

水經注首一卷附錄二卷　(三國魏)酈道元撰
王先謙校　清光緒二十三年(1897)新化三
味書室刻本　二十冊

110000－3162－0003530　古478/38－1

水經注疏要刪四十卷　楊守敬撰　清光緒三
十一年(1905)觀海堂刻本　六冊

110000－3162－0003531　古478/38－2

水經注疏要刪補遺四十卷　楊守敬撰　清宣
統元年(1909)刻本　六冊

110000－3162－0003532　古478/39

水經注圖一卷附錄一卷　(清)汪梅村撰　清
咸豐十一年(1861)刻本　一冊

110000－3162－0003533　古478/40

水經注圖四十卷補一卷　楊守敬撰　清光緒
三十一年(1905)觀海堂朱墨套印本　四冊
存二十五卷(北一至四、中一卷、南一至二十)

110000－3162－0003534　古478/41

海道圖說十五卷附一卷　（英國）金約翰輯
（英國）傅蘭雅口譯　（清）王德均筆述　清刻
本　十冊

110000－3162－0003535　古478/41.1
海道圖說十五卷附一卷　（英國）金約翰輯
（英國）傅蘭雅口譯　（清）王德均筆述　清光
緒二十二年(1896)上海書局石印本　八冊

110000－3162－0003536　古478/46
鄭開陽先生雜著十卷　（明）鄭若曾著　清康
熙三十年至四十一年（1691－1702）刻本
八冊

110000－3162－0003537　古478/47－1
中國江海險要圖志二十二卷首一卷補編五卷
　（清）陳壽彭譯　清光緒二十七年(1901)經
世文社石印本　十冊

110000－3162－0003538　古478/47－2
中國江海險要圖志二十二卷首一卷補編五卷
　（清）陳壽彭譯　清光緒二十七年(1901)經
世文社石印本　十冊

110000－3162－0003539　古478/47.1
中國江海險要圖志圖五卷　（清）陳壽彭譯
清光緒二十七年(1901)經世文社石印本
五冊

110000－3162－0003540　古478/47.2
新譯中國江海險要圖志二十二卷首一卷補編
五卷圖五卷　（清）陳壽彭譯　清光緒二十七
年(1901)經世文社石印本　十五冊

110000－3162－0003541　古478/48
羅景山臺灣海防並開山日記不分卷　（清）羅
大春撰　清抄本　一冊

110000－3162－0003542　古478/49－1
新編沿海險要圖說十六卷新編長江險要
圖說五卷　（清）余宏淦著　清光緒二十
九年(1903)江震學堂版鴻文書局石印本
　三冊

110000－3162－0003543　古478/49－2
新編長江險要圖說五卷　（清）余宏淦著　清

光緒二十九年(1903)江震學堂版鴻文書局石
印本　一冊

110000－3162－0003544　古478/50
九邊圖論一卷補輯一卷　（明）許論著　**海防**
圖論一卷　（明）許論著　清刻本　一冊

110000－3162－0003545　古478/51
旅順口地契總冊不分卷　（清）□□輯　清光
緒十九年(1893)刻本　十一冊

110000－3162－0003546　古478/52
滬城備考六卷　（清）褚華著　清光緒四年
(1878)申報館仿聚珍版鉛印本　一冊

110000－3162－0003547　古478/53
籌邊記二卷　姚文棟撰　清光緒二十三年
(1897)湖北新學書局刻本　一冊

110000－3162－0003548　古478/54
舊京遺事一卷　（清）史玄著　清鉛印本
一冊

110000－3162－0003549　古478/55
長白匯徵錄八卷首一卷　（清）劉建封修　清
宣統二年(1910)鉛印本　四冊

110000－3162－0003550　古478/57
西徼水道一卷　（清）黃楙材著　清得一齋刻
本　一冊

110000－3162－0003551　古478/58
荊州記三卷　（宋）盛宏之撰　（宋）曹元忠輯
　清光緒十九年(1893)刻本　一冊

110000－3162－0003552　古478/59
晉乘搜略一卷　（清）康基田纂述　清嘉慶十
六年(1811)刻本　一冊

110000－3162－0003553　古478/60
環海圖考四卷　（清）李錫書著　清光緒三年
(1877)仃雲館刻本　一冊

110000－3162－0003554　古478/61
禹貢錐指二十卷　（清）胡渭著　清康熙四十
四年(1705)漱六軒刻本　九冊

110000－3162－0003555　古478/62

彙刻太倉舊志五種　（清）繆荃荃彙編　清宣
統元年(1909)刻本　八冊

110000－3162－0003556　古478/65－1
北固山志十四卷首一卷　（清）周伯義撰　清
光緒三十年(1904)刻本　六冊

110000－3162－0003557　古478/65－2
[乾隆]金山志十卷　（清）盧見曾撰　清乾隆
二十七年(1762)雅雨堂刻本　四冊

110000－3162－0003558　古478/65－3
[光緒]續金山志二卷　（清）釋秋涯撰　清光
緒二十六年(1900)刻本　二冊

110000－3162－0003559　古478/65－4
[同治]焦山志二十六卷首一卷　（清）吳雲撰
　清同治十三年(1874)刻本　八冊

110000－3162－0003560　古478/65－5
[光緒]焦山續志八卷　（清）陳任暘撰　清光
緒三十一年(1905)刻本　二冊

110000－3162－0003561　古478/66
京口山水志十八卷首一卷末一卷　（清）楊棨
撰　清道光二十七年(1847)枕溪書屋刻本
四冊

110000－3162－0003562　古478/68
四明談助四十六卷首一卷　（清）徐兆昺撰
清道光八年(1828)刻本　四十冊

110000－3162－0003563　古478/69
八省關隘事略十二卷　（□）□□撰　清抄本
十冊

110000－3162－0003564　古478/70
河工策要四卷　（□）□□撰　清光緒十四年
(1888)上海蜚英館石印本　一冊

110000－3162－0003565　古478/71
輿地紀勝二百卷首一卷　（宋）王象之編　清
咸豐十年(1860)粵雅堂刻本　二十四冊　存
一百八十六卷(一至一百三十五、一百三十七
至一百三十九、一百四十五至一百七十一、一
百七十三至一百九十三)

110000－3162－0003566　古478/72

西域水道記五卷　（清）徐松撰　清道光三年
(1823)刻本　五冊

110000－3162－0003567　古478/75
滇行日記二卷　（清）李澄中著　清刻本(有
抄補)　一冊

110000－3162－0003568　古481/1－1
鄭氏通志二百卷　（宋）鄭樵撰　清光緒二十
七年(1901)上海圖書集成局遵武英殿聚珍板
鉛印本　六十冊

110000－3162－0003569　古481/1－2
鄭氏通志二百卷　（宋）鄭樵撰　清光緒二十
七年(1901)上海圖書集成局遵武英殿聚珍板
鉛印本　六十冊

110000－3162－0003570　古481/1.1－1
通志二百卷　（宋）鄭樵撰　清光緒二十二年
(1896)浙江書局刻本　一百九十五冊　存一
百九十五卷(一至一百三十七、一百四十一至
一百四十七、一百四十九、一百五十一下至二
百)

110000－3162－0003571　古481/1.1－2
欽定通典考證一卷通志考證三卷　（清）丁立
誠等校　清光緒二十年(1894)浙江書局刻本
六冊

110000－3162－0003572　古481/2－1
欽定續通志六百四十卷　（清）紀昀總纂
（清）嵇璜　（清）曹仁虎等纂修　清光緒二十
七年(1901)上海圖書集成局遵武英殿聚珍板
鉛印本　六十冊

110000－3162－0003573　古481/2－2
欽定續通志六百四十卷　（清）紀昀總纂
（清）嵇璜　（清）曹仁虎等纂修　清光緒二十
七年(1901)上海圖書集成局遵武英殿聚珍板
鉛印本　六十冊

110000－3162－0003574　古481/2－3
欽定續通志六百四十卷　（清）紀昀總纂
（清）嵇璜　（清）曹仁虎等纂修　清光緒二十
七年(1901)上海圖書集成局遵武英殿聚珍板
鉛印本　六十冊

110000 – 3162 – 0003575　古 481/3 – 1

皇朝通志一百二十六卷　（清）嵇璜　（清）曹仁虎纂修　清光緒二十七年（1901）上海圖書集成局遵武英殿聚珍板鉛印本　十二冊

110000 – 3162 – 0003576　古 481/3 – 2

皇朝通志一百二十六卷　（清）嵇璜　（清）曹仁虎纂修　清光緒二十七年（1901）上海圖書集成局遵武英殿聚珍板鉛印本　十二冊

110000 – 3162 – 0003577　古 481/3.1

皇朝通志一百二十六卷　（清）嵇璜　（清）曹仁虎纂修　清光緒鉛印本　八冊

110000 – 3162 – 0003578　古 481/4

通典二百卷　（唐）杜佑撰　清光緒二十二年（1896）浙江書局刻本　四十五冊

110000 – 3162 – 0003579　古 481/4.1 – 1

通典二百卷附通典考證一卷　（唐）杜佑撰　清光緒二十八年（1902）上海圖書集成局遵武英殿聚珍板鉛印本　十六冊

110000 – 3162 – 0003580　古 481/4.1 – 2

通典二百卷附通典考證一卷　（唐）杜佑撰　清光緒二十八年（1902）上海圖書集成局遵武英殿聚珍板鉛印本　十六冊

110000 – 3162 – 0003581　古 481/4.1 – 3

通典二百卷附通典考證一卷　（唐）杜佑撰　清光緒二十八年（1902）上海圖書集成局遵武英殿聚珍板鉛印本　十二冊

110000 – 3162 – 0003582　古 481/5 – 1

欽定續通典一百五十卷　（清）嵇璜　（清）曹仁虎等纂修　清光緒二十八年（1902）上海圖書集成局遵武英殿聚珍板鉛印本　十六冊

110000 – 3162 – 0003583　古 481/5 – 2

欽定續通典一百五十卷　（清）嵇璜　（清）曹仁虎等纂修　清光緒二十八年（1902）上海圖書集成局遵武英殿聚珍板鉛印本　十二冊

110000 – 3162 – 0003584　古 481/5 – 3

欽定續通典一百五十卷　（清）嵇璜　（清）曹仁虎等纂修　清光緒二十八年（1902）上海圖

書集成局遵武英殿聚珍板鉛印本　十二冊

110000 – 3162 – 0003585　古 481/6 – 1

皇朝通典一百卷　（清）嵇璜　（清）曹仁虎等纂修　清鉛印本　十二冊

110000 – 3162 – 0003586　古 481/6 – 2

皇朝通典一百卷　（清）嵇璜　（清）曹仁虎等纂修　清光緒二十七年（1901）上海圖書集成局遵武英殿聚珍板鉛印本　十冊

110000 – 3162 – 0003587　古 481/6.1

皇朝通典一百卷　（清）永璇　（清）陳鴻墀等纂修　清光緒二十八年（1902）上海鴻寶齋石印本　八冊

110000 – 3162 – 0003588　古 481/7 – 1

文獻通考三百四十八卷考證三卷　（元）馬端臨著　清光緒二十七年（1901）上海圖書集成局遵武英殿聚珍板鉛印本　四十四冊

110000 – 3162 – 0003589　古 481/7 – 2

文獻通考三百四十八卷考證三卷　（元）馬端臨著　清光緒二十七年（1901）上海圖書集成局遵武英殿聚珍板鉛印本　三十五冊　存二百八十八卷（一至六十七、一百二十八至三百四十八）

110000 – 3162 – 0003590　古 481/7 – 3

文獻通考三百四十八卷考證三卷　（元）馬端臨著　清光緒二十七年（1901）上海圖書集成局遵武英殿聚珍板鉛印本　四十四冊

110000 – 3162 – 0003591　古 481/8 – 1

欽定續文獻通考二百五十卷　（清）嵇璜（清）曹仁虎纂修　清光緒二十八年（1902）上海圖書集成局遵武英殿聚珍板鉛印本　三十六冊

110000 – 3162 – 0003592　古 481/8 – 2

欽定續文獻通考二百五十卷　（清）嵇璜（清）曹仁虎纂修　清光緒二十八年（1902）上海圖書集成局遵武英殿聚珍板鉛印本　三十六冊

110000 – 3162 – 0003593　古 481/8 – 3

欽定續文獻通考二百五十卷　（清）嵇璜
（清）曹仁虎纂修　清光緒二十八年(1902)上
海圖書集成局遵武英殿聚珍板鉛印本　三十
六冊

110000－3162－0003594　古481/9－1
皇朝文獻通考三百卷　（清）嵇璜　（清）曹仁
虎纂修　清光緒鉛印本　四十七冊

110000－3162－0003595　古481/9－2
皇朝文獻通考三百卷　（清）嵇璜　（清）曹仁
虎纂修　清光緒二十七年(1901)上海圖書集
成局遵武英殿聚珍板鉛印本　四十二冊

110000－3162－0003596　古481/9－3
皇朝文獻通考三百卷　（清）嵇璜　（清）
曹仁虎纂修　清光緒二十七年(1901)上海
圖書集成局遵武英殿聚珍板鉛印本　四十
二冊

110000－3162－0003597　古481/10
九通全書二千三百二十一卷　（清）□□輯
清光緒二十七年(1901)貫吾齋石印本　一百
二十八冊

110000－3162－0003598　古481/11
三通序三卷　（唐）杜佑　（宋）鄭樵　（元）
馬端臨著　清光緒十四年(1888)求實齋刻本
一冊

110000－3162－0003599　古481/12
大明會典二百二十八卷　（明）申時行　（明）
趙用賢等纂修　明萬曆十五年(1587)刻本
六十冊

110000－3162－0003600　古481/13
欽定大清會典一百卷　（清）允祹等編纂　清
乾隆二十九年(1764)刻本　一百二十冊

110000－3162－0003601　古481/14
欽定大清會典一千一百三十二卷　（清）托津
（清）綿忻修　清嘉慶二十三年(1818)刻本
四百四十二冊

110000－3162－0003602　古481/15
欽定大清會典一百卷　（清）允祹等修　清光

緒十九年(1893)上海圖書集成印書局鉛印本
八冊

110000－3162－0003603　古481/16
大元聖政國朝典章六十卷　（元）□□纂修
清光緒三十四年(1908)刻本　二十冊

110000－3162－0003604　古481/18－1
東漢會要四十卷　（宋）徐天麟撰　清刻本
十六冊

110000－3162－0003605　古481/18－2
西漢會要七十卷　（宋）徐天麟撰　清刻本
二十四冊

110000－3162－0003606　古481/19
唐會要一百卷　（宋）王溥撰　清光緒十年
(1884)江蘇書局刻本　二十四冊

110000－3162－0003607　古481/20
五代會要三十卷　（宋）王溥撰　清道光七年
(1827)刻本　六冊

110000－3162－0003608　古481/22
會典簡明目錄一卷　（清）張祥河撰　清光緒
二十三年(1897)刻本　一冊

110000－3162－0003609　古481/23
通志二十略五十一卷　（宋）鄭樵著　清乾隆
十三年(1748)刻本　二十四冊

110000－3162－0003610　古481/24
三通序三卷　（唐）杜佑　（宋）鄭樵　（元）
馬端臨著　清光緒十七年(1891)宏道堂刻本
三冊

110000－3162－0003611　古481/25－1
欽定大清會典一百卷　（清）昆岡等纂　清光
緒二十五年(1899)京師官書局石印本　三十
六冊

110000－3162－0003612　古481/25－2
欽定大清會典事例一千二百二十卷目錄八卷
（清）昆岡等纂　清光緒二十五年(1899)京
師官書局石印本　三百八十三冊

110000－3162－0003613　古481/25－3
欽定大清會典圖二百七十卷首二卷　（清）昆

岡等纂　清光緒二十五年(1899)京師官書局石印本　七十五冊

110000－3162－0003614　古481/26
大清會典四卷　(清)托津等纂　清同治十一年(1872)湖北崇文書局刻本　四冊

110000－3162－0003615　古481/27
皇朝政典類纂五百卷　(清)沈惟賢編　清光緒二十九年(1903)上海圖書集成局鉛印本　一百二十冊

110000－3162－0003616　古481/28
文獻通考記要二卷附錄一卷　(□)□□纂　(清)鄒凌沅輯　清刻本　一冊　存二卷(記要二卷)

110000－3162－0003617　古481/29
記問邇言二卷　(清)陳惟本輯　清刻本　一冊　存一卷(二)

110000－3162－0003618　古481/30
三通序三卷　(清)□□輯　清光緒二十八年(1902)新學書社石印本　一冊

110000－3162－0003619　古481/31
文獻通考序選讀不分卷　(□)□□纂　清文藝書院鉛印本　一冊

110000－3162－0003620　古483/1
欽定歷代職官表七十二卷首一卷　(清)永瑢　(清)紀昀纂修　清乾隆刻本　三十六冊

110000－3162－0003621　古483/1.1
欽定歷代職官表七十二卷首一卷　(清)永瑢　(清)紀昀纂修　清刻本　三十六冊

110000－3162－0003622　古483/1.2
歷代職官表七十二卷首一卷　(清)永瑢　(清)紀昀纂修　清光緒二十二年(1896)廣雅書局刻本　二十二冊

110000－3162－0003623　古483/2
唐六典三十卷　(唐)玄宗李隆基撰　清光緒二十一年(1895)廣雅書局刻本　四冊

110000－3162－0003624　古483/2.1
唐六典三十卷　(唐)玄宗李隆基撰　明正德

十年(1515)刻本　十冊

110000－3162－0003625　古483/4
欽定吏部則例八卷　清道光刻本　十冊

110000－3162－0003626　古483/5－1
宗人府光緒三十四年統計表不分卷　(清)□□輯　清石印本　一冊

110000－3162－0003627　古483/5－2
宗人府宣統元年統計表不分卷　(清)□□輯　清石印本　一冊

110000－3162－0003628　古483/6
宗人府第一次統計表不分卷　(清)□□輯　清宣統二年(1910)石印本　一冊

110000－3162－0003629　古483/7
呂新簡先生明職篇不分卷　(清)潘世恩輯　清道光十三年(1833)刻本　一冊

110000－3162－0003630　古483/8
皇朝謚法考五卷　(清)鮑子年輯　清同治三年(1864)刻光緒十七年(1891)印本　一冊

110000－3162－0003631　古483/9
皇朝謚法表六卷　(清)楊樹編　清光緒二十八年(1902)刻本　一冊

110000－3162－0003632　古483/10
職官錄不分卷　(清)□□輯　清宣統鉛印本　八冊

110000－3162－0003633　古483/10.1
職官錄不分卷　(清)□□輯　清宣統三年(1911)內閣印鑄局鉛印本　六冊

110000－3162－0003634　古483/11
欽定國子監則例四十五卷　(清)汪廷珍　(清)瑞慶纂修　清道光四年(1824)刻本　六冊

110000－3162－0003635　古483/13
欽定理藩部則例六十四卷通例二卷原奏一卷目錄二卷　(清)托津等原修　(清)富俊等續修　(清)松森等現修　清光緒三十四年(1908)鉛印本　十六冊

110000－3162－0003636　　古483/14

欽定中樞政考三十二卷　（清）明亮修　清道光五年(1825)刻本　三十二冊

110000－3162－0003637　　古483/14.02

欽定中樞政考續纂四卷　（清）長齡　（清）景善等纂　清道光十二年(1832)刻本　四冊

110000－3162－0003638　　古483/15－1

最新清國文武官製錶二卷　（清）□□輯　清石印本　二冊

110000－3162－0003639　　古483/15－2

最新清國文武官製錶二卷　（清）□□輯　清石印本　二冊

110000－3162－0003640　　古483/16

戶部籌餉事例條款三卷　（清）□□撰　清光緒十五年(1889)刻本　六冊

110000－3162－0003641　　古483/17

增修籌餉事例條款二卷　（清）□□撰　清刻本　四冊

110000－3162－0003642　　古483/18

會議查辦恤典條款不分卷　（清）□□撰　清咸豐刻本　一冊

110000－3162－0003643　　古483/19

光緒建元以來督撫年表不分卷　（清）陳淑校錄　清光緒三十四年(1908)刻本　一冊

110000－3162－0003644　　古483/21

中國大官一覽表二幅　（清）作新社編輯　清宣統元年(1909)北京琉璃廠作新社分局鉛印本　二冊

110000－3162－0003645　　古483/22

各省城守尉總管協領察哈爾八旗總管摺子不分卷　（清）各省總管撰　清光緒三十一年至三十四年(1905－1908)抄本　六冊

110000－3162－0003646　　古483/24

會奏東三省職司官制及督撫辦事要綱摺不分卷　唐紹儀　徐世昌　朱家寶纂　清光緒三十三年(1907)鉛印本　一冊

110000－3162－0003647　　古483/25

官制備考二卷　（明）李日華纂輯　明刻本　二冊

110000－3162－0003648　　古484/3

農工商部現行章程二十一種　（清）□□撰　清宣統元年(1909)石印本　十一冊

110000－3162－0003649　　古484/4

奏定禁煙章程彙編不分卷　（清）□□輯　清光緒三十三年(1907)刻本　一冊

110000－3162－0003650　　古484/5

浙江海運漕糧案新編八卷　（清）左宗棠　（清）馬新貽　（清）單懋謙　（清）鍾岱纂　清同治七年(1868)刻本　六冊

110000－3162－0003651　　古484/6

欽定戶部則例九十九卷　（清）聯英等纂　清道光十一年(1831)刻本　三十三冊

110000－3162－0003652　　古484/7

欽定戶部續纂則例十五卷　（清）松年　（清）珠爾杭阿等纂　清道光十八年(1838)刻本　三冊

110000－3162－0003653　　古484/9

大清光緒新法令十三卷附一卷　（清）商務印書館編譯所編輯　清宣統元年(1909)商務印書館鉛印本　二十冊

110000－3162－0003654　　古484/10

欽定臺規四十卷　（清）松筠　（清）潘世恩等纂　清道光七年(1827)刻本　十六冊

110000－3162－0003655　　古484/11

御纂學政全書八十六卷首一卷　（清）童璜　（清）汪梅鼎等纂　清嘉慶十七年(1812)刻本　二十冊

110000－3162－0003656　　古484/12

晉政輯要四十卷　（清）安頤　（清）張承熊等纂　清光緒十四年(1888)刻本　三十二冊

110000－3162－0003657　　古484/13

籌備經費事例不分卷　（清）□□撰　清道光十三年(1833)刻本　一冊

110000－3162－0003658　　古484/14

救荒活民類要不分卷　（清）張光大編　清光緒三年(1877)刻本　二冊

110000－3162－0003659　古484/17

增補巡查長章程不分卷　（清）□□編輯　清刻本　一冊

110000－3162－0003660　古484/19

觀古閣叢稿二卷　（清）康子年著　清同治十二年(1873)歙鮑氏刻本　二冊

110000－3162－0003661　古484/20－1

古泉叢話三卷　（清）戴熙撰　清同治十一年(1872)刻本　二冊

110000－3162－0003662　古484/20－2

藏書記要一卷　（清）孫慶增撰　清光緒九年(1883)石印本　一冊

110000－3162－0003663　古484/22

海運紀略後編二卷　（清）□□撰　清光緒十七年(1891)江西安福縣刻本　一冊

110000－3162－0003664　古484/23

治國要務不分卷　（英國）韋廉臣著　清上海廣學會鉛印本　一冊

110000－3162－0003665　古484/25

漕硯八卷附一卷　（明）張爾忠著　清抄本　八冊

110000－3162－0003666　古484/26

東三省移民開墾意見書一卷　熊熙齡著　清光緒鉛印本　一冊

110000－3162－0003667　古484/27

保甲書輯要四卷　（清）徐棟編　清同治十二年(1873)羊城書局刻本　一冊

110000－3162－0003668　古484/28

迴瀾紀要二卷　（清）徐端著　清道光二十三年(1843)刻本　二冊

110000－3162－0003669　古484/29

籌餉事例一卷　（清）□□輯　清咸豐七年(1857)刻本　四冊

110000－3162－0003670　古484/29.1

籌餉事例二卷　（清）□□輯　清光緒刻本　四冊

110000－3162－0003671　古484/30－1

營田輯要三卷首一卷　（清）黃輔辰述　清同治三年(1864)成都刻本　二冊

110000－3162－0003672　古484/30－2

崇祀鄉賢錄一卷　（清）黎培敬等撰　清光緒三年(1877)刻本　一冊

110000－3162－0003673　古484/32

欽定康濟錄四卷　（清）陸曾禹著　清同治三年(1864)浙江撫署刻本　三冊

110000－3162－0003674　古484/33

敬寬書屋槁不分卷　（□）□□輯　清刻本　一冊

110000－3162－0003675　古484/34

牧民忠告二卷　（元）張養浩著　清同治七年(1868)姑蘇書局刻本　一冊

110000－3162－0003676　古484/35

民政部高等巡警學堂章程不分卷　（清）民政部撰　清光緒三十三年(1907)鉛印本　一冊

110000－3162－0003677　古484/36－1

河南巡警章程不分卷　（清）陳夔龍奏　清光緒三十年(1904)刻本　一冊

110000－3162－0003678　古484/36－2

河南巡警章程不分卷　（清）陳夔龍奏　清光緒三十年(1904)刻本　一冊

110000－3162－0003679　古484/37

山西各屬巡警章程一卷　（清）□□撰　清鉛印本　一冊

110000－3162－0003680　古484/38

廣東巡警總局分科治事章程一卷　（清）□□撰　清廣東學務公所印刷處活版印本　一冊

110000－3162－0003681　古484/39

州縣員警會議章程一卷　（清）直隸全省警務處定　清光緒三十四年(1908)抄本　一冊

110000－3162－0003682　古484/40

廣東省巡警分局章程一卷　（清）□□撰　清
廣東學務公所印刷處活版印本　一冊

110000－3162－0003683　古484/41
直隸州縣巡警試辦章程一卷　（清）直隸警務
處定　清光緒三十二年(1906)直隸警務處石
印本　一冊

110000－3162－0003684　古484/42
濟南商埠巡警章程一卷　（清）□□撰　清鉛
印本　一冊

110000－3162－0003685　古484/43
直隸試辦警務學堂章程一卷　袁世凱奏　清
光緒二十八年(1902)刻本　一冊

110000－3162－0003686　古484/45
奏定巡警章程一卷　（清）□□撰　清光緒三
十一年(1905)刻本　一冊

110000－3162－0003687　古484/46
廣東各府廳州縣調查戶口辦事細則一卷
（清）□□撰　清宣統元年(1909)廣東學務公
所印刷處鉛印本　一冊

110000－3162－0003688　古484/47
警察學堂功課簿八卷　（清）□□撰　清抄本
十二冊

110000－3162－0003689　古484/48
河防輯要四卷　（清）周家駒編輯　清宣統三
年(1911)南京湯明林刷印工廠鉛印本　二冊

110000－3162－0003690　古484/51
熙朝紀政六卷　（清）王慶雲編　清光緒二十
四年(1898)縮印本　六冊

110000－3162－0003691　古484/52
編練民丁章程一卷　張森楷編　清鉛印本
一冊

110000－3162－0003692　古484/54
東三省政略十二卷　（清）□□編輯　清宣統
三年(1911)鉛印本　四十冊

110000－3162－0003693　古484/55
富國策三卷　（清）汪生鳳譯　清光緒六年
(1880)同文館聚珍板鉛印本　三冊

110000－3162－0003694　古484/58
大清光緒新法令十三卷附一卷　（清）商務印
書館編譯所編輯　清宣統元年(1909)商務印
書館鉛印本　二十冊

110000－3162－0003695　古484/59
廣西團練事宜一卷　（清）朱孫詒編　清咸豐
十一年(1861)四川團練總局刻本　一冊

110000－3162－0003696　古484/60
武陽團練紀實二卷　（清）莊毓鋐　（清）薛紹
元編纂　清光緒十二年(1886)刻本　一冊

110000－3162－0003697　古484/61
團練章程一卷　（清）遊長齡編定　保甲團練
章程一卷　（清）遊長齡編定　呂氏鄉約一卷
（清）遊長齡編定　清咸豐三年(1853)刻本
一冊

110000－3162－0003698　古484/62
武經團鏡雜說一卷　（清）李廷樟撰　（清）王
始旦輯　清咸豐十一年(1861)刻本　一冊

110000－3162－0003699　古484/64
眉山縣保衛團門戶丁編練巡防辦法一卷
（清）眉山縣保衛團編定　清刻本　一冊

110000－3162－0003700　古484/70
閩政領要三卷　（清）□□撰　清乾隆三十二
年(1767)刻本　一冊

110000－3162－0003701　古484/71
七政策要七卷　（清）孫不器撰　清光緒二十
七年(1901)上海廣益書局鉛印本　一冊

110000－3162－0003702　古484/73
居官必讀書四卷　（清）方汝謙等著　清光緒
十五年(1889)京都龍雲齋刻本　一冊

110000－3162－0003703　古484/74－1
卞制軍政書四卷　（清）卞寶第撰　清刻本
四冊

110000－3162－0003704　古484/74－2
卞制軍政書四卷　（清）卞寶第撰　清刻本
四冊

110000－3162－0003705　古484/75－1

武郡保甲事宜摘要五卷　（清）李有棻撰　清光緒十三年(1887)武昌刻本　一冊

110000－3162－0003706　古484/75－2
桑麻水利族學四卷　（清）李有棻撰　清光緒十三年(1887)武昌刻本　一冊

110000－3162－0003707　古484/76
浠川政譜二卷　（清）龔鼎孳著　清刻本　一冊

110000－3162－0003708　古484/77
津門保甲圖說不分卷　（清）□□編纂　清道光二十六年(1846)直隸藩署刻本　八冊

110000－3162－0003709　古484/78
湖南團練私議一卷　（清）左欽敏撰　清光緒二十五年(1899)刻本　一冊

110000－3162－0003710　古484/79
太平經國之書十一卷　（宋）鄭伯謙撰　明嘉靖十五年(1536)通志堂刻本　一冊

110000－3162－0003711　古484/80－1
古今治平略三十三卷　（明）朱健著　明崇禎十二年(1639)刻本　二十八冊

110000－3162－0003712　古484/80－2
蒼崖子內篇一卷　（明）朱健著　明崇禎存古齋刻本　一冊

110000－3162－0003713　古484/81
御製資政要覽三卷　（清）李昭煒　（清）孫家鼎校刊　清順治十二年(1655)刻本　一冊

110000－3162－0003714　古485/8
新纂約章大全六十七卷　鄭孝胥編　清宣統元年(1909)上海崇義堂石印本　四十二冊

110000－3162－0003715　古485/11
各國立約始末記三十卷首二卷　（清）陸元鼎編　清光緒三十二年(1906)上海商務印書館鉛印本　二十二冊

110000－3162－0003716　古485/12－1
中俄約章會要三卷　（清）總理衙門編輯　清光緒八年(1882)同文館聚珍板鉛印本　三冊

110000－3162－0003717　古485/12－2
中俄約章續編一卷　（清）□□編輯　清光緒鉛印本　一冊

110000－3162－0003718　古485/17
總理衙門考訂山東曹州府教案條約一卷　（清）總理各國事務衙門撰　清光緒二十四年(1898)鉛印本　一冊

110000－3162－0003719　古485/24
展拓香港界址專條不分卷　（清）□□輯　清光緒二十四年(1898)鉛印本　一冊

110000－3162－0003720　古485/25
英國租威海衛專條不分卷　（清）奕劻撰　清光緒二十四年(1898)鉛印本　一冊

110000－3162－0003721　古485/26
廣州灣租界約不分卷　（清）□□撰　清光緒鉛印本　一冊

110000－3162－0003722　古485/27
俄蒙協約專款不分卷　（清）□□輯　清光緒鉛印本　一冊

110000－3162－0003723　古485/31
出使英法意比四國日記六卷　（清）薛福成撰　清光緒十八年(1892)上海鴻寶齋石印本　三冊

110000－3162－0003724　古485/31.1
出使英法意比四國日記六卷　（清）薛福成著　清光緒十七年(1891)刻本　六冊

110000－3162－0003725　古485/32
使俄草八卷附錄一卷　（清）王之春撰　清光緒二十一年(1895)上海石印本　四冊

110000－3162－0003726　古485/36
宣統元年秋季出使報告五卷　李經方　劉式訓撰　清宣統抄本　五冊

110000－3162－0003727　古485/37
使琉球記六卷　（清）李鼎元撰　清同治五年(1866)羅江縣捕廳署刻本　二冊

110000－3162－0003728　古485/40
奏定出使章程一卷　（清）□□撰　清宣統三

年(1911)鉛印本　一冊

110000 - 3162 - 0003729　古485/41 - 1
出使奏疏二卷　（清）薛福成著　清光緒二十
年(1894)刻本　二冊

110000 - 3162 - 0003730　古485/41 - 2
出使奏疏二卷　（清）薛福成著　清光緒二十
年(1894)刻本　二冊

110000 - 3162 - 0003731　古485/41.1
出使公牘十卷　（清）薛福成著　清光緒二十
四年(1898)傳經樓刻本　八冊

110000 - 3162 - 0003732　古485/42
許竹篔先生出使函稿十四卷　（清）許景澄撰
　清光緒鉛印本　四冊

110000 - 3162 - 0003733　古485/61
英俄印度交涉書一卷　（英國）馬文著　（英
國）羅享利　（清）瞿昂來譯　清光緒刻本
一冊

110000 - 3162 - 0003734　古485/62 - 1
公法會通十卷　（美國）丁韙良撰　清光緒六
年(1880)同文館聚珍板鉛印本　五冊

110000 - 3162 - 0003735　古485/62 - 2
公法會通十卷　（美國）丁韙良撰　清光緒六
年(1880)同文館聚珍板鉛印本　五冊

110000 - 3162 - 0003736　古485/64
公法便覽四卷總論一卷續一卷　（美國）丁韙
良編　清光緒三年(1877)同文館聚珍板鉛印
本　六冊

110000 - 3162 - 0003737　古485/66
黃忠宣公奉使安南水程日記一卷　（明）黃福
撰　清抄本　一冊

110000 - 3162 - 0003738　古485/67
隋軺筆記四種四卷　（清）吳宗濂著　清光緒
二十八年(1902)箸易堂鉛印本　四冊

110000 - 3162 - 0003739　古485/68
國際公法一卷　（日本）平岡定太郎著　（清）
薛瑩中校　清傳經樓刻本　一冊

110000 - 3162 - 0003740　古485/69
英軺日記十二卷　載振著　清光緒二十九年
(1903)上海文明編譯書局鉛印本　四冊

110000 - 3162 - 0003741　古485/72 - 1
觸藩始末三卷　（清）琴閣主人記　清光緒十
一年(1885)崇仁華氏刻本　一冊

110000 - 3162 - 0003742　古485/72 - 2
觸藩始末三卷　（清）琴閣主人記　清光緒十
一年(1885)崇仁華氏刻本　一冊

110000 - 3162 - 0003743　古485/72 - 3
觸藩始末三卷　（清）琴閣主人記　清光緒十
一年(1885)崇仁華氏刻本　一冊

110000 - 3162 - 0003744　古485/72 - 4
觸藩始末三卷　（清）琴閣主人記　清光緒十
一年(1885)崇仁華氏刻本　一冊

110000 - 3162 - 0003745　古485/73
中西通商□□一卷　（清）□□撰　粵海關新
定稅則一卷　（清）□□編定　督撫憲核定廣
東通省抽釐例則一卷　（清）□□奉　清光緒
十八年(1892)彩繪本　一冊

110000 - 3162 - 0003746　古485/74
五千年中外交涉史九十七卷　（清）屯廬主人
輯　清光緒二十九年(1903)上海蜚英書局鉛
印本　二十冊

110000 - 3162 - 0003747　古485/75
清俄關係二卷　（日本）綠岡隱士編輯　清光
緒二十九年(1903)石印本　二冊

110000 - 3162 - 0003748　古485/77
延吉邊務報告不分卷　（清）周維楨編　清光
緒三十四年(1908)奉天學務公所再版鉛印本
四冊

110000 - 3162 - 0003749　古485/80
星軺指掌三卷　（清）聯芳　（清）慶常等譯
清光緒二年(1876)鉛印本　二冊

110000 - 3162 - 0003750　古485/81
使美記略一卷　（清）陳蘭彬撰　清光緒鉛印
本　一冊

171

110000－3162－0003751　古485/83

最近萬國公法提要一卷大清與列國已訂之約一卷列國與外國所立和約地約一卷商約船約一卷　（清）何祐著　清光緒三十年（1904）刻本　一冊

110000－3162－0003752　古485/87－1

平時國際公法一卷　（□）□□撰　清軍官學堂鉛印本　一冊

110000－3162－0003753　古485/87－2

平時國際公法一卷　（□）□□撰　清軍官學堂鉛印本　一冊

110000－3162－0003754　古485/92

已亥年海牙公訂陸戰條規一卷　（□）□□撰　清石印本　一冊

110000－3162－0003755　古485/93

十三國條約不分卷　（清）張荃等校訂　清刻本　二冊

110000－3162－0003756　古485/96－1

雲南勘界籌邊記二卷　姚文棟著　清刻本　四冊

110000－3162－0003757　古485/96－2

雲南勘界籌邊記二卷　姚文棟著　清光緒刻本　二冊

110000－3162－0003758　古485/97

柔遠新書四卷　（清）朱克敬著　清光緒十年（1884）上海刻本　四冊

110000－3162－0003759　古485/101

中外約章纂新十卷　（清）時中書局編輯　清光緒三十年（1904）上海時中書局鉛印本　十冊

110000－3162－0003760　古485/102

甲午中日和戰大綱不分卷　（清）□□撰　清光緒王氏懺廬稿紙抄本　一冊

110000－3162－0003761　古485/103

辛丑各國和約一卷　（清）總理各國事務衙門編　清光緒刻本　一冊

110000－3162－0003762　古485/104

西酉日記一卷　（清）□□編輯　清光緒得一齋刻本　一冊

110000－3162－0003763　古485/106

西行日記二卷書後一卷　（清）池仲祐著　清光緒三十四年（1908）上海商務印書館鉛印本　一冊

110000－3162－0003764　古485/107

中俄界記二卷首一卷　鄒代鈞著　曾寅補圖　清宣統三年（1911）武昌亞新地學社鉛印本　二冊

110000－3162－0003765　古485/108

國朝柔遠記十八卷附編二卷　（清）王之春編　清光緒二十二年（1896）湖北書局刻本　六冊

110000－3162－0003766　古485/109

西疆交涉志要六卷　（清）鍾鏞撰　清宣統三年（1911）鉛印本　二冊

110000－3162－0003767　古485/111

洋務備考十六卷　（清）沈維堉撰　清光緒二十四年（1898）上海書局石印本　六冊

110000－3162－0003768　古485/112

中日議和紀略不分卷　（清）□□編輯　清石印本　一冊

110000－3162－0003769　古485/113

華洋戰書初編不分卷　（清）張蓉臣撰　（清）留心時事人輯　清光緒十年（1884）京都三益壘刻本　二冊

110000－3162－0003770　古485/114

案事編一卷　（清）沈祖燕撰　清光緒三十四年（1908）刻本　一冊

110000－3162－0003771　古485/117

兵器代金支付延期契約不分卷　蘇錫第（日本）菊池季吉　（日本）中根齋等簽約　清宣統三年（1911）抄本　三冊

110000－3162－0003772　古485/124

光緒勘定西北邊界俄文譯漢圖例言一卷　（清）□□編輯　清刻本　一冊

110000－3162－0003773　古485/125

中西關係略論四卷　（美國）林樂知著　清光緒二年(1876)木活字印本　一冊

110000－3162－0003774　古485/126

萬國交兵章程不分卷　（美國）惠頓撰　（美國）丁韙良譯　清光緒二十年(1894)上海書局石印本　一冊

110000－3162－0003775　古487/1

大明律例三十卷　（明）梁許校梓　明嘉靖二十九年(1550)刻本　十四冊

110000－3162－0003776　古487/2

大清律例按語一百四卷　（清）□□輯　清道光二十七年(1847)海山仙館刻本　一百二十冊

110000－3162－0003777　古487/3

大清律例增修統纂集成四十卷附督捕則例附纂二卷　（清）姚潤輯　（清）陶東皋　（清）陶曉篔增修　清光緒六年(1880)刻本　三十二冊

110000－3162－0003778　古487/3.1

大清律例增修統纂集成四十卷附督捕則例附纂二卷　（清）沈之奇原注　清光緒二十年(1894)武林清來堂鉛印本　二十四冊

110000－3162－0003779　古487/4

大清現行刑律三十六卷首一卷附奏疏一卷　沈家本等纂修　清宣統二年(1910)鉛印本　十六冊

110000－3162－0003780　古487/5

讀例存疑五十四卷　（清）薛允升著　清光緒三十二年(1906)北京翰茂齋刻本　四十一冊

110000－3162－0003781　古487/6

祥刑古鑒二卷附編一卷　（清）宋邦惠編輯　清同治三年(1864)刻本　二冊

110000－3162－0003782　古487/7

知漳罪略十卷　（□）□□輯　清抄本　四冊　存四卷(七至十)

110000－3162－0003783　古487/8

軍流徙犯分別收所習藝例冊一卷　（□）□□輯　清光緒二十九年(1903)刻本　一冊

110000－3162－0003784　古487/9

大清律纂修條例不分卷　（□）□□輯　清同治九年(1870)刻本　一冊

110000－3162－0003785　古487/10

泉漳治法論不分卷　（清）謝金鑾著　清同治七年(1868)三山剞劂氏吳玉田刻本　一冊

110000－3162－0003786　古487/11

欽定六部處則例五十二卷　（清）清平等纂修　清光緒十八年(1892)上海圖書集成印書局鉛印本　八冊

110000－3162－0003787　古487/12

審辦案件要論不分卷　（清）吏部編纂　清抄本　一冊

110000－3162－0003788　古487/16－1

國法學四卷首一卷　（清）軍官學堂編　清軍官學堂石印本　一冊

110000－3162－0003789　古487/16－2

國法學四卷首一卷　（清）軍官學堂編　清軍官學堂石印本　一冊

110000－3162－0003790　古487/16－3

國法學四卷首一卷　（清）軍官學堂編　清軍官學堂石印本　一冊

110000－3162－0003791　古487/18－1

國法學改編不分卷　（日本）矢板寬編　任衣洲譯　清陸軍行營軍官學堂刻本　一冊

110000－3162－0003792　古487/18－2

國法學改編不分卷　（日本）矢板寬編　任衣洲譯　清陸軍行營軍官學堂刻本　一冊

110000－3162－0003793　古487/18－3

國法學改編不分卷　（日本）矢板寬編　任衣洲譯　清陸軍行營軍官學堂刻本　一冊

110000－3162－0003794　古487/20

欽定五軍道里表十八卷　（清）嵇承豫等原修　（清）常泰等纂修　清同治十二年(1873)江蘇局刻本　十八冊

110000－3162－0003795　古487/20.1
钦定五军道里表十八卷　（清）嵇承豫等原修
（清）常泰等纂修　清嘉庆刻本　十八册

110000－3162－0003796　古487/21
五军道里表不分卷　（清）□□编辑　清同治
十一年(1872)湖北谳局刻本　二册

110000－3162－0003797　古487/22
钦定军卫道里表十八卷　（清）鄂尔泰　（清）
徐本等编纂　清乾隆八年(1743)刻本　六册

110000－3162－0003798　古488/1
钦定工部军器则例□卷附户部奏稿一卷
（清）工部军机处编纂　清嘉庆、同治间抄本
十三册　存二十二卷（一至八、十一至十
二、二十五至三十六）

110000－3162－0003799　古489/2.01
政治官报不分卷　（清）政治官报编辑部编辑
清宣统元年(1909)北京政治官报局铅印本
五十二册

110000－3162－0003800　古489/2.02
政治官报不分卷　（清）政治官报编辑部编辑
清宣统二年(1910)铅印本　二十册

110000－3162－0003801　古489/2.03
政治官报不分卷　（清）政治官报编辑部编辑
清宣统三年(1911)铅印本　二十八册

110000－3162－0003802　古489/2.134.
政治官报不分卷　（清）政治官报编辑部编辑
清光绪三十四年(1908)北京政治官报局铅
印本　二十册

110000－3162－0003803　古489/3
四川官报不分卷　（清）□□编辑　清四川官
司报局铅印本　一册

110000－3162－0003804　古489/4
广西官报不分卷　（清）抚部院编辑所　孔昭
焱编辑　清宣统元年至二年(1909－1910)广
西官书局印刷所铅印本　四册

110000－3162－0003805　古489/5
浙江官报不分卷　（清）□□编辑　清宣统铅

印本　四十九册

110000－3162－0003806　古489/6－1
内阁官报不分卷　（清）□□编辑　清宣统三
年(1911)内阁印铸局铅印本　四册

110000－3162－0003807　古489/6－2
内阁官报不分卷　（清）□□编辑　清宣统三
年(1911)内阁印铸局铅印本　四册

110000－3162－0003808　古489/7
南洋官报不分卷　（清）□□编辑　清光绪三
十四年至宣统二年(1908－1910)铅印本
八册

110000－3162－0003809　古489/7.1
南洋官报不分卷　（清）□□编辑　清光绪三
十年(1904)南洋官报局铅印本　八册

110000－3162－0003810　古489/8.028.
阁钞汇编不分卷　（清）□□编辑　清光绪二
十八年(1902)铅印本　五册

110000－3162－0003811　古489/8.029.
阁钞汇编不分卷　（清）□□编辑　清光绪二
十九年(1903)原华北书局铅印本　四十八册

110000－3162－0003812　古489/8.030.
阁钞汇编不分卷　（清）□□编辑　清光绪三
十年(1904)原华北书局铅印本　九册

110000－3162－0003813　古489/8.030.8
阁钞汇编不分卷　（清）□□编辑　清光绪三
十年(1904)原华北书局铅印本　一册

110000－3162－0003814　古489/8.032.
阁钞汇编不分卷　（清）□□编辑　清光绪三
十年(1904)原华北书局铅印本　十二册

110000－3162－0003815　古489/8.033.
阁钞汇编不分卷　（清）□□编辑　清光绪三
十年(1904)原华北书局铅印本　二十四册

110000－3162－0003816　古489/9.022.
邸钞全览不分卷　（清）□□编辑　清光绪二
十二年(1896)铅印本　五十四册

110000－3162－0003817　古489/9.023.

邸鈔全覽不分卷　（清）□□編輯　清光緒二十三年(1897)鉛印本　五十八冊

110000－3162－0003818　古489/9.024.

邸鈔全覽不分卷　（清）□□編輯　清光緒二十四年(1898)鉛印本　五十四冊

110000－3162－0003819　古489/9.025.

邸鈔全覽不分卷　（清）□□編輯　清光緒二十五年(1899)鉛印本　六十冊

110000－3162－0003820　古489/10.01

時事采新匯選不分卷　（清）□□編輯　清光緒二十九年(1903)鉛印本　七十八冊

110000－3162－0003821　古489/10.02

時事采新匯選不分卷　（清）□□編輯　清光緒三十年(1904)鉛印本　七十二冊

110000－3162－0003822　古489/11.01

華製存考不分卷　（清）□□編輯　清宣統元年(1909)京都攟華書局鉛印本　八十四冊

110000－3162－0003823　古489/11.02

華製存考不分卷　（清）□□編輯　清宣統二年(1910)鉛印本　八十三冊

110000－3162－0003824　古489/11.03

華製存考不分卷　（清）□□編輯　清宣統三年(1911)鉛印本　四十三冊

110000－3162－0003825　古489/12

邸抄恭錄不分卷　（清）□□編輯　清光緒二十八年(1902)鉛印本　一冊

110000－3162－0003826　古489/13

華字彙報不分卷　（清）□□編輯　清光緒三十二年(1906)鉛印本　三冊

110000－3162－0003827　古489/14

選報不分卷　（清）□□編輯　清光緒二十九年(1903)鉛印本　十七冊

110000－3162－0003828　古489/15－1

時務報不分卷　梁啟超等選編　清光緒鉛印本　六冊

110000－3162－0003829　古489/15－2

時務報不分卷　梁啟超等選編　清光緒鉛印本　六冊

110000－3162－0003830　古489/15－3

時務報不分卷　梁啟超等選編　清光緒鉛印本　六冊

110000－3162－0003831　古489/16

時務月報不分卷　（清）時務月報社編輯　清光緒二十四年(1898)刻本　二冊

110000－3162－0003832　古489/17

中華報不分卷　（清）□□編輯　清光緒三十二年(1906)鉛印本　八冊

110000－3162－0003833　古489/18

京報不分卷　（清）□□編輯　清光緒三十一年(1905)刻本　一冊

110000－3162－0003834　古489/19

官書局彙報不分卷　（清）□□編輯　清光緒二十五年(1899)鉛印本　二十九冊

110000－3162－0003835　古489/20

時務報不分卷　梁啟超等撰　清光緒二十三年(1897)鉛印本　四冊

110000－3162－0003836　古489/21

秦中書局彙報六卷　（清）秦中書局彙編　清光緒二十三年(1897)鉛印本　六冊

110000－3162－0003837　古489/22

濟南彙報專件不分卷　（清）濟南彙報館編輯　清光緒二十九年(1903)鉛印本　三冊

110000－3162－0003838　古489/23

經世報附外交報不分卷　（清）經世報社編輯　清光緒石印本　三冊

110000－3162－0003839　古489/25

壬寅新民叢報全編二十五卷　梁啟超編　清光緒二十九年(1903)維新室石印本　十六冊

110000－3162－0003840　古489/26

新聞報時務通論不分卷　（清）上海新聞報館編　清光緒上海新聞報館鉛印本　八冊

110000－3162－0003841　古489/27

東政輯要不分卷　（清）濟南彙報館編　清光緒二十九年(1903)鉛印本　一冊

110000－3162－0003842　古489/28

時政匯覽不分卷　（清）濟南彙報館編　清光緒二十九年(1903)鉛印本　一冊

110000－3162－0003843　古489/29

國聞錄不分卷　（清）濟南彙報館編　清光緒二十九年(1903)鉛印本　一冊

110000－3162－0003844　古489/30

政藝通報十七卷　（清）上海湖海有用文傳編輯處編輯　清光緒二十八年(1902)上海湖海有用文傳編輯處鉛印本　二冊

110000－3162－0003845　古489/31

集成報不分卷　（清）上海集成報館編　清光緒二十三年(1897)鉛印本　十四冊

110000－3162－0003846　古489/33

時務報不分卷　梁啟超主編　清光緒二十三年(1897)鉛印本　三十一冊

110000－3162－0003847　古489/34

益聞錄不分卷　（清）益聞報館編　清光緒九年(1883)上海益聞報館鉛印本　一冊

110000－3162－0003848　古489/35

大公報不分卷　（清）大公報館編　清光緒二十八年(1902)鉛印本　五冊

110000－3162－0003849　古49/1－1

列國政要一百三十三卷　（清）戴鴻慈　（清）端方輯　清光緒三十三年(1907)石印本　三十二冊

110000－3162－0003850　古49/1－2

列國歲計政要三卷附一卷　（清）海上譯社輯　清光緒二十七年至二十九年(1901－1903)鉛印本　十六冊

110000－3162－0003851　古49/2－1

萬國分類時務大成四十卷首一卷　（清）錢頤仙選輯　清光緒石印本　二十八冊

110000－3162－0003852　古49/2－2

萬國分類時務大成四十卷首一卷　（清）錢頤仙選輯　清光緒二十四年(1898)申江袖海山房石印本　十四冊

110000－3162－0003853　古49/3

五洲各國政治輯要五卷首一卷　（清）黃遵憲編輯　清光緒二十八年(1902)石印本　五冊

110000－3162－0003854　古49/4

五洲分類匯表五十卷　（清）趙士元　（清）孔昭紱編輯　清光緒二十九年(1903)上海仁記書局石印本　二十冊

110000－3162－0003855　古49/5－1

萬國新史大事考十八卷　（清）□□輯　清光緒二十七年(1901)上海漢讀樓鉛印本　十六冊

110000－3162－0003856　古49/5－2

萬國新史大事考十八卷　（清）□□輯　清光緒二十七年(1901)上海漢讀樓鉛印本　十六冊

110000－3162－0003857　古49/6

五洲變通政治考十五卷　（清）□□纂輯　清光緒二十八年(1902)石印本　十二冊

110000－3162－0003858　古49/7

萬國近政考略十六卷　（清）鄒弢編輯　清光緒二十七年(1901)三借廬鉛印本　四冊

110000－3162－0003859　古49/8

考察政治日記不分卷　載澤等撰　清光緒三十四年(1908)政治官報局鉛印本　一冊

110000－3162－0003860　古49/9－1

歐美政治要義不分卷　（清）戴鴻慈　（清）端方編輯　清光緒三十三年(1907)商務印書館石印本　四冊

110000－3162－0003861　古49/9－2

歐美政治要義不分卷　（清）戴鴻慈　（清）端方編輯　清光緒三十三年(1907)商務印書館石印本　四冊

110000－3162－0003862　古49/10

五洲述略四卷　（清）蕭應椿輯　清光緒二十八年(1902)紫藤粵館刻本　六冊

110000－3162－0003863　古49/11

西學考略二卷　（美國）丁韙良著　清光緒九年(1883)同文館聚珍版鉛印本　二冊

110000－3162－0003864　古49/12

航海瑣記二卷　（清）余思詒撰　清光緒三十二年(1906)鉛印本　二冊

110000－3162－0003865　古49/13

海國聞見錄二卷　（清）陳倫炯著　清乾隆五十八年(1793)刻本　二冊

110000－3162－0003866　古49/14

遊歷加納大圖經八卷遊歷巴西圖經十卷遊歷秘魯圖經四卷　（清）傅雲龍撰　清光緒二十八年(1902)石印本　五冊

110000－3162－0003867　古49/16

日本新政考二卷　（清）顧厚焜著　清光緒十四年(1888)鉛印本　一冊

110000－3162－0003868　古49/17

日本維新三十年史十二編附錄一編　（日本）博文館編輯　（清）上海廣智書局編譯部譯　清光緒二十八年(1902)上海廣智書局鉛印本　六冊

110000－3162－0003869　古49/20

琉球國志略十六卷首一卷　（清）周煌輯　清刻本　六冊

110000－3162－0003870　古49/21

俄史輯譯四卷　（英國）闞斐迪譯　清光緒十四年(1888)益智書會刻本　六冊

110000－3162－0003871　古49/22

法國新志四卷　（英國）陝勒低輯　（英國）傅紹蘭　（英國）秀耀春口譯　（清）潘松（清）范熙庸筆述　清光緒二十四年(1898)製造局刻本　二冊

110000－3162－0003872　古49/24－1

華盛頓傳八卷　（清）黎汝謙　（清）蔡同昭譯　清光緒十二年至十三年(1886－1887)鉛印本　八冊

110000－3162－0003873　古49/24－2

華盛頓傳八卷　（清）黎汝謙　（清）蔡同昭譯　清光緒十二年至十三年(1886－1887)鉛印本　八冊

110000－3162－0003874　古49/25－1

彼得興俄記一卷　（清）王樹枏著　清光緒二十二年(1896)刻本　一冊

110000－3162－0003875　古49/25－2

彼得興俄記一卷　（清）王樹枏著　清光緒二十二年(1896)刻本　一冊

110000－3162－0003876　古49/28

各國政治考四卷　（清）戴丹誠等著　清光緒二十八年(1902)刻本　四冊

110000－3162－0003877　古49/30

萬國綱鑑易知錄二十卷　（日本）岡本鹽輔撰　清光緒二十八年(1902)上海書局石印本　六冊

110000－3162－0003878　古49/31

朝鮮世表一卷朝鮮載記俻編一卷朝鮮樂府一卷　（清）周家祿著　清光緒刻本　一冊

110000－3162－0003879　古49/32－1

東藩紀要十二卷補錄一卷　（清）薛培榕編輯　清光緒八年(1882)上海申報館仿聚珍版鉛印本　四冊

110000－3162－0003880　古49/32－2

東藩紀要十二卷補錄一卷　（清）薛培榕編輯　清光緒八年(1882)上海申報館仿聚珍版鉛印本　四冊

110000－3162－0003881　古49/34

中外大略四十八卷　（清）羅傳瑞撰　清光緒二十三年(1897)經韻樓仿聚珍版鉛印本　二十六冊

110000－3162－0003882　古49/36－1

琉球小志一卷說略一卷　（清）姚子梁譯　清光緒九年(1883)刻本　一冊

110000－3162－0003883　古49/36－2

琉球小志一卷說略一卷　（清）姚子梁譯　清光緒九年(1883)刻本　一冊

110000－3162－0003884　古49/39

越南圖說六卷　（清）盛慶紱纂輯　清光緒十九年（1893）刻本　三冊

110000－3162－0003885　古49/40

南圻六省地輿志一卷　（清）惟明氏撰　清刻本　一冊

110000－3162－0003886　古49/42－1

東亞各港口岸志八篇　（日本）參部本部編輯　（清）上海廣智書局譯　清光緒二十八年（1902）上海廣智書局鉛印本　一冊

110000－3162－0003887　古49/42－2

東亞各港口岸志八篇　（日本）參部本部編輯　（清）上海廣智書局譯　清光緒二十八年（1902）上海廣智書局鉛印本　一冊

110000－3162－0003888　古49/43

五洲圖考一卷　徐勵編輯　清鉛印本　一冊

110000－3162－0003889　古49/44

五洲地理志略三十六卷首一卷　王先謙撰　清宣統二年（1910）湖南學務公所刻本　十二冊

110000－3162－0003890　古49/45

印度劄記六卷　（清）黃楙材撰　清抄本　一冊

110000－3162－0003891　古49/46

英法俄德四國志略四卷　沈敦和輯譯　清光緒二十二年（1896）上海圖書集成印書局鉛印本　一冊

110000－3162－0003892　古49/48

越南輯略二卷　（清）徐延旭編　清光緒三年（1877）梧州郡署鉛印本　四冊

110000－3162－0003893　古49/50

日本地理志十一卷　（日本）中村五六　（日本）頓野廣太郎著　王國維譯　清光緒二十七年（1901）上海商務印書館鉛印本　一冊

110000－3162－0003894　古49/51－1

日本國志四十卷首一卷　（清）黃遵憲編纂　清光緒二十四年（1898）上海圖書集成印書局

鉛印本　十冊

110000－3162－0003895　古49/51－2

日本國志四十卷首一卷　（清）黃遵憲編纂　清光緒二十四年（1898）上海圖書集成印書局鉛印本　十冊

110000－3162－0003896　古49/52

遊歷日本圖經三十卷　（清）傅雲龍撰　清光緒十五年（1889）鉛印石印本　十六冊

110000－3162－0003897　古49/54

海國圖志六十卷　（清）魏源撰　清道光二十七年（1847）古微堂刻本　六十四冊

110000－3162－0003898　古49/54.1－1

海國圖志一百卷首一卷　（清）魏源撰　清同治七年（1868）古微堂刻本　二十四冊

110000－3162－0003899　古49/54.1－2

海國圖志一百卷首一卷　（清）魏源撰　清同治七年（1868）古微堂刻本　二十四冊

110000－3162－0003900　古49/54.2

海國圖志一百卷　（清）魏源撰　清光緒十三年（1887）巴蜀善成堂刻本　三十二冊

110000－3162－0003901　古49/55－1

海國輿地釋名十卷首一卷　（清）陳士芑纂　清光緒二十八年（1902）連道清芬堂刻本　八冊

110000－3162－0003902　古49/55－2

海國輿地釋名十卷首一卷　（清）陳士芑纂　清光緒二十八年（1902）連道清芬堂刻本　八冊

110000－3162－0003903　古49/56

中外輿地匯鈔十三卷圖二卷　（清）馬冠群輯　清光緒二十年（1894）蘇州文瑞樓石印本　四冊

110000－3162－0003904　古49/57－1

中外地輿說集成一百三十卷首三卷　（清）同康廬主人輯　清光緒二十年（1894）上海順成書局石印本　二十三冊

110000－3162－0003905　古49/57－2

中外地輿說集成一百三十卷首三卷　（清）同
康廬主人輯　清光緒二十年(1894)上海積山
書局石印本　二十三冊

110000－3162－0003906　古49/58
東西洋考十二卷　（明）張燮撰　清刻本
四冊

110000－3162－0003907　古49/59.1－1
朔方備乘六十八卷首十二卷凡例目録一卷
（清）何秋濤纂　清光緒七年(1881)鉛印本
八冊

110000－3162－0003908　古49/59.1－2
朔方備乘六十八卷首十二卷凡例目録一卷
（清）何秋濤纂　清光緒七年(1881)鉛印本
八冊

110000－3162－0003909　古49/60
蒙古史二卷　（日本）河野元三述　歐陽瑞驊
譯　清宣統三年(1911)江南圖書館南洋印刷
官廠鉛印本　二冊

110000－3162－0003910　古49/61－1
蒙古遊牧記十六卷　（清）張穆撰　清同治六
年(1867)刻本　四冊

110000－3162－0003911　古49/61－2
蒙古遊牧記十六卷　（清）張穆撰　清同治六
年(1867)刻本　四冊

110000－3162－0003912　古49/63
各國時事類編十八卷　（清）沈純輯　清光緒
二十一年(1895)上海書局石印本　四冊

110000－3162－0003913　古49/65
原始一卷　（清）秦粵生輯　清光緒三十一年
(1905)刻本　一冊

110000－3162－0003914　古49/67
中外政俗異同考二卷　（清）四明居士撰　清
光緒二十四年(1898)石印本　二冊

110000－3162－0003915　古49/68
日本明治法制史三編　（日本）清浦奎吾著
（清）商務印書館譯　清光緒二十九年(1903)
上海商務印書館鉛印本　一冊

110000－3162－0003916　古49/69
各國政治藝學通考十卷　（清）朱大文　（清）
陳輔相輯　清光緒二十九年(1903)文匯書局
鉛印本　五冊

110000－3162－0003917　古49/72
泰西新史攬要二十四卷　（英國）馬懇西原本
（英國）李提摩太譯　（清）蔡爾康述　清光
緒二十七年(1901)刻本　二冊

110000－3162－0003918　古49/73
遊歷芻言一卷　（清）□□撰　清刻本　一冊

110000－3162－0003919　古49/75－1
各國近世史一卷　（日本）矢板寬編　（清）曹
元悌修　（清）邴仲共譯　清陸軍行營軍官學
堂刻本　一冊

110000－3162－0003920　古49/75－2
各國近世史一卷　（日本）矢板寬編　（清）曹
元悌修　（清）邴仲共譯　清陸軍行營軍官學
堂刻本　一冊

110000－3162－0003921　古49/75－3
各國近世史一卷　（日本）矢板寬編　（清）曹
元悌修　（清）邴仲共譯　清陸軍行營軍官學
堂刻本　一冊

110000－3162－0003922　古49/76
各國最近世史一卷　（□）□□撰　清陸軍行
營軍官學堂刻本　一冊

110000－3162－0003923　古49/77
各國政治地理不分卷　（□）□□撰　清陸軍
行營軍官學堂石印本　一冊

110000－3162－0003924　古49/80
政治地理不分卷　（□）□□撰　清軍官學堂
石印本　一冊

110000－3162－0003925　古49/81
俄國西伯利東偏紀要一卷　（清）曹廷傑撰
清光緒漸學廬刻本　一冊

110000－3162－0003926　古49/82
德國合盟紀事本末一卷　（清）徐建寅譯述
清刻本　一冊

110000－3162－0003927　古49/84

鐵血宰相一卷　（日本）吉川潤二郎著　（清）錢應清　（清）丁疇隱(福保)譯　清光緒二十八年(1902)鉛印本　二冊

110000－3162－0003928　古49/85

策倭要略八篇　（清）李嶽衡撰　清光緒二十年(1894)長沙刻本　一冊

110000－3162－0003929　古49/86

西國近事彙編二十八卷　（美國）金楷理口譯　（清）蔡錫齡筆述　清同治十二年至光緒五年(1873－1879)刻本　二十八冊

110000－3162－0003930　古49/87

萬國政治藝學全書三百八十卷首三卷　（清）朱大文　（清）凌賡颺編輯　清光緒二十八年(1902)上海鴻文書局石印本　五十四冊

110000－3162－0003931　古49/88

五洲近事彙編不分卷　（清）濟南彙報館編輯　清光緒二十九年(1903)鉛印本　一冊

110000－3162－0003932　古49/91

日本源流考二十二卷　王先謙撰　清光緒二十八年(1902)思賢書局刻本　十冊

110000－3162－0003933　古49/93

列國掌故叢鈔五篇　（清）劉啟彤等譯編　清光緒二十八年(1902)求實書社鉛印本　四冊

110000－3162－0003934　古49/94

日本維新政治匯篇十二卷　（清）劉慶汾集譯　清光緒二十八年(1902)刻本　六冊

110000－3162－0003935　古49/95

簡明世界軍政史略講義五篇　（清）江北陸軍學堂編輯　清光緒三十二年(1906)江北督練公所鉛印本　一冊

110000－3162－0003936　古49/96

籌鄂龜鑒八卷　（英國）麥丁富得力編纂　（美國）林樂知口述　（清）鄭昌棪筆述　(清)陳俠君輯錄　清光緒二十二年(1896)賜書堂石印本　六冊

110000－3162－0003937　古49/98

談瀛錄三卷　（清）王之春著　清光緒六年(1880)上海文藝齋刻本　二冊

110000－3162－0003938　古49/99

美國名君言行錄不分卷　（美國）貝德禮著　清光緒三十年(1904)上海美華書館鉛印本　一冊

110000－3162－0003939　古49/100

俄遊彙編八卷　（清）繆祐蓀纂　清光緒二十四年(1898)上海書局石印本　六冊

110000－3162－0003940　古49/101

北徼彙編六卷　（清）何秋濤編錄　清同治四年(1865)京都龍威閣刻本　六冊

110000－3162－0003941　古49/102

海國勝遊草一卷　（清）斌椿　（清）友松撰　清同治七年(1868)刻本　一冊

110000－3162－0003942　古49/103

西洋各國乘槎筆記二卷　（清）斌椿纂　清同治十一年(1872)海粟山房刻本　一冊

110000－3162－0003943　古49/104

鐵血主義不分卷　（日本）德富健次郎著　(清)王鈍譯　清光緒二十九年(1903)上海商務印書館鉛印本　一冊

110000－3162－0003944　古5/1

子書百家（百子全書）五百二卷　（清）崇文書局編　清光緒元年(1875)湖北崇文書局刻本　一百十冊

110000－3162－0003945　古5/2

諸子品節五十卷　（明）陳深輯　明萬曆十九年(1591)刻本　十六冊

110000－3162－0003946　古5/3

百子金丹十卷　（明）郭士俊選注　明經國堂刻本　十二冊

110000－3162－0003947　古5/5

子品金函四卷　（明）陳仁錫撰　明刻本　十二冊

110000－3162－0003948　古5/7

希賢錄五卷　（清）朱顯祖輯　清康熙三十年

(1691)刻本(天瑞堂藏版)　八冊

110000－3162－0003949　古5/8

諸子集五十卷　（明)鍾惺撰　明崇禎十七年
(1644)采隱山居刻本　十六冊

110000－3162－0003950　古5/9

子彙不分卷　（明)周子儀編　明萬曆五年
(1577)南京國子監刻本　十二冊

110000－3162－0003951　古5/10

經史百家雜鈔二十六卷　（清)曾國藩撰　清
光緒三十二年(1906)上海商務館鉛印本　十
二冊

110000－3162－0003952　古5/11

二十二子摘錦三十卷　（清)孫灝撰　清光緒
二十三年(1897)積山書局石印本　六冊

110000－3162－0003953　古5/12

子史彙函十三卷　（明)李國祥撰　明刻本
二十六冊

110000－3162－0003954　古5/13

子史精華一百六十卷　（清)吳士玉　（清)吳
襄等輯　清雍正五年(1727)武英殿刻本　四
十八冊

110000－3162－0003955　古5/13.1

子史精華一百六十卷　（清)吳士玉　（清)吳
襄等輯　清光緒十年(1884)上海同文書局石
印本　八冊

110000－3162－0003956　古5/14

分類子史大文瀾選本十六卷　（明)魯重民輯
清光緒三十一年(1905)石印本　四冊

110000－3162－0003957　古5/15

子中精華輯要詩賦四卷　（清)胡本淵輯　清
乾隆三十九年(1774)刻本(中山書院藏版)
四冊

110000－3162－0003958　古5/16

諸子奇賞五十一卷　（明)陳仁錫評選　明天
啓六年(1626)刻本　二十四冊

110000－3162－0003959　古5/17

十二子書不分卷　（明)虞德園等評　明刻本

六冊

110000－3162－0003960　古5/18

十一子三十一卷　（□)□□編　清光緒元年
(1875)湖北崇文書局刻本　四冊

110000－3162－0003961　古5/20

諸子文粹五十七卷　（□)李寶洤撰　清鉛印
本　九冊　存三十四卷(四至十三、二十二至
三十二、四十五至五十七)

110000－3162－0003962　古5/24

諸子派別不分卷　（□)□□撰　清鉛印本
一冊

110000－3162－0003963　古5/27

周秦諸子敘錄不分卷　（清)王仁俊撰　清光
緒三十四年(1908)存古學堂鉛印本　一冊

110000－3162－0003964　古51/1－1

荀子二十卷　（戰國)荀況撰　（唐)楊倞註
明嘉靖世德堂刻本　六冊

110000－3162－0003965　古51/1－2

荀子二十卷　（戰國)荀況撰　（唐)楊倞註
明嘉靖世德堂刻本　六冊

110000－3162－0003966　古51/2

荀子補注二卷　（清)郝懿行撰　清刻本
一冊

110000－3162－0003967　古51/3

二程遺書二十五卷附錄一卷　（宋)程顥
(宋)程頤撰　（宋)朱熹輯　清光緒三十四年
(1908)澹雅局二程全書刻本　六冊

110000－3162－0003968　古51/4

宋四子抄釋二十一卷　（明)呂柟撰　清光緒
二十二年(1896)刻本　八冊

110000－3162－0003969　古51/5

讀朱隨筆四卷　（清)陸隴其撰　清同治五年
(1866)正誼堂刻本　二冊

110000－3162－0003970　古51/6

廣理學備考不分卷　（清)范鄗鼎編　清康熙
四十一年(1702)五經堂刻本　十二冊

110000－3162－0003971　古 51/7
道統淵源不分卷　(清)梁萬方撰　清雍正三年(1725)刻本　一冊

110000－3162－0003972　古 51/9
濂關三書不分卷　(清)王植撰　清乾隆七年(1742)崇德堂刻本　三冊

110000－3162－0003973　古 51/10
真西山讀書記四十卷　(宋)真德秀撰　清同治三年(1864)刻本　三十冊

110000－3162－0003974　古 51/11
新書十卷　(漢)賈誼撰　清抱經堂刻本　二冊

110000－3162－0003975　古 51/12
儒家尖遺訓後集二卷　(□)□□撰　清刻本　二冊

110000－3162－0003976　古 51/14
性理大全匯要二十二卷　(明)詹淮撰　明崇禎五年(1632)製錦堂刻本　十二冊

110000－3162－0003977　古 51/14.1
性理標題綜要二十二卷　(明)詹淮撰　明崇禎五年(1632)刻本　十二冊

110000－3162－0003978　古 51/16
聖學知統錄二卷聖學知統翼錄二卷約言錄二卷　(清)魏裔介撰　清康熙五年(1666)龍江書院刻本　六冊

110000－3162－0003979　古 51/17
梁月山遺書七卷首一卷末一卷　(清)梁彣撰　清道光二十八年(1848)建郡文華齋刻本　四冊

110000－3162－0003980　古 51/18
冉蟫庵先生語錄類編五卷　(清)冉覲祖撰　(清)聶珩等輯　清光緒七年(1881)大樑書院刻本　四冊

110000－3162－0003981　古 51/20
從學劄記一卷　(清)朱文炑撰　清刻本　一冊

110000－3162－0003982　古 51/21
歷代孝子彙編八卷　(清)顧汝雲輯　清光緒三十年(1904)上海宏大善書局石印本　一冊

110000－3162－0003983　古 51/22
古今藥石一卷　(明)宋纁撰　明萬曆十六年(1588)刻本　二冊

110000－3162－0003984　古 51/23
強學錄類編四卷　(清)夏錫疇撰　清道光十四年(1834)刻本(仕學齋藏版)　二冊

110000－3162－0003985　古 51/24
正學編八卷　(清)潘世恩輯　清同治六年(1867)刻本　四冊

110000－3162－0003986　古 51/25
人範須知六卷　(清)盛隆輯　清同治二年(1863)刻本(石竹山房藏版)　六冊

110000－3162－0003987　古 51/26
石渠意見四卷拾遺二卷補缺一卷　(明)王恕撰　(清)李錫齡校　清刻本　二冊

110000－3162－0003988　古 51/27
菜根堂劄記三卷　(清)夏力恕撰　清石印本　一冊

110000－3162－0003989　古 51/28
二十四孝弟詩輯注二卷　(清)蕭培元撰　清光緒十九年(1893)山東書局刻本　一冊

110000－3162－0003990　古 51/29
朱子五書不分卷　(宋)朱熹撰　清光緒十年(1884)傳經堂刻本　一冊

110000－3162－0003991　古 51/30
榕村語錄三十卷　(清)李光地撰　清乾隆八年(1743)刻本　十冊

110000－3162－0003992　古 51/31
格言簡要八卷　(清)顧壽春撰　清光緒三十四年(1908)刻本　四冊

110000－3162－0003993　古 51/32
理學宗傳二十六卷　(清)孫奇逢輯　清康熙六年(1667)刻本　十二冊

110000－3162－0003994　古 51/33

居業錄十二卷　（明)胡敬齋(居仁)撰　清乾
隆二十二年(1757)刻本　四冊

110000－3162－0003995　古51/35
果齋一隙記四卷　劉爾炘撰　清宣統元年
(1909)樂善書局刻本　一冊

110000－3162－0003996　古51/37
中說二卷　（隋)王通撰　清王謨校刻本
一冊

110000－3162－0003997　古51/38
孔子集語十七卷　（清)孫星衍輯　清嘉慶二
十年(1815)刻本(冶城山館藏版)　一冊　存
十二卷(一至十二)

110000－3162－0003998　古51/39
中論二卷　（漢)徐幹撰　清王謨校刻本
一冊

110000－3162－0003999　古51/39.1
中論二卷　（漢)徐幹撰　明抄本　一冊

110000－3162－0004000　古51/39.2
中論二卷　（漢)徐幹撰　清京城印書局鉛印
本　一冊

110000－3162－0004001　古51/40
松陽講義十二卷　（清)陸隴其撰　清同治十
三年(1874)湖南省城書局刻本　六冊

110000－3162－0004002　古51/41
點勘記二卷　（清)歐陽泉撰　清光緒四年
(1878)江蘇書局刻本　二冊

110000－3162－0004003　古51/43
志學錄八卷志學續錄三卷周子通書講義一卷
　（清)方宗誠撰　清光緒三年(1877)刻本
三冊

110000－3162－0004004　古51/44
呻吟語六卷　（明)呂坤撰　清同治七年
(1868)刻本　六冊

110000－3162－0004005　古51/45
儒史略一卷　（清)余炳文撰　清光緒三十二
年(1906)京師學務處官書局鉛印本　一冊

110000－3162－0004006　古51/46
朱子近思錄十四卷　（清)朱顯祖輯　清光緒
二十八年(1902)刻本　四冊

110000－3162－0004007　古51/47
先儒趙子言行錄二卷　（清)陳廷鈞輯　清同
治九年(1870)崇文書局刻本　二冊

110000－3162－0004008　古51/48
道統錄二卷附錄一卷　（清)張伯行撰　清同
治五年(1866)福州正誼堂刻本　二冊

110000－3162－0004009　古51/49
正學續四卷　（清)陳遇夫撰　清道光三十年
(1850)粵雅堂刻本　二冊

110000－3162－0004010　古51/50
朱子讀書法四卷　（宋)朱熹撰　（宋)張洪
（宋)齊熙編　清光緒二十三年(1897)八旗書
院刻本　四冊

110000－3162－0004011　古51/51
廣近思錄十四卷　（清)張伯行輯　清同治五
年(1866)福州正誼堂刻本　四冊

110000－3162－0004012　古51/53
學規舉隅二卷　尹銘綬撰　清刻本　二冊

110000－3162－0004013　古51/55
答問一卷　（清)孫奇逢撰　清順治十三年
(1656)刻本　一冊

110000－3162－0004014　古51/56
讀書做人譜不分卷　（清)龍炳垣輯　清同治
十一年(1872)刻本　一冊

110000－3162－0004015　古51/58
下學不分卷　（清)胡敬一撰　清光緒十七年
(1891)石印本　一冊

110000－3162－0004016　古51/59
家範十卷　（宋)司馬光撰　清光緒六年
(1880)解梁書院刻本　一冊

110000－3162－0004017　古51/60
孟子劄記二卷　（清)李光地撰　清刻本
一冊

110000－3162－0004018　古51/62

補輯朱子大學講義二卷　（清）何桂珍撰　清咸豐四年(1854)刻本(雲南圖書館藏版)一冊

110000－3162－0004019　古51/63

士林彝訓八卷　（清）關槐撰　清道光十七年(1837)刻本　四冊

110000－3162－0004020　古51/64

近思錄十四卷　（宋）朱熹　（宋）呂祖謙撰　清康熙十九年(1680)朱子遺書本　一冊

110000－3162－0004021　古51/65

洪範說一卷　（清）李光地撰　清石印本一冊

110000－3162－0004022　古51/66

寶顏堂訂正慎言集訓二卷　（明）敖英輯　明萬曆寶顏堂秘笈本　二冊

110000－3162－0004023　古51/67

潛室劄記二卷　（清）刁蒙吉著　清雍正三年(1725)刻本　一冊

110000－3162－0004024　古51/68

洨濱蔡先生語錄二十卷　（明）蔡靉撰　清光緒洨濱蔡先生遺書本　一冊

110000－3162－0004025　古51/69

蘭雪齋大中口義附蘭雪齋讀鄉黨篇私記序不分卷　（清）陳儀撰　清同治三年(1864)刻本一冊

110000－3162－0004026　古51/70

忠孝節訓七卷　（清）葉志詵撰　清咸豐五年(1855)合成齋刻本　一冊

110000－3162－0004027　古51/71

近思錄集解十四卷　（宋）葉采撰　清吳門程氏刻本　四冊

110000－3162－0004028　古51/72

薛子條貫篇十三卷　（明）薛瑄撰　（清）戴楫輯　清道光二十八年(1848)刻本　二冊

110000－3162－0004029　古51/73

我箴釋證十五卷　（清）李庚乾撰　清光緒二

十二年(1896)刻本　六冊

110000－3162－0004030　古51/74

理學精華一卷　（清）榮福輯　清宣統元年(1909)抄本　一冊

110000－3162－0004031　古51/76

明本釋三卷　（宋）劉荀撰　清乾隆三十八年(1773)武英殿聚珍版刻本　一冊

110000－3162－0004032　古51/77

戍廬隨筆一卷　（清）程庭桂撰　清咸豐十一年(1861)刻本　一冊

110000－3162－0004033　古51/78

下學淺言八卷　（清）王晟編　清乾隆十年(1745)廣德堂刻本　一冊

110000－3162－0004034　古51/79

鹽鐵論二卷　（漢）桓寬撰　清光緒元年(1875)湖北崇文書局刻本　一冊

110000－3162－0004035　古51/80

新語二卷　（漢）陸賈撰　明弘治十五年(1502)刻本　一冊

110000－3162－0004036　古51/81

潛書四卷　（清）唐甄撰　清鉛印本　二冊

110000－3162－0004037　古51/82

論學酬答四卷　（清）陸世儀撰　清刻本一冊

110000－3162－0004038　古51/83

志學階梯八卷　（清）孫念劬撰　清光緒三年(1877)刻本　四冊

110000－3162－0004039　古51/84

困學錄集粹八卷　（清）張伯行撰　清同治五年(1866)福州正誼書局刻本　二冊

110000－3162－0004040　古51/87

公是弟子記四卷　（宋）劉敞撰　清乾隆四十三年(1778)武英殿聚珍版刻本　一冊

110000－3162－0004041　古51/88

四家輯語五卷　（清）馬時芳輯　清道光二十一年(1841)刻本　一冊

110000－3162－0004042　古51/89

呂子節錄補遺二卷　（明）呂坤撰　（清）陳弘謀評輯　清刻本　一冊

110000－3162－0004043　古51/90

呂語集粹四卷首一卷　（明）呂坤撰　（清）陳弘謀評　清光緒五年(1879)刻本　一冊

110000－3162－0004044　古51/91

呂子節錄四卷　（明）呂坤撰　（清）陳弘謀評輯　清道光二年(1822)西塘官署刻本　一冊

110000－3162－0004045　古51/92

羅整庵先生困知記四卷　（明）羅欽順撰　清同治五年(1866)正誼堂刻本　一冊

110000－3162－0004046　古51/93

高子講義一卷　（明）高攀龍撰　（清）潘世璜輯　清嘉慶九年(1804)刻本　一冊

110000－3162－0004047　古51/94

正蒙會稿四卷　（明）劉璣撰　清光緒二十二年(1896)刻惜陰軒叢書本　四冊

110000－3162－0004048　古51/95

持志編五卷　（清）楊念先撰　清光緒十七年(1891)刻本　四冊

110000－3162－0004049　古51/96

學蔀通辯十二卷　（明）陳建撰　清光緒十八年(1892)傳經堂刻本　二冊

110000－3162－0004050　古51/97

願學編二卷　（明）胡纘宗撰　明嘉靖三十四年(1555)鳥鼠山房刻本　二冊

110000－3162－0004051　古51/98

讀書錄十一卷續錄十二卷　（明）薛瑄撰　清乾隆十一年(1746)刻本　八冊

110000－3162－0004052　古51/99

傅子三卷　（晉）傅玄撰　葉德輝輯　清光緒二十八年(1902)長沙葉氏刻本　一冊

110000－3162－0004053　古51/100

潛夫論十卷　（漢）王符撰　清邵孟遜校刻本　一冊

110000－3162－0004054　古51/101

孝弟錄二卷　（清）李文耕撰　清嘉慶十九年(1814)墾石書堂刻本　一冊

110000－3162－0004055　古51/102

讀書分年日程三卷　（元）程端禮編　清同治七年(1868)湖北崇文書局刻本　二冊

110000－3162－0004056　古51/103

知新學源一卷　（日本）岡本監輔撰　清光緒二十八年(1902)興亞新書局刻本　一冊

110000－3162－0004057　古51/104

申鑑五卷　（漢）荀悅撰　清光緒二十年(1894)湖南藝文書局刻本　一冊

110000－3162－0004058　古51/105

續近思錄六卷　（□）□□撰　清光緒二十年(1894)中州學署刻本　一冊

110000－3162－0004059　古51/106

思辨錄輯要前集二十二卷後集十三卷附陸子從祀一卷　（清）陸世儀撰　清光緒三年(1877)江蘇書局刻本　八冊

110000－3162－0004060　古51/108

讀孟子劄記二卷　（清）羅澤南撰　清咸豐九年(1859)刻本　一冊

110000－3162－0004061　古51/109

曾子節要二卷　（清）費熙輯　清同治三年(1864)刻本　一冊

110000－3162－0004062　古51/110

朱子語類日鈔五卷　（清）陳澧輯　清光緒二十二年(1896)皖江藩署刻本　一冊

110000－3162－0004063　古51/115

理學講義一卷　（清）唐文治編　清石印本　一冊

110000－3162－0004064　古52/2

莊子集解八卷　王先謙撰　清宣統元年(1909)思賢書局刻本　三冊

110000－3162－0004065　古52/3

莊子集釋十卷　（清）郭慶藩撰　清光緒二十年(1894)思賢講舍刻本　八冊

110000－3162－0004066　古52/4

老子參注四卷　（清）倪元坦注　清嘉慶二十一年(1816)刻本　二冊

110000－3162－0004067　古52/5

老子章義二篇　（清）姚鼐撰　清同治九年(1870)桐城吳氏刻本　一冊

110000－3162－0004068　古52/6

老子衍不分卷　（清）王夫之撰　（清）王敔纂注　清同治四年(1865)刻本　一冊

110000－3162－0004069　古52/7.1

老子道德經二卷　（三國魏）王弼注　（清）嚴復評點　清光緒三十一年(1905)刻本　二冊

110000－3162－0004070　古52/7.2

老子道德經二卷　（三國魏）王弼注　清乾隆四十年(1775)武英殿聚珍版刻本　一冊

110000－3162－0004071　古52/8

道德真經注四卷　（元）吳澄撰　清光緒元年(1875)湖北崇文書局刻本　一冊

110000－3162－0004072　古52/11

南華經解雜篇一卷　（清）方潛評　清光緒二十二年(1896)刻本　一冊

110000－3162－0004073　古52/12

莊子不分卷　王闓運注　清同治八年(1869)刻本　一冊

110000－3162－0004074　古52/13

莊子通一卷　（清）王夫之撰　清同治四年(1865)刻本　一冊

110000－3162－0004075　古52/14

莊子集解八卷　王先謙撰　清宣統元年(1909)上海掃葉山房石印本　四冊

110000－3162－0004076　古52/17

關尹子一卷　（□）□□撰　清光緒元年(1875)湖北崇文書局刻本　一冊

110000－3162－0004077　古52/24

莊子內篇注四卷　（明）釋德清撰　清光緒十四年(1888)金陵刻經處刻本　二冊

110000－3162－0004078　古52/28

老子翼八卷首一卷　（明）焦竑撰　清光緒二十一年(1895)金陵刻經處刻本　四冊

110000－3162－0004079　古52/30

南華經箋注八卷　（明）通蘊輝注　清乾隆十四年(1749)雲林懷德堂刻本　六冊

110000－3162－0004080　古52/32

桐城吳先生點勘老子讀本二卷　（清）吳汝綸點勘　清宣統元年(1909)鉛印本　一冊

110000－3162－0004081　古52/33

老子約說三篇續篇一篇　（清）紀大奎撰　（清）紀大婁評注　清乾隆五十三年(1788)刻本　一冊

110000－3162－0004082　古52/34

老子集解二卷考異一卷　（明）薛蕙撰　清惜陰軒叢書本　二冊

110000－3162－0004083　古52/37

老子解二卷　（宋）葉夢得撰　清宣統元年(1909)葉氏觀古堂刻本　一冊

110000－3162－0004084　古52/40

莊子因六卷　（清）林雲銘撰　清嘉慶二年(1797)敦化堂刻本　一冊　存一卷(一)

110000－3162－0004085　古52/43

列子釋文二卷　（唐）殷敬順撰　（宋）陳景元補遺　清乾隆五十二年(1787)刻本　一冊

110000－3162－0004086　古52/44

映雪閒錄□文集不分卷　（清）郭有善輯　清嘉慶十二年(1807)抄本　一冊

110000－3162－0004087　古52/45

道教宗派不分卷　（□）□□撰　清抄本　一冊

110000－3162－0004088　古52/46

南華真經解三十三卷內篇七卷外篇十五卷雜篇十一卷　（清）宣穎撰　清康熙六十年(1721)寶旭齋刻本　五冊　存二十八卷(內篇一至二、外篇十五卷、雜篇十一卷)

110000－3162－0004089　古52/47

文子纘義十二卷　（宋）杜道堅撰　清光緒三年(1877)浙江書局據武英殿聚珍版刻本　二冊

110000－3162－0004090　古52/53

老子道德經警注不分卷　羅峰連撰　清天津華新印刷局鉛印本　一冊

110000－3162－0004091　古52/55

經典釋文三十卷　（唐）陸德明撰　清刻本　一冊　存一卷(老子道德經音義一卷)

110000－3162－0004092　古52/58

太上道德經述義二卷經問一卷　（清）張燦撰　清光緒六年(1880)永盛齋刻本　一冊

110000－3162－0004093　古52/63

道德經解意二卷　（□）河上公章句　清道光二十九年(1849)律古齋刻本　一冊

110000－3162－0004094　古52/65

道德經二卷　（清）徐大椿注　清乾隆二十五年(1760)刻本　二冊

110000－3162－0004095　古54/3

公孫龍子不分卷　（戰國)公孫龍著　明刻本　一冊

110000－3162－0004096　古55/1

管子権二十四卷　（唐）房玄齡注　（明）朱長春権　明崇禎刻本　十二冊

110000－3162－0004097　古55/2

韓非子二十卷　（戰國)韓非著　明萬曆十年(1582)刻本　八冊

110000－3162－0004098　古55/3

管韓合刻四十四卷　（唐）房玄齡注　明萬曆十年(1582)刻本　十六冊

110000－3162－0004099　古55/4

商子五卷　（秦）商鞅撰　清光緒元年(1875)湖北崇文書局刻本　一冊

110000－3162－0004100　古55/5

刪定管子三卷　（清）方苞刪定　清刻本　三冊

110000－3162－0004101　古55/6

韓非子纂二卷　（明）張榜纂　明萬曆三十九年(1611)刻本　二冊

110000－3162－0004102　古55/8

韓非子識誤三卷　（清）顧廣圻撰　清嘉慶二十一年(1816)刻本　一冊

110000－3162－0004103　古55/11

管子識誤一卷　（清）宋翔鳳記　清道光五年(1825)刻本　一冊

110000－3162－0004104　古56/2

呂子校補二卷　（清）梁玉繩著　清光緒三十四年(1908)刻本　一冊

110000－3162－0004105　古56/3

洛學編五卷　（清）湯斌輯　清乾隆三年(1738)懷潤堂刻本　一冊

110000－3162－0004106　古56/5

蘇子一卷　（周）蘇秦撰　關子一卷　（周）關氏撰　清嫏嬛館刻本　一冊

110000－3162－0004107　古56/7－1

蒿庵閑話二卷附談龍錄一卷　（清）張爾岐撰　清刻本　一冊

110000－3162－0004108　古56/7－2

蒿庵閑話二卷附談龍錄一卷　（清）張爾岐撰　清刻本　一冊

110000－3162－0004109　古56/8

浮邱子十二卷　（清）湯鵬著　清宣統二年(1910)上海掃葉山房石印本　六冊

110000－3162－0004110　古56/8.1

浮邱子十二卷　（清）湯鵬著　清同治四年(1865)刻本　四冊

110000－3162－0004111　古56/9

子華子十卷　（晉）程本著　清雍正五年(1727)刻本　一冊

110000－3162－0004112　古56/10

包軒遺編三卷　（清）張泰來著　清光緒十五年(1889)刻本　一冊

110000－3162－0004113　古56/11

日知錄之餘四卷　（清）顧炎武撰　清刻本
二冊

110000－3162－0004114　古56/11.1

日知錄之餘四卷　（清）顧炎武撰　清宣統二
年(1910)上海國光印刷所鉛印本　二冊

110000－3162－0004115　古56/12.1

日知錄集釋三十二卷刊誤二卷續刊誤二卷
（清）顧炎武著　（清）黃汝成集釋　清光緒三
年(1877)刻本　十六冊

110000－3162－0004116　古56/14

困學紀聞二十卷　（宋）王應麟撰　清嘉慶九
年(1804)刻本　六冊

110000－3162－0004117　古56/15

拾餘四種四卷　（清）劉沅著　清光緒元年
(1875)凝善堂刻本　二冊

110000－3162－0004118　古56/16

古雋八卷　（清）楊慎輯　清刻本　四冊

110000－3162－0004119　古56/18－1

勸學篇二篇　（清）張之洞撰　清光緒二十四
年(1898)兩湖書院刻本　一冊

110000－3162－0004120　古56/18－2

勸學篇二篇　（清）張之洞撰　清光緒二十四
年(1898)兩湖書院刻本　一冊

110000－3162－0004121　古56/18.1

勸學篇二篇　（清）張之洞撰　清光緒二十四
年(1898)桂垣書局刻本　一冊

110000－3162－0004122　古56/18.2

勸學篇二篇　（清）張之洞撰　清光緒二十四
年(1898)中江書院刻本　一冊

110000－3162－0004123　古56/19

李二曲先生集要五卷　（清）李顒編　清光緒
三年(1877)刻本　一冊

110000－3162－0004124　古56/20

約書十二卷　（清）謝階樹著　清道光二十四
年(1844)刻本　二冊

110000－3162－0004125　古56/21

風俗通義十卷　（漢）應劭著　清刻本　一冊

110000－3162－0004126　古56/22

秘書三種五卷　（清）劉一峰著　清乾隆六年
(1741)積秀堂刻本　五冊

110000－3162－0004127　古56/23

庭書平說四卷　（清）黃標著　清乾隆十三年
(1748)三多齋刻本　六冊

110000－3162－0004128　古56/24

斯陶說林十二卷　（清）王用臣輯　清光緒十
八年(1892)刻本　十二冊

110000－3162－0004129　古56/26

希賢錄十卷　（清）魏裔介著　（清）魏嘉孚等
輯　清康熙二十年(1681)刻本　六冊

110000－3162－0004130　古56/28

不遠復齋雜鈔二卷　（清）潘世璜輯　清同治
七年(1868)刻本　一冊

110000－3162－0004131　古56/29

慎思記一卷訟過記一卷　（清）呂存德(子恒)
撰　清光緒二十二年(1896)會文齋刻本
一冊

110000－3162－0004132　古56/31

永平三子遺書五卷　（清）佘一元輯　清光緒
五年(1879)刻本　二冊

110000－3162－0004133　古56/32

安陽許子家規家訓一卷　（清）范光陽等錄
清刻本　一冊

110000－3162－0004134　古56/33

先正嘉言約鈔二卷　（清）姚永樸編　清咸豐
十一年(1861)刻本　一冊

110000－3162－0004135　古56/34

合意編五編　（清）朱澤澐著　清雍正五年
(1727)刻本　一冊

110000－3162－0004136　古56/35

小心齋劄記十八卷　（明）顧憲成撰　清刻本
三冊

110000 － 3162 － 0004137　　古 56/36

守己草廬日記五卷　（清）丁逢辰著　清宣統二年(1910)刻本　一冊

110000 － 3162 － 0004138　　古 56/37

嶺雲軒瑣記四卷　（清）李威著　清同治五年(1866)桐城姚氏刻本　二冊

110000 － 3162 － 0004139　　古 56/38

警書三卷　（清）榆園老人撰　清光緒十三年(1887)刻本　一冊

110000 － 3162 － 0004140　　古 56/39

教諭語節鈔四卷　（清）謝金鑾著　（清）徐棟輯　（清）陳崇砥增輯　清同治四年(1865)掘修齋刻本　一冊

110000 － 3162 － 0004141　　古 56/40

綱常名教修身大要二篇　（□）□□撰　清北洋武備研究所刻本　一冊

110000 － 3162 － 0004142　　古 56/41

讀書日記十六卷　（清）單為濂纂　清道光十三年(1833)抄本　四冊

110000 － 3162 － 0004143　　古 56/44

尊經篇一卷　（清）□□撰　清光緒三十二年(1906)刻本　一冊

110000 － 3162 － 0004144　　古 56/45

知聖篇二卷　（清）四益老人撰　清宣統三年(1911)上海國學扶輪社鉛印本　一冊

110000 － 3162 － 0004145　　古 56/46

味餘書室隨筆二卷　（清）仁宗顒琰撰　清嘉慶十二年(1807)刻本　二冊

110000 － 3162 － 0004146　　古 56/47

益語輯要一卷　（□）□□撰　清道光元年(1821)江西乙照齋刻本　一冊

110000 － 3162 － 0004147　　古 56/48

牟子一卷　（漢）牟融撰　清光緒元年(1875)湖北崇文書局刻本　一冊

110000 － 3162 － 0004148　　古 56/49

鬻子二卷　葉德輝校輯　清光緒十八年(1892)葉氏觀古堂刻本　一冊

110000 － 3162 － 0004149　　古 56/51

初學源例編一卷　（清）劉名譽輯撰　清光緒二十八年(1902)桂林劉氏樹園刻本　一冊

110000 － 3162 － 0004150　　古 56/53

實學考四卷　（清）雲茂琦纂輯　清光緒二十一年(1895)京都文采齋刻本　二冊

110000 － 3162 － 0004151　　古 56/54

南窗叢記四卷　（清）尹朝棟著　清嘉慶五年(1800)刻本　一冊

110000 － 3162 － 0004152　　古 56/56

寡過編一卷　（清）宋梅輯　清咸豐四年(1854)刻本　一冊

110000 － 3162 － 0004153　　古 56/58

三益編三卷　（清）石成金輯　清道光十六年(1836)刻本　一冊

110000 － 3162 － 0004154　　古 56/60

鶡冠子三卷　（宋）陸佃解　（明）王宇評　清嘉慶九年(1804)姑蘇聚文堂刻本　一冊

110000 － 3162 － 0004155　　古 56/61

尸子集本二卷　（□）□□撰　清光緒十五年(1889)求實齋刻本　一冊

110000 － 3162 － 0004156　　古 56/63

求是于古齋三種　（清）周耿光著　清同治五年(1866)問竹軒刻本　一冊

110000 － 3162 － 0004157　　古 56/65 － 1

惲子一卷　（清）惲福成撰　清宣統元年(1909)明通印刷社鉛印本　一冊

110000 － 3162 － 0004158　　古 56/65 － 2

惲子一卷　（清）惲福成撰　清宣統元年(1909)明通印刷社鉛印本　一冊

110000 － 3162 － 0004159　　古 56/67

大誓答問一卷　（清）龔自珍纂　清道光十二年(1832)刻本　一冊

110000 － 3162 － 0004160　　古 56/68

歷代二十四孝體原錄不分卷　（清）琴鶴堂主人著　（清）趙書春輯　清光緒如心堂惜字社刻本　一冊

110000－3162－0004161　古56/69

子問二卷　（清）劉沅著　清光緒十二年(1886)樂善堂刻本　一冊

110000－3162－0004162　古56/72

懷學編五卷　（清）王崇德撰　清光緒三十年(1904)懷郡同善堂刻本　一冊

110000－3162－0004163　古56/73

讀困知記三卷　（清）汪紱著　清光緒二十一年(1895)刻本　一冊

110000－3162－0004164　古56/74

檀几叢書錄要七卷　（清）何思鈞編輯　清道光八年(1828)黔築家蔭堂刻本　一冊

110000－3162－0004165　古56/75

答客問一卷　（清）朱宗元撰　清光緒元年(1875)刻本　一冊

110000－3162－0004166　古56/77

心靈學二卷　（美國）海文著　（清）顏永京譯　清光緒十五年(1889)刻本　一冊

110000－3162－0004167　古56/78

初等心理學一卷　（日本）廣島秀太郎著　田吳炤譯　清光緒二十八年(1902)刻本　一冊

110000－3162－0004168　古56/79

庭趣述訓四卷　（明）徐石麟撰述　清光緒十四年(1888)浙江平湖壽萱書屋刻本　一冊

110000－3162－0004169　古56/82.1

鬼谷子三卷附錄一卷　（戰國）蘇秦撰　（南朝梁）陶宏景注　清嘉慶十年(1805)石研齋刻本　二冊

110000－3162－0004170　古56/83

寓簡十卷附錄一卷　（宋）沈作喆纂　清乾隆四十年(1775)鮑廷博刻本　一冊

110000－3162－0004171　古56/85

隱居通議三十一卷　（元）劉壎著　（清）顧修輯　清嘉慶四年(1799)刻讀畫齋叢書本　七冊

110000－3162－0004172　古56/89

大唐大慈恩寺三藏法師傳十卷　（唐）彥悰箋

清宣統元年(1909)刻本　三冊

110000－3162－0004173　古56/91

續心影集四卷　（清）李士麟編輯　清光緒二年(1876)蘭州郡署刻本　四冊

110000－3162－0004174　古56/92

水東日記四十卷　（明）葉盛著　清康熙十九年(1680)賜書樓刻本　六冊

110000－3162－0004175　古56/93

作人編二卷　（清）李雲棟撰　清道光十五年(1835)刻本(定存山房藏版)　二冊

110000－3162－0004176　古56/94

敬義堂家譜述錄一卷書紳錄一卷　（清）紀大奎撰　清嘉慶二年(1797)刻本　二冊

110000－3162－0004177　古56/97

處世會心十三論不分卷　（清）汪必昌著　清嘉慶十七年(1812)刻本　一冊

110000－3162－0004178　古56/98

為己編不分卷　（清）費熙輯　清光緒二十年(1894)刻本　一冊

110000－3162－0004179　古56/99

大富貴編不分卷　（清）普願居士撰　清道光二十一年(1841)四川古臥龍橋頭王成文齋刻本　一冊

110000－3162－0004180　古56/101

明道勸學約言二卷　（清）黃曙軒著　清光緒三十年(1904)刻本　一冊

110000－3162－0004181　古56/102

青雲梯一卷　（清）沈樹蘭　（清）沈起潛著

續青雲梯一卷　（清）沈起潛著　清道光十一年(1831)刻本　一冊

110000－3162－0004182　古56/103

果齋日記六卷　劉爾炘撰　清光緒二十一年(1895)拙修山房刻本　一冊　存三卷(一至三)

110000－3162－0004183　古56/104

訟過齋日記六卷　（清）毛輝鳳著　（清）毛隆輔編輯　清同治十二年(1873)刻本　二冊

110000－3162－0004184　古 56/105

劉念台先生人譜一卷　（清）劉宗周編　人譜
附類記二卷　（清）劉宗周編　清光緒六年
(1880)京都永盛齋刻本　一冊

110000－3162－0004185　古 56/106

讀書說四卷附錄一卷　（清）胡丞諾著　清光
緒十七年(1891)三餘草堂刻本　三冊

110000－3162－0004186　古 56/108

治安要議六卷　（明）陳建著　清康熙五十六
年(1717)刻本　一冊

110000－3162－0004187　古 56/110

勸學淺語不分卷　（清）沈源深著　清光緒二
十七年(1901)求實書院刻本　一冊

110000－3162－0004188　古 56/111

人物志三卷　（三國魏）劉邵著　明刻本
一冊

110000－3162－0004189　古 56/112

興孝錄三卷　（□）峴山居士輯　清同治八年
(1869)刻本　一冊

110000－3162－0004190　古 56/113

消搖墟仙記二卷　（明）還初道人撰　明刻本
一冊

110000－3162－0004191　古 56/115

學仕錄四卷　（清）戴肇辰輯　清同治六年
(1867)刻本　二冊

110000－3162－0004192　古 56/116

困學記三卷首一卷　（清）馮廷桂著　清光緒
十四年(1888)刻本　一冊

110000－3162－0004193　古 56/119

履齋示兒編二十三卷附校一卷附校補一卷
(宋)孫奕撰　清嘉慶十六年(1811)鮑廷博刻
本　六冊

110000－3162－0004194　古 56/121

金坡語學二卷　（清）欒鑾著　清同治九年
(1870)刻本　二冊

110000－3162－0004195　古 56/124

家言隨記四卷　（清）王賢儀著　清同治九年

(1870)素風堂刻本　四冊

110000－3162－0004196　古 56/125

習是編二十六卷　（清）屈成霖編輯　清咸豐
六年(1856)番禺許衍堂刻本　四冊

110000－3162－0004197　古 56/128

健餘劄記四卷　（清）尹會一撰　清乾隆十五
年(1750)刻本　一冊

110000－3162－0004198　古 56/129

恒齋日記二卷　（清）于弼清著　清光緒二十
一年(1895)刻本　一冊

110000－3162－0004199　古 56/130

明賢蒙正錄二卷　（清）彭定求纂輯　清同治
九年(1870)刻本　一冊

110000－3162－0004200　古 56/131

蠡測偶記二卷　（清）胡贊采著　清宣統元年
(1909)龍華齋刻本　一冊

110000－3162－0004201　古 56/132

李二曲先生學髓圖說不分卷　（清）李顒口授
清鉛印本　一冊

110000－3162－0004202　古 56/133

中外聖賢事蹟叢談不分卷　（美國）李佳白著
清光緒三十四年(1908)上海華美書局鉛印
本　一冊

110000－3162－0004203　古 56/134

紫微雜說不分卷　（宋）呂本中撰　清光緒二
年(1876)十萬卷樓刻本　一冊

110000－3162－0004204　古 56/137

福繹諭吉譚叢不分卷　（日本）福繹諭吉撰
(清)馮霱譯　清光緒二十九年(1903)上海廣
智書局鉛印本　一冊

110000－3162－0004205　古 56/139

畜德錄二十卷　（清）席啟圖纂輯　清光緒上
海掃葉山房石印本　六冊

110000－3162－0004206　古 56/140

釋迦牟尼佛略傳不分卷　（□）□□撰　清石
印本　一冊

110000 - 3162 - 0004207　古 56/142

大佛頂首楞嚴經十卷　（唐）釋般刺密帝譯
清刻本　二冊

110000 - 3162 - 0004208　古 56/143

佛語翻譯名義集選四十五篇　（□）□□撰
清同治十二年（1873）江北刻經處刻本　一冊

110000 - 3162 - 0004209　古 56/148

莊氏心法不分卷　（清）莊述祖著　清光緒十
三年（1887）抄本　一冊

110000 - 3162 - 0004210　古 56/149

宋瑣語不分卷　（□）□□撰　（清）汪喜孫校
勘　清嘉慶二十一年（1816）刻本　四冊

110000 - 3162 - 0004211　古 56/151

楞嚴貫珠四卷　（明）釋戒潤述　清順治二年
（1645）刻本　二冊

110000 - 3162 - 0004212　古 56/152

四鑒錄十六卷　（清）尹會一輯　清乾隆十三
年（1748）刻本　四冊

110000 - 3162 - 0004213　古 56/153

平書訂十四卷　（清）李塨著　清四存學會鉛
印本　一冊

110000 - 3162 - 0004214　古 56/154

無邪堂答問五卷　（清）朱一新撰　清光緒二
十二年（1896）上海書局鉛印本　一冊　存四
卷（一至二、四至五）

110000 - 3162 - 0004215　古 56/155

校正素書不分卷　（清）張與齡　（清）董潮注
　清光緒六年（1880）道生堂刻本　一冊

110000 - 3162 - 0004216　古 56/157

十駕齋養新錄二十卷養新餘錄三卷　（清）錢
大昕撰　錢辛楣先生［大昕］年譜一卷續編一
卷　（清）錢慶曾注述　清咸豐十年（1860）刻
本　八冊

110000 - 3162 - 0004217　古 56/158

平書八卷　（清）秦篤輝著　清光緒十七年
（1891）刻本（三餘草堂藏版）　三冊

110000 - 3162 - 0004218　古 56/160

讀書勝錄七卷　（清）孫志祖撰　清嘉慶四年
（1799）刻本　四冊

110000 - 3162 - 0004219　古 56/161

文家稽古編五卷首一卷　（清）劉旂錫　（清）
程夢元纂定　（清）王乾輯　清乾隆二十年
（1755）慎詒堂刻本　四冊

110000 - 3162 - 0004220　古 56/162

焦氏筆乘六卷續八卷　（明）焦竑輯　清道光
三十年（1850）刻粤雅堂叢書本　十二冊

110000 - 3162 - 0004221　古 56/164

釋惑錄不分卷　（清）崔鍾善編輯　清光緒二
十七年（1901）荊華館刻本　一冊

110000 - 3162 - 0004222　古 56/166

司直寄迁草六卷　（清）何邦彦撰　清同治九
年（1870）恩溪山房刻本　六冊

110000 - 3162 - 0004223　古 56/167

倫學俚言不分卷　（清）蕭繼炳著　清嘉慶五
年（1800）刻本　二冊

110000 - 3162 - 0004224　古 56/168 - 1

翼教叢編六卷　（清）□□編輯　清刻本
二冊

110000 - 3162 - 0004225　古 56/168 - 2

翼教叢編六卷　（清）□□編輯　清刻本
三冊

110000 - 3162 - 0004226　古 56/168 - 3

翼教叢編六卷　（清）□□編輯　清光緒二十
四年（1898）武昌刻本　一冊

110000 - 3162 - 0004227　古 56/170

鄭志三卷　（三國魏）鄭小同撰　（清）陸錫熊
　（清）紀昀總纂　（清）任大椿纂修　清乾隆
四十二年（1777）刻本　三冊

110000 - 3162 - 0004228　古 56/171 - 1

北學編四卷　（清）魏一鼇輯　清同治七年
（1868）蓮池書院刻本　一冊

110000 - 3162 - 0004229　古 56/171 - 2

北學編四卷　（清）魏一鼇輯　清同治七年
（1868）蓮池書院刻本　一冊

110000 – 3162 – 0004230　古 56/172

省心集一卷附鈔一卷　（清）袁了凡（黃）撰
清光緒十四年(1888)天津醉紅軒刻本　一冊

110000 – 3162 – 0004231　古 56/173

策略六卷　（清）汪紱著　清道光九年(1829)
喬川時術居刻本　六冊

110000 – 3162 – 0004232　古 56/173.1

策略六卷　（清）汪紱著　清光緒二十三年
(1897)刻本　四冊

110000 – 3162 – 0004233　古 56/174

三才彙編六卷　（清）龔在升纂輯　清康熙六
年(1667)刻本　三冊

110000 – 3162 – 0004234　古 56/177

呂氏春秋二十六卷　（戰國）呂不韋等編
（清）畢沅輯　清乾隆五十三年(1788)靈巖山
館刻本　四冊

110000 – 3162 – 0004235　古 56/178

赫胥黎天演論二卷　（英國）赫胥黎著　（清）
嚴復譯　清光緒二十七年(1901)富文書局石
印本　一冊

110000 – 3162 – 0004236　古 56/179

呂子校補獻疑一卷　（元）蔡鐵耕著　呂氏春
秋正誤一卷　（□）陳昌齊撰　清粵雅堂校刻
本　一冊

110000 – 3162 – 0004237　古 56/180

明夷待訪錄糾謬一卷　（清）李滋然撰　清宣
統三年(1911)鉛印本　一冊

110000 – 3162 – 0004238　古 56/181

黃書一卷俟解一卷噩夢一卷　（清）王夫之撰
清同治四年(1865)刻本　一冊

110000 – 3162 – 0004239　古 56/183

人生理想之比較研究不分卷　馮芝生著　清
河南官印局石印本　一冊

110000 – 3162 – 0004240　古 572/5

集驗良方不分卷　（清）沈雨蒼輯　清古祁沾
霖閶沛刻本　一冊

110000 – 3162 – 0004241　古 572/7

驗方新編十六卷　（清）鮑雲韶編輯　應驗良
方二卷　（清）吳嗣葵輯　清光緒元年(1875)
刻本　八冊

110000 – 3162 – 0004242　古 572/10

攝生總要八卷　（明）洪九有參訂　清光緒八
年(1882)刻本　八冊

110000 – 3162 – 0004243　古 572/17

湯頭歌訣不分卷　（□）汪昂編輯　清光緒三
十三年(1907)鴻潤書林刻本　一冊

110000 – 3162 – 0004244　古 572/18

孫真人千金方衍義三十卷　（清）張璐著義
清嘉慶六年至七年(1801－1802)掃葉山房刻
本　十二冊

110000 – 3162 – 0004245　古 573/1

天文示斯十四卷　（清）洞微子著　清光緒四
年(1878)陝西石門松倦閣刻本　八冊

110000 – 3162 – 0004246　古 573/2

地理纂要七卷　（明）吳天洪選輯　（明）吳國
偉編　上高太府徽郡風水呈一卷　（明）吳天
洪著　明萬曆八年(1580)刻本　二冊

110000 – 3162 – 0004247　古 573/3

奇門遁甲大全三十卷　（明）劉伯溫撰　諸葛
武侯行兵遁甲金函玉鏡六卷首一卷　（明）劉
伯溫輯　清刻本　八冊

110000 – 3162 – 0004248　古 523/4

乙巳占十卷　（唐）李淳風撰　清光緒三年
(1877)刻本　四冊

110000 – 3162 – 0004249　古 573/6

改良奇門遁甲統宗大全十二卷　（三國蜀）諸
葛亮著　清上海江東書局石印本　四冊

110000 – 3162 – 0004250　古 573/7

定向須知一卷　（□）□□撰　清舊抄本
一冊

110000 – 3162 – 0004251　古 573/8

夢梁錄四卷　（□）吳自牧著　清刻本　一冊

110000 – 3162 – 0004252　古 573/9

諸葛武侯金錢神數一卷　（□）□□撰　清刻

本 一冊

110000－3162－0004253　古573/10
兩便刀四卷　（□）管見子註釋　清宣統元年
（1909）上海校經山房石印本　一冊

110000－3162－0004254　古573/11－1
圓天圖說三卷　（清）李明徹撰　清嘉慶二十
四年（1819）松梅軒刻本　三冊

110000－3162－0004255　古573/11－2
圓天圖說二卷　（清）李明徹撰　清道光元年
（1821）松梅軒刻本　二冊

110000－3162－0004256　古573/12
月令氣候圖說一卷　（清）李調元撰　清刻本
一冊

110000－3162－0004257　古573/13
器象顯真四卷　（英國）白力蓋輯　（英國）傅
蘭雅口譯　（清）徐建寅述　清刻本　三冊

110000－3162－0004258　古573/14
汽機必以十二卷首一卷附一卷　（英國）蒲而
捺撰　（英國）傅蘭雅口譯　（清）徐建寅筆述
清光緒刻本　六冊

110000－3162－0004259　古573/15
汽機發軔九卷　（英國）美以納　（英國）白勞
那合撰　（英國）偉烈口譯　（清）徐壽筆述
清同治十年（1871）江南機器製造總局刻本
四冊

110000－3162－0004260　古573/16
汽機新制八卷　（英國）白爾格撰　（英國）傅
蘭雅口譯　（清）徐建寅筆述　清光緒江南機
器製造總局刻本　二冊

110000－3162－0004261　古573/17
談天十八卷首一卷附表一卷　（英國）侯失勒
著　（英國）偉烈亞力口譯　（清）李善蘭
（清）徐建寅述　清咸豐九年（1859）刻本
四冊

110000－3162－0004262　古573/18
西藝知新二十二卷　（英國）諾格德撰　（英
國）傅蘭雅口譯　（清）徐壽筆述　清刻本

十四冊

110000－3162－0004263　古573/19
化學考質八卷　（德國）富里西尼烏司著
（英國）傅蘭雅口譯　（清）徐壽筆述　清刻本
六冊

110000－3162－0004264　古573/20
化學求數十五卷附表一卷　（德國）富里西尼
烏司著　（英國）傅蘭雅口譯　（清）徐壽筆述
清刻本　十四冊

110000－3162－0004265　古573/21
格致啟蒙四卷　（英國）羅斯古纂　（美國）林
樂知　（清）鄭昌棪同譯　清刻本　四冊

110000－3162－0004266　古573/22
格致彙編不分卷　（英國）傅蘭雅輯　清光緒
二年至十八年（1876－1892）上海格致書室鉛
印本　二十八冊

110000－3162－0004267　古573/22.1
格致彙編不分卷　（英國）傅蘭雅輯　清光緒
六年（1880）上海格致書院鉛印本　一冊

110000－3162－0004268　古573/23
照相略法一卷　（英國）傅蘭雅譯輯　清光緒
七年（1881）格致彙編館鉛印本　一冊

110000－3162－0004269　古573/24
勾股演代五卷　（□）□□撰　清光緒二十九
年（1903）上海華美書館鉛印本　一冊

110000－3162－0004270　古573/25
增訂格物入門七卷　（美國）丁韙良著　清光
緒十六年（1890）鉛印本　七冊

110000－3162－0004271　古573/26
三印子針法辨不分卷　（□）孫出聲撰　清抄
本　一冊

110000－3162－0004272　古573/27
諸葛武侯精選入門遁甲例不分卷　（三國蜀）
諸葛亮著　清抄本　二冊

110000－3162－0004273　古573/28
泄理陰陽總論不分卷　（戰國）周公旦集　清
抄本　一冊

110000－3162－0004274　古573/29
天元玉曆祥異賦七卷　（宋）朱熹輯　明洪熙
元年(1425)刻本　二冊

110000－3162－0004275　古573/30
測候叢談四卷　（美國）金楷理口譯　（清）華
蘅芳筆述　清江南製造總局刻本　二冊

110000－3162－0004276　古573/30.1
測候叢談四卷　（美國）金楷理口譯　（清）華
蘅芳筆述　清江南製造總局刻本　二冊

110000－3162－0004277　古573/31－1
禦風要術三卷　（英國）白爾特撰　（美國）金
楷理口譯　（清）華蘅芳筆述　（清）朱彝繪圖
　清同治十二年(1873)刻本　二冊

110000－3162－0004278　古573/31－2
禦風要術三卷　（英國）白爾特撰　（美國）金
楷理口譯　（清）華蘅芳筆述　（清）朱彝繪圖
　清同治十二年(1873)刻本　二冊

110000－3162－0004279　古573/32
聲學八卷　（英國）田大里著　（英國）傅蘭雅
口譯　（清）徐建寅筆述　清刻本　二冊

110000－3162－0004280　古573/33
測繪海圖全法八卷附一卷　（英國）華爾敦著
　（英國）傅蘭雅口譯　（清）趙元益筆述　清
光緒二十五年(1899)江南製造局刻本　六冊

110000－3162－0004281　古573/34
廣學類編十二卷　（英國）唐蘭孟編輯　（清）
任保羅譯　清光緒二十九年(1903)上海商務
印書館鉛印本　五冊　存十卷(一、四至十
二)

110000－3162－0004282　古573/35
謁岱記一卷　（清）輔廷著　清光緒八年
(1882)刻本　一冊

110000－3162－0004283　古573/36
海錄一卷　（清）楊炳南撰　**海島逸志摘畧一
卷**　（清）王大海著　清刻本　一冊

110000－3162－0004284　古573/37
個人識別學講義不分卷　曾照康編述　清警

官高等學校鉛印本　一冊

110000－3162－0004285　古573/38
測地繪圖十一卷　（英國）富路瑪撰　（英國）
傅蘭雅口譯　（清）徐壽筆述　清刻本　三冊

110000－3162－0004286　古573/39－1
測地志要四卷　（清）黃炳厚著　清同治六年
(1867)刻本　一冊

110000－3162－0004287　古573/39－2
誦芬詩畧三卷　（清）黃炳厚著　清同治九年
(1870)刻本　一冊

110000－3162－0004288　古573/40
禦風要術三卷　（英國）白爾特撰　（美國）金
楷理口譯　（清）華蘅芳筆述　（清）朱彝繪圖
　清刻本　二冊

110000－3162－0004289　古573/41－1
英國德國行船免碰章程不分卷　（□）□□撰
　清光緒五年(1879)刻本　一冊

110000－3162－0004290　古573/41－2
英國德國行船免碰章程不分卷　（□）□□撰
　清光緒五年(1879)刻本　一冊

110000－3162－0004291　古573/42－1
海塘輯要十卷首一卷附一卷　（英國）韋更斯
撰　（英國）傅蘭雅口譯　（清）趙元益筆述
清同治六年(1867)刻本　二冊

110000－3162－0004292　古573/42－2
海塘輯要十卷首一卷附一卷　（英國）韋更斯
撰　（英國）傅蘭雅口譯　（清）趙元益筆述
清同治六年(1867)刻本　二冊

110000－3162－0004293　古573/43
行川必要一卷　（清）賀繼紳輯　清光緒四年
(1878)刻本　一冊

110000－3162－0004294　古573/44
行海要術四卷　（美國）金楷理口譯　（清）李
鳳苞筆述　清刻本　三冊

110000－3162－0004295　古573/45
測地繪圖十一卷附一卷　（英國）富路瑪撰
（英國）傅蘭雅口譯　（清）徐壽筆述　**繪地法**

195

原一卷　（美國）金楷理口譯　（清）王德均筆述　清光緒二十二年(1896)上海璣衡堂石印本　五冊

110000－3162－0004296　古573/46

測繪儀器考一卷　（清）羅長裿輯　清光緒二十二年(1896)鉛印本　一冊

110000－3162－0004297　古573/47

開方易簡一卷　（清）孫廷芝撰　清道光十二年(1832)刻本　一冊

110000－3162－0004298　古573/49

天文解經一卷　（清）孫廷芝撰　清道光十二年(1832)刻本　一冊

110000－3162－0004299　古573/50

測地志要四卷　（清）黃炳厚著　**自述百韻詩一卷**　（清）黃炳厚著　清同治六年(1867)刻本　一冊

110000－3162－0004300　古573/52

西學大成十二卷　（清）鄭董沛編輯　清光緒二十一年(1895)上海醉六堂書坊石印本　十二冊

110000－3162－0004301　古573/53

兵備白猿圖七卷　（□）□□撰　清抄本六冊

110000－3162－0004302　古573/55

歷覽英國鐵廠記略一卷　（英國）傅蘭雅著清光緒七年(1881)格致彙編館鉛印本　一冊

110000－3162－0004303　古573/57

三才最要圖表不分卷　（清）蕭德驤編輯　清光緒二十八年(1902)夢孔山房石印本　一冊

110000－3162－0004304　古58/1

□□印譜一卷　（□）□□輯　清鈐印本　一冊

110000－3162－0004305　古58/2

印藪摘譜一卷　（清）□□纂輯　清乾隆五十三年(1788)抄本　一冊

110000－3162－0004306　古58/3

吉人手摹穀石齋古泉拓本一卷　（□）□□撰清咸豐七年(1857)抄本　一冊

110000－3162－0004307　古58/5

無雙譜一卷　（□）□□撰　清宣統元年(1909)上海醒華日報社石印本　一冊

110000－3162－0004308　古58/8

鈢印零拾不分卷　（□）□□輯　清朱墨印本四冊

110000－3162－0004309　古58/9

文石山房印底一卷　（清）文石山房輯　清文石山房印模抄本　一冊

110000－3162－0004310　古58/10

□□印譜一卷　（□）□□輯　清鈐印本　一冊

110000－3162－0004311　古58/11

桃花泉奕譜二卷　（清）范西屏著　清上海千頃堂石印本　二冊

110000－3162－0004312　古58/12

百將百美合璧印譜不分卷　（□）□□輯　清光緒武進趙穆篆印本　六冊

110000－3162－0004313　古58/15

諸葛武侯後出師表印譜不分卷　（□）□□輯清適安草堂藏印本　一冊

110000－3162－0004314　古58/21

齊魯古印捃四卷　高慶齡輯　**續齊魯古印捃一卷**　高鴻裁輯　清光緒七年(1881)古雪書莊刻本　五冊

110000－3162－0004315　古58/23

匋雅二卷　寂園叟著　清宣統二年(1910)上海朝記書莊石印本　四冊

110000－3162－0004316　古58/25

莆陽金石初編不分卷　（清）劉尚文編　清光緒十九年(1893)抄本　一冊

110000－3162－0004317　古58/26

愛吾鼎齋金石目錄題跋五卷　（清）李璋煜輯丁錫田錄　清抄本　一冊

110000－3162－0004318　古58/28

京畿金石考二卷　（清）孫星衍撰　清乾隆五十七年(1792)濟喜齋刻本　一冊

110000－3162－0004319　　古58/29

濰縣金石志八卷　（清）郭麟著　清光緒十年(1884)抄本　八冊

110000－3162－0004320　　古58/31

桑梓之遺書畫人物冊考略十卷　（清）陳介錫輯　清抄本　十冊

110000－3162－0004321　　古58/31.1

桑梓之遺人物考略草不分卷　（清）□□撰　清抄本　二冊

110000－3162－0004322　　古58/32

桑梓之遺錄文十卷　（清）陳介錫編　清抄本　十一冊　存九卷(一、三至十)

110000－3162－0004323　　古58/33

桑梓之遺書畫目錄十卷　（清）高鳳翰輯　清抄本　二冊

110000－3162－0004324　　古58/33.1

桑梓之遺書畫目錄不分卷　（清）高鳳翰輯（清）陳介錫編　清咸豐九年(1859)介石山房抄本　一冊

110000－3162－0004325　　古58/33.2

桑梓之遺書畫目錄不分卷　（清）高鳳翰輯　清敬止堂刻本　一冊

110000－3162－0004326　　古58/34

積古齋鐘鼎彝器款識十卷　（清）阮元編錄　清光緒五年(1879)中華圖書館石印本　六冊

110000－3162－0004327　　古58/35

御刻三希堂法帖釋文十六卷首一卷　（清）梁詩正（清）阮元等輯　清乾隆六十年(1795)刻本　六冊

110000－3162－0004328　　古58/36

陶齋藏石記四十四卷首一卷附二卷　龔錫齡著　清宣統元年(1909)上海商務印書館石印本　十二冊

110000－3162－0004329　　古58/37

磁縣新出魏齊墓志本末記一卷　（清）□□撰　清刻本　一冊

110000－3162－0004330　　古58/39

石刻補敍二卷　（清）曾宏父著　清嘉慶十八年(1813)古物同欣社石印本　一冊

110000－3162－0004331　　古58/40

淳化閣帖釋文十卷　（清）徐朝弼集釋　清嘉慶十七年(1812)耕書堂刻本　一冊

110000－3162－0004332　　古58/44－1

思古齋雙向漢碑篆額不分卷　（清）何澄輯　清光緒九年(1883)石印本　三冊

110000－3162－0004333　　古58/44－2

二百蘭亭齋溫虞公碑宋拓本不分卷　（清）吳雲輯　清同治二年(1863)石印本　一冊

110000－3162－0004334　　古58/46

桑梓之遺目錄草不分卷　（清）□□撰　清抄本　一冊

110000－3162－0004335　　古58/47

漢碑題跋不分卷　（□）□□撰　清抄本　一冊

110000－3162－0004336　　古58/48

許印林先生吉金考識不分卷　（清）□□撰　清咸豐五年(1855)抄本　一冊

110000－3162－0004337　　古58/51

博物要覽八卷　（明）史穀泰輯　清舊抄本　一冊

110000－3162－0004338　　古58/54

書文古本纂輯不分卷　（□）□□撰　清舊抄本　一冊

110000－3162－0004339　　古59/4.1

水滸圖贊不分卷　（明）杜克生撰　清光緒八年(1882)羊城百宋齋石印　一冊

110000－3162－0004340　　古59/5

岳武穆精忠傳六卷　（□）鄒元標編　清刻本　六冊

110000－3162－0004341　　古59/6

繪圖增像第五才子書水滸全傳七十卷　（宋）施耐庵撰　清石印本　八冊

110000－3162－0004342　　古59/8

增像三國全圖演義六十卷 （清）毛宗崗評
清光緒二十一年(1895)上海飛鴻閣石印本
十一冊

110000－3162－0004343 古 59/9
東周列國志二十三卷 （清）蔡元放評點 清
光緒十二年(1886)上海江左書林刻本 二十
四冊

110000－3162－0004344 古 59/10
增像全圖東周列國志二十七卷首一卷 （清）
蔡元放評點 清光緒三十四年(1908)商務印
書館石印本 一冊

110000－3162－0004345 古 59/14
乾隆遊江南八卷 （□）□□撰 清上海海左
書局石印本 八冊

110000－3162－0004346 古 59/15
繪圖繡像永慶升平全集四卷 （清）□□撰
清光緒十八年(1892)上海錦章圖書局石印本
八冊

110000－3162－0004347 古 59/17
繪圖評點正續兒女英雄傳八卷 （清）還讀我
書室主人評 清光緒四年(1878)上海廣益書
局石印本 八冊

110000－3162－0004348 古 59/18
繡像李七侯五續彭公案四卷 （清）□□撰
繡像六續彭公案四卷 （清）葛惠甫著 繡像
七續彭公案四卷 （清）濁物撰 （清）盲道人
加評 繡像八續彭公案四卷 （清）濁物撰
清光緒至宣統二年(1910)上海匯文書局江左
書林石印本 十六冊

110000－3162－0004349 古 59/19
繪圖彭公案全集八卷 （清）□□輯 清上海
天寶書局石印本 八冊

110000－3162－0004350 古 59/20－1
施公案全集八卷 （清）上海廣益書局編輯
清上海廣益書局石印本 二冊

110000－3162－0004351 古 59/20－2
足本全圖施公案全集四十六卷 （清）上海廣

益書局編輯 清光緒二十九年(1903)上海廣
益書局石印本 三冊

110000－3162－0004352 古 59/21
新編野叟曝言二十卷 （清）□□輯 清光緒
八年(1882)石印本 二十冊

110000－3162－0004353 古 59/22
繪圖洪秀全演義八卷 （日本）嵋世次郎撰
清上海廣益書局石印本 八冊

110000－3162－0004354 古 59/25
巴黎茶花女遺事不分卷 （清）冷紅生筆述
清光緒二十五年(1899)素隱書局鉛印本
一冊

110000－3162－0004355 古 59/26
李連英不分卷 （清）梁紀佩撰 清石印本
一冊

110000－3162－0004356 古 59/27
桂林霜二卷 （清）蔣士銓撰 清乾隆三十六
年(1771)經倫堂刻本 一冊

110000－3162－0004357 古 59/28
聊齋志異十六卷 （清）蒲松齡著 清上海有
正書局鉛印本 八冊

110000－3162－0004358 古 59/29
隋唐演義八卷 （清）□□撰 清上海廣益書
局石印本 八冊

110000－3162－0004359 古 59/31.1
增像全圖封神演義不分卷 （清）□□輯 清
光緒十六年(1890)珍藝書局鉛印本 十冊

110000－3162－0004360 古 59/34
新史奇觀演義全傳四卷 （清）蓬蒿子編 清
道光五年(1825)刻本 四冊

110000－3162－0004361 古 59/35
祭皋陶一卷 （清）宋琬編 清康熙十一年
(1672)刻本 一冊

110000－3162－0004362 古 59/39
天雨花不分卷 （清）陶貞懷撰 清道光二十
一年(1841)有遺音齋刻本 二十三冊

110000－3162－0004363　古59/40

繡像檮杌閒評全傳五十卷　（清）□□輯　清刻本　十二冊

110000－3162－0004364　古59/41

黑奴籲天錄四卷　（美國）斯托著　林紓　魏易譯　清光緒二十七年（1901）刻本　四冊

110000－3162－0004365　古59/42

繪圖聖朝鼎盛萬年清二集不分卷　（清）□□輯　清光緒十九年（1893）上海英商五彩公司石印本　八冊

110000－3162－0004366　古59/43

蝸觸蠻三國爭地記不分卷　（清）蟲天逸史氏撰　清光緒三十四年（1908）鉛印本　一冊

110000－3162－0004367　古59/47

東周列國志地圖考不分卷　（明）□□輯　明刻本　一冊

110000－3162－0004368　古59/48

說鈴二集　（清）徐倬纂輯　清康熙四十四年（1705）學古堂石印本　十四冊

110000－3162－0004369　古59/56－1

繡像小五義全傳六卷　（□）□□輯　清光緒十六年（1890）上海錦章圖書局石印本　一冊

110000－3162－0004370　古59/56－2

繡像小五義全傳六卷　（□）□□輯　清光緒十六年（1890）上海錦章圖書局石印本　一冊

110000－3162－0004371　古59/57

廣西金田起義不分卷　（清）□□撰　清光緒十五年（1889）抄本　一冊

110000－3162－0004372　古59/58

足本全圖濟公傳十二卷　（清）廣益書局編輯　清上海廣益書局石印本　六冊

110000－3162－0004373　古59/59

繪圖中東大戰演義全集不分卷　（清）□□撰　清宣統二年（1910）石印本　一冊

110000－3162－0004374　古59/59.1

繡像中東大戰演義四卷　（清）□□撰　清石印本　四冊

110000－3162－0004375　古59/64

增評補像全圖足本金玉緣不分卷　（清）護花主人等總評　清光緒十五年（1889）上海同文書局石印本　十六冊

110000－3162－0004376　古61/1

文選考異四卷　（清）孫志祖輯　清嘉慶四年（1799）桐川顧氏刻本　二冊

110000－3162－0004377　古61/3

費邑藝文存三卷附一卷　（清）劉寶鼎等參訂　清光緒二十八年（1902）刻本　三冊

110000－3162－0004378　古61/4

濰縣先民文抄不分卷　（清）張次陶選　清抄本　一冊

110000－3162－0004379　古61/6

歸餘抄四卷　（清）高塘集評　清乾隆五十三年（1788）刻本　八冊

110000－3162－0004380　古61/7

湖海文傳三十四卷　（清）王昶輯　清同治五年（1866）上海文瑞樓石印本　八冊

110000－3162－0004381　古61/9

賴古堂全集四十三卷　（清）高阜　（清）羅耀選　（清）周在浚　周在梁鈔　清宣統三年（1911）上海學扶輪社石印本　十六冊　存四十三卷（尺牘新鈔十二卷、結隣集十五卷、藏弆集十六卷）

110000－3162－0004382　古61/11

集錄真西山文章正宗三十卷　（宋）真德秀撰　明嘉靖二十三年（1544）刻本　二十四冊

110000－3162－0004383　古61/12

西漢文約選不分卷東漢文約選不分卷後漢文約選不分卷韓退之文約選不分卷柳子厚文約選不分卷歐陽永叔文約選不分卷蘇明允文約選不分卷蘇子由文約選不分卷蘇子固文約選不分卷　（清）□□選　清雍正十一年（1733）刻本　十冊

110000－3162－0004384　古61/14

奇賞彙編二百三十六卷　（明）陳仁錫撰　明

崇禎七年(1634)刻本　六十九冊

110000－3162－0004385　古61/15

御製古文淵鑒六十四卷　（清）徐乾學等撰
清康熙二十四年(1685)淵鑑齋刻本　二十
四冊

110000－3162－0004386　古61/16

乾坤正氣集五百七十四卷首一卷　（清）潘錫
恩輯　清光緒三十四年(1908)哀江節署之求
是齋刻本　一百六十冊

110000－3162－0004387　古61/18

文編六十四卷　（明）唐順元　（明）姜寶編撰
明嘉靖三十五年(1556)刻本　四十冊

110000－3162－0004388　古61/19

古文辭類纂十五卷　（清）姚鼐纂　**續古文辭
類纂十卷**　王先謙纂　清光緒二十年(1894)
上海圖書集成印書局鉛印本　十冊

110000－3162－0004389　古61/20

續古文辭類纂三十四卷　王先謙纂　清光緒
八年(1882)長沙王氏刻本　六冊

110000－3162－0004390　古61/21

山左古文抄八卷　（清）李景嶧　（清）劉鴻翔
輯　清道光八年(1828)刻本　八冊

110000－3162－0004391　古61/22

涵芬樓古今文抄一百卷　吳曾祺編　清宣統
二年(1910)商務印書館鉛印本　一百冊

110000－3162－0004392　古61/23

靜逸軒古文讀本不分卷　（□）□□撰　清舊
抄本　一冊

110000－3162－0004393　古61/24

古文讀本不分卷　（□）□□撰　清舊抄本
三冊

110000－3162－0004394　古61/28

範家集略不分卷　（清）秦坊輯　清刻本
一冊

110000－3162－0004395　古61/29

春秋戰國文選十三卷　（明）李國祥撰　明萬
曆四十年(1612)刻本　十四冊

110000－3162－0004396　古61/30

古文舊抄不分卷　（□）□□輯　清舊抄本
一冊

110000－3162－0004397　古61/31

古文釋義新編八卷　（清）余誠譯注　清宣統
二年(1910)有益堂刻本　八冊

110000－3162－0004398　古61/33

六朝文潔四卷　（清）許槤評選　清光緒三年
(1877)刻本　一冊

110000－3162－0004399　古61/33.1

六朝文潔四卷　（清）許槤評選　清道光五年
(1825)享金寶石齋刻本　二冊

110000－3162－0004400　古61/36

古文不分卷　（□）□□輯　清舊抄本　一冊

110000－3162－0004401　古61/37

史論選本不分卷　（□）□□選　清舊抄本
一冊

110000－3162－0004402　古61/40

詳注國文選不分卷　（清）高步瀛編注　清石
印本　二冊

110000－3162－0004403　古61/41

融冰古文讀本六卷　（□）□□撰　清舊抄本
三冊　存三卷(一至二、六)

110000－3162－0004404　古61/44

史忠正公文集八卷首一卷末一卷　（清）劉質
慧選　清同治十二年(1873)述荊堂刻本
四冊

110000－3162－0004405　古61/45

唐宋八子百選六卷　（唐）韓愈　（唐）柳宗元
（宋）王安石等著　明抄本　一冊　存二卷
(五至六)

110000－3162－0004406　古61/47

桐閣經世文要六卷　（清）李元春評輯　清來
鹿堂刻本　五冊　存五卷(二至六)

110000－3162－0004407　古61/48

文選集腋六卷　（清）胥斌纂輯　清嘉慶二十
一年(1816)聚錦書屋刻本　四冊

110000－3162－0004408　古611/1

離騷集傳一卷　（清）錢杲之集傳　清光緒三年(1877)湖北崇文書局刻本　一冊

110000－3162－0004409　古612/1

西漢文選四卷　（清）儲欣評　清光緒九年(1883)靜遠堂刻本　四冊

110000－3162－0004410　古612/5

東方大中集不分卷　（漢）東方朔著　（明）張溥閱　明刻本　一冊

110000－3162－0004411　古613/1

昭明文選六十卷　（唐）李善注　清同治八年(1869)湖北崇文書局刻本　二十四冊

110000－3162－0004412　古613/1.1

昭明文選六十卷　（唐）李善注　清光緒二十二年(1896)書業德刻本　二十四冊

110000－3162－0004413　古613/1.2

梁昭明文選六臣全注六十卷　（唐）李善注　清乾隆二十六年(1761)汲古閣校訂文盛堂刻本　十六冊

110000－3162－0004414　古613/3

忠武侯諸葛孔明先生全集六卷　（清）張澍纂輯　漢丞相諸葛忠武侯列傳一卷　（清）張栻重修　清同治元年(1862)聚珍齋刻本　六冊

110000－3162－0004415　古613/3.1－1

諸葛忠武侯故事五卷　（清）張澍纂輯　清光緒三十四年(1908)刻本　三冊

110000－3162－0004416　古613/3.1－2

諸葛忠武侯故事五卷　（清）張澍纂輯　清光緒三十四年(1908)刻本　三冊

110000－3162－0004417　古614/2

劉賓客文集三十卷　（唐）劉禹錫撰　清刻本　八冊

110000－3162－0004418　古614/3

李衛公集三十四卷補遺一卷　（清）鄭亞輯　清刻本　十冊

110000－3162－0004419　古614/4

昌黎文式二卷　（元）程端禮撰　清康熙抄本

二冊

110000－3162－0004420　古614/5

柳州全集四卷　（□）孫琮手評　清廣益書局石印本　四冊

110000－3162－0004421　古614/6

韓文讀本不分卷　（□）□□選　清舊抄本　二冊

110000－3162－0004422　古614/7

韓文公文抄十六卷　（明）茅坤著　明萬曆七年(1579)刻本　六冊

110000－3162－0004423　古614/8

駱賓王文集十卷　（唐）駱賓王撰　清嘉慶二十一年(1816)石研齋刻本　一冊

110000－3162－0004424　古614/11

唐柳河東集十六卷　（明）蔣之翹輯注　清刻本　四冊

110000－3162－0004425　古614/12

唐陸宣公集二十二卷　（唐）權德輿撰　唐陸宣公增集二卷　（清）耆英輯　清雍正元年至道光二十六年(1723－1846)刻本　八冊

110000－3162－0004426　古6142/1

陳伯玉文詩集五卷附錄二卷　（唐）陳子昂撰　清道光二十二年(1842)刻本　四冊

110000－3162－0004427　古615/1

宋忠獻韓魏王安陽集六十卷　（清）黃邦寧重修　清乾隆三十五年(1770)畫錦堂刻本　十冊

110000－3162－0004428　古615/2

盱江先生全集三十七卷首一卷附三卷　（宋）李覯著　清赤溪書屋刻本　八冊

110000－3162－0004429　古615/4

重刊嘉祐集十五卷　（宋）蘇洵著　明嘉靖十一年(1532)刻本　六冊

110000－3162－0004430　古615/4.1

嘉祐集選不分卷　（宋）蘇洵著　（明）趙南星選輯　明天啓元年(1621)刻本　一冊

110000 – 3162 – 0004431　古 615/5

隆平集二十卷　（宋）趙孟旦等編　清刻本
六冊

110000 – 3162 – 0004432　古 615/6

文山先生全集十六卷首一卷　（宋）文天祥著
清道光二十五年(1845)延鹿堂刻本　十冊
存十五卷(一至十五)

110000 – 3162 – 0004433　古 615/6.1

宋文丞相全集十六卷　（宋）文從偉等編　清
道光二十三年(1843)文氏五桂堂刻本　八冊

110000 – 3162 – 0004434　古 615/6.2

廬陵文丞相全集十六卷　（宋）文天祥撰
(清)孫克漢編輯　清道光十年(1830)榮秩堂
刻本　十二冊

110000 – 3162 – 0004435　古 615/6.3

文信國公集二十卷首一卷　（宋）文天祥著
清景萊書室刻本　十六冊

110000 – 3162 – 0004436　古 615/7

周益國文忠公全集二百四卷首一卷　（宋）周
必大撰輯　清道光二十八年(1848)刻咸豐元
年(1851)刻本　四十冊

110000 – 3162 – 0004437　古 615/9

石徂徠集二十卷末一卷　（宋）石介撰　清光
緒十年(1884)濰縣張氏尚志堂刻本　四冊

110000 – 3162 – 0004438　古 615/10

勤齋集八卷　（元）蕭□撰　清舊抄本　二冊

110000 – 3162 – 0004439　古 615/13

游定夫先生集六卷首一卷末一卷　（宋）萬宗
誠著　清同治六年(1867)和州官舍刻本
二冊

110000 – 3162 – 0004440　古 615/17

忠義集七卷　（元）劉壎撰　明弘治五年
(1492)汲古閣刻本　二冊

110000 – 3162 – 0004441　古 615/18

牧庵集三十六卷附錄一卷　（元）姚燧撰　清
武英殿聚珍刻本　八冊

110000 – 3162 – 0004442　古 615/20

宋氏民錄十五卷　（明）程敏政輯　清順治十
一年(1654)刻本　三冊

110000 – 3162 – 0004443　古 615/21

張文忠公忠告全書三卷　（元）張養浩著　清
道光三十年(1850)徐澤醇會文齋刻本　一冊

110000 – 3162 – 0004444　古 615/23

歐陽先生文粹二十卷　（宋）陳亮輯　歐陽先
生遺粹十卷　（明）郭雲鵬輯　明嘉靖二十六
年(1547)刻本　十四冊

110000 – 3162 – 0004445　古 615/24

貞素齋集八卷　（明）舒頓著　（明）蔡學諭編
輯　清舊抄本　二冊

110000 – 3162 – 0004446　古 615/25

秋浦雙忠錄四十卷　劉世珩彙編　清光緒二
十八年(1902)劉氏唐石簃彙刻本　六冊

110000 – 3162 – 0004447　古 615/29

宗忠簡公文集四卷首一卷補遺一卷遺事二卷
（宋）宋宗澤著　（清）劉質慧編輯　清同治
十二年(1873)述荊堂刻本　四冊

110000 – 3162 – 0004448　古 615/30

元遺山先生文選二卷　（金）元好問撰　清道
光刻本　一冊　存一卷(二)

110000 – 3162 – 0004449　古 615/31

司馬文正公文集八十二卷　（宋）司馬光撰
明崇禎元年(1628)山右督學使吳時亮刻本
二十四冊

110000 – 3162 – 0004450　古 615/33

欒城後集二十四卷　（宋）蘇轍著　（明）王執
禮校　明萬曆清夢軒刻本　一冊　存八卷
(一至八)

110000 – 3162 – 0004451　古 616/1

明張文忠公全集四十八卷　（明）張居正撰
清光緒二十七年(1901)紅藤碧樹山館刻本
十六冊

110000 – 3162 – 0004452　古 616/2

楊忠烈公文集十卷補遺一卷表忠錄一卷
(明)楊漣著　（清）楊祖憲　（清）楊祖功等

輯　清同治四年(1865)世美堂刻本　十二冊

110000－3162－0004453　古616/3
鹿忠節公集二十一卷　(明)鹿善繼著　清刻本　六冊

110000－3162－0004454　古616/4
張楊園先生全集不分卷　(明)張履祥纂　清同治九年(1870)山東尚志堂刻本　六冊

110000－3162－0004455　古616/5
盧忠肅公集十二卷首一卷　(明)盧象昇撰　清光緒元年(1875)刻本　八冊

110000－3162－0004456　古616/6
薛文清公行實錄五卷　(明)王鴻編撰　清康熙五十三年(1714)刻本　二冊

110000－3162－0004457　古616/7
譚苑醍醐八卷　(明)楊慎撰　清刻本　四冊

110000－3162－0004458　古616/8
止止堂集五卷　(明)戚繼光撰　清光緒十五年(1889)山東書局刻本　四冊　存四卷(橫槊稿三卷、愚愚稿上)

110000－3162－0004459　古616/10
正氣堂集三十一卷首一卷　(明)俞大猷著　清道光二十四年(1844)味古書屋刻本　十六冊

110000－3162－0004460　古616/11
王文成全書三十八卷　(明)王守仁輯　清刻本　二十四冊

110000－3162－0004461　古616/12
司馬文正公集略三十一卷　(宋)司馬光撰　明嘉靖四年(1525)河東書院呂柟刻本　十冊

110000－3162－0004462　古616/13
增訂智囊集補二十八卷　(明)馮夢龍重輯　清斐齋刻本　十六冊

110000－3162－0004463　古616/14
文山先生全集二十八卷　(明)鄢懋卿編　明嘉靖三十一年(1552)刻本　十四冊

110000－3162－0004464　古616/15

左忠毅公集三卷　(明)左光斗撰　**左侍御公集一卷**　(明)左光先撰　清康熙元年(1662)刻本　四冊

110000－3162－0004465　古616/16－1
金忠節公集八卷　(明)金聲著　清光緒十四年(1888)黟邑李氏刻本　四冊

110000－3162－0004466　古616/16－2
金忠節公集八卷　(明)金聲著　清光緒十四年(1888)黟邑李氏刻本　四冊

110000－3162－0004467　古616/20
左忠貞公集九卷　(明)左懋弟著　(清)左彤九輯　清乾隆五十八年(1793)刻本　九冊

110000－3162－0004468　古616/21
宗伯集八十一卷　(明)馮琦著　明萬曆三十五年(1607)刻本　二十八冊

110000－3162－0004469　古616/22
石隱園藏稿八卷首一卷　(明)畢自嚴著　清康熙刻本　八冊

110000－3162－0004470　古616/23
明張忠烈公遺集不分卷　(明)張同敞著　(清)孔自來訂選　清光緒二十七年(1901)荊州刻本　一冊

110000－3162－0004471　古616/24
樓山堂集二十六卷末一卷　(明)吳應箕著　清光緒六年(1880)暫園刻本　八冊

110000－3162－0004472　古616/25
宋祠部集六卷　(明)宋延平著　明萬曆三年(1575)刻本　四冊

110000－3162－0004473　古616/26
韓苑洛全集二十二卷　(明)韓苑洛(邦奇)撰　清道光八年(1828)朝邑縣西河書院刻本　十冊

110000－3162－0004474　古616/27
弇山堂別集一百卷　(明)王世貞著　清廣雅書局仿明萬曆十八年(1590)刻本　二十冊

110000－3162－0004475　古616/28
茌平三先生合刻二十卷　(明)張後覺等著

清道光十六年至十八年（1836－1838）刻本
六冊

110000－3162－0004476　古616/29
楊忠湣公集五卷首一卷末一卷　（明）楊繼盛
撰　清同治七年（1868）楚醴景萊書室刻本
四冊

110000－3162－0004477　古616/30
亭林先生餘集不分卷　（清）顧炎武著　清光
緒二年（1876）誦芬樓校刻本　一冊

110000－3162－0004478　古616/32
至性文章一卷　（明）周如砥著　清光緒五年
（1879）刻本　一冊

110000－3162－0004479　古616/33
覺思編四卷首一卷　（明）何銳著　清道光三
年（1823）刻本　二冊

110000－3162－0004480　古616/34
夕堂永日緒論二卷南窗漫記一卷　（清）王夫
之撰　清同治九年（1870）金陵刻本　一冊

110000－3162－0004481　古616/35
邵子湘全集三十卷　（明）邵長蘅纂　清康熙
三十四年（1695）青門草堂刻本　十二冊

110000－3162－0004482　古616/36
明文選牘不分卷　（清）柳泉先生錄選　清光
緒二十五年（1899）抄本　一冊

110000－3162－0004483　古616/37
深濾論一卷　（明）方孝孺撰　清舊抄本
一冊

110000－3162－0004484　古616/40
鍾伯敬全集十一卷　（明）陸雲龍評定　明崇
禎九年（1636）刻本　六冊

110000－3162－0004485　古616/41
墓志銘三家合刻不分卷　（明）李漁村編　清
刻本　一冊

110000－3162－0004486　古616/42
焚餘摘不分卷　（明）張爾忠撰　清康熙二年
（1663）抄本　一冊

110000－3162－0004487　古616/44－1
熊襄湣公集十卷首一卷　（明）熊廷弼撰　清
同治三年（1864）退補齋刻本　十冊

110000－3162－0004488　古616/44－2
熊襄湣公集十卷首一卷　（明）熊廷弼撰　清
同治三年（1864）退補齋刻本　十冊

110000－3162－0004489　古616/45
孫忠靖公遺集八卷首一卷末一卷　（明）孫傳
庭著　清咸豐六年（1856）刻本　八冊

110000－3162－0004490　古616/46
敬亭集十卷補遺一卷　（明）姜采著　清光緒
十五年（1889）山東書局刻本　三冊　存九卷
（一至九）

110000－3162－0004491　古616/47
遜志齋全集七卷首一卷　（明）方孝孺著　清
同治三年（1864）刻本　六冊　存七卷（一至
六、首一卷）

110000－3162－0004492　古616/48
盧忠肅公集十二卷首一卷　（明）盧象昇著
清光緒三十四年（1908）刻本　十二冊

110000－3162－0004493　古616/49
亭林文集六卷亭林餘集一卷　（清）顧炎武著
　清乾隆三十八年（1773）山隱居校刻本
四冊

110000－3162－0004494　古616/50
忠敬堂匯錄八卷　（明）胡煜撰　清光緒十三
年（1887）刻本　四冊

110000－3162－0004495　古616/51
海忠介公全集六卷首一卷　（明）海瑞著　清
刻本　三冊

110000－3162－0004496　古616/53
瞿忠宣公文集十卷　（明）瞿式耜著　清光緒
十三年（1887）刻本　四冊

110000－3162－0004497　古616/54
邱文莊公集十卷　（明）邱浚著　清同治十年
（1871）邱氏可繼堂刻本　六冊

110000－3162－0004498　古616/56

陸子遺書七十二卷　（清）陸世儀編　清光緒
二十六年（1900）刻本　二十冊

110000－3162－0004499　古616/58
史忠正公集四卷首一卷末一卷　（明）史可法
撰　清乾隆四十二年（1777）教忠堂刻本
二冊

110000－3162－0004500　古616/58.1－1
史忠正公集四卷首一卷末一卷　（明）史可法
撰　清同治七年（1868）楚醴景萊書室刻本
二冊

110000－3162－0004501　古616/58.1－2
史忠正公集四卷首一卷末一卷　（明）史可法
撰　清同治七年（1868）楚醴景萊書室刻本
二冊

110000－3162－0004502　古617/1
漱石山房詩文集不分卷　（清）孔廣珪著　清
光緒十四年（1888）文友齋刻本　二冊

110000－3162－0004503　古617/2
慎甫文存不分卷　（清）朱文烌著　清光緒十
五年（1889）譚繼洵刻本　一冊

110000－3162－0004504　古617/3
劍虹居詩文集四卷　（清）秦煥著　清光緒三
十一年（1905）刻本　四冊

110000－3162－0004505　古617/5
海豐吳氏文存四卷　（清）吳重熹輯　清宣統
二年（1910）朱刻本　四冊

110000－3162－0004506　古617/6
顧廬文鈔不分卷　（□）□□撰　清勿庵抄本
一冊

110000－3162－0004507　古617/7
心遠堂古文鈔不分卷　（□）□□撰　清抄本
一冊

110000－3162－0004508　古617/8
靜吾齋文鈔不分卷　（□）陳子郅撰　清陳子
郅寫本　一冊

110000－3162－0004509　古617/9
珍執宦文鈔七卷詩鈔二卷　（清）莊述祖撰

清脊令舫刻本　四冊

110000－3162－0004510　古617/10
悅軒文鈔二卷　鞠濂著　清宣統二年（1910）
海隅山館刻本　二冊

110000－3162－0004511　古617/11
三壬文鈔不分卷　（清）王寧焯著　清嘉慶二
十二年（1817）抄本　一冊

110000－3162－0004512　古617/14
宋景濂文鈔不分卷　（□）□□撰　清抄本
一冊

110000－3162－0004513　古617/15
國朝二十四家文鈔不分卷　（□）□□撰　清
抄本　八冊

110000－3162－0004514　古617/16
紉香草堂文鈔不分卷　（清）李廷榮著　清同
治十年（1871）刻本　一冊

110000－3162－0004515　古617/17
張山農先生文鈔不分卷　（清）張謙宜著　清
抄本　一冊

110000－3162－0004516　古617/18
江忠烈公遺集二卷　（清）江忠源著　江忠烈
公附錄一卷　（清）曾國藩撰　江忠烈公行狀
一卷　（清）巴圖魯撰　清同治三年（1864）四
川刻本　二冊

110000－3162－0004517　古617/19
半可集備存不分卷　（清）戴廷栻著　清光緒
二十年（1894）雲文齋石印本　二冊

110000－3162－0004518　古617/20
顯志堂稿十二卷　（清）馮桂芬著　清光緒二
年（1876）校邠廬刻本　六冊

110000－3162－0004519　古617/21
晦明軒稿不分卷　楊守敬著　清光緒二十七
年至三十三年（1901－1907）刻本　二冊

110000－3162－0004520　古617/22
滄江稿八卷　金澤榮著　清宣統三年（1911）
江蘇通州翰墨林書局鉛印本　四冊

205

110000－3162－0004521　　古617/23

尊聞錄初稿二卷　（清）王應昌著　清同治九年(1870)成都刻本　二冊

110000－3162－0004522　　古617/24

榕村文集八卷　（清）李光地撰　清乾隆元年(1736)刻本　四冊

110000－3162－0004523　　古617/25

德蔭堂集十六卷首一卷　（清）阿克敦撰　清嘉慶二十一年(1816)刻本　四冊

110000－3162－0004524　　古617/26

石泉書屋類稿八卷　（清）李佐賢撰　清同治十年(1871)利津李氏刻本　四冊

110000－3162－0004525　　古617/27

腕香村會稿八卷　（清）郭綏之著　清咸豐十一年(1861)刻本　一冊

110000－3162－0004526　　古617/30

文貞公集十二卷首一卷　（清）張玉書著　清光緒二十七年(1901)刻本　十二冊

110000－3162－0004527　　古617/31

孫文定公全集十二卷　（清）孫廷銓纂　清順治九年至康熙十七年(1652－1678)師儉堂刻本　九冊

110000－3162－0004528　　古617/34

石堂全集十卷石堂近集一卷　（清）泰山祖珍禪師著　清道光十年(1830)普照寺刻本　五冊

110000－3162－0004529　　古617/35

胡文忠公遺集十卷首一卷　（清）胡林翼撰　清同治七年(1868)醉六堂刻本　八冊

110000－3162－0004530　　古617/36

木鐸集三十六卷　（清）時中堂彙編　清光緒二十年(1894)時中堂刻本　三十六冊

110000－3162－0004531　　古617/37

移芝室全集二十卷首一卷外集一卷　（清）閻鎮珩輯　清光緒十一年(1885)刻本　十二冊

110000－3162－0004532　　古617/38

吳文節公遺集八十卷　（清）吳養原編　清咸豐七年(1857)刻本　十六冊

110000－3162－0004533　　古617/38.1

吳文節公遺集八十卷　（清）吳養原編　清咸豐七年(1857)刻本　十六冊

110000－3162－0004534　　古617/39

胡文忠公遺集八十六卷首一卷　（清）鄭敦謹（清）曾國荃編輯　清同治六年(1867)刻本　三十二冊

110000－3162－0004535　　古617/40

伯平先生集十四卷　（清）單爲鏓著　清同治四年(1865)刻本　十二冊

110000－3162－0004536　　古617/42

中山文鈔十四卷首一卷　（清）郝浴著　清刻本　八冊

110000－3162－0004537　　古617/43

西澗草堂詩文集八卷　（清）閻循觀著　清乾隆三十七年至三十八年(1772－1773)樹滋堂刻本　六冊

110000－3162－0004538　　古617/44

理堂詩文集二十二卷外集一卷附錄一卷（清）韓夢周著　清道光四年(1824)靜恒書屋刻本　九冊

110000－3162－0004539　　古617/45

秋根書室詩文全集十四卷西徵集一卷西行記程二卷　（清）孟傳鑄著　清宣統二年(1910)綠野草堂刻本　八冊

110000－3162－0004540　　古617/46

飴山文集十二卷附錄一卷詩集二十卷談龍錄一卷禮俗權衡二卷　（清）趙執信撰　清乾隆三十九年(1774)因園刻本　十冊

110000－3162－0004541　　古617/47

庸庵全集二十一卷　（清）薛福成著　清光緒二十二年至二十三年(1896－1897)上海醉六堂石印本　十二冊

110000－3162－0004542　　古617/48

鹿洲全集四十六卷　（清）藍鼎元著　清雍正

八年(1730)刻本　二十六冊

110000－3162－0004543　古 617/48.1
鹿洲全集四十三卷　（清）藍鼎元著　清光緒
刻本　二十四冊

110000－3162－0004544　古 617/49
縵雅堂駢體文八卷　（清）王詒壽著　清光緒
七年(1881)刻本　四冊

110000－3162－0004545　古 617/50
玉磑集十五卷　（清）安致遠撰　清同治二年
(1863)自鉏園刻本　六冊

110000－3162－0004546　古 617/51
衍石齋記事稿十卷　（清）錢儀吉著　清道光
十四年(1834)刻本　五冊

110000－3162－0004547　古 617/52
請息齋未定稿不分卷　（清）□□撰　清光緒
二十四年(1898)刻本　二冊

110000－3162－0004548　古 617/53
悍是齋存稿五種十卷　喻長霖著　清宣統元
年(1909)鉛印本　六冊

110000－3162－0004549　古 617/55－1
聊複集三卷　（清）郭綏之著　清同治六年
(1867)刻本　一冊

110000－3162－0004550　古 617/55－2
聊複集三卷　（清）郭綏之著　清同治六年
(1867)刻本　一冊

110000－3162－0004551　古 617/55－3
聊複集三卷　（清）郭綏之著　清同治六年
(1867)刻本　一冊

110000－3162－0004552　古 617/55－4
聊複集三卷　（清）郭綏之著　清同治六年
(1867)刻本　一冊

110000－3162－0004553　古 617/57
百柱堂全集五十三卷附錄二卷　（清）王柏心
著　清光緒二十四年(1898)貴陽成山唐氏刻
本　二十冊

110000－3162－0004554　古 617/58

渠亭山人半部稿四種　（清）張貞撰　清康熙
二十四年至四十九年(1685－1710)刻本
八冊

110000－3162－0004555　古 617/59
漁洋山人文略十四卷　（清）王士禎撰　清康
熙三十四年(1695)刻本　五冊

110000－3162－0004556　古 617/61
知止堂集十三卷續集六卷外集六卷　（清）黃
恩彤撰　清光緒六年(1880)刻本　六冊

110000－3162－0004557　古 617/62
湛園未定稿六卷　（清）姜西溟著　清刻本
三冊

110000－3162－0004558　古 617/63
過廬遺文不分卷　（清）單銘著　清道光元年
(1821)刻本　一冊

110000－3162－0004559　古 617/64
安雅堂未刻稿九卷　（清）宋琬著　清乾隆三
十一年(1766)刻本　十冊

110000－3162－0004560　古 617/67－1
養知書屋全集五十五卷　（清）郭嵩燾著　清
光緒十八年(1892)刻本　二十八冊

110000－3162－0004561　古 617/67－2
養知書屋全集五十五卷　（清）郭嵩燾著　清
光緒十八年(1892)刻本　二十八冊

110000－3162－0004562　古 617/69
嘉懿集初續鈔八卷　（清）高塘編　清乾隆五
十四年(1789)刻本　八冊

110000－3162－0004563　古 617/71
崇雅堂集十五卷　（清）鍾羽正著　清光緒三
十三年(1907)鍾氏家塾刻本　四冊

110000－3162－0004564　古 617/72
寒支初集八卷　（清）李世熊著　清道光八年
(1828)刻本　七冊　存七卷(一至七)

110000－3162－0004565　古 617/73
浮山集十五卷　（清）趙作舟著　（清）趙樹濚
編　（清）王樗纂輯　清康熙五十二年(1713)
文喜堂刻本　八冊

110000－3162－0004566　古617/74

戴南山全集十四卷首一卷補遺三卷　（清）戴潛虛著　清光緒七年（1881）上海文瑞樓石印本　六冊

110000－3162－0004567　古617/75

遜學齋文鈔十二卷首一卷續鈔五卷　（清）孫衣言撰　清同治十二年（1873）刻本　八冊

110000－3162－0004568　古617/76

涉園文存四卷　（清）韓景成著　清同治十二年（1873）植荊堂刻本　二冊

110000－3162－0004569　古617/77

忠烈朱公遺稿不分卷　（清）朱廷煥著　清康熙二十六年（1687）刻本　四冊

110000－3162－0004570　古617/78

青可軒稾稿不分卷　（□）□□撰　清抄本　一冊

110000－3162－0004571　古617/79

坦室遺文不分卷　（清）李文桂著　清同治十三年（1874）利津李氏刻本　一冊

110000－3162－0004572　古617/80

王太常集二卷　（清）王汧撰　清光緒八年（1882）成都府刻本　一冊

110000－3162－0004573　古617/81

蒼筤初集二十一卷畚塘芻論四卷河防記畧二卷　（清）孫鼎臣著　清咸豐五年至九年（1855－1859）刻本　十冊

110000－3162－0004574　古617/82

敝帚文存二卷　（清）黃來麟著　清同治十一年（1872）見月堂刻本　二冊

110000－3162－0004575　古617/83

白雲村文集四卷　（清）李澄中著　清康熙三十八年（1699）刻本　一冊　存二卷（一至二）

110000－3162－0004576　古617/84

樹筆堂遺稿不分卷　（清）于其珋著　清康熙五十二年（1713）刻本　一冊

110000－3162－0004577　古617/85－1

安雅堂文集二卷　（清）宋琬著　清康熙五年（1666）刻本　二冊

110000－3162－0004578　古617/85－2

重刻安雅堂文集二卷　（清）宋琬著　清康熙三十八年（1699）刻本　二冊

110000－3162－0004579　古617/86

膽餘軒集不分卷　（清）孫光祀著　清康熙三十五年（1696）刻本　八冊

110000－3162－0004580　古617/87

蓼村集四卷　（清）王萃撰　清乾隆三十八年（1773）刻本　一冊

110000－3162－0004581　古617/88

鶴徵錄八卷　（清）李集輯　（清）李富孫（清）李遇孫續輯　鶴徵後集十二卷　（清）李富孫　（清）李遇孫輯　清同治十一年（1872）刻本　六冊

110000－3162－0004582　古617/89

杞田集十四卷遺稿一卷　（清）張貞著　清康熙四十九年（1710）春岑閣刻本　四冊

110000－3162－0004583　古617/90

胡嶧陽先生遺書六卷　（清）胡翔瀛著　清咸豐七年（1857）鉛印本　二冊

110000－3162－0004584　古617/91

蔗園古集不分卷　（清）張豐著　清道光三十年（1850）刻本　一冊

110000－3162－0004585　古617/93

公暇墨餘錄存稿不分卷　（清）周鳴鑾著　清同治十年（1871）刻本　一冊

110000－3162－0004586　古617/94

晚學集八卷　（清）桂馥著　清光緒二年（1876）刻本　二冊

110000－3162－0004587　古617/95

翁山文外十六卷　（清）屈大均撰　清宣統二年（1910）上海國學扶輪社鉛印本　四冊

110000－3162－0004588　古617/96

昌樂閻公愉文草不分卷　（□）□□撰　清抄本　一冊

110000－3162－0004589　古617/97

西廬文集四卷補錄一卷　（清）張雋著　清宣統二年(1910)上海國學扶輪社鉛印本　二冊

110000－3162－0004590　古617/98

繭齋論文六卷　（清）張謙宜著　清咸豐四年(1854)刻本　一冊

110000－3162－0004591　古617/102

代農堂文稿八卷　陳繼訓著　清宣統元年(1909)鉛印本　一冊

110000－3162－0004592　古617/103

繩武齋遺稿不分卷　（清）陳成侯著　清咸豐七年(1857)刻本　一冊

110000－3162－0004593　古617/104

甌峰遺稿二卷　（清）何輝寧著　清嘉慶二十年(1815)刻本　一冊

110000－3162－0004594　古617/106

綠野齋古文遺集不分卷　（清）劉次百著　清道光二十八年(1848)抄本　一冊

110000－3162－0004595　古617/109

書岩文稿不分卷　（清）楊峒著　清抄本　一冊

110000－3162－0004596　古617/110

蔾乘初集蔾乘二集不分卷　（清）劉以貴著　清同治十三年(1874)刻本　二冊

110000－3162－0004597　古617/111

翰林學士集一卷　（清）陳田輯　清光緒十九年(1893)影貴陽陳氏刊唐卷子本　一冊

110000－3162－0004598　古617/112

郭子嘉先生遺著三種不分卷　（□）郭麟著　清抄本　一冊

110000－3162－0004599　古617/113

楓南山館遺集七卷末一卷　（清）莊受祺著　清光緒元年(1875)刻本　二冊

110000－3162－0004600　古617/114

嚴叔敏遺文不分卷　（清）嚴叔敏著　清光緒二十八年(1902)天津開文局石印本　一冊

110000－3162－0004601　古617/115

二曲全集二十六卷　（清）李顒著　清康熙四十四年(1705)湘陰奎樓蔣氏小嫏嬛山館刻本　六冊

110000－3162－0004602　古617/116

文徵四卷　（清）艮思著　清光緒三十年(1904)刻本　四冊

110000－3162－0004603　古617/117

劍間齋遺集不分卷　（清）陳瀚　（清）郭嵩燾撰　清宣統二年(1910)刻本　一冊

110000－3162－0004604　古617/119

御覽集四卷　（清）李士錀撰　清光緒二十八年(1902)鉛印本　二冊

110000－3162－0004605　古617/120

板橋全集五卷　（清）鄭燮著　清光緒十八年(1892)上海積山書局石印本　一冊

110000－3162－0004606　古617/122

止齋文鈔二卷　（清）馬福安撰　清同治七年(1868)學海堂刻本　一冊

110000－3162－0004607　古617/125

奉萱草堂文續集不分卷　（清）單爲鏓著　清同治十一年(1872)刻本　一冊

110000－3162－0004608　古617/126

六慎齋文存四卷　（清）徐金銘撰　清光緒十五年(1889)刻本　四冊

110000－3162－0004609　古617/127

迂齋學古編四卷　（清）法坤宏編　清乾隆三十九年(1774)海上廬刻本　一冊

110000－3162－0004610　古617/128

半奎樓集八卷　（清）丁岜著　清咸豐二年(1852)仁附堂刻本　二冊

110000－3162－0004611　古617/129

致和堂古文稿不分卷　（清）魏森長著　清抄本　一冊

110000－3162－0004612　古617/131

經世文鈔不分卷　（清）濟南彙報館編輯　清光緒二十九年(1903)濟南彙報館鉛印本

一冊

110000－3162－0004613　古 617/133

蔾乘集二卷　（清）劉以貴著　清抄本　一冊

110000－3162－0004614　古 617/134

式訓集十六卷　（清）張柏恒著　清道光二十一年(1841)式訓堂刻本　四冊

110000－3162－0004615　古 617/136

蘇門集不分卷　（清）傅廷蘭著　清同治元年(1862)抄本　一冊

110000－3162－0004616　古 617/137

織齋史傳集二卷　（清）李象先著　清抄本二冊

110000－3162－0004617　古 617/138

理堂先生外集五卷　（清）韓夢周著　清抄本一冊

110000－3162－0004618　古 617/139

未灰齋文集八卷外集一卷　（清）徐鼒著　清咸豐十一年(1861)刻本　四冊

110000－3162－0004619　古 617/141

世忠堂文集　（清）鄒鳴鶴著　清咸豐二年(1852)刻本　一冊

110000－3162－0004620　古 617/142

山左續古文鈔二卷　（清）□□撰　清抄本二冊

110000－3162－0004621　古 617/144

即墨蘭氏文鈔不分卷　（清）□□撰　清抄本一冊

110000－3162－0004622　古 617/145

即墨縣黃氏藝文匯鈔不分卷　（清）黃嘉善等撰　清抄本　一冊

110000－3162－0004623　古 617/146－1

訟過書屋文鈔不分卷　（清）侯相芝著　清光緒十六年(1890)刻本　一冊

110000－3162－0004624　古 617/146－2

訟過書屋文鈔不分卷　（清）侯相芝著　清光緒十六年(1890)刻本　一冊

110000－3162－0004625　古 617/147

密崖文鈔二卷　（清）張香海著　清咸豐五年(1855)刻本　一冊

110000－3162－0004626　古 617/148

魏昭士文集十卷　（清）魏世效著　清易堂刻本　四冊

110000－3162－0004627　古 617/149.1

小灡草堂文集不分卷　（清）牟願相著　清咸豐三年(1853)牟氏刻本　一冊

110000－3162－0004628　古 617/150

賡縵堂文集一卷　（清）何彤雲著　清刻本一冊

110000－3162－0004629　古 617/151

惜餘軒文集四卷首二卷末二卷　（清）董錦章著　清光緒二十九年(1903)刻本　四冊

110000－3162－0004630　古 617/152

職齋文集八卷　（清）李煥章著　清光緒十三年(1887)尚志堂刻本　二冊

110000－3162－0004631　古 617/154

春酒堂文集不分卷　（清）周容著　清宣統二年(1910)上海國學扶輪社鉛印本　一冊

110000－3162－0004632　古 617/155－1

韓齋文集四卷　（清）孔繡山著　清咸豐刻本二冊

110000－3162－0004633　古 617/155－2

對嶽樓詩續錄四卷　（清）孔憲彝著　清咸豐七年(1857)刻本　二冊

110000－3162－0004634　古 617/156

胡天游文集五卷補遺一卷　（清）胡天遊著　清宣統元年(1909)國學扶輪社鉛印本　四冊

110000－3162－0004635　古 617/160

玉礎集四卷　（清）安致遠撰　清康熙三十七年(1698)刻本　二冊

110000－3162－0004636　古 617/161

蒿庵集三卷附錄一卷　（清）張爾岐著　清乾隆三十八年(1773)聽泉齋刻本　一冊

110000－3162－0004637　古 617/162

曉園文集四卷　（清）宋璉著　（清）李本淳選錄　清康熙六十年(1721)抄本　四冊

110000－3162－0004638　古 617/163

湘綺樓文集八卷　王闓運撰　清光緒二十六年(1900)烝陽刻本　四冊

110000－3162－0004639　古 617/164

慊齋文集九卷　（清）高如岱編　清嘉慶五年(1800)刻本　三冊

110000－3162－0004640　古 617/165

綠野齋文集四卷　（清）劉鴻翺著　清道光七年(1827)同懷堂刻本　四冊

110000－3162－0004641　古 617/167

青溪文集十二卷　（清）程廷祚著　清道光十七年(1837)東山草堂刻本　六冊

110000－3162－0004642　古 617/168

無爲齋文集十二卷續集六卷　（清）張昭潛著　清光緒四年至二十六年(1878－1900)刻本　四冊

110000－3162－0004643　古 617/169

思益軒文集十二卷　（清）傅丙鑑著　清抄本　六冊

110000－3162－0004644　古 617/170

理堂文集不分卷　（清）韓夢周著　清嘉慶十八年(1813)抄本　五冊

110000－3162－0004645　古 617/171

春在堂雜文纂一卷　（清）俞樾撰　清咸豐抄本　一冊

110000－3162－0004646　古 617/172

震庵外集一卷　（清）劉德臨輯　清道光二十七年(1847)刻本　一冊

110000－3162－0004647　古 617/173

督揚疏草一卷　（清）黃宰良著　清刻本　一冊

110000－3162－0004648　古 617/174

讒書五卷跋一卷　（清）羅隱著　清嘉慶十二年(1807)刻本　二冊

110000－3162－0004649　古 617/175

思綺堂文集十卷　（清）章藻功撰　清康熙元年(1662)善成堂刻本　二十冊

110000－3162－0004650　古 617/176

孟雲浦先生集八卷　（明）孟化鯉著　清抄本　二冊

110000－3162－0004651　古 617/177

藝風堂文集七卷外篇一卷　繆荃孫著　清光緒二十七年(1901)刻本　四冊

110000－3162－0004652　古 617/178

友琴山房文草內集六卷　（清）友琴山房主人著　清光緒三十一年(1905)友琴山房石印本　四冊　存五卷(一、三至六)

110000－3162－0004653　古 617/179

志古編不分卷　（清）侯登岸著　清抄本　一冊

110000－3162－0004654　古 617/180

張靖達公雜著不分卷　（清）張樹聲撰　清宣統二年(1910)武昌刻本　一冊

110000－3162－0004655　古 617/181

鄖陽郡縣各工碑記不分卷　（□）□□撰　清刻本　一冊

110000－3162－0004656　古 617/182

瀏陽二傑遺文二卷　（清）譚復生(嗣同)著　（清）唐才常著　清鉛印本　一冊

110000－3162－0004657　古 617/183

孫先生遺書七卷　（清）孫雲錦著　孫孟平輯錄　清宣統二年(1910)鉛印本　二冊

110000－3162－0004658　古 617/184

籀經堂類稿二十四卷　（清）陳慶鏞撰　（清）何秋濤原編　（清）陳榮仁重編　陳氏韶舞樂疊通釋二篇　（清）陳慶鏞撰　清光緒九年(1883)刻本　十二冊

110000－3162－0004659　古 617/185

邁堂文略四卷　（清）李祖陶著　清同治四年(1865)刻本　四冊

110000－3162－0004660　古 617/186－1

周武壯公遺書九卷首一卷外集三卷別集一卷附錄一卷　（清）周盛傳著　（清）周家駒編　清光緒三十一年（1905）金陵刻本　十冊

110000－3162－0004661　古617/186－2

周武壯公遺書九卷首一卷外集三卷別集一卷附錄一卷　（清）周盛傳著　（清）周家駒編　清光緒三十一年（1905）金陵刻本　十冊

110000－3162－0004662　古617/187

左文襄公全集一百十一卷　（清）左宗棠撰　清光緒十六年（1890）刻本　一百十四冊

110000－3162－0004663　古617/189

六齋文存不分卷　（清）丁善寶著　（清）孫錫田輯　清宣統二年（1910）抄本　一冊

110000－3162－0004664　古617/190

黃忠宣公文集十三卷　（明）黃福撰　清舊抄本　七冊

110000－3162－0004665　古617/191

高太史文集十三卷　（清）高熙喆著　清光緒三十三年（1907）刻本　十四冊

110000－3162－0004666　古617/192

文獻徵存錄十卷　（清）錢林輯　（清）王藻編　清咸豐八年（1858）有嘉樹軒刻本　十冊

110000－3162－0004667　古617/193

傅忠毅公全集八卷首一卷　（清）傅宏烈著　清咸豐元年（1851）刻本　四冊

110000－3162－0004668　古617/194

御製文第三集二十卷　清康熙刻本　十冊

110000－3162－0004669　古617/195

義圖傳家集十二卷首一卷　（清）周清原編輯　清康熙四十二年（1703）刻本　十冊

110000－3162－0004670　古617/197

椒山集不分卷　（明）□□撰　清抄本　一冊

110000－3162－0004671　古617/198

庸庵全集十四卷　（清）薛福成著　清光緒二十三年（1897）湖南新學書局刻光緒二十四年（1898）時宜書局刻本　十二冊　存十三卷（文編一至三、海外文編一至四、外編一至四、

續編上至下）

110000－3162－0004672　古617/198.1

庸庵全集二十一卷　（清）薛福成著　清光緒二十三年（1897）上海醉六堂石印本　十二冊

110000－3162－0004673　古617/200

平定雜記一卷　（清）陶易等撰　清刻本　一冊

110000－3162－0004674　古617/201

種德堂遺稿四卷　（清）孫必振著　清刻本　二冊

110000－3162－0004675　古617/202

柴村文集十二卷自藥一卷　（清）邱志廣著　清雍正四年（1726）刻本　六冊

110000－3162－0004676　古617/203

檜月山房不分卷　（清）黃來晨著　清刻本　一冊

110000－3162－0004677　古617/204

關侯文翰故事八卷末一卷　（清）□□編　清咸豐九年（1859）觀鑒廬刻本　二冊

110000－3162－0004678　古617/207

薑齋文集十卷　（清）王夫之著　清同治四年（1865）金陵刻本　一冊

110000－3162－0004679　古617/208

變雅堂文集八卷　（□）□□撰　清刻本　一冊

110000－3162－0004680　古617/209

六一堂文集四卷　（清）李煥然撰　清同治六年（1867）刻本　三冊

110000－3162－0004681　古617/210

壯悔堂文集十卷　（清）侯方域著　清嘉慶十九年（1814）刻本　四冊

110000－3162－0004682　古617/211

藝風堂文續集八卷　繆荃孫撰　清宣統二年（1910）刻本　四冊

110000－3162－0004683　古617/212

方宗伯文集二卷　（清）方宗伯撰　清抄本

二册

110000－3162－0004684　古617/213
煙霞萬古樓文集六卷　（清）王仲瞿著　清道光二十年（1840）刻本　二册

110000－3162－0004685　古617/214
張杞園先生文集摘抄不分卷　（清）張杞園著　清抄本　一册

110000－3162－0004686　古617/215
曾文正公文集三卷　（清）傳忠書局編　清光緒二年（1876）傳忠書局刻本　三册

110000－3162－0004687　古617/216
邱邦士先生文集十七卷首一卷　（清）邱維屏著　清道光十七年（1837）誰謂小齋刻本　五册　存十五卷（一至十四、首一卷）

110000－3162－0004688　古617/217
策軒文編六卷　（清）蔣寶誠著　清宣統元年（1909）刻本　四册

110000－3162－0004689　古617/218
織齋先生文集不分卷　（清）李煥章撰　清抄本　一册

110000－3162－0004690　古617/219
清理歸震川先生墓地碑記不分卷　（清）□□撰　清集賢書局抄本　一册

110000－3162－0004691　古617/220
鴻桷齋文集不分卷　（□）□□撰　清抄本　一册

110000－3162－0004692　古617/221
瀦文鈔外編不分卷　（清）趙煥等撰　清抄本　一册

110000－3162－0004693　古617/222
心白日齋集六卷　（清）尹耕雲著　清光緒十年（1884）刻本　三册

110000－3162－0004694　古617/223
倭文端公遺書十一卷首二卷　（清）倭仁輯　清同治元年（1862）刻本　八册

110000－3162－0004695　古617/225

律賦精腋四卷　（清）葉祺昌評選　清光緒五年（1879）刻本　一册

110000－3162－0004696　古617/226
百宋一廛賦不分卷　（清）顧廣圻撰　（清）黃丕烈注　清石印本　一册

110000－3162－0004697　古617/227
御製文初集二集七十四卷　（清）高宗弘历著　清乾隆二十九年（1764）寫本　三十二册

110000－3162－0004698　古617/228
東征集六卷　（清）藍鼎元撰　清光緒四年（1878）上海申報館鉛印本　二册

110000－3162－0004699　古617/229
織齋文集八卷　（清）李煥章著　清光緒十三年（1887）尚志堂刻本　二册

110000－3162－0004700　古617/230
飲冰室自由書二卷　梁啟超著　清光緒二十八年（1902）清議報館鉛印本　一册

110000－3162－0004701　古617/241
李文清公遺書八卷首一卷　（清）李棠階著　清光緒八年（1882）刻本　二册

110000－3162－0004702　古617/242
存悔堂遺集四卷　（清）韋天寶著　清光緒十五年（1889）桂林楊培文堂刻本　一册

110000－3162－0004703　古617/244
柏心文集不分卷　（清）王柏心著　清宣統元年（1909）抄本　一册

110000－3162－0004704　古617/246
求益齋全集二十卷　（清）強汝詢著　清光緒二十四年（1898）江蘇書局刻本　八册

110000－3162－0004705　古617/251
沈文忠公集十卷　（清）沈兆霖撰　清同治八年（1869）刻本　四册

110000－3162－0004706　古617/253
曾文正公全集一百六十八卷首一卷　（清）曾國藩著　清光緒二年（1876）傳忠書局刻本　一百二十八册

110000 – 3162 – 0004707　古 617/254

普天忠憤集十四卷首一卷　（清）魯陽生編
清光緒二十一年(1895)石印本　十二冊

110000 – 3162 – 0004708　古 617/256

曾惠敏公全集十七卷　（清）曾紀澤著　清光
緒二十年(1894)上海石印本　四冊

110000 – 3162 – 0004709　古 617/257

童溫處公遺書六卷首一卷　（清）童兆蓉撰
清宣統元年(1909)童氏桂陰書屋刻本　四冊
存五卷(一至二、四至五,首一卷)

110000 – 3162 – 0004710　古 617/258

潘方伯公遺稿六卷　（清）潘學祖　（清）潘延
祖編　清光緒二十二年(1896)都門刻本
六冊

110000 – 3162 – 0004711　古 617/259

李忠武公遺書四卷　（清）李續賓撰　清光緒
十七年(1891)甌江巡署刻本　四冊

110000 – 3162 – 0004712　古 617/260

項城袁氏[世凱]家集六十二卷首四卷　丁振
鐸編輯　清宣統三年(1911)清芬閣鉛印本
五十六冊

110000 – 3162 – 0004713　古 617/261

胡文忠公遺集十卷首一卷　（清）閻敬銘
(清)盛康編輯　清同治三年(1864)刻本　六
冊　存九卷(二至三、五至十,首一卷)

110000 – 3162 – 0004714　古 617/262

曾忠襄公奏議書劄批牘文集[國荃]榮哀錄年
譜六十七卷　（清）曾國荃著　（清）蕭榮爵編
輯　清光緒二十九年(1903)刻本　六十四冊

110000 – 3162 – 0004715　古 617/263

曾文正公[國藩]年譜十二卷（嘉慶十六年至
同治十一年）　（清）李瀚章撰　（清）黎庶昌
編輯　清光緒二年(1876)傳忠書局刻本
六冊

110000 – 3162 – 0004716　古 617/266

劉武慎公遺書二十五卷　（清）劉長佑著　劉
武慎公[長佑]年譜三卷　（清）鄧輔綸

（清）王政慈編　清光緒二十六年(1900)刻本
二十八冊

110000 – 3162 – 0004717　古 617/267

胡文忠公遺集八十六卷　（清）胡林翼著
(清)鄭敦謹　（清）曾國荃編輯　清同治六年
(1867)刻本　三十二冊

110000 – 3162 – 0004718　古 617/268

王壯武公遺集二十四卷　（清）王鑫著　[王
鑫]年譜二卷　（清）羅正鈞撰　清光緒十八
年(1892)江甯王氏刻本　二十六冊

110000 – 3162 – 0004719　古 617/269.011

國朝文匯甲前集二十卷　（清）顧炎武等撰
清宣統元年(1909)上海國學扶輪社石印本
九冊

110000 – 3162 – 0004720　古 617/269.012

國朝文匯甲集六十卷　（清）金之俊等撰　清
宣統元年(1909)上海國學扶輪社石印本　二
十二冊

110000 – 3162 – 0004721　古 617/269.02

國朝文匯乙集七十卷　（清）茅星來等撰　清
宣統元年(1909)上海國學扶輪社石印本　十
二冊　存二十四卷(一至八、二十一至三十
四、四十一至四十二)

110000 – 3162 – 0004722　古 617/269.03

國朝文匯丙集三十卷　（清）湯鵬等撰　清宣
統元年(1909)上海國學扶輪社石印本　十三
冊　存二十六卷(三至十四、十七至三十)

110000 – 3162 – 0004723　古 617/269.04

國朝文匯丁集二十卷　（清）柳以蕃等撰　清
宣統元年(1909)上海國學扶輪社石印本　九
冊　存十八卷(三至二十)

110000 – 3162 – 0004724　古 617/270

賓萌集五卷外集二卷　（清）俞樾撰　清同治
九年(1870)刻本　二冊

110000 – 3162 – 0004725　古 617/271

思冗樓文稿不分卷　（清）羅長裿著　清刻本
一冊

110000－3162－0004726　古617/272

華峰文鈔三卷　（清）華峰著　清宣統鉛印本
一冊

110000－3162－0004727　古617/273

紀慎齋先生全集九十八卷　（清）紀大奎撰
清嘉慶十年至十四年（1805－1809）刻本　四
十八冊

110000－3162－0004728　古617/274

友竹草堂文集不分卷　（清）蔣慶第著　清刻
本　一冊

110000－3162－0004729　古617/275.01

魏伯子文集十卷首一卷　（清）魏際瑞著　清
易堂原版刻本　六冊

110000－3162－0004730　古617/275.02

魏叔子文集二十二卷　（清）魏禧著　清易堂
原版刻本　二十冊

110000－3162－0004731　古617/275.03

魏季子文集十六卷　（清）魏禮著　清易堂原
版刻本　十二冊

110000－3162－0004732　古617/276

梓室文稿六卷　（清）魏世傑著　清易堂原版
刻本　一冊

110000－3162－0004733　古617/277

為穀文稿八卷　（清）魏世尹著　清易堂原版
刻本　三冊

110000－3162－0004734　古62/1

昌黎先生詩集注十一卷　（唐）韓愈撰　清康
熙三十八年（1699）秀野草堂石印本　六冊

110000－3162－0004735　古62/3

感舊集十六卷　（清）王士禎選　（清）盧見曾
補傳　清乾隆十七年（1752）刻本　八冊

110000－3162－0004736　古62/4

山谷先生詩集二十卷別集二卷外集十七卷
（宋）黃庭堅撰　清光緒二十五年（1899）刻本
二十冊

110000－3162－0004737　古62/5

御製全唐詩一百二十卷　（清）曹寅等編纂

清康熙四十六年（1707）刻本　一百二十冊

110000－3162－0004738　古62/6

東武詩存十卷　（清）王賡言纂　清嘉慶二十
五年（1820）墨春園刻本　九冊　存九卷（一
至五、七至十）

110000－3162－0004739　古62/7

餘青園詩集四卷補遺一卷　（清）焦式沖著
（清）邵希曾等選　清嘉慶二十二年（1817）餘
青園刻本　二冊

110000－3162－0004740　古62/8

國朝山左詩續鈔三十二卷　（清）張鵬展纂
清嘉慶十八年（1813）刻本　十六冊

110000－3162－0004741　古62/9

嶺南三大家詩選二十四卷　（清）王隼撰　清
六瑩堂道援堂獨漉堂刻本　八冊

110000－3162－0004742　古62/13

芸館詩草一卷　（清）元道溪著　清咸豐二年
（1852）刻本　一冊

110000－3162－0004743　古62/15

朱梅舫詩話二卷　（清）汪玉珩撰　清乾隆四
十六年（1781）刻本　一冊

110000－3162－0004744　古62/16

皇華吟草一卷　（清）李湘舫撰　清道光十七
年（1837）刻本　一冊

110000－3162－0004745　古62/17

繭齋詩談八卷　（清）張謙宜著　清乾隆二十
三年（1758）刻本　一冊

110000－3162－0004746　古62/18

秋門詩鈔二卷　（清）余正西著　清道光二十
八年（1848）刻本　一冊

110000－3162－0004747　古62/20

冷齋詩鈔不分卷　（清）郭濟遠著　清石印本
二冊

110000－3162－0004748　古62/21

紅藕花榭詩餘一卷　（清）孟傳璿著　清道光
二十四年（1844）刻本（安素堂藏版）　一冊

110000－3162－0004749　古 62/22

郏亭詩稿不分卷　（清）孫樜著　清光緒十七年(1891)刻本　一冊

110000－3162－0004750　古 62/24－1

六齋詩存二卷　（清）丁善寶著　清光緒九年(1883)清勤堂刻本　二冊

110000－3162－0004751　古 62/24－2

六齋詩存二卷　（清）丁善寶著　清光緒九年(1883)清勤堂刻本　二冊

110000－3162－0004752　古 62/24－3

六齋詩存二卷　（清）丁善寶著　清光緒九年(1883)清勤堂刻本　二冊

110000－3162－0004753　古 62/24－4

六齋詩存二卷　（清）丁善寶著　清光緒九年(1883)清勤堂刻本　二冊

110000－3162－0004754　古 62/24－5

六齋詩存二卷　（清）丁善寶著　清光緒九年(1883)清勤堂刻本　二冊

110000－3162－0004755　古 62/24－6

六齋詩存二卷　（清）丁善寶著　清光緒九年(1883)清勤堂刻本　二冊

110000－3162－0004756　古 62/24－7

六齋詩存二卷　（清）丁善寶著　清光緒九年(1883)清勤堂刻本　二冊

110000－3162－0004757　古 62/25

韋蘇州集十卷拾遺一卷　（唐）韋應物撰　韋刺史傳一卷　（宋）沈明達撰　明刻本　四冊

110000－3162－0004758　古 62/26

杜詩詳注二十五卷首一卷附編二卷　（清）仇兆鰲輯注　清康熙三十二年(1693)刻本　十四冊

110000－3162－0004759　古 62/27

國朝山左詩匯鈔三十卷　（清）余正酉輯　清道光三十年(1850)海棠書屋刻本　十五冊

110000－3162－0004760　古 62/28

山左明詩鈔三十五卷　（清）宋弼選　清乾隆三十六年(1771)恩平縣衙刻本　八冊

110000－3162－0004761　古 62/29.1

劍南詩鈔六卷　（宋）陸游著　（清）楊大鶴選　清康熙二十四年(1685)刻本　八冊

110000－3162－0004762　古 62/30

飴山詩集二十卷　（清）趙執信著　清刻本　四冊

110000－3162－0004763　古 62/32

杜詩鈔五卷　（清）鄭杲著　清退耕堂鉛印本　四冊

110000－3162－0004764　古 62/33

杜工部集二十卷首一卷　（唐）杜甫撰　清道光十四年(1834)芸葉庵刻本　十二冊

110000－3162－0004765　古 62/34

五代詩話八卷　（清）王士禎編　清嘉慶五年(1800)上海朝記書莊石印本　四冊

110000－3162－0004766　古 62/35

明末四百家遺民詩十六卷　（清）卓爾堪選輯　近青堂詩一卷　（清）卓爾堪著　清有正書局石印本　八冊

110000－3162－0004767　古 62/36

若仙集唐詩八卷　（清）韓步鼇纂輯　清道光九年至十一年(1829－1831)刻本　八冊

110000－3162－0004768　古 62/37

勞勞亭詩不分卷　（清）陳洪綬　（清）馬士奇選輯　清刻本　一冊

110000－3162－0004769　古 62/38

吉林紀事詩四卷首一卷末一卷　（清）沈兆褆著　清宣統三年(1911)金陵湯明林聚珍書局鉛印本　二冊

110000－3162－0004770　古 62/39

海外吟四卷再來集一卷　（清）李征熊著　清道光六年(1826)後知堂刻本　三冊

110000－3162－0004771　古 62/40

對嶽樓詩續錄四卷　（清）孔憲彝著　清咸豐七年(1857)刻本　一冊

110000－3162－0004772　古 62/41

礦坡草堂詩選不分卷　（清）張梴著　清道光

十年(1830)刻本 一册

110000－3162－0004773 古62/42
硯爐閣詩集五卷 （清）冷玉娟著 清康熙十
六年(1677)刻本 一册

110000－3162－0004774 古62/43
珍執宦詩鈔二卷 （清）莊述祖著 清光緒十
八年(1892)鉛印本 一册

110000－3162－0004775 古62/44
紅蕉館詩鈔不分卷 （清）朱畹著 清道光二
十一年(1841)種竹山房刻本 一册

110000－3162－0004776 古62/45
玉函山房詩集九卷 （清）馬國翰撰 清光緒
十年(1884)刻本 四册

110000－3162－0004777 古62/46
師竹軒詩存不分卷 （清）郭世臣著 清道光
二十一年(1841)刻本 一册

110000－3162－0004778 古62/47
廣雅堂詩集不分卷 （清）張之洞撰 清刻本
一册

110000－3162－0004779 古62/48
松梅菊齋詩存一卷 （清）丁墀著 清光緒六
年(1880)刻本 一册

110000－3162－0004780 古62/49
韻季閣詩草一卷 （清）孔祥淑著 清光緒十
二年(1886)刻本 一册

110000－3162－0004781 古62/50
怡堂散草二卷 （清）李世治著 清嘉慶十四
年(1809)刻本 一册

110000－3162－0004782 古62/51
漁洋山人秋柳詩箋一卷 （清）王士禎著
(清)王祖源輯錄 清同治五年(1866)刻本
一册

110000－3162－0004783 古62/52
樊榭山房集外詩一卷 （清）厲鶚撰 清光緒
十三年(1887)觀自得齋刻本 一册

110000－3162－0004784 古62/53

蕉園詩存不分卷 （清）張豐著 清道光三十
年(1850)刻本 一册

110000－3162－0004785 古62/56
顯青堂雜集不分卷 （清）吳脈暢著 清道光
二十年(1840)柏柳堂刻本 一册

110000－3162－0004786 古62/57
漁洋秋柳詩釋一卷 （清）高在午注 清光緒
十四年(1888)刻本 一册

110000－3162－0004787 古62/58
鳳翔紀事詩存一卷 （清）張兆棟著 清光緒
四年(1878)刻本 一册

110000－3162－0004788 古62/59
嶺南詩集八卷 （清）李文藻著 清刻本
一册

110000－3162－0004789 古62/60
少鶴先生詩鈔十三卷 （清）李憲喬著 清刻
本 一册

110000－3162－0004790 古62/61
家戒詩注釋一卷 （清）金甡著 清道光二十
六年(1846)刻本 一册

110000－3162－0004791 古62/62
馮舍人遺詩六卷 （清）馮廷櫆著 鈍吟集三
卷 （清）馮班著 清光緒三十四年(1908)仿
聚珍版鉛印本 二册

110000－3162－0004792 古62/64
蓼溪詩略二卷 （清）王中孚著 清乾隆三十
年(1765)刻本 二册

110000－3162－0004793 古62/66
曠廬詩集二十卷 （清）白永修著 清光緒二
十九年(1903)膠東亦園刻本 四册

110000－3162－0004794 古62/67－1
三餘書屋詩草不分卷 （清）郭起隆著 清同
治十一年(1872)刻本 一册

110000－3162－0004795 古62/67－2
三餘書屋詩草不分卷 （清）郭起隆著 清同
治十一年(1872)刻本 一册

110000－3162－0004796　古62/69

二南詩續鈔二卷補遺一卷　（清）周樂著　清
道光三十年(1850)紫藤書屋刻本　二冊

110000－3162－0004797　古62/72

果園詩鈔十卷　（清）郭思孚撰　清光緒三十
三年(1907)京都松華齋刻本　二冊

110000－3162－0004798　古62/73

無欲齋詩鈔不分卷　（明）鹿善繼著　清刻本
　一冊

110000－3162－0004799　古62/74

鄖鄉征實詩不分卷　（清）陳翊思著　清咸豐
二年(1852)刻本　一冊

110000－3162－0004800　古62/77

道咸同光四朝詩史一斑錄不分卷補遺一卷
(清)孫雄編輯　清光緒三十四年(1908)油印
本　三冊

110000－3162－0004801　古62/78

道咸同光四朝詩史一斑錄六編　（清）孫雄編
輯　清光緒三十四年(1908)油印本　二冊

110000－3162－0004802　古62/79－1

二家律選不分卷　（清）柯蘅　（清）郭綏之著
　清同治五年(1866)刻本　一冊

110000－3162－0004803　古62/79－2

二家律選不分卷　（清）柯蘅　（清）郭綏之著
　清同治五年(1866)刻本　一冊

110000－3162－0004804　古62/80

廛臺詩草偶存一卷　（清）李征熊著　酒囊詩
草拾遺一卷　（清）李丕基著　南湖草一卷
(清)李征熊撰　清道光二十一年(1841)刻本
　一冊

110000－3162－0004805　古62/81

蕭亭詩集三卷　（清）張實居纂　清康熙三十
二年(1693)刻本　一冊

110000－3162－0004806　古62/82

沚亭自刪詩一卷附琴譜一卷　（清）孫廷銓纂
　清康熙十七年(1678)師儉堂刻本　一冊

110000－3162－0004807　古62/84

澹園詩選八卷　（清）于祉著　清咸豐三年
(1853)刻本　二冊

110000－3162－0004808　古62/85

林文忠公詩集八卷附一卷　（清）林則徐撰
清光緒三十二年(1906)刻本　二冊

110000－3162－0004809　古62/85.1

雲左山房詩鈔八卷附一卷　（清）林則徐著
清光緒十二年(1886)福州雲左山房刻本
二冊

110000－3162－0004810　古62/87

曆下攬勝詩集不分卷　（清）弁一樵輯抄　清
抄本　一冊

110000－3162－0004811　古62/88

蒙拾堂詩草不分卷　（□）□□撰　清光緒二
十三年(1897)抄本　一冊

110000－3162－0004812　古62/89

後湘續集不分卷　（清）姚瑩撰　清抄本
一冊

110000－3162－0004813　古62/90

餐霞集四卷　（清）郭綏之撰　（清）柯蘅選
清同治四年(1865)刻本　一冊

110000－3162－0004814　古62/92

南行吟草不分卷　（清）王應垣著　清道光十
六年(1836)雨夢山房刻本　一冊

110000－3162－0004815　古62/93

靜吾齋詩鈔不分卷　（□）□□撰　清抄本
一冊

110000－3162－0004816　古62/94

張蕉園詩集太璞盧詩稿宋育堂詩稿不分卷
(□)□□輯　清抄本　一冊

110000－3162－0004817　古62/95

李鳳千詩集不分卷　（清）李鳳千撰　清抄本
　一冊

110000－3162－0004818　古62/96

初篁書廬詩草不分卷　（清）宋書升撰　清抄
本　二冊

218

110000－3162－0004819　　古 62/97
宋京卿手書初篁書廬詩草不分卷　（清）宋書
升撰　清抄本　一冊

110000－3162－0004820　　古 62/98
翁筠樓詩鈔不分卷　（□）□□撰　清抄本
一冊

110000－3162－0004821　　古 62/99
范石湖黃山谷兩先生詩鈔不分卷　（宋）范成
大　（宋）黃庭堅撰　清抄本　一冊

110000－3162－0004822　　古 62/100
夷安詩草一卷　（清）趙書奎著　清光緒十五
年(1889)刻本　一冊

110000－3162－0004823　　古 62/101
白雲廬詩四卷　（清）王壽長著　清乾隆八年
(1743)刻本　一冊

110000－3162－0004824　　古 62/106
疑雨集一卷　（清）王彥泓著　清抄本　一冊

110000－3162－0004825　　古 62/107
二客吟詩鈔不分卷　（清）李傳民　（清）李憲
喬著　清抄本　一冊

110000－3162－0004826　　古 62/108
稚筠詩草不分卷　（□）□□撰　清抄本
一冊

110000－3162－0004827　　古 62/111
了葛子詩要秘傳訣一卷　（□）□□撰　清抄
本　一冊

110000－3162－0004828　　古 62/112
獨秀峰題壁不分卷　（□）□□撰　清抄本
一冊

110000－3162－0004829　　古 62/113
始瞻于舉人詩詞草本不分卷　（□）□□撰
清抄本　一冊

110000－3162－0004830　　古 62/114
黃自元殿撰詩存不分卷　（清）黃自元撰　清
抄本　一冊

110000－3162－0004831　　古 62/115

澹亭詩略一卷　（清）林堯英著　清抄本
一冊

110000－3162－0004832　　古 62/116
文石山房詩鈔不分卷　（□）□□撰　清抄本
一冊

110000－3162－0004833　　古 62/117
詩本不分卷　（□）□□撰　清抄本　一冊

110000－3162－0004834　　古 62/118
居易堂未定詩草十卷　（清）高鴻運撰　清光
緒五年(1879)抄本　二冊

110000－3162－0004835　　古 62/119
張春郊詩鈔不分卷　（清）張春郊撰　清抄本
三冊

110000－3162－0004836　　古 62/120
陳邁千詩草不分卷　（清）陳邁千撰　清抄本
一冊

110000－3162－0004837　　古 62/122
臥象山房詩正集七卷　（清）李澄中撰　清康
熙四十四年(1705)刻本　二冊

110000－3162－0004838　　古 62/123
安德明詩選遺一卷　（清）田同之撰　清乾隆
七年(1742)刻本　一冊

110000－3162－0004839　　古 62/124
濰詩鈔不分卷　（□）□□撰　清抄本　一冊

110000－3162－0004840　　古 62/125
史林遺詩不分卷　（清）劉函綱著　清抄本
一冊

110000－3162－0004841　　古 62/126
二州山房詩鈔不分卷　（清）柯劭憼著　清抄
本　一冊

110000－3162－0004842　　古 62/127
怡堂六草六卷　（清）李世治著　清嘉慶十七
年(1812)刻本　一冊

110000－3162－0004843　　古 62/129
海豐吳氏詩存四卷　（清）吳自肅等著　清光
緒十年(1884)刻本　一冊

110000－3162－0004844　古62/132

徵選山左明詩啟一卷　（清）盧見曾撰　清乾隆二十一年(1756)刻本　一冊

110000－3162－0004845　古62/133

舊雨草堂詩稿五卷　（清）董元度撰　清乾隆三十五年(1770)刻本　一冊

110000－3162－0004846　古62/134

理堂詩存四卷　（清）韓夢周著　清乾隆五十九年(1794)刻本　一冊

110000－3162－0004847　古62/135

海岱會集十卷　（明）馮琦編　清抄本　二冊

110000－3162－0004848　古62/136

牧齋初學集詩注四卷　（清）錢曾注　清宣統二年(1910)刻本　四冊

110000－3162－0004849　古62/137

南唐雜事詩不分卷　（清）孫榕著　清光緒二十二年(1896)鉛印本　一冊

110000－3162－0004850　古62/138

濰上詩鈔不分卷　（清）劉掄升著　清抄本　一冊

110000－3162－0004851　古62/143

春雨堂詩選不分卷　（清）柯蘅著　清同治二年(1863)刻本　一冊

110000－3162－0004852　古62/144

太璞盧詩選二卷松香詞鈔一卷　（清）郭去咎著　清道光十二年至十三年(1832－1833)刻本　一冊

110000－3162－0004853　古62/145

古詩選不分卷　（□）李陵等著　清抄本　二冊

110000－3162－0004854　古62/146

唐宋詩選不分卷　（清）□□輯　清抄本　一冊

110000－3162－0004855　古62/147

寒支二集四卷　（清）李世熊著　清道光八年(1828)刻本　四冊

110000－3162－0004856　古62/148

有竹堂詩不分卷　（清）王心清著　清嘉慶十三年(1808)刻本　二冊

110000－3162－0004857　古62/149

新鐫五言千家詩箋注二卷　（清）王相選注　清刻本　一冊

110000－3162－0004858　古62/151

八指頭陀詩集十卷褸文一卷　（清）黃讀山著　清光緒二十四年(1898)刻本　二冊

110000－3162－0004859　古62/152

天籟堂秋蛩吟不分卷　（清）郭磐石著　清道光十九年(1839)刻本　一冊

110000－3162－0004860　古62/155

望三散人感舊集不分卷　（清）郭麟著　清咸豐元年(1851)刻本　一冊

110000－3162－0004861　古62/156

賜和還山吟不分卷　（清）張船山著　清光緒二十年(1894)刻本　一冊

110000－3162－0004862　古62/157

出塞集不分卷　（清）盧見曾著　清乾隆十一年(1746)石印本　一冊

110000－3162－0004863　古62/158

高唐齊音二卷　（清）吳連周著　清道光二十一年(1841)承繼堂刻本　一冊

110000－3162－0004864　古62/159

洛間山人詩鈔十二卷　（清）薛寧廷著　清嘉慶十五年(1810)刻本(樹德堂藏版)　四冊

110000－3162－0004865　古62/160

太古園詩集不分卷　（清）臧振榮著　清刻本　一冊

110000－3162－0004866　古62/161

南藤雅韻集不分卷　（清）王鎮撰　清道光二十二年(1842)刻本　一冊

110000－3162－0004867　古62/162

滄江精華錄四卷　（清）郭綏之著　清光緒十九年(1893)刻本　一冊

110000－3162－0004868　古62/163

王摩詰詩集七卷 （唐）王維撰 （宋）劉辰翁評 明朱墨刻本 三冊

110000－3162－0004869 古62/164

並隴紀程詩不分卷 （清）楊恩元撰 清宣統元年(1909)貴陽文通書局鉛印本 一冊

110000－3162－0004870 古62/166

寸心齋間有詩初集二卷 （清）宋鎬著 清乾隆七年(1742)刻本 一冊 存一卷（一）

110000－3162－0004871 古62/167－1

濰詩採錄四卷 （清）張彤輯 清嘉慶十三年(1808)刻本 二冊

110000－3162－0004872 古62/167－2

濰詩採錄四卷 （清）張彤輯 清嘉慶十三年(1808)刻本 二冊

110000－3162－0004873 古62/168

秋水吟不分卷 （清）瞿哲著 清咸豐十年(1860)刻本 一冊

110000－3162－0004874 古62/169

退耕堂集六卷 徐世昌著 清天津徐氏刻本 一冊

110000－3162－0004875 古62/170

即墨詩乘十二卷 （清）周翕鑌纂輯 清道光二十一年(1841)小峴山房刻本 六冊

110000－3162－0004876 古62/171

測海集六卷 （清）彭紹升著 清嘉慶二十四年(1819)刻同治四年(1865)刻本 二冊

110000－3162－0004877 古62/172

閆雨帆先生研初堂詩原稿不分卷 （清）閆學海著 清閆學海稿本 一冊

110000－3162－0004878 古62/175

□□指南後錄三卷 （□）□□著 清光緒六年(1880)刻本 一冊

110000－3162－0004879 古62/176

唐宋詩選不分卷 （□）□□著 清石印本 一冊

110000－3162－0004880 古62/177

柯敬孺先生詩不分卷 （清）柯敬孺著 清抄本 一冊

110000－3162－0004881 古62/178

草草吟不分卷 （清）□□著 清抄本 一冊

110000－3162－0004882 古62/179

陳鶴儕先生詩文草不分卷 （清）陳鶴儕著 清抄本 一冊

110000－3162－0004883 古62/181

舊雨草堂詩鈔不分卷 （清）□□著 清光緒十二年(1886)抄本 一冊

110000－3162－0004884 古62/182

四癡吟草不分卷 （清）李雪樵著 清抄本 一冊

110000－3162－0004885 古62/183

漱藝軒詩草不分卷 （清）張兆棠著 清抄本 一冊

110000－3162－0004886 古62/185

養雲室詩鈔不分卷 （清）于養雲著 清咸豐六年(1856)抄本 一冊

110000－3162－0004887 古62/186

蕉窗間泳不分卷 （清）劉玉淇撰 清道光六年(1826)抄本 一冊

110000－3162－0004888 古62/187

黃葉山房詩稿不分卷 （清）郭爲賢著 清同治九年(1870)抄本 一冊

110000－3162－0004889 古62/188

對山堂詩草不分卷 （清）李煥然著 清同治六年(1867)刻本 一冊

110000－3162－0004890 古62/190

帚金集四卷 （清）吳連周著 清咸豐五年(1855)刻本 一冊

110000－3162－0004891 古62/191

石民集二卷 （清）楊青黎著 清乾隆十六年(1751)刻本 一冊

110000－3162－0004892 古62/192

楚壁吟不分卷 （清）郭悅芝著 清嘉慶二十

四年(1819)刻本 一册

110000－3162－0004893 古 62/195

唐詩選不分卷 （唐）魏徵等撰 清抄本
一册

110000－3162－0004894 古 62/196

文石山房詩鈔二卷 （清）陳介錫著 清光緒
五年(1879)抄本 一册

110000－3162－0004895 古 62/197

西堂詩鈔不分卷 （清）□□著 清抄本
一册

110000－3162－0004896 古 62/199

曾文正公詩鈔四卷 （清）曾國藩著 清光緒
二年(1876)上海醉六堂刻本 二册

110000－3162－0004897 古 62/200

鐵橋漫稿八卷 （清）嚴可均著 清光緒十一
年(1885)長洲蔣氏刻本 四册

110000－3162－0004898 古 62/201

感舊集一卷 （清）王士禎撰 清抄本 一册

110000－3162－0004899 古 62/202

鬱華閣遺集四卷 （□）□□著 清光緒二十
八年(1902)朱墨刻本 一册

110000－3162－0004900 古 62/203

滇南集一卷 （清）李澄中著 清刻本 一册

110000－3162－0004901 古 62/205

之遊唾餘錄二卷 （清）孫福海著 清光緒十
六年(1890)刻本 一册

110000－3162－0004902 古 62/206

寒蛩集不分卷 （清）侯登岸著 清抄本
一册

110000－3162－0004903 古 62/207

鄉里景芳錄六卷 （清）侯登岸著 清嘉慶二
十二年(1817)抄本 二册

110000－3162－0004904 古 62/208

無為齋詩文草不分卷 （□）□□著 清抄本
一册

110000－3162－0004905 古 62/209

庚子都門紀事詩六卷首一卷末一卷 （清）延
清撰 清光緒二十八年(1902)京江朱刻本
二册

110000－3162－0004906 古 62/210－1

碧香閣遺稿不分卷 （清）單葂樓著 清同治
十年(1871)刻本 一册

110000－3162－0004907 古 62/210－2

碧香閣遺稿不分卷 （清）單葂樓著 清同治
十年(1871)刻本 一册

110000－3162－0004908 古 62/211

二州山房遺集二卷 （清）柯劭憼撰 清刻本
一册

110000－3162－0004909 古 62/212

北海同人集不分卷 （□）□□著 清舊抄本
一册

110000－3162－0004910 古 62/213

滌襟樓就正稿不分卷 （清）季雲初撰 清咸
豐七年(1857)抄本 一册

110000－3162－0004911 古 62/214

秋士先生遺集六卷 （清）彭紹升撰 清光緒
七年(1881)刻本 一册

110000－3162－0004912 古 62/215

長江集十卷 （唐）賈島著 清刻本 一册

110000－3162－0004913 古 62/217

柯村遺稿二卷 （清）丘元武著 清刻本
一册

110000－3162－0004914 古 62/218

槐蔭書屋集八卷 （清）郭續汾著 清道光九
年(1829)刻本 二册

110000－3162－0004915 古 62/219

硯思集六卷 （清）田同之撰 清乾隆七年
(1742)刻本 二册

110000－3162－0004916 古 62/220－1

種蘭小草自存二卷 （清）陳文然著 清光緒
十八年(1892)刻本 二册

110000－3162－0004917 古 62/220－2

種蘭小草自存二卷　（清）陳文然著　清光緒十八年（1892）刻本　二冊

110000－3162－0004918　古62/221

餘霞集三卷　（清）黃恩彤撰　清宣統元年（1909）濟南國文報館石印本　二冊

110000－3162－0004919　古62/222

秋茄信三卷　（清）吳兆騫著　清宣統三年（1911）鉛印本　一冊

110000－3162－0004920　古62/226

白狼河上集詮次不分卷　（□）□□著　清舊抄本　一冊

110000－3162－0004921　古62/228

會心偶筆六卷　（清）伊應鼎編述　清乾隆二十四年（1759）刻本　四冊

110000－3162－0004922　古62/229

詩稿不分卷　（□）□□編注　清舊抄本　一冊

110000－3162－0004923　古62/230

紀事詩存一卷　（清）鄭憲詮著　清道光十七年（1837）抄本　一冊

110000－3162－0004924　古62/233

國朝詩鐸二十六卷首一卷　（清）張應昌選輯　清同治八年（1869）刻本　二十二冊

110000－3162－0004925　古62/241－1

古詩源十四卷　（清）沈德潛選　清光緒十七年（1891）湖南思賢書局刻本　四冊

110000－3162－0004926　古62/241－2

古詩源十四卷　（清）沈德潛選　清光緒十七年（1891）湖南思賢書局刻本　四冊

110000－3162－0004927　古62/241－3

古詩源十四卷　（清）沈德潛選　清光緒十七年（1891）湖南思賢書局刻本　四冊

110000－3162－0004928　古62/241－4

古詩源十四卷　（清）沈德潛選　清光緒十七年（1891）湖南思賢書局刻本　四冊

110000－3162－0004929　古62/241－5

古詩源十四卷　（清）沈德潛選　清光緒十七年（1891）湖南思賢書局刻本　四冊

110000－3162－0004930　古62/242

耕獵齋詠史樂府二卷　（清）周懷綬著　（清）呂振騏　（清）季英輯注　清咸豐八年（1858）律古齋刻本　二冊

110000－3162－0004931　古62/243

國朝山左詩鈔六十卷　（清）盧見曾纂　清乾隆二十三年（1758）雅雨堂刻本　十二冊　存四十五卷（一至二十九、四十五至六十）

110000－3162－0004932　古62/244

南海先生詩集十三卷　康有為著　清宣統三年（1911）石印本　一冊

110000－3162－0004933　古62/246

御製圓明園記二卷　（清）世宗胤禛著　清光緒十三年（1887）天津石印書屋朱墨刻本　二冊

110000－3162－0004934　古63/5

蒙拾堂詞稿不分卷　（清）梁文燦撰　清抄本　一冊

110000－3162－0004935　古63/6

國朝金陵詞鈔八卷附一卷　（清）張怡等著　清光緒二十八年（1902）刻本　四冊

110000－3162－0004936　古63/7

晚香詞三卷　（清）田同之著　（清）張鳳（清）孫少儀評　清刻本　一冊

110000－3162－0004937　古63/8

懷香草堂詞不分卷　（清）單為濂著　（清）袁一士選　（清）諸子評　清道光二十年（1840）刻本　一冊

110000－3162－0004938　古63/9

眠琴閣詞三卷　（□）□□等著　清宣統三年（1911）趙枚、陳錫慶抄本　一冊

110000－3162－0004939　古63/10－1

聊齋詞不分卷　（清）蒲松齡著　清宣統二年（1910）上海國學扶輪社鉛印本　一冊

110000－3162－0004940　古63/10－2

齊太史移居倡訓集四卷首一卷末一卷 （清）齊毓川編輯　清宣統二年（1910）上海國學扶輪社石印本　一冊

110000－3162－0004941　古63/11

十國宮詞一百首不分卷 （清）吳省蘭撰　清同治十二年（1873）淮南書局刻本　一冊

110000－3162－0004942　古63/12

念一史彈詞注二卷 （明）楊慎纂　清乾隆六年（1741）刻本　二冊

110000－3162－0004943　古63/13－1

濰縣竹枝詞自注二卷 （清）郭麐撰　清光緒十九年（1893）抄本　一冊

110000－3162－0004944　古63/13－2

濰縣竹枝詞自注二卷 （清）郭麐撰　清光緒十九年（1893）抄本　一冊

110000－3162－0004945　古63/14

宋金元懷古詞輯二卷 （清）梁文燦編輯　清抄本　一冊

110000－3162－0004946　古63/16

化人遊詞曲不分卷 （清）丁耀亢著　清順治五年（1648）野雀齋刻本　一冊

110000－3162－0004947　古63/18

詞律二十卷 （清）萬樹論次　清康熙二十六年（1687）堆絮園刻本　十冊

110000－3162－0004948　古63/19

詞韻二卷 （清）仲恒編次　（清）王又華補　清刻本　一冊

110000－3162－0004949　古63/20

浩然齋雅談三卷 （宋）周密撰　清乾隆四十年（1775）武英殿聚珍版刻本　一冊

110000－3162－0004950　古63/25

平壽郭氏二家詞鈔不分卷 （清）郭去咎著　清宣統三年（1911）抄本　一冊

110000－3162－0004951　古64/7

赤松遊三卷 （清）丁耀亢著　清順治六年（1649）刻本　二冊

110000－3162－0004952　古66/1

論文集鈔二卷 （清）高墉輯　清乾隆五十一年（1786）刻本　一冊

110000－3162－0004953　古66/3

論文章本原三卷 （清）方宗誠撰　清光緒四年（1878）刻本　一冊

110000－3162－0004954　古66/6

存悔堂文集一卷 （清）韋天寶著　清光緒十五年（1889）桂林楊培文堂刻本　一冊

110000－3162－0004955　古66/8

西圃詩說一卷詞說一卷 （清）田同之纂　清刻本　一冊

110000－3162－0004956　古66/10

定庵文拾遺不分卷 （清）龔自珍撰　清鉛印本　一冊

110000－3162－0004957　古66/11

校讎通義三卷 （清）章學誠著　清道光十三年（1833）刻本　一冊

110000－3162－0004958　古66/12

藻川堂譚藝二卷 （清）鄧繹著　清刻本　一冊

110000－3162－0004959　古66/13

書文達觀四卷 （清）陶仁著　清同治八年（1869）刻本　二冊

110000－3162－0004960　古66/15

文鑒例言不分卷 （清）陳澹然撰　清光緒二十四年（1898）刻本　一冊

110000－3162－0004961　古66/16

古書疑義舉例七卷 （清）俞樾著　清刻本　二冊

110000－3162－0004962　古67/1

徐霞客遊記十二卷 （明）徐宏祖撰　清圖書集成局仿袖珍版鉛印本　八冊

110000－3162－0004963　古67/1.1

徐霞客遊記十二卷 （明）徐宏祖著　清光緒三十四年（1908）鉛印本　八冊

110000－3162－0004964　　古 67/2

建昌行記不分卷　（清）□□著　清鉛印本
一冊

110000－3162－0004965　　古 67/3

建康同遊錄不分卷　（清）馮煦著　清宣統二
年(1910)豐源印書局鉛印本　一冊

110000－3162－0004966　　古 67/6

一畝園遊記鈔不分卷　（清）王宏撰　清抄本
一冊

110000－3162－0004967　　古 67/7.1

大唐西域記十二卷　（唐）釋玄奘釋　清刻本
四冊

110000－3162－0004968　　古 67/8

度隴記 四卷　（清）董醇著　清咸豐元年
(1851)刻本　四冊

110000－3162－0004969　　古 69/1

讀餘劄錄八卷　（清）侯登岸撰　清咸豐九年
(1859)抄本　四冊

110000－3162－0004970　　古 69/2

輟耕錄三十卷　（明）陶宗儀撰　清光緒十一
年(1885)上海福瀛書局刻本　十冊

110000－3162－0004971　　古 69/3－1

郎潛紀聞十四卷　（清）陳康祺著　清光緒十
年(1884)校經山房刻本　六冊

110000－3162－0004972　　古 69/3－2

燕下鄉脞錄（郎潛二筆）十六卷　（清）陳康祺
著　清光緒十一年(1885)刻本　六冊

110000－3162－0004973　　古 69/4

濰言四卷　（清）郭麐輯　清光緒元年(1875)
抄本　一冊

110000－3162－0004974　　古 69/5

日省吾齋日錄不分卷　（清）王德瑛撰　清抄
本　二冊

110000－3162－0004975　　古 69/5.1

日省吾齋日錄不分卷　（清）王德瑛撰　清刻
本　四冊

110000－3162－0004976　　古 69/6

瓜架夕談五卷　（清）謝香開撰　清嘉慶抄本
一冊　存一卷(五)

110000－3162－0004977　　古 69/7

□強劄記不分卷　（清）李□□撰　清嘉慶四
年(1799)抄本　一冊

110000－3162－0004978　　古 69/9

然燈記聞一卷　（清）漁洋夫子口授　清乾隆
二十二年(1757)抄本　一冊

110000－3162－0004979　　古 69/10

芩舟劄記不分卷　（□）□□撰　清抄本
四冊

110000－3162－0004980　　古 69/12

居易錄三十四卷　（清）王士禎著　清刻本
十二冊

110000－3162－0004981　　古 69/13

十芴園志略不分卷　（清）白永修等撰　清抄
本　一冊

110000－3162－0004982　　古 69/17

禮耕堂叢說不分卷　（清）施國祁著　清宣統
三年(1911)上海國學扶輪社鉛印本　一冊

110000－3162－0004983　　古 69/18

鍾氏教授新法不分卷　（清）□□撰　清光緒
二十四年(1898)濟南會文齋刻本　一冊

110000－3162－0004984　　古 69/19－1

誠子書不分卷　（清）聶繼模撰　清光緒二十
三年(1897)刻本　一冊

110000－3162－0004985　　古 69/19－2

誠子書不分卷　（清）聶繼模撰　清光緒二十
三年(1897)刻本　一冊

110000－3162－0004986　　古 69/20

明慎錄不分卷　（清）宋邦惠編輯　清同治四
年(1865)刻本　一冊

110000－3162－0004987　　古 69/22

居官指要不分卷　（清）先福撰　清咸豐抄本
一冊

110000－3162－0004988　古69/23

川楚紀遊不分卷　鐘靈著　清宣統三年
(1911)鉛印本　一冊

110000－3162－0004989　古69/24

陳簠齋筆記附手劄不分卷　(清)陳簠齋撰
清刻本　一冊

110000－3162－0004990　古69/25

家言隨記一卷　(清)王賢儀著　清同治五年
(1866)素風堂刻本　一冊

110000－3162－0004991　古69/28

嶺雲軒瑣記四卷續選四卷　(清)李威著　清
同治五年(1866)榮華印書局鉛印本　二冊

110000－3162－0004992　古69/30

嘯亭雜錄八卷續二卷　(清)昭槤著　清光緒
六年(1880)九思堂刻本　十二冊

110000－3162－0004993　古69/32

榆園雜錄二卷　(清)郭榆壽輯　清咸豐七年
(1857)刻本　二冊

110000－3162－0004994　古69/33

濰縣蒯氏西南園記不分卷　(清)王鐘霖撰
清咸豐元年(1851)抄本　一冊

110000－3162－0004995　古69/34

周蓮堂先生題畫隨錄不分卷　(清)周蓮堂撰
　清抄本　一冊

110000－3162－0004996　古69/37

輔仁錄四卷　(清)方宗誠著　清光緒十二年
(1886)刻本　三冊

110000－3162－0004997　古69/40

止園筆談八卷　(清)史夢蘭著　清光緒四年
(1878)刻本　四冊

110000－3162－0004998　古69/42

聞餘筆話一卷　(清)湯傳楹著　(清)張潮輯
　清康熙刻本　一冊

110000－3162－0004999　古69/43

彷園清話一卷　(清)張盡著　(清)王悼
(清)張潮輯　清康熙三十六年(1697)刻本
一冊

110000－3162－0005000　古69/44

風燭學鈔四卷　(清)馬時芳輯　清道光十八
年(1838)中毓堂刻本　一冊

110000－3162－0005001　古69/45

營田輯要附考不分卷　(清)□□撰　清抄本
　一冊

110000－3162－0005002　古69/46

無近名齋雜著二卷　(清)彭翊著　清刻本
一冊

110000－3162－0005003　古69/47

甘泉鄉人稿三卷　(清)錢泰吉著　清同治七
年(1868)刻本　一冊

110000－3162－0005004　古69/48

適可齋記言四卷記行六卷　(清)馬建忠撰
清光緒二十二年(1896)刻本　三冊　存九卷
(記言一至三、記行六卷)

110000－3162－0005005　古69/49

玉井山館筆記一卷　(清)許宗衡著　清同治
十三年(1874)刻本　一冊

110000－3162－0005006　古69/50

邱園隨筆不分卷　(清)邱諮桐著　清光緒二
十年(1894)刻本　一冊

110000－3162－0005007　古69/51

梅叟閒評四卷　(清)郝培元著　清光緒十年
(1884)曬書堂刻本　二冊

110000－3162－0005008　古69/53

至室錄感不分卷　(清)李顯撰　清同治八年
(1869)蘇垣毋自欺齋刻本　一冊

110000－3162－0005009　古69/55

兩湖總師範學堂修學旅行筆記一卷　(清)吳
韻荃編述　清光緒鉛印本　一冊

110000－3162－0005010　古69/56

自勉篇二卷　(清)秦篤新撰　清同治九年
(1870)刻本　一冊

110000－3162－0005011　古69/57

最樂編六卷　(明)高道淳輯　最樂亭記一卷
(清)孫如僅撰　清同治二年(1863)刻本

一冊

110000－3162－0005012　古69/63
藝林伐山二十卷　(明)楊慎著　清申報館仿
聚珍版鉛印本　四冊

110000－3162－0005013　古69/69
救荒志果不分卷　(清)邱真人著　清光緒九
年(1883)刻本　一冊

110000－3162－0005014　古69/70
作詩賦章程不分卷　(□)□□撰　清抄本
一冊

110000－3162－0005015　古69/71
王氏家授講讀成法不分卷　(清)王居正著
清嘉慶十六年(1811)新刻本　一冊

110000－3162－0005016　古69/72
闈墨新傳不分卷　(□)□□撰　清抄本
一冊

110000－3162－0005017　古69/74
字學指南不分卷　(□)□□撰　清抄本
一冊

110000－3162－0005018　古69/75
螢雪叢說二卷　(宋)俞成撰　清同治八年
(1869)退補齋刻本　一冊

110000－3162－0005019　古69/76
高齋漫錄一卷　(宋)曾慥撰　桐陰舊話一卷
　(宋)韓元吉撰　霏雪錄二卷　(明)鎦績撰
　東園友聞一卷　(□)□□撰　拊掌錄一卷
(元)孫道明撰　清刻本　一冊

110000－3162－0005020　古69/77
山房隨筆一卷　(元)蔣正子撰　明刻本
一冊

110000－3162－0005021　古69/81
述異記二卷　(南朝梁)任昉撰　明刻本
一冊

110000－3162－0005022　古69/82
經略洪承疇奏對筆記二卷　(清)洪承疇撰
清刻本　一冊

110000－3162－0005023　古69/85
涇林續記不分卷　(明)周元暐著　清光緒十
年(1884)刻本　一冊

110000－3162－0005024　古69/86
鄭堂劄記五卷　(清)周中孚著　清光緒八年
(1882)刻本　一冊

110000－3162－0005025　古69/87
陸地仙經不分卷　(□)□□著　清抄本
一冊

110000－3162－0005026　古69/88
虛字筆調不分卷　(□)□□著　清抄本
一冊

110000－3162－0005027　古69/90
四書語助不分卷　(□)□□撰　清抄本
一冊

110000－3162－0005028　古69/91
孔氏說苑二卷　(宋)孔平仲纂　(清)吳省蘭
輯　清刻本　一冊

110000－3162－0005029　古69/93
醒齋問語不分卷　(清)姚大勳著　清咸豐七
年(1857)刻本　一冊

110000－3162－0005030　古69/94
折桂真詮不分卷　(□)□□著　清抄本
二冊

110000－3162－0005031　古69/95
原學三種二卷　(清)陳澹然著　清宣統三年
(1911)安徽印刷局鉛印本　一冊

110000－3162－0005032　古69/97
鼉墨一卷　(清)盛大漠著　清同治五年
(1866)磊思巢刻本　一冊

110000－3162－0005033　古69/98
筆塵一卷　(明)莫是龍撰　清乾隆浙江平湖
奇晉齋刻本　一冊

110000－3162－0005034　古69/99
避署錄話二卷　(宋)葉夢得撰　清宣統元年
(1909)葉氏觀古堂刻本　二冊

227

110000－3162－0005035　古69/100

擬學小記六卷　（明）尤時熙著　（明）李根編次　清同治三年(1864)刻本　二冊

110000－3162－0005036　古69/101

樵香小記二卷　（清）何琇撰　（清）王灝輯　清光緒八年(1882)刻本　一冊

110000－3162－0005037　古69/103

遊譜不分卷　（清）孫奇逢著　（清）馬樌構（清）孫望雅編　清順治十二年(1655)刻本　一冊

110000－3162－0005038　古69/106

丹霞書院學約不分卷　（清）劉良璧修　清光緒二十一年(1895)刻本　一冊

110000－3162－0005039　古69/107

虞初新志二十卷　（清）張潮輯　虞初續志十二卷　（清）鄭澍若輯　清嘉慶七年(1802)上海文瑞樓石印本　十冊

110000－3162－0005040　古569/108

清人說薈不分卷　（清）張祥河等著　清石印本　一冊

110000－3162－0005041　古69/109

拾遺記十卷　（晉）王嘉撰　清咸豐二年(1852)刻本　一冊

110000－3162－0005042　古69/109.1

王子年拾遺記十卷　（晉）王嘉著　明嘉靖、隆慶間刻本　一冊

110000－3162－0005043　古69/110

韻石齋筆談二卷　（清）姜紹書著　七頌堂識小錄一卷　（清）劉體仁著　清乾隆、道光間刻本　一冊

110000－3162－0005044　古69/111

續雙麈譚二卷　（清）胡承譜著　清嘉慶六年(1801)刻本　一冊

110000－3162－0005045　古69/112

中西學門經書七種　康有為撰　清光緒二十四年(1898)上海大同譯書局石印本　一冊

110000－3162－0005046　古69/113

桑海滦談不分卷　（越南）阮尚賢著　清鉛印本　一冊

110000－3162－0005047　古69/114

玉堂漫筆一卷　（明）陸深著　清石印本　一冊

110000－3162－0005048　古69/115

天則百話不分卷　（日本）加藤弘之述　（清）吳建常譯　清光緒二十八年(1902)上海廣智書局鉛印本　一冊

110000－3162－0005049　古69/117

元魁秘笈不分卷　（□）□□撰　清抄本　一冊

110000－3162－0005050　古69/118

責備餘談二卷　（明）方鵬著　清乾隆四十八年(1783)刻本　二冊

110000－3162－0005051　古69/119

談海外奇書室雜著不分卷　（□）□□撰　清光緒十九年(1893)刻本　一冊

110000－3162－0005052　古69/120

世說新語不分卷　（□）□□撰　清抄本　一冊

110000－3162－0005053　古69/122

文海披沙八卷　（明）謝肇淛著　清宣統三年(1911)申報館鉛印本　四冊

110000－3162－0005054　古69/123

春明夢餘錄七十卷　（清）孫承澤著　清古香齋袖珍刻本　二十四冊

110000－3162－0005055　古69/124

刊謬正俗八卷　（唐）顏師古撰　清光緒元年(1875)湖北崇文書局刻本　一冊

110000－3162－0005056　古69/125

消良夜鐙繼隨筆不分卷　（清）宋晉之撰　清同治十二年(1873)抄本　一冊

110000－3162－0005057　古69/126

嶺表錄異三卷　（唐）劉恂撰　清乾隆四十年(1775)武英殿聚珍版刻本　一冊

110000－3162－0005058　古69/127

閑窗括異志不分卷　（宋）魯應龍撰　明刻本
　一冊

110000－3162－0005059　古69/128

北戶錄三卷　（唐）段公路纂　清光緒六年
(1880)陸氏十萬卷樓刻本　一冊

110000－3162－0005060　古69/129

北戶錄三卷　（唐）段公路撰　**西使記一卷**
（元）劉郁撰　清刻本　一冊

110000－3162－0005061　古69/130

嶺南遺書第五集四卷　（清）曾釗輯　清道光
三十年(1850)粵雅堂刻本　一冊

110000－3162－0005062　古69/131

香國二卷　（明）毛晉輯　（明）毛晉輯　明萬
曆四十五年(1617)刻本　一冊

110000－3162－0005063　古69/132

竹葉亭雜記八卷　（清）姚元之撰　清光緒十
九年(1893)刻本　二冊

110000－3162－0005064　古69/134

夢厂雜著十卷　（清）俞蛟著　清嘉慶六年
(1801)石印本　二冊

110000－3162－0005065　古69/138

警心錄上編十卷下編十二卷　（清）李哲生輯
　清康熙三十八年至四十二年(1699－1703)
湛思堂刻本　八冊

110000－3162－0005066　古69/139

中西見聞叢鈔三十四卷　（清）蕉藝輯　清光
緒二十四年(1898)吳雲記書局鉛印本　六冊

110000－3162－0005067　古69/139.1

異聞益智新囊三十四卷　（清）蕉藝輯　清光
緒二十九年(1903)鉛印本　八冊

110000－3162－0005068　古69/141

記問邇言一卷　（清）陳惟本輯　清同治六年
(1867)刻本　一冊

110000－3162－0005069　古69/142

星軺日記類編七十六卷　（清）席裕琨編輯
清光緒二十八年(1902)麗澤學會石印本　十

六冊

110000－3162－0005070　古69/143

小知錄十二卷　（清）陸鳳藻輯　清嘉慶九年
(1804)群玉山房刻本　六冊

110000－3162－0005071　古69/144

嘉言紀見四卷　（清）閔顏匯輯　清道光二十
六年(1846)撫柏山房刻本　八冊

110000－3162－0005072　古69/145

增廣智囊補二十八卷　（明）馮夢龍輯　清光
緒三十四年(1908)上海文盛書局石印本
二冊

110000－3162－0005073　古69/147

衛恤廬日記不分卷　（清）□□撰　清乾隆二
十五年至三十九年(1760－1774)抄本　二冊

110000－3162－0005074　古69/148

螺樓海外文字不分卷　（清）李汝謙著　清石
印本　一冊

110000－3162－0005075　古69/149

紫桃軒又綴二卷　（明）李日華著　清有正書
局影印本　一冊

110000－3162－0005076　古69/150

浪跡叢談十一卷續談八卷　（清）梁章鉅撰
清刻本　七冊

110000－3162－0005077　古69/152

分湖小識六卷　（清）柳樹芳輯　清道光二十
七年(1847)勝溪草堂刻本　二冊

110000－3162－0005078　古69/153

霜紅龕集雜著雜記二卷　（清）劉飛補輯　清
刻本　二冊

110000－3162－0005079　古69/154

梁園睡餘一卷　（清）顏輯祐撰　清光緒三十
二年(1906)刻本　一冊

110000－3162－0005080　古69/155

東遊日記不分卷　（清）黃慶澄撰　清光緒二
十年(1894)刻本　一冊

110000－3162－0005081　古69/157

赴杭日記不分卷　（清）□□撰　清道光二十八年至二十九年(1848－1849)抄本　一冊

110000－3162－0005082　古69/158
鈍齋東遊日記不分卷（光緒三十四年十二月至宣統元年七月）　賀綸夔編述　清宣統元年(1909)上海商務印書館鉛印本　一冊

110000－3162－0005083　古69/159
曾文正公書劄三十三卷　（清）曾國藩撰　清光緒三年(1877)傳忠書局刻本　十六冊

110000－3162－0005084　古69/161
滇行日記二卷　（清）李澄中著　清刻本　一冊

110000－3162－0005085　古69/162
巴山七種二十二卷　（清）王侃著　清同治四年(1865)光裕堂刻本　八冊

110000－3162－0005086　古69/163
周忠介公爐言集三卷忠介[周順昌]年譜一卷忠介遺事一卷　（明）周順昌著　清光緒二十九年(1903)刻本　二冊

110000－3162－0005087　古69/164
冷廬雜識八卷　（清）陸以湉著　清咸豐六年(1856)刻本　八冊

110000－3162－0005088　古69/167
悚齋遺書日記七卷　（清）于蔭霖著　清光緒刻本　七冊

110000－3162－0005089　古69/168
桐華館雜鈔不分卷　（清）金德輿抄録　清桐華館抄本　二冊

110000－3162－0005090　古69/170
十種必讀書不分卷　（清）鄭祐慈編輯　清光緒五年(1879)刻本　十冊

110000－3162－0005091　古69/171
杜氏家藏不分卷　（清）□□撰　清抄本　一冊

110000－3162－0005092　古69/172
魏塘署齋隨筆不分卷　（清）江峰青撰　清刻本　一冊

110000－3162－0005093　古69/174
獨醒雜志十卷附録一卷　（宋）曾敏行著　清乾隆四十年(1775)知不足齋刻本　一冊

110000－3162－0005094　古69/176
陰騭果報圖注不分卷　（□）吳友如繪圖　清光緒十七年(1891)石印本　一冊

110000－3162－0005095　古69/178
西征述不分卷　（清）蔣湘南著　清道光十九年(1839)資益館刻本　一冊

110000－3162－0005096　古69/179
康輶紀行十六卷　（清）姚瑩撰　清同治六年(1867)刻本　六冊

110000－3162－0005097　古69/181
鄭學録四卷　（清）鄭珍撰　清光緒五年(1879)受經堂刻本　二冊

110000－3162－0005098　古69/183
婦人集不分卷　（清）陳維崧撰　清刻本　一冊

110000－3162－0005099　古69/183.1
婦人集不分卷　（清）陳維崧撰　清抄本　一冊

110000－3162－0005100　古69/184
富民策二卷　（英國）馬林著　（清）李玉書譯　清光緒二十九年(1903)上海廣學會鉛印本　一冊

110000－3162－0005101　古69/185
山木集抄不分卷　（清）□□撰　清抄本　一冊

110000－3162－0005102　古69/186
江北俚詞記略三卷　（清）無為子編輯　清光緒元年(1875)抄本　一冊

110000－3162－0005103　古69/187
通盡不分卷　（清）周亮工撰　清抄本　一冊

110000－3162－0005104　古69/188
南江劄記四卷文鈔三卷　（清）邵晉涵著　清嘉慶九年(1804)面水層軒刻本　四冊

110000－3162－0005105　　古69/192

金川瑣記六卷　（清）李心衡著　清嘉慶三年
(1798)刻本　二冊

110000－3162－0005106　　古69/193

曾文正公洋務尺牘二卷　（清）曾國藩撰　清
光緒十年(1884)磊石書屋刻本　二冊

110000－3162－0005107　　古69/194

曾文正公家書十卷家訓二卷［曾國藩］大事記
四卷榮哀錄一卷　（清）曾國藩撰　清光緒十
九年(1893)上海圖書集成印書館鉛印本
八冊

110000－3162－0005108　　古69/195.1

曾國藩信劄不分卷　（清）曾國藩撰　清曾國
藩稿本　一冊

110000－3162－0005109　　古69/196.1

曾文正公家書十卷　（清）曾國藩著　清光緒
十三年(1887)鴻文書局鉛印本　五冊

110000－3162－0005110　　古69/197

林則徐家書不分卷　（清）林則徐撰　清上海
共和書局鉛印本　一冊

110000－3162－0005111　　古69/199

韜園尺牘十二卷續鈔六卷　（清）王韜著　清
光緒十九年(1893)滬北淞隱廬第四次鉛印本
六冊

110000－3162－0005112　　古69/201

音注小倉山房尺牘八卷　（清）袁枚著　（清）
胡光斗譯　清咸豐九年(1859)上海錦章書局
石印本　四冊

110000－3162－0005113　　古69/205

國朝名人書劄三卷　吳曾祺編輯　清宣統三
年(1911)文明書局鉛印本　三冊

110000－3162－0005114　　古69/205.1

國朝名人書劄二卷　吳曾祺編輯　清宣統元
年(1909)商務印書館鉛印本　二冊

110000－3162－0005115　　古69/206

陶廬箋牘二卷　（清）王樹枏撰　清光緒刻本
一冊

110000－3162－0005116　　古69/207

周文忠公尺牘二卷　（清）周天爵著　清咸豐
十一年(1861)刻本　一冊

110000－3162－0005117　　古69/209

培遠堂手劄節存三卷　（清）陳宏謀著　清同
治十一年(1872)江蘇書局刻本　一冊

110000－3162－0005118　　古69/210

張廉卿先生論手劄不分卷　（清）張廉卿著
清九思堂書屋石印本　一冊

110000－3162－0005119　　古69/212

名賢手劄不分卷　（清）曾國藩等撰　清光緒
十年(1884)山古瞻堂摹刻本　四冊

110000－3162－0005120　　古69/217

續富國策四卷　（清）陳熾撰　清光緒二十二
年(1896)刻本　四冊

110000－3162－0005121　　古69/218

臺陽筆記不分卷　（清）翟灝著　清嘉慶十八
年(1813)停雲館刻本　一冊

110000－3162－0005122　　古69/220

南越筆記二卷　（清）李調元輯　清刻本
一冊

110000－3162－0005123　　古69/221

切近詮說不分卷　（清）鄒湘倜著　清同治十
年(1871)刻本　一冊

110000－3162－0005124　　古69/223

史氏家藏左文襄公手劄不分卷　（清）左宗棠
撰　清光緒三十三年(1907)石印本　一冊

110000－3162－0005125　　古69/224－1

玉澗雜書不分卷　（宋）葉夢得著　清宣統元
年(1909)觀古堂刻本　一冊

110000－3162－0005126　　古69/224－2

巖下放言三卷　（宋）葉夢得著　清道光二十
四年(1844)刻本　一冊

110000－3162－0005127　　古69/225

居官日省錄六卷　（清）覺羅烏爾通阿潤泉編
輯　清同治十二年(1873)同立堂刻本　六冊

110000－3162－0005128　古69/227

自在室讀書隨筆不分卷　（□）姚光著　清鉛
印本　一冊

110000－3162－0005129　古69/228

隨意錄不分卷　（□）□□著　清光緒十九年
(1893)手抄本　一冊

110000－3162－0005130　古69/229

良心書一卷　（清）錢振鍠著　摘星四集四卷
（清）錢振鍠著　清刻本　一冊

110000－3162－0005131　古69/230

王禹稱黃岡竹樓記不分卷　（清）□□輯　清
抄本　一冊

110000－3162－0005132　古69/231

涑水紀聞十六卷　（宋）司馬光撰　清乾隆四
十二年(1777)武英殿聚珍版刻本　四冊

110000－3162－0005133　古69/231.1

涑水記聞十五卷　（宋）司馬光撰　清抄本
二冊

110000－3162－0005134　古69/233

鶡論不分卷　（□）□□撰　清道光抄本
一冊

110000－3162－0005135　古69/234

覺顛冥齋内言四卷　（清）唐才常著　清光緒
二十四年(1898)長沙刻本　四冊

110000－3162－0005136　古69/235

瀛壖雜志六卷　（清）王韜著　清光緒元年
(1875)刻本　二冊

110000－3162－0005137　古69/236

求闕齋讀書錄十卷　（清）曾國藩著　（清）王
定安編輯　清光緒二年(1876)刻本　四冊

110000－3162－0005138　古69/237

讀略不分卷　（清）□□撰　清光緒十四年
(1888)鉛印本　一冊

110000－3162－0005139　古69/238

如面談新集十卷首一卷　（清）李光祚纂注
清英文堂刻本　六冊

110000－3162－0005140　古69/239

高密全城記一卷附文石雜識一卷　（明）何平
著　清抄本　一冊

110000－3162－0005141　古69/240

次柳氏舊聞不分卷　（唐）李德裕編　明松江
華亭寶顏堂刻本　一冊

110000－3162－0005142　古69/242

居官鏡不分卷　（清）劄庫木他塔拉氏剛毅纂
輯　清光緒十八年(1892)刻本　一冊

110000－3162－0005143　古69/243

因樹書屋書影十卷　（清）周櫟園纂輯　清嘉
慶十九年(1814)士林精舍石印本　六冊

110000－3162－0005144　古69/248

十科策略箋釋十卷附錄一卷　（明）劉文安著
清雍正四年(1726)刻本　六冊

110000－3162－0005145　古69/250

酉陽雜俎二十卷　（唐）段成式撰　明汲古閣
刻本　一冊　存八卷(一至八)

110000－3162－0005146　古69/252

智囊二十八卷　（明）馮夢龍述　明刻本
八冊

110000－3162－0005147　古69/254

雲杜故事一卷　（清）易本烺撰　清光緒十七
年(1891)三餘草堂藏版刻本　一冊

110000－3162－0005148　古71/1

蟄廬叢書十二卷　（清）陳虬撰　清光緒二十
年(1894)歐雅堂刻本　六冊

110000－3162－0005149　古71/5

海嶽軒叢刻十七卷　（清）杜元穆輯　清光緒
三十三年(1907)姑蘇鉛印本　八冊

110000－3162－0005150　古71/5.1

海嶽軒叢刻十六卷　（清）杜元穆輯　清光緒
二十六年(1900)申江刻本　十冊

110000－3162－0005151　古71/7

二酉堂叢書二十六種　（清）張澍輯　清道光
元年(1821)刻本　十二冊

110000－3162－0005152　古71/9

安吳四種三十六卷　（清）包世臣著　清光緒
十四年(1888)刻本　二十冊

110000－3162－0005153　古71/9.1

安吳四種三十六卷　（清）包世臣著　清光緒
十四年(1888)刻本　六冊　存十二卷(二十
五至三十六)

110000－3162－0005154　古71/11－1

長恩書室叢書甲集四十卷乙集二十六卷
（清）莊肇麟輯　清咸豐五年(1855)過容軒刻
本　十六冊

110000－3162－0005155　古71/11－2

長恩書室叢書甲集四十卷乙集二十六卷
（清）莊肇麟輯　清咸豐五年(1855)過容軒刻
本　十六冊

110000－3162－0005156　古71/14

涇川叢書四十五種　（清）趙紹祖　（清）趙繩
祖輯　清道光十二年(1832)涇縣趙氏古墨齋
刻本　二十四冊

110000－3162－0005157　古71/21－1

西政叢書十種　梁啟超等編輯　清石印本
十冊

110000－3162－0005158　古71/21－2

西政叢書十種　梁啟超等編輯　清光緒二十
三年(1897)慎記書莊石印本　三十二冊

110000－3162－0005159　古71/22

清隱山房叢書十種　（宋）王佐　（明）劉基
（明）于謙　（清）年羹堯等撰　清光緒九年
(1883)刻本　八冊

110000－3162－0005160　古71/35

功順堂叢書七十四卷　（清）沈欽韓等撰　清
道光元年(1821)刻本　二十四冊

110000－3162－0005161　古71/38

編譯叢刊十九種　（清）南洋公學譯書院編輯
　清光緒二十八年(1902)南洋公學譯書院鉛
印本　十九冊

110000－3162－0005162　古71/39

富強齋叢書續集二十七種　（清）袁俊德輯
清光緒二十七年(1901)小倉山房鉛印本　四
十八冊

110000－3162－0005163　古71/39.11

富強齋叢書正集十五種六十五卷　（清）袁俊
德輯　清光緒二十七年(1901)小倉山房石印
本　八冊

110000－3162－0005164　古71/39.12

富強齋叢書正集七種　（清）袁俊德輯　清光
緒二十七年(1901)小倉山房石印本　四冊

110000－3162－0005165　古71/40

政藝叢書二十一種　（清）政藝通報社編輯
清光緒二十八年(1902)鉛印本　四十二冊

110000－3162－0005166　古71/43

宜稼堂叢書八種　（清）郁松年輯　清道光二
十年(1840)刻本　六十四冊

110000－3162－0005167　古71/44

函海一百五十二種　（清）李調元編輯　清嘉
慶十四年(1809)萬卷樓刻本　一百四十冊

110000－3162－0005168　古71/49

玉函山房輯佚書三十九類　（清）馬國翰輯
清光緒十年(1884)楚南湘遠堂刻本　一百二
十冊

110000－3162－0005169　古71/49.1

玉函山房輯佚書三十八種　（清）馬國翰輯
清光緒十五年(1889)繡江李氏刻本　八十
三冊

110000－3162－0005170　古71/52－52.078

江南機器製造總局叢書七十六種　（英國）白
力蓋等輯　清同治十二年(1873)刻本　三百
十一冊

110000－3162－0005171　古71/59

朝市叢載八卷　（清）楊靜亭　（清）李虹若編
　清光緒十七年(1891)京都榮祿文蔚堂刻本
八冊

110000－3162－0005172　古71/63

潛研堂全書四種　（清）錢大昕述　清光緒十

年(1884)長沙龍氏家塾刻本　八十冊

110000－3162－0005173　古71/66

耦香零拾叢書三十九種　繆荃孫輯　清宣統
二年(1910)刻本　三十二冊

110000－3162－0005174　古71/69

振綺堂叢書初集十種　(清)汪康年輯　清宣
統三年(1911)鉛印本　六冊

110000－3162－0005175　古71/72

金華叢書四種　(清)胡鳳丹輯　清同治九年
(1870)退補齋刻本　一冊

110000－3162－0005176　古71/74

竹柏山房十五種附刻四種　(清)林春溥等編
清咸豐五年(1855)竹柏山房刻本　四十冊

110000－3162－0005177　古72/1

藝文類聚一百卷　(唐)歐陽詢撰　明刻本
二十冊

110000－3162－0005178　古72/2

北堂書鈔一百六十卷首一卷　(隋)虞世南撰
清光緒十四年(1888)羊城富文齋刻本　二
十冊

110000－3162－0005179　古72/3

初學記三十卷　(唐)徐堅等撰　明萬曆二十
五年(1597)刻本　二十八冊

110000－3162－0005180　古72/3.1

初學記三十卷　(唐)徐堅等撰　清袖珍刻本
十一冊　存二十七卷(一至三、七至三十)

110000－3162－0005181　古72/4

唐類函二百卷　(明)俞安期匯纂　明萬曆三
十一年(1603)刻本　四十一冊

110000－3162－0005182　古72/5

太平御覽一千卷　(宋)李昉等撰　清嘉慶十
七年(1812)刻本　一百六十冊

110000－3162－0005183　古72/7

欽定古今圖書集成一萬七千二十二卷　(清)陳夢
雷編　(清)蔣廷錫輯補　清光緒二十年
(1894)上海同文書局據雍正四年(1726)銅活
字印本原版式影印本　四千九百九十冊　存

一萬五十三卷(乾象典一至一百,歲功典一至
一百十六,曆法典一至一百四十,庶徵典一至
一百八十八,坤輿典一至一百四十,職方典一
至四百十六、四百十九至一千五百四十四,山
川典一至三百二十,邊裔典一至一百四十,皇
極典一至三百,宮闈典一至一百四十,官常典
一至八百,家範典一至一百十六,交誼典一至
一百二十,氏族典一至六百四十,人事典一至
一百二十,閨媛典一至三百七十六,藝術典一
至八百二十四,神異典一至二、五至三百二
十,禽蟲典一至一百九十二,草木典一至三百
二十,經籍典一至五百,學行典一至三百,文
學典一至二百六十,字學典一至一百六十,選
舉典一至四十八、六十三至一百三十六,銓衡
典一至一百二十,食貨典一至三百六十,禮儀
典一至三百四十八,樂律典一至一百三十六,
戎政典一至一百三、一百五至三百,祥刑典一
至一百八十,考工典一至二百五十二,考政典
一至二十四;目錄四十卷)

110000－3162－0005184　古72/8

玉海二百四卷　(宋)王應麟著　清嘉慶十一
年(1806)合河康基田刻本　八十二冊

110000－3162－0005185　古72/9

錦繡萬花谷一百二十卷　(宋)佚名撰　明弘
治七年(1494)刻本　四十八冊

110000－3162－0005186　古72/10

潛確類書一百二十卷　(明)陳仁錫撰　明崇
禎四年(1631)刻本　六十冊

110000－3162－0005187　古72/11

分類字錦六十四卷　(清)何焯等纂　清康熙
六十一年(1722)刻本　六十四冊

110000－3162－0005188　古72/12

新箋決科古今源流至論二十卷　(明)林駧編
明刻本　六冊

110000－3162－0005189　古72/13

新箋決科古今源流至論別集十卷　(宋)黃履
翁撰　明成化九年(1473)刻本　四冊

110000－3162－0005190　古72/14

古學匯纂十卷　（明）周時雍輯　明崇禎十五年(1642)刻本　十六冊

110000－3162－0005191　古72/15

增訂二三場群書備考四卷　（明）袁黃著　明崇禎五年(1632)刻本　四冊

110000－3162－0005192　古72/16

博物典匯十九卷　（明）黃道周纂　明崇禎八年(1635)大雅堂刻本　五冊

110000－3162－0005193　古72/17

精選黃眉故事十卷　（明）鄧志謨編　明萬曆四十四年(1616)刻本　二冊

110000－3162－0005194　古72/19

古事比五十二卷　（清）方中德輯著　清康熙四十五年(1706)刻本　十六冊

110000－3162－0005195　古72/20

庸行編八卷　（清）史典原輯　清康熙三十一年(1692)澹甯堂刻本　四冊

110000－3162－0005196　古72/21

表異錄二十卷　（明）王志堅輯　清康熙四十七年(1708)刻本　四冊

110000－3162－0005197　古72/22

經典四種十六卷　（□）□□輯　清咸豐九年(1859)寶翰樓刻本　八冊

110000－3162－0005198　古72/23

重訂事類賦三十卷　（宋）吳淑撰　清道光二十二年(1842)寶翰樓刻本　四冊

110000－3162－0005199　古72/24

重訂廣事類賦四十卷　（清）華希閔著　清乾隆二十九年(1764)寶翰樓刻本　十冊

110000－3162－0005200　古72/25

省軒考古類編十二卷　（清）柴紹炳纂　清雍正四年(1726)刻本　四冊

110000－3162－0005201　古72/26

萬斛珠類編八卷　（明）王世貞原本　清同治五年(1866)榮茂堂刻本　六冊

110000－3162－0005202　古72/27

坊表錄十六卷　（清）蘇宗經輯　清道光二十一年(1841)刻本　二冊

110000－3162－0005203　古72/28

物理小識十二卷　（清）方以智集　清光緒十年(1884)寧靜堂刻本　六冊

110000－3162－0005204　古72/29

類類聯珠初編三十二卷二編十二卷　（清）李堃編　（清）李椿林增補　清同治十二年(1873)崇道堂刻本　六冊

110000－3162－0005205　古72/30

壹是紀始二十二卷補遺一卷　（清）魏祝亭著　清道光二十二年(1842)刻本　十二冊

110000－3162－0005206　古72/31

增補矮屋必須九卷　（清）朱雲亭輯　清光緒六年(1880)敬業堂刻本　八冊

110000－3162－0005207　古72/32

正續文料大成四十卷　（清）□□輯　清光緒七年(1881)名德堂刻本　十四冊

110000－3162－0005208　古72/33

歷代經濟文統編三十二卷　（清）顧炎武纂輯　清光緒二十八年(1902)上海廣益書局石印本　十二冊

110000－3162－0005209　古72/34

湧幢小品三十二卷　（明）朱國禎輯　清刻本　十六冊

110000－3162－0005210　古72/35

格致鏡源一百卷　（清）陳元龍著　清刻本　二十四冊

110000－3162－0005211　古72/36

佩文韻府一百六卷　（清）孫致彌等纂修　清康熙五十年(1711)刻本　一百六十冊

110000－3162－0005212　古72/36.1

欽定佩文韻府一百六卷　（清）孫致彌等纂修　清光緒十二年(1886)上海同文書局石印本　五十二冊

110000－3162－0005213　古72/36.1△

韻府拾遺一百六卷　（清）汪灝等修　清光緒

十二年(1886)上海同文書局石印本　八冊

110000 – 3162 – 0005214　古72/37
御製淵鑒類函四百五十卷目錄四卷　(清)張英等總裁　(清)徐秉義等纂　清康熙四十九年(1710)刻本　一百四十冊

110000 – 3162 – 0005215　古72/37.1
古香齋新刻袖珍淵鑒類函四百五十卷目錄四卷　(清)張英等總裁　(清)徐秉義等纂　清同治十三年至光緒六年(1874 – 1880)古香齋刻本(南海孔氏萬卷堂藏版)　一百六十冊

110000 – 3162 – 0005216　古72/38
古今合璧事類備要前集六十九卷後集八十一卷續集五十六卷別集九十四卷外集六十六卷　(宋)謝維新　(宋)虞載著　明萬曆三十七年(1609)刻本　六十四冊

110000 – 3162 – 0005217　古72/40
精選策學一百七卷　(□)□□輯　清石印本　二十九冊　存九十七卷(一至二十、三十一至一百七)

110000 – 3162 – 0005218　古79/1 – 1
目錄學二編　(清)劉咸炘著　清同治十三年(1874)刻本　二冊

110000 – 3162 – 0005219　古79/1 – 2
目錄學二編　(清)劉咸炘著　清同治十三年(1874)刻本　二冊

110000 – 3162 – 0005220　古79/6
藏書十約一卷遊藝後言二卷　葉德輝撰　清宣統三年(1911)葉氏觀古堂刻本　一冊

110000 – 3162 – 0005221　古791/1
隋經籍志考證十三卷　(清)章宗源撰　清道光二十八年(1848)刻本　四冊

110000 – 3162 – 0005222　古791/2
元史藝文志四卷　(清)錢大昕補　清刻本　一冊

110000 – 3162 – 0005223　古791/3
八史經籍志二十九卷　(清)□□輯　清光緒九年(1883)刻本　十六冊

110000 – 3162 – 0005224　古792/1
欽定四庫全書總目二百卷首一卷　(清)紀昀等纂　清同治七年(1868)廣東書局刻本　一百十二冊

110000 – 3162 – 0005225　古792/1.1
欽定四庫全書總目二百卷首一卷　(清)紀昀等纂　清同治七年(1868)廣東書局刻本　一百十冊

110000 – 3162 – 0005226　古792/1.2
欽定四庫全書總目二百卷首四卷　(清)紀昀等撰　清乾隆四十六年(1781)刻本　一百四十四冊

110000 – 3162 – 0005227　古792/2
欽定四庫全書簡明目錄二十卷首一卷　(清)紀昀等撰　清同治七年(1868)廣東書局刻本　十六冊

110000 – 3162 – 0005228　古792/19
八千卷樓書目二十卷　(清)丁仁編　清光緒二十五年(1899)聚珍仿宋版鉛印本　十冊

110000 – 3162 – 0005229　古792/26
四庫全書敘不分卷　(清)□□等撰　清刻本　一冊

110000 – 3162 – 0005230　古792/34
欽定天祿琳琅書目十卷續二十卷　(清)于敏中等編　清光緒十年(1884)長沙刻本　十冊

110000 – 3162 – 0005231　古793/1
天一閣書目四卷碑目一卷　(清)范懋柱輯　清嘉慶十三年(1808)刻本　十冊

110000 – 3162 – 0005232　古793/5
帶經堂書目四卷　(清)孫樹杓編　清上海神州國光社鉛印本　三冊

110000 – 3162 – 0005233　古793/7
行素堂目睹書錄十集　(清)朱記榮輯　清光緒十一年(1885)槐廬叢刻本　十冊

110000 – 3162 – 0005234　古793/8
世善堂藏書目錄二卷　(明)陳第編　清乾隆六十年(1795)刻本　二冊

110000－3162－0005235　古793/11
韓氏所存書目不分卷　（清）□□編　清抄本
　一冊

110000－3162－0005236　古793/13
寶四維齋藏書目錄八卷　（清）宣□□編　清
宣氏抄本　八冊

110000－3162－0005237　古793/14
簠齋藏書畫器物目錄不分卷　（□）□□編
清抄本　三冊

110000－3162－0005238　古793/18－1
上善堂書目一卷　（清）孫從添撰　清刻本
一冊

110000－3162－0005239　古793/18－2
上善堂書目一卷　（清）孫從添撰　清刻本
一冊

110000－3162－0005240　古794/2
宋元舊本書經眼錄三卷附錄二卷　（清）莫友
芝著　清刻本　四冊

110000－3162－0005241　古794/5－1
清代禁書總目四種　（清）□□編輯　清光緒
十年(1884)杭州抱經堂書局鉛印本　四冊

110000－3162－0005242　古794/5－2
清代禁書總目四種　（清）□□編輯　清光緒
十年(1884)杭州抱經堂書局鉛印本　四冊

110000－3162－0005243　古794/8
匯刻書目不分卷　（清）顧修撰　清光緒元年
(1875)刻本　十一冊

110000－3162－0005244　古794/9
東西學書錄二卷附錄一卷　（清）□□輯　清
光緒二十五年(1899)石印本　三冊

110000－3162－0005245　古794/11
郘亭知見傳本書目十六卷　（清）莫友芝編輯
　清鉛印本　八冊

110000－3162－0005246　古794/12
書目答問六卷　（清）張之洞撰　清光緒二十
一年(1895)上海蜚英館石印本　四冊

110000－3162－0005247　古794/14
輶軒語書目答問不分卷　（清）張之洞撰　清
光緒六年(1880)文琳堂刻本　一冊

110000－3162－0005248　古795/2
宋元本行格表二卷附錄一卷　（清）江標輯
清光緒二十三年(1897)刻本　四冊

110000－3162－0005249　古795/3
皕宋樓藏書源流考一卷　（清）王儀通撰　清
光緒三十三年(1907)刻本　一冊

110000－3162－0005250　古795/6
版權考三篇　（英國）斯克羅敦普南　（英國）
羅白孫著　清光緒二十九年(1903)商務印書
館鉛印本　一冊

110000－3162－0005251　古795/7
古今偽書考一卷　（清）姚際恒著　清光緒三
年(1877)文學山房聚珍板刻本　一冊

110000－3162－0005252　古795/8－1
宋元書影不分卷　（清）□□輯　清影印本
四冊

110000－3162－0005253　古795/8－2
宋元書影不分卷　（清）□□輯　清影印本
四冊

110000－3162－0005254　古795/13
萊郡經籍考四卷　（清）侯登岸撰　清抄本
一冊

110000－3162－0005255　古799/1－1
儀顧堂題跋十六卷　（清）陸心源撰　清光緒
十六年(1890)刻本　四冊

110000－3162－0005256　古799/1－2
儀顧堂續跋十六卷　（清）陸心源撰　清光緒
十八年(1892)刻本　四冊

110000－3162－0005257　古799/2
士禮居藏書題跋補錄不分卷　（清）黃丕烈撰
　（清）李文裿輯　清同治八年(1869)鉛印本
一冊

110000－3162－0005258　古799/3
直齋書錄解題二十二卷　（宋）陳振孫撰　清

乾隆三十八年（1773）刻本　十二冊

110000－3162－0005259　古799/5
藝風藏書記八卷　繆荃孫撰　清光緒二十七年（1901）鉛印本　二冊

110000－3162－0005260　古799/6
藏書紀事詩七卷　（清）葉昌熾編　清宣統二年（1910）刻本　六冊

110000－3162－0005261　古799/12
讀書舉要二卷　（清）楊希閔撰　清光緒八年（1882）廣仁堂刻本　一冊　存一卷（上）

110000－3162－0005262　古799/13
經籍舉要一卷　（清）龍啟瑞輯　清光緒十年（1884）刻本　一冊

110000－3162－0005263　古799/14
藏書紀事一卷　（清）孫從添撰　清光緒九年（1883）刻本　一冊

110000－3162－0005264　古799/20
國朝末刊遺書志略一卷　（清）朱記榮輯錄　清光緒十八年（1892）刻本　一冊

110000－3162－0005265　古799/22
求闕齋讀書錄十卷　（清）曾國藩著　（清）王啟原編輯　清鉛印本　一冊

110000－3162－0005266　古371/5－2
大學質語不分卷　（清）胡德純著　清光緒十二年（1886）石印本　一冊

書名筆畫字頭索引

239

240

七畫

八畫

九畫

十畫

十一畫

十二畫

十六畫

十七畫

十八畫

書名筆畫索引

一畫

二畫

三畫

254

四畫

五畫

264

六畫

266

267

七畫

270

275

278

九畫

十畫

十二畫

299

十三畫

十四畫

十五畫

十六畫

十七畫

二十畫